Merkwürdiges von A bis Z

Roland Gööck

# MERK WÜRDIGES VON A BIS Z

**10 000 Stichwörter · 300 Themen**
**500 Abbildungen**

Weltbild

Der Verlag hat alle Rechteinhaber nach bestem Wissen recherchiert. Sollten dennoch weitere Rechte zu beachten sein, so bittet der Verlag um Mitteilung.

Überarbeitete Neuausgabe mit freundlicher Genehmigung von Heidi Gööck

Verlagsgruppe Weltbild GmbH, Steinerne Furt 67, D-86167 Augsburg
Umschlaggestaltung: Studio Höpfner-Thoma, Gräfelfing
Umschlagmotiv: Studio Höpfner-Thoma, Gräfelfing
Gesamtherstellung: Oldenbourg Taschenbuch GmbH,
Hürderstraße 4, 85551 Kirchheim
ISBN 3-8289-2089-6

2007 2006 2005
Die letzte Jahreszahl gibt die aktuelle Lizenzausgabe an.

Besuchen Sie uns im Internet:
*www.weltbild.de*
*www.weltbild.ch*
*www.aum.at*

## *Statt eines Vorwortes, das doch nicht gelesen wird, einige »merkwürdige« Mottos*

»Ich weiß, daß ich nichts weiß«
Sokrates, 470–399 v. Chr.

»Unser Wissen ist Stückwerk«
1. Korintherbrief, um 55 n. Chr.

»Wissen ist Macht«
F. Bacon, 1561–1626

»Von dem menschlichen Wissen
existiert der allergrößte Teil
stets nur auf dem Papier,
in den Büchern, diesem papiernen
Gedächtnis der Menschheit«
A. Schopenhauer, 1788–1860

»Bildung trübt den Blick,
stört die Verdauung,
verdirbt den Charakter,
schwächt die Muskeln,
befleckt den Teint,
macht das Haar schütter,
untergräbt den Mut,
durchlöchert die Ausdauer
und verzehrt die unsterbliche Seele«
E. Linklater, 1899–1974

# Abkürzungen internationaler Organisationen



| | |
|---|---|
| **ANZUS** | Organisation des Pazifik-Paktes |
| **CERN** | Europäische Vereinigung für kernphysikalische Forschung |
| **CIF** | Internationaler Frauen-Rat |
| **CIO** | Internat. Olympisches Komitee |
| **EFTA** | Europ. Freihandelsassoziation |
| **EGKS** | Europäische Gemeinschaft für Kohle und Stahl (= Montan-Union) |
| **EP** | Europ. Parlament |
| **ESA** | Europ. Weltraumagentur |
| **EU** | Europäische Union |
| **EURATOM** | Europäische Gemeinschaft für Atomenergie |
| **EWG** | Europ. Wirtschafts-gemeinschaft |
| **ETA** | Baskenland und Freiheit (Euscadi ta Ascatasuna) |
| **EZU** | Europäische Zahlungsunion |
| **FAO** | Ernährungs- und Landwirtschafts-Organisation der UN |
| **FIA** | Internat. Automobil-Verband |
| **FIM** | Internat. Motorradsport-Verband |
| **FIP** | Internat. Philatelisten-Bund |
| **GATT** | Allg. Zoll- und Handels-abkommen |
| **IAEO** | Internat. Atomenergie-Behörde |
| **IAO** | Internat. Arbeitsorganisation der Vereinten Nationen |
| **IATA** | Internat. Luftverkehrs-verband |
| **ICA** | Internat. Genossenschaftsbund |
| **ICAO** | Organisation der Internationalen Zivilluftfahrt |
| **ICEM** | Zwischenstaatliches Komitee für Europäische Auswanderung |
| **IRK** | Internationales Rotes Kreuz |
| **IRO** | Internat. Flüchtlings-organisation der UN |
| **ITO** | Internationale Handels-organisation |
| **IWC** | Internationaler Weizenrat |
| **IWF** | Internat. Währungsfonds der UN |
| **LWF** | Lutherischer Weltbund |
| **NATO** | Nordatlantikpakt-Organisation |
| **OECD** | Organisation für wirtschaftliche Zusammenarbeit und Entwicklung |
| **SEATO** | Südostasienpakt-Organisation |
| **TSA** | Die Heilsarmee |
| **UIP** | Interparlamentarische Union |
| **UIT** | Internationaler Fernmelde-verein |
| **UN** | Die Vereinten Nationen |
| **UNESCO** | Erziehungs-, Wissenschafts- und Kulturorganisation der UN |
| **UNICEF** | Weltkinderhilfswerk der UN |
| **UPU** | Weltpostverein |
| **WCC** | Ökumenischer Rat der Kirchen |
| **WEU** | Westeuropäische Union |
| **WGB** | Weltgewerkschaftsbund |
| **WHO** | Weltgesundheitsorganisation der Vereinten Nationen |
| **WUS** | Welt-Universitätsdienst |
| **WVF** | Weltfrontkämpferverband |
| **YMCA** | Weltbund der Christlichen Vereine Junger Männer |

# Adelstitel

| deutsch | englisch | französisch | italienisch | spanisch |
|---|---|---|---|---|
| Freifrau | baroness | baronne | baronessa | baronesa |
| Freiherr | baron | baron | barone | baron |
| Fürst | prince | prince | principe | principe |
| Fürstin | princess | princesse | principessa | princesa |
| Graf | earl | comte | conte | conde |
| Gräfin | countess | comtesse | contessa | condesa |
| Herzog | duke | duc | duca | dugue |
| Herzogin | duchess | duchesse | duchessa | duquesa |
| Kaiser | emperor | empereur | imperatore | emperador |
| Kaiserin | empress | imperatrice | imperatrice | emperatriz |
| König | king | roi | re | rey |
| Königin | queen | reine | regina | regina |
| Markgraf | marquess | marquis | marchese | marques |
| Markgräfin | marchioness | marquise | marchesa | marquesa |
| Ritter | knight | chevalier | cavaliere | caballero |
| Vizegraf | viscount | vicomte | visconte | vizconde |
| Vizegräfin | viscountess | vicomtesse | viscontessa | vizcondesa |

# Alpenpässe

| Paß<br>F = Frankr.<br>I = Italien<br>Ö = Österr.<br>S = Schweiz | Höhe<br>in m<br>ü. M. | Zeit<br>der<br>Befahrbarkeit |
|---|---|---|
| Achen (Ö) | 885 | ganzjährig |
| Albula (S) | 2316 | Juni–Nov. |
| Allos (F) | 2250 | Juni–Oktober |
| Aravis (F) | 1498 | Juni–Oktober |
| Arlberg (Ö) | 1802 | ganzjährig |
| Bayard (F) | 1246 | ganzjährig |
| Bernina (S) | 2330 | Juni–Nov. |
| Brenner (I/Ö) | 1374 | ganzjährig |
| Broccone (I) | 1616 | April–Nov. |
| Brünig (S) | 1011 | ganzjährig |
| Campolongo (I) | 1878 | Mai–November |
| Cayolle (F) | 2326 | Juni–Oktober |
| Col d'Aprica (I) | 1181 | März–Dez. |
| Col des Mosses (S) | 1445 | ganzjährig |
| Col di Tenda | 1321 | ganzjährig |
| Col du Pillon (S) | 1546 | Mai–Oktober |
| Croix de Fer (F) | 2067 | Mai–November |
| Croix Haute (F) | 1179 | ganzjährig |
| Falzarego (I) | 2105 | Mai–November |
| Faucille (F) | 1323 | April–Nov. |
| Fern-P. (Ö) | 1209 | ganzjährig |
| Flexen (Ö) | 1784 | ganzjährig |
| Flüela (S) | 2383 | Juni–Nov. |
| Forclas (S) | 1527 | Mai–Oktober |
| Furka (S) | 2431 | Juni–Oktober |
| Gailberg (Ö) | 982 | ganzjährig |
| Galibier (F) | 2556 | Juni–Oktober |
| Gavia (I) | 2621 | Juni–Oktober |
| Gerlos (Ö) | 1486 | Mai–November |
| Gets (F) | 1163 | ganzjährig |
| Glandon (F) | 1951 | April–Nov. |
| Grimsel (S) | 2176 | Juni–Oktober |
| Grödner Joch (I) | 2121 | Mai–Oktober |
| Großglockner (Ö) | 2505 | Mai–November |
| Iselsberg (Ö) | 1204 | ganzjährig |
| Iseran (F) | 2769 | Juni–Oktober |
| Izoard (F) | 2360 | Juni–Oktober |
| Jaufen (I) | 2094 | Mai–November |
| Jaun (S) | 1509 | April–Nov. |
| Julier (S) | 2287 | ganzjährig |
| Karer-Paß (I) | 1753 | ganzjährig |
| Katschberg (Ö) | 1641 | ganzjährig |
| Klamm (Ö) | 830 | ganzjährig |
| Klausen (S) | 1952 | Juni–Oktober |
| Kreuzberg (Ö) | 1096 | April–Nov. |
| Larche (F) | 1996 | Mai–November |
| Lautaret (F) | 2058 | April–Nov. |
| Loibl (Ö) | 1368 | Mai–November |
| Lukmanier (S) | 1919 | Juni–Oktober |
| Maddalena (I) | 1996 | Mai–November |
| Maloja (S) | 1817 | ganzjährig |
| Mauria (I) | 1295 | April–Nov. |
| Mendel (I) | 1363 | ganzjährig |
| Mont Cenis (F) | 2084 | Mai–Oktober |
| Montets (F) | 1461 | April–Nov. |
| Montgenèvre (F) | 1854 | Mai–Oktober |
| Morgins (S) | 1369 | ganzjährig |
| Niederalpl (Ö) | 1220 | Mai–November |
| Oberalp (S) | 2044 | Juni–Oktober |
| Ofen (S) | 2155 | ganzjährig |
| Packsattel (Ö) | 1166 | ganzjährig |
| Palade (I) | 1518 | April–Nov. |
| Paß-Gschütt (Ö) | 971 | April–Dez. |
| Paß-Thurn (Ö) | 1273 | ganzjährig |
| Perchauer Sattel (Ö) | 1005 | ganzjährig |
| Piano di Fugazze (I) | 1159 | ganzjährig |
| Plöcken (I/Ö) | 1362 | Mai–November |
| Pordoi-Joch (I) | 2239 | Mai–November |
| Pötschen (Ö) | 982 | ganzjährig |
| Präbichl (Ö) | 1240 | ganzjährig |
| Predil (I) | 1156 | ganzjährig |
| Pyhrn (Ö) | 945 | März–Dez. |
| Reschenscheideck (I/Ö) | 1510 | ganzjährig |
| Rolle (I) | 1970 | ganzjährig |
| San Bernardino (S) | 2063 | Mai–Oktober |
| St. Bernhard, Gr. (I/S) | 2469 | Juni–Oktober |
| St. Bernhard, Kl. (F/I) | 2188 | Juni–Oktober |
| St. Gotthard (S) | 2109 | Mai–November |
| Schober (Ö) | 850 | ganzjährig |
| Seeberg (Ö) | 1218 | März–Nov. |
| Sella (I) | 2214 | Mai–November |
| Semmering (Ö) | 980 | ganzjährig |
| Silvretta (Ö) | 2032 | Mai–Oktober |
| Simplon (S) | 2005 | Mai–November |
| Splügen (I/S) | 2113 | Juni–Oktober |
| Stilfserjoch (I) | 2757 | Juni–Oktober |
| Susten (S) | 2225 | Juni–Oktober |
| Tauernhöhe (Ö) | 1738 | ganzjährig |
| Tonale (I) | 1883 | April–Nov. |
| Tre Croci (I) | 1809 | ganzjährig |
| Triebener Tauern (Ö) | 1265 | April–Dez. |
| Turracher Höhe (Ö) | 1763 | Mai–November |
| Umbrail (S) | 2505 | Juni–Oktober |
| Vars (F) | 2111 | Mai–Oktober |
| Wurzen (Ö) | 1073 | Mai–November |
| Zirlerberg (Ö) | 1180 | ganzjährig |

## Alpentunnel für Kfz-Verkehr

**Albula-Eisenbahntunnel**
(Schweiz), zwischen Tiefencastel und Samedan; Autozugverkehr

**Arlberg-Straßentunnel**
(Österreich), zwischen Langen und St. Anton, Höhe 1286 m, Länge 14 km

**Arlberg-Eisenbahntunnel**
(Österreich), zwischen Langen und St. Anton; Autozugverkehr

**Felbertauernstraße und -tunnel**
(Österreich), zwischen Mittersill und Matrei, Höhe 977 m, Tunnelscheitel 1650 m; ganzjährig offen

**Fréjus-Eisenbahntunnel**
(Frankreich/Italien), zwischen Modane (1057 m Höhe) und Bardonecchia (1312 m Höhe); Autozugverkehr

**Großer-St.-Bernhard-Straßentunnel**
(Schweiz/Italien), zwischen Bourg-St.-Pierre (1913 m Höhe) und St.-Rhémy (1619 m Höhe), Länge 5,82 km

**Karawanken-Eisenbahntunnel**
(Österreich/Jugoslawien), zwischen Rosenbach (601 m Höhe) und Jesenice (584 m Höhe); Autozugverkehr

**Katschbergtunnel**
(Österreich), zwischen Spittal und Murtal, Länge 4,5 km; ganzjährig offen

**Loibl-Straßentunnel**
(Österreich/Jugoslawien), zwischen Klagenfurt und Kranj, Höhe 1070 m, Länge 1560 m, ganzjährig offen

**Lötschentalstraße mit Lötschbergtunnel**
(Schweiz), zwischen Gampel und Fafleralp; Autozugverkehr

**Montblanc-Tunnelstraße**
(Frankreich/Italien), zwischen Chamonix (1037 m Höhe) und Courmayeur (1224 m Höhe), Länge 11,6 km; ganzjährig offen

**San-Bernardino-Tunnelstraße**
(Schweiz), zwischen Hinterrhein (1620 m Höhe) und Mesocco (791 m Höhe), Länge 6,6 km; ganzjährig offen

**St.-Gotthard-Eisenbahntunnel**
(Schweiz), zwischen Göschenen (1101 m Höhe) und Airolo (1175 m Höhe), Autozugverkehr

**St.-Gotthard-Straßentunnel**
(Schweiz), zwischen Göschenen (1109 m) und Airolo (1149 m), Länge 16,3 km, ganzjährig offen

**Simplon-Eisenbahntunnel**
(Schweiz/Italien), zwischen Brig (681 m Höhe) und Iselle (600 m Höhe); Autozugverkehr

**Tauern-Straßentunnel**
(Österreich), zwischen Flachau und Zederhaus, Höhe 1292 m, Länge 6,4 km; ganzjährig offen

**Tauerntunnel mit Klammpaßstraße**
(Österreich), zwischen Lend und Mallnitz, Höhe 1171 m; Autozugverkehr

**Tenda-Straßentunnel**
(Frankreich/Italien), zwischen Tenda (815 m Höhe) und Limone Piemonte (990 m Höhe); ganzjährig offen

## Alpentiere

Die Liste der Tiere, die entweder nur in den Alpen vorkommen oder Alpenarten entwickelten, weist 336 Namen auf; 65 davon tragen Säugetiere. Für die meisten der Arten sind die Alpen nicht der eigentliche Verbreitungsraum, sondern das Gebiet, in das sich die von der Zivilisation immer mehr verdrängten Tiere zurückgezogen haben. Eine Auswahl der wichtigsten Arten:

Alpenapollo
Alpenbock
Alpenbraunelle
Alpendohle
Alpenkrähe
Alpenmohrenfalter
Alpenperlmutterfalter
Alpensalamander
Alpenschneehase
Alpenschneehuhn
Alpensegler
Alpenspitzmaus
Alpenweißling
Alpenzeisig
Apollo
Aspisviper
Auerhuhn
Bergeidechse
Bergviper
Birkhuhn
Dreizehenspecht
Felsenschwalbe
Gänsegeier
Gebirgshummel
Gemse
Gletscherfalter
Gletscherfloh
Haselhuhn
Kolkrabe
Kreuzotter
Lämmergeier
Laumerle
Mauerläufer
Mufflon
Murmeltier
Ringamsel
Rotfuchs
Sandviper
Schneefink
Schneemaus
Steinadler
Steinbock
Steinhuhn
Steinrötel
Steinschmätzer
Tannenhäher
Tannenmeise
Wasseramsel

# Alphabete

| Hebräisch | | Griechisch | | | Lateinisch | |
|---|---|---|---|---|---|---|
| א | aleph | Α | α | Alpha | A | a |
| ב | beth | Β | β | Beta | B | b |
| ג | gimel | Γ | γ | Gamma | C | c |
| ד | dalet | Δ | δ | Delta | D | d |
| ה | he | Ε | ε | Epsilon | E | e |
| ו | waw | Ζ | ζ | Zeta | F | f |
| ז | sajin | Η | η | Eta | G | g |
| ח | cheth | Θ | ϑ | Theta | H | h |
| ט | teth | Ι | ι | Jota | I | i |
| י | joda | Κ | κ | Kappa | (J | j) |
| כ | kaph | Λ | λ | Lambda | (K | k) |
| ל | lamed | Μ | μ | My | L | l |
| מ | mem | Ν | ν | Ny | M | m |
| נ | nun | Ξ | ξ | Xi | N | n |
| ס | samech | Ο | ο | Omikron | O | o |
| ע | ajin | Π | π | Pi | P | p |
| פ | pe | Ρ | ϱ | Rho | Qu | qu |
| צ | zade | Σ | σ ς | Sigma | R | r |
| ק | koph | Τ | τ | Tau | S | s |
| ר | resch | Υ | υ | Ypsilon | T | t |
| ש | sin | Φ | φ | Phi | (U | u) |
| ת | taw | Χ | χ | Chi | V | v |
| | | Ψ | ψ | Psi | (W | w) |
| | | Ω | ω | Omega | X | x |
| | | | | | (Y | y) |
| | | | | | (Z | z) |

Außer diesen nach Alpha und Beta, den beiden ersten Buchstaben im griechischen Alphabet, benannten Buchstabenfolgen in Sprache und Schrift gibt es übrigens auch ein **musikalisches Alphabet.** Es bezeichnet die Buchstabenfolge der sieben Stammtöne und lautet: c, d, e, f, g, a, h oder do, re, mi, fa, sol, la, si.

# Anreden

**Abt:** Hochwürdigster Herr Abt
**Äbtissin:** Hochwürdigste Frau Äbtissin
**Baron:** Baron X oder Herr von X
**Bischof** (evang.): Hochwürden bzw. Exzellenz
**Bischof** (kath.): Bischöfliche Gnaden bzw. Exzellenz
**Botschafter** (ausländ.): Exzellenz
**Bundeskanzler:** Herr Bundeskanzler
**Bundesminister:** Herr Bundesminister
**Bundespräsident:** Herr Bundespräsident
**Dekan** (Fakultät): Spektabilität
**Doktor:** Herr Doktor
**Erzbischof:** Erzbischöfliche Gnaden bzw. Exzellenz
**Freiherr:** Herr von X oder Baron X
**Fürst:** Durchlaucht
**Generaldirektor:** Herr Generaldirektor
**Gerichtsvorsitzender:** Herr Vorsitzender
**Gesandter** (ausländ.): Exzellenz
**Graf:** Graf X oder Herr von X
**Herzog:** Hoheit
**Kaiser:** Majestät
**Kardinal:** Eminenz
**König:** Majestät
**Konsul:** Herr Konsul
**Minister:** Herr Minister
**Nonne:** Ehrwürdige Schwester
**Ordensoberin:** Ehrwürdige Mutter Oberin
**Papst:** Heiliger Vater, Eure Heiligkeit
**Pfarrer:** Herr Pfarrer oder Hochwürden
**Prälat:** Hochwürdigster Herr Prälat
**Prinz:** Kaiserliche bzw. Königliche Hoheit
**Professor:** Herr Professor
**Prokurist:** Herr X
**Rabbiner:** Herr Rabbiner
**Rektor** (Universität): Magnifizenz
**Richter:** Herr Richter
**Richterkollegium:** Hoher Gerichtshof
**Staatsanwalt:** Herr Staatsanwalt
**Superintendent:** Herr Superintendent
**Vikar:** Herr Vikar

## Abkürzungen in Antiquariatsangeboten

Listen und Kataloge von Buchantiquariaten operieren stets mit Abkürzungen, deren Bedeutungen man kennen muß, wenn man das Angebot beurteilen will. Die wichtigsten:

| | |
|---|---|
| **Abb.** | Abbildungen |
| **Aufl.** | Auflage(n) |
| **Bd.** | Band |
| **Bde.** | Bände |
| **Bl.** | Blatt |
| **brosch.** | broschiert |
| **def.** | defekt |
| **EA.** | erste Ausgabe (Erstausgabe) |
| **geh.** | geheftet |
| **Hfrz.** | Halbfranzeinband |
| **Hldr.** | Halbledereinband |
| **Hlwd.** | Halbleineneinband |
| **Illustr.** | Illustrationen |
| **kart.** | kartoniert |
| **Ldr.** | Ledereinband |
| **Lwd.** | Leineneinband |
| **O** | Verlagseinband (steht vor der Einbandbezeichnung, z.B. OLwd.) |
| **o.O.** | ohne Ortsangabe (Erscheinungsort) |
| **o.J.** | ohne Jahr (Erscheinungsjahr) |
| **Pgt.** | Pergamenteinband |
| **Pp.** | Pappband |
| **RüSch.** | Rückenschild |
| **SS.** | Seiten(zahl) |
| **StaTi.** | Stempel auf Titel |
| **StaV.** | Stempel auf Vorsatz(papier) |
| **Taf.** | Tafel |
| **W.** | Widmung |
| **2°** | Folioformat (bis 45 cm hoch) |
| **Gr. 4°** | Groß-Quartformat (bis 40 cm hoch) |
| **4°** | Quartformat (bis 35 cm hoch) |
| **Gr. 8°** | Groß-Oktavformat (bis 25 cm hoch) |
| **8°** | Oktavformat (bis 22,5 cm hoch) |
| **Kl. 8°** | Klein-Oktavformat (bis 18,5 cm hoch) |

## Die 12 Apostel

| | | | |
|---|---|---|---|
| Andreas | Jakobus d. Jüng. (Alphäi) | Matthäus | Simon |
| Bartholomäus | Johannes | Petrus | Thaddäus |
| Jakobus d. Ält. (Zebedäi) | Judas Ischariot | Philippus | Thomas |

## Arzneimittel

| | |
|---|---|
| **Analeptika** | steigern herabgesetzte Erregbarkeit wichtiger Zentren |
| **Analgetika** | schmerzlindernde Mittel |
| **Anästhetika** | schmerzlindernd wirkende Mittel |
| **Antibiotika** | hemmen das Wachstum von Kleinstlebewesen |
| **Antimykotika** | verhindern Pilzerkrankungen der Haut, Haare, Fingernägel usw. |
| **Antihistaminika** | lindern Heuschnupfen und Nesselsucht |
| **Antineuralgika** | lindern Nervenschmerzen |
| **Antipyretika** | senken erhöhte Körpertemperaturen |
| **Antirheumatika** | Mittel gegen Rheumatismus |
| **Chemotherapeutika** | schädigen vom Blut aus die Krankheitserreger |
| **Ganglioplegika** | blockieren die Schaltstellen der unwillkürlichen Nerven |
| **Hypnotika** | Schlafmittel |
| **Lokalanästhetika** | unterbrechen am Einwirkungsort die Nervenleitung |
| **Narkotika** | lähmen Teile des Zentralnervensystems |
| **Neuroleptika** | Mittel mit antipsychotischer Wirkung |
| **Obstipantia** | stopfende Mittel gegen Durchfall |
| **Psychopharmaka** | beeinflussen die psychischen Funktionen |
| **Sedativa** | Beruhigungsmittel für übererregte Nerven |
| **Spasmolytika** | lösen schmerzhafte Krampfzustände der Muskulatur |
| **Zytostatika** | hemmen das Wachstum von Geschwülsten |

# Astronomische Fachausdrücke

**Asteroid,** planetenartiger Körper zwischen Mars- und Jupiterbahn mit meist nur wenigen km Durchmesser
**diffuser Nebel,** weiträumige Anhäufung interstellarer Materie innerhalb des Milchstraßensystems
**Fixstern,** selbstleuchtender Himmelskörper, der seinen Standort scheinbar nicht verändert
**Galaxis,** selbständiges Sternsystem außerhalb unseres Milchstraßensystems
**interstellare Materie,** staub- oder gasförmiger Baustoff für neue Sterne, der in sehr dünner Verteilung den Raum zwischen den Fixsternen ausfüllt
**Komet,** auch Schweifstern, Himmelskörper mit geringer Masse, der bei Sonnenannäherung einen Schweif aus ionisiertem Stickstoff und Kohlendioxid bildet
**Kosmos** (Weltall), das geordnete System aller Galaxien
**Lichtjahr,** astronomisches Entfernungsmaß; die Strecke, die das Licht in 1 Jahr zurücklegt (9,46 Billionen km)
**Meteor,** kosmischer Kleinkörper, der aus dem Weltall in die Erdatmosphäre eindringt und dabei verglüht („Sternschnuppe")
**Meteorit,** Bruchstück eines Meteors, das auf die Erde fällt
**Milchstraße,** mattleuchtendes Band aus unzähligen Sternen, das die Himmelskugel umspannt
**Milchstraßensystem,** das galaktische System, in dem sich unser Sonnensystem etwa 32000 Lichtjahre vom Zentrum entfernt befindet
**Neutronenstern,** Himmelskörper mit sehr großer Dichte und großer magnetischer Feldstärke, der hauptsächlich aus Neutronen besteht
**Nova,** veränderlicher Stern mit plötzlich auftretendem Helligkeitsausbruch, wobei soviel Energie frei wird, wie sie die Sonne in 2000 Jahren abstrahlt. Eine besonders lichtstarke Nova bezeichnet man als „Supernova"
**Planet,** kugelförmiger Himmelskörper, der in elliptischer Bahn um eine Sonne läuft
**planetarische Nebel,** neblige Hüllen um Sterne innerhalb des Milchstraßensystems, die eine Explosion hinter sich haben
**Protuberanzen,** Gasausbrüche auf der Sonnenoberfläche, die manchmal mit einer Geschwindigkeit von mehreren hundert Kilometern in der Sekunde in die Höhe steigen.
**Pulsar,** Himmelskörper, der mit großer Regelmäßigkeit Radioimpulse aussendet
**Quasar,** quasistellare (sternähnliche) Radioquelle, wahrscheinlich punktförmig und weit außerhalb unseres Milchstraßensystems
**rote Riesensterne** erreichen den 3000fachen Sonnendurchmesser.
**Satellit,** Mond eines Planeten, auch: künstlicher Himmelskörper
**Schwarzes Loch,** zusammengebrochener Riesenstern mit so großer Schwerkraft, daß er keine Strahlung nach außen abgeben kann
**Spiralnebel,** Sternsystem ähnlich unserem Milchstraßensystem mit zwei oder mehr spiralig gewundenen Armen
**Stern,** selbstleuchtender Himmelskörper wie unsere Sonne
**Urknall,** heute gültige Theorie von der Entstehung des Universums durch die „Explosion" von unendlich verdichteter Materie vor 15 Milliarden Jahren

# Kleines Atom-Lexikon

**A-Bombe:** Atombombe.
**Alphateilchen:** aus 2 Protonen und 2 Neutronen bestehender Kern des Elements Helium.
**Antimaterie:** besitzt die gleichen Eigenschaften wie die Materie, allerdings haben die Bausteine der Anti-Atome entgegengesetzte Ladung. Materie und Antimaterie vernichten sich gegenseitig, sobald sie aufeinandertreffen. So entstehen beim Zusammentreffen eines Protons und Antiprotons sehr kurzlebige Mesonen.
**Atom:** kleinstes Teilchen eines chemischen Elementes, in dem um einen positiv elektrischen Atomkern negative Elektronen in planetenartigen Bahnen kreisen.
**Atomabfall:** sehr radioaktive Kernspaltungsprodukte, die aus den Kernreaktoren entfernt werden müssen, weil sie die Kettenreaktion stören.
**Atombombe:** Sprengkörper aus dem Uran-Isotop U-235 oder dem aus Uran gewonnenen Plutonium-239, deren lawinenartig anwachsende Kettenreaktion unvorstellbare Zerstörungen auslöst.

**Atomenergie:** seit 1942 durch Kernspaltung und seit 1952 durch Kernaufbau freigesetzte Energie, die entsprechend dem Äquivalenzsatz dem Masseverlust der neuaufgebauten Atomkerne entspricht.
**Atomhülle:** die um den Atomkern kreisenden Elektronen, deren negative Ladungen durch die positive Ladung des Kerns neutralisiert sind.
**Atomkern:** aus den positiv elektrisch geladenen Protonen und den ungeladenen Neutronen bestehendes Zentrum des Atoms.
**Atommasse:** die Verhältniszahl, die angibt, wievielmal schwerer ein Atom bezogen auf ein Kohlenstoffatom ist, wobei Kohlenstoff gleich 12 gesetzt wird.
**Atomphysik:** zusammenfassende Bezeichnung für das theoretisch und experimentell gewonnene Wissen vom Aufbau und Zerfall der Materie.
**Betatron:** Gerät zur Energieanreicherung von Elektronen.
**Bevatron:** Gerät zur Energieanreicherung von Protonen.
**Deuterium:** ein Wasserstoff-Isotop, das mit Sauerstoff das Schwere Wasser bildet.
**Deuteronen:** sehr schnell bewegte, elektrisch positiv geladene Atomkerne des Deuteriums, die sich aus einem Proton und einem Neutron zusammensetzen.
**Elektronen:** kleinste Teilchen der Elektrizität, die sich in planetenartigen Bahnen um den Atomkern bewegen.
**Hochtemperaturreaktor:** verwendet als Brennstoff ein Gemisch aus hochangereichertem Uran und Thorium und erreicht dadurch eine bessere Ausnutzung des Kernbrennstoffs.
**Ionen:** elektrisch geladene Atome, Atomgruppen, Moleküle oder Molekülgruppen, die unter bestimmten Bedingungen in Flüssigkeiten, Gasen und festen Körpern auftreten.
**Isotope:** Abarten von Elementen, die untereinander zwar chemisch völlig gleichwertig sind, sich aber im Gewicht ihrer Atomkerne unterscheiden, weil sie verschieden viele Neutronen enthalten.
**Kernfusion:** im Gegensatz zur Kernspaltung die Bildung eines schweren Atomkerns durch mehrere leichtere, wobei Energie frei wird.
**Kernphysik:** auf die Erforschung der Atomkerne spezialisiertes Teilgebiet der Naturwissenschaften.
**Kernreaktor:** eine Anlage, in der der Ablauf der Kettenreaktion so gesteuert wird, daß sie nicht wie in der Atombombe lawinenartig anwachsen kann, sondern industriell nutzbare Wärmemengen liefert.
**Kernspaltung:** Sprengung von Atomkernen mittels Neutronen.
**Kettenreaktion:** Aufeinanderfolge von Kernspaltungen, die sich gegenseitig auslösen.
**Kritische Masse:** Mindestmenge an Spaltstoffen, die notwendig ist, um eine Kettenreaktion aufrechtzuerhalten.
**Mesonen:** schwierig nachzuweisende mittelschwere Elementarteilchen aus dem Atomkern mit äußerst kurzer Lebensdauer.
**Neutronen:** elektrisch neutrale Bestandteile des Atomkerns.
**Neutronenbombe:** nuklearer Sprengkörper mit geringer Explosionskraft, aber tödlicher Gamma- und Neutronenstrahlung.
**Nukleonen:** die Bausteine des Atomkerns, d.h. positiv elektrisch geladene Protonen und ungeladene Neutronen.
**Plutonium:** in der Natur nicht vorkommendes radioaktives Element vom Atomgewicht 239.

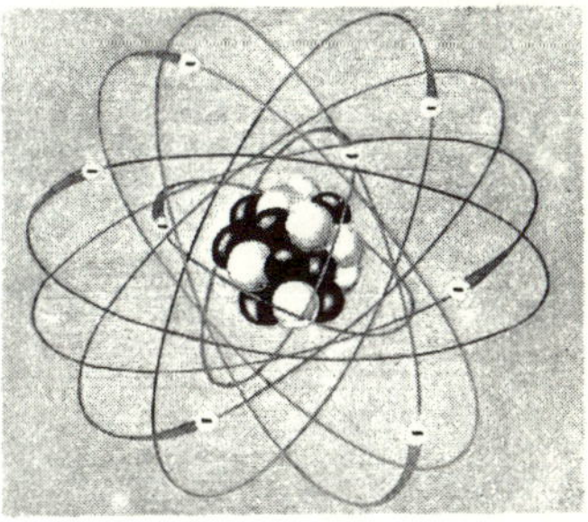

○ Neutron
● Proton (positiv) ⊖ Elektron (negativ)

**Positronen:** Elektronen positiver Ladung.
**Protonen:** elektrisch positiv geladene Bausteine der Atomkerne.
**Quarks:** kleinste Grundbausteine des Atomkerns, aus denen Protonen und Neutronen zusammengesetzt sind.
**Radioaktivität:** Eigenschaft gewisser chemischer Elemente, ohne äußere Beeinflussung dauernd Energie in Form von Strahlung abzugeben.
**Radioisotope:** durch Neutronenbestrahlung künstlich radioaktiv gemachte Elemente.
**Schneller Brüter:** Kernreaktor, der fast das gesamte Natururan zur Energieerzeugung verbraucht und zudem mehr Brennstoff (Plutonium) erzeugt, als er verbraucht (Uran).
**Schweres Wasser:** Verbindung des Deuteriums mit Sauerstoff.

**Synchro-Zyklotron:** Teilchenbeschleunigungsmaschine, die Protonen nahezu Lichtgeschwindigkeit (rund 300000 km/sec) verleiht.

**Teilchenbeschleuniger:** Großgeräte zur Beschleunigung geladener Elementarteilchen auf Geschwindigkeiten, die der des Lichtes (rund 300000 km/sec) nahe kommen.

**Thermonukleare Energie:** bei der Bildung von Helium aus Deuterium und Tritium frei werdende Energie.

**Tritium:** überschwerer Wasserstoff mit dem Atomgewicht 3, ein Wasserstoff-Isotop, das in der H-Bombe verwendet wird, aber auch beim friedlichen Kernaufbau eine große Rolle spielt.

**Uran:** das einzige in der Natur vorkommende Element, das die Auslösung einer gesteuerten Kettenreaktion im Kernreaktor ermöglicht. Es besteht zu 99,3% aus dem nichtspaltbaren Isotop Uran-238 und nur zu 0,7% aus spaltbarem U-235.

**WAA:** Wiederaufarbeitungsanlage für Kernbrennstoffe

**Wasserstoffbombe:** eine Atombombe, die durch unkontrollierte Kernfusion gewaltige Zerstörungen anrichtet.

**Zyklotron:** ein Teilchenbeschleuniger.

## Attentate des 20. und 21. Jahrhunderts

1900, 29.07. ital. König Umberto (†)
1901, 06.03. Kaiser Wilhelm II.
1913, 18.03. Georg I. v. Griechenland (†)
1914, 28.06. Erzherzog Franz Ferdinand (†)
1916, 16.12. Rasputin (†)
1918, 16.07. Nikolaus II. v. Rußland (†)
1919, 19.02. Clemenceau
1919, 21.02. Min.-Präs. Eisner (†)
1920, 26.01. Erzberger (†)
1922, 24.06. Rathenau (†)
1926, 07.04. Mussolini
1926, 11.09. Mussolini
1926, 31.10. Mussolini
1933, 15.02. Roosevelt
1934, 25.07. Dollfuß (†)
1940, 21.08. Trotzki (†)
1944, 20.07. Hitler
1948, 30.01. Gandhi (†)
1948, 17.09. Graf Folke Bernadotte (†)
1952, 27.03. Adenauer
1953, 02.03. Perón
1954, 28.10. Abd el Nasser
1955, 12.03. Nehru
1961, 08.09. Charles de Gaulle
1963, 22.11. John F. Kennedy (†)
1968, 04.04. Martin Luther King (†)
1968, 06.06. Robert F. Kennedy (†)
1972, 05.09. Olympia-Attentat, München
1975, 25.03. König Feisal von Arabien (†)
1979, 27.08. Lord Louis Francis Mountbatten (†)
1981, 30.03. Ronald Reagan
1981, 13.05. Papst Johannes Paul II.
1981, 06.10. Anwar as Sadat (†)
1984, 31.10. Indira Gandhi (†)
1986, 28.02. Olof Palme (†)
1989, 30.11. Alfred Herrhausen (†)
1990, 25.04. Oskar Lafontaine
1990, 12.10. Wolfgang Schäuble
1991, 02.04. Detlev Karsten Rohwedder (†)
1991, 21.05. Rajiv Gandhi (†)
1993, 05.12. Helmut Zilk
1995, 04.11. Jitzhak Rabin (†)
2001, 11.09. Terroranschlag auf das World Trade Center (ca. 3000 Tote)
2002, 14.07. Jacques Chirac
2003, 12.03. Zoran Dzindzic (†)
2003, 23.07. James E. Davis (†)
2003, 10.09. Anna Lindh (†)
2003, 25.09. Akila el Haschemi (†)
2004, 02.11. Theo van Gogh (†)
2005, 16.08. Frère Roger (†)

## Ratschläge für Auslandsurlauber

Für Erholungsuchende, die im Ausland Urlaub machen möchten, hat das Auswärtige Amt der Bundesrepublik Deutschland folgende 11 Vorsorgemaßnahmen und Ratschläge für Notfälle zusammengestellt:

1. Erkundigen Sie sich, ob Sie ein Einreise- oder Durchreisevisum benötigen. Informieren Sie sich auch über Zoll-, Aufenthalts-, Impf- und Devisenbestimmungen, Straßenverkehrsrecht, Sicherheitsvorschriften (z.B. Sperrgebiete), und Fotografierverbote.
2. Muß Ihr Paß vielleicht verlängert werden? Übrigens wäre es gut, Fotokopien aller Personal- und Autopapiere mitzunehmen und getrennt von den Originalen aufzubewahren.
3. Nehmen Sie einen Internationalen Krankenschein mit, wenn Sie sozialversichert sind. Jedermann kann sich außerdem durch eine private Urlaubs-Krankenversicherung zusätzlich schützen. Denken Sie auch an wichtige Medikamente, die Sie am Urlaubsort vielleicht nicht erhalten können.
4. Im Interesse Ihrer Sicherheit wird eine ausreichende Versicherung empfohlen: Reisegepäck, Rechtsschutz, Reiseunfall, Vollkasko, Insassenunfall.

5. Vorsicht vor Diebstahl! Auf „Nummr sicher" gehen Sie mit Reiseschecks und Kreditkarten. Fast schon eine Selbstverständlichkeit sind Euroschecks und Euroscheckkarten. Wichtig: Geld, Wertgegenstände und Ausweispapiere niemals im Auto, im Eisenbahnabteil oder Hotel zurücklassen.
6. Dem Autofahrer hilft der Schutzbrief eines Automobilclubs. Auch die grüne Versicherungskarte sollte nicht vergessen werden.
7. Reiserouten, Autonummer und Urlaubsanschrift sollten Sie Angehörigen oder Bekannten hinterlassen, damit man Sie in dringenden Fällen erreichen kann.
8. Wer in Not gerät, kann, wenn die Notlage auf andere Weise nicht zu beheben ist, von der deutschen Auslandsvertretung gegen spätere Rückzahlung finanzielle Hilfen erhalten, z.B. um die Heimreise zu ermöglichen.
9. Wer seine Reisedokumente verliert, erhält von der Auslandsvertretung einen „Reiseausweis zur Rückkehr nach Deutschland". Verlorene Fahrzeugpapiere und Führerscheine können nur in der Bundesrepublik ersetzt werden. Für die Rückreise genügt aber eine Verlustbescheinigung der ausländischen Polizei.
10. Nach einem Unfall oder Diebstahl sollte man bei der örtlichen Polizei ein Protokoll für die Versicherung besorgen. Nach einem Autounfall sind zusätzliche Daten über den Unfallgegner wichtig.
11. Wer festgenommen oder verhaftet wird, kann von den ausländischen Behörden verlangen, daß die nächste deutsche Auslandsvertretung unterrichtet wird. Diese kümmert sich um Ihre korrekte Behandlung und vermittelt Ihnen auf Wunsch einen Anwalt. Denken Sie aber daran, daß Deutsche im Ausland den Gesetzen des Gastlandes unterstehen und nicht deutschem Recht.

## *Autokennzeichen der Bundesrepublik*

**A**

**A** Augsburg (Bayern)
**AA** Ostalbkreis (Baden-Württemberg)
**AB** Aschaffenburg (Bayern)
**ABG** Altenburger Land (Thüringen)
**AC** Aachen (NRW)
**AIC** Aichach-Friedberg (Bayern)
**AK** Altenkirchen (Rheinland-Pfalz)
**AM** Amberg (Bayern)
**AN** Ansbach (Bayern)
**ANA** Annaberg (Sachsen)
**AÖ** Altötting (Bayern)
**AP** Apolda, Weimarer Land (Thüringen)
**AS** Amberg-Sulzbach (Bayern)
**ASL** Aschersleben-Staßfurt (Sachsen-Anhalt)
**ASZ** Aue-Schwarzenberg (Sachsen)
**AUR** Aurich (Niedersachsen)
**AW** Ahrweiler (Rheinland-Pfalz)
**AZ** Alzey-Worms (Rheinland-Pfalz)
**AZE** Anhalt-Zerbst (Sachsen-Anhalt)

**B**

**B** Berlin (Berlin)
**BA** Bamberg (Bayern)
**BAD** Baden-Baden (Baden-Württemberg)
**BAR** Barnim (Brandenburg)
**BB** Böblingen (Baden-Württemberg)
**BBG** Bernburg (Sachsen-Anhalt)
**BC** Biberach an der Riß (Baden-Württemberg)
**BGL** Berchtesgadener Land, Bad Reichenhall (Bayern)
**BI** Bielefeld (NRW)
**BIR** Birkenfeld/Nahe, Idar-Oberstein (Rheinland-Pfalz)
**BIT** Bitburg, Prüm (Rheinland-Pfalz)
**BL** Balingen, Zollernalbkreis (Baden-Württemberg)
**BLK** Burgenlandkreis, Naumburg/Saale (Sachsen-Anhalt)
**BM** Bergheim, Erftkreis (NRW)
**BN** Bonn (NRW)
**BO** Bochum (NRW)
**BÖ** Bördekreis, Oschersleben (Sachsen-Anhalt)
**BOR** Borken/Westfalen (NRW)
**BOT** Bottrop (NRW)
**BRA** Brake/Unterweser, Wesermarsch (Niedersachsen)
**BRB** Brandenburg an der Havel (Brandenburg)
**BS** Braunschweig (Niedersachsen)
**BT** Bayreuth (Bayern)
**BTF** Bitterfeld (Sachsen-Anhalt)
**BÜS** Büsingen am Hochrhein, Kr. Konstanz (Baden-Württemberg)
**BZ** Bautzen (Sachsen)

**C**

**C** Chemnitz/Sachsen (Sachsen)
**CB** Cottbus (Brandenburg)
**CE** Celle (Niedersachsen)
**CHA** Cham/Oberpfalz (Bayern)
**CLP** Cloppenburg (Niedersachsen)
**CO** Coburg (Bayern)
**COC** Cochem, Zell/Mosel (Rheinland-Pfalz)
**COE** Coesfeld/Westfalen (NRW)
**CUX** Cuxhaven (Niedersachsen)
**CW** Calw (Baden-Württemberg)

**D**

**D** Düsseldorf (NRW)
**DA** Darmstadt, Dieburg (Hessen)
**DAH** Dachau (Bayern)
**DAN** Dannenberg/Elbe, Lüchow (Niedersachsen)
**DAU** Daun (Rheinland-Pfalz)
**DBR** Bad Doberan (Mecklenburg-Vorpomm.)
**DD** Dresden (Sachsen)
**DE** Dessau/Anhalt (Sachsen-Anhalt)
**DEG** Deggendorf (Bayern)
**DEL** Delmenhorst (Niedersachsen)
**DGF** Dingolfing, Landau (Bayern)
**DH** Diepholz, Syke (Niedersachsen)
**DL** Döbeln (Sachsen)
**DLG** Dillingen an der Donau (Bayern)
**DM** Demmin (Mecklenburg-Vorpomm.)
**DN** Düren (NRW)
**DO** Dortmund (NRW)
**DON** Donauwörth, Donau-Ries (Bayern)
**DU** Duisburg (NRW)
**DÜW** Bad Dürkheim/Weinstraße (Rheinland-Pfalz)
**DW** Dippoldiswalde, Weißeritzkreis (Sachsen)
**DZ** Delitzsch (Sachsen)

**E**

**E** Essen (NRW)
**EA** Eisenach (Thüringen)
**EBE** Ebersberg/Oberbayern (Bayern)
**ED** Erding (Bayern)
**EE** Elbe-Elster-Kreis, Bad Liebenwerda (Brandenburg)
**EF** Erfurt (Thüringen)
**EI** Eichstätt/Bayern (Bayern)
**EIC** Eichsfeld, Heilbad Heiligenstadt (Thüringen)
**EL** Emsland, Meppen (Niedersachsen)
**EM** Emmerdingen (Baden-Württemberg)
**EMD** Emden/Ostfriesland (Niedersachsen)
**EMS** Bad Ems, Rhein-Lahn-Kreis (Rheinland-Pfalz)
**EN** Ennepe-Ruhr-Kreis, Schwelm (NRW)
**ER** Erlangen (Bayern)
**ERB** Erbach/Odenwald/Odenwald-kreis (Hessen)
**ERH** Erlangen, Höchstadt (Bayern)
**ES** Esslingen am Neckar (Baden-Württemberg)
**ESW** Eschwege, Werra-Meißner-Kreis (Hessen)
**EU** Euskirchen (NRW)

**F**

**F** Frankfurt am Main (Hessen)
**FB** Friedberg/Hessen, Wetteraukreis (Hessen)
**FD** Fulda (Hessen)
**FF** Frankfurt/Oder (Brandenburg)
**FFB** Fürstenfeldbruck (Bayern)
**FG** Freiberg/Sachsen (Sachsen)
**FL** Flensburg (Schleswig-Holstein)
**FN** Friedrichshafen, Bodenseekreis (Baden-Württemberg)
**FO** Forchheim/ Oberfr. (Bayern)
**FR** Freiburg im Breisgau, Hochschwarzwald (Baden-Württemberg)
**FRG** Freyung, Grafenau (Bayern)
**FRI** Friesland, Jever (Niedersachsen)
**FS** Freising (Bayern)
**FT** Frankenthal/Pfalz (Rheinland-Pfalz)
**FÜ** Fürth/Bayern (Bayern)

**G**

**G** Gera (Thüringen)
**GAP** Garmisch-Partenkirchen (Bayern)
**GC** Glauchau, Chemnitzer Land (Sachsen)
**GE** Gelsenkirchen (NRW)
**GER** Germersheim (Rheinland-Pfalz)
**GF** Gifhorn (Niedersachsen)
**GG** Groß-Gerau (Hessen)
**GI** Gießen (Hessen)
**GL** Bergisch-Gladbach, Rheinisch-Berg. Kreis (NRW)
**GM** Gummersbach, Oberbergischer Kreis (NRW)
**GÖ** Göttingen (Niedersachsen)
**GP** Göppingen (Baden-Württemberg)
**GR** Görlitz/Neiße (Sachsen)
**GRZ** Greiz (Thüringen)
**GS** Goslar (Niedersachsen)
**GT** Gütersloh, Rheda-Wiedenbrück (NRW)
**GTH** Gotha/Thüringen (Thüringen)
**GÜ** Güstrow (Mecklenburg-Vorpomm.)
**GZ** Günzburg (Bayern)

**H**

**H** Hannover (Niedersachsen)
**HA** Hagen/Westfalen (NRW)
**HAL** Halle/Saale (Sachsen-Anhalt)
**HAM** Hamm/Westfalen (NRW)
**HAS** Haßfurt, Haßberge (Bayern)
**HB** Hansestadt Bremen, Bremerhaven (Bremen)

**HBN** Hildburghausen (Thüringen)
**HBS** Halberstadt (Sachsen-Anhalt)
**HD** Heidelberg/Neckar, Rhein-Neckar-Kreis (Baden-Württemberg)
**HDH** Heidenheim an der Brenz (Baden-Württemberg)
**HE** Helmstedt (Niedersachsen)
**HEF** Bad Hersfeld, Rotenburg an der Fulda (Hessen)
**HEI** Heide/Holstein, Dithmarschen (Schleswig-Holstein)
**HER** Herne, Wanne-Eickel (NRW)
**HF** Herford, Kirchlengern (NRW)
**HG** Bad Homburg vor der Höhe, Hochtaunus (Hessen)
**HGW** Hansestadt Greifswald (Mecklenburg-Vorpomm.)
**HH** Hansestadt Hamburg (Hamburg)
**HI** Hildesheim (Niedersachsen)
**HL** Hansestadt Lübeck (Schleswig-Holstein)
**HM** Hameln, Bad Pyrmont (Niedersachsen)
**HN** Heilbronn/Neckar (Baden-Württemberg)
**HO** Hof/Saale (Bayern)
**HOL** Holzminden (Niedersachsen)
**HOM** Homburg/Saar, Saar-Pfalz-Kreis (Saarland)
**HP** Heppenheim, Bergstraße (Hessen)
**HR** Homberg/Efze, Schwalm-Eder-Kreis (Hessen)
**HRO** Hansestadt Rostock (Mecklenburg-Vorpomm.)
**HS** Heinsberg/Rheinland (NRW)
**HSK** Hochsauerlandkreis, Meschede (NRW)
**HST** Hansestadt Stralsund (Mecklenburg-Vorpomm.)
**HU** Hanau, Main-Kinzig-Kreis (Hessen)
**HVL** Havelland, Rathenow (Brandenburg)
**HWI** Hansestadt Wismar (Mecklenburg-Vorpomm.)
**HX** Höxter (NRW)
**HY** Hoyerswerda (Sachsen)

**I/J**

**IGB** St. Ingbert (Saarland)
**IK** Ilm-Kreis, Arnstadt (Thüringen)
**IN** Ingolstadt/Donau (Bayern)
**IZ** Itzehoe, Steinburg (Schleswig-Holstein)
**J** Jena (Thüringen)
**JJL** Jerichower Land, Burg (bei Magdeburg), (Sachsen-Anhalt)

**K**

**K** Köln (NRW)
**KA** Karlsruhe/Baden (Baden-Württemberg)
**KB** Korbach, Waldeck/H., Frankenberg/Eder (Hessen)
**KC** Kronach (Bayern)
**KE** Kempten/Allgäu (Bayern)
**KEH** Kelheim (Rheinland-Pfalz)
**KF** Kaufbeuren (Bayern)
**KG** Bad Kissingen (Bayern)
**KH** Bad Kreuznach (Rheinland-Pfalz)
**KI** Kiel (Schleswig-Holstein)
**KIB** Kirchheimbolanden, Donnersbergkreis (Rheinland-Pfalz)
**KL** Kaiserslautern (Rheinland-Pfalz)
**KLE** Kleve/Niederrhein (NRW)
**KM** Kamenz (Sachsen)
**KN** Konstanz (Baden-Württemberg)
**KO** Koblenz am Rhein (Rheinland-Pfalz)
**KÖT** Köthen/Anhalt (Sachsen-Anhalt)
**KR** Krefeld (NRW)
**KS** Kassel (Hessen)
**KT** Kitzingen (Bayern)
**KU** Kulmbach (Bayern)
**KÜN** Künzelsau, Hohenlohekreis (Baden-Württemberg)
**KUS** Kusel (Rheinland-Pfalz)
**KYF** Kyffhäuserkreis, Sondershausen (Thüringen)

**L**

**L** Leipzig (Sachsen)
**LA** Landshut/Bayern (Bayern)
**LAU** Lauf an der Pegnitz, Nürnberger Land (Bayern)
**LB** Ludwigsburg/Württemberg (Baden-Württemberg)
**LD** Landau in der Pfalz (Rheinland-Pfalz)
**LDK** Lahn-Dill-Kreis, Wetzlar (Hessen)
**LDS** Dahme-Spreewald, Königs Wusterhausen (Brandenburg)
**LER** Leer/Ostfriesland (Niedersachsen)
**LEV** Leverkusener/Ostfriesland (NRW)
**LG** Lüneburg (Niedersachsen)
**LI** Lindau/Bodensee (Bayern)
**LIF** Lichtenfels/Bayern (Bayern)
**LIP** Lippe, Detmold (NRW)
**LL** Landsberg am Lech (Bayern)
**LM** Limburg an der Lahn, Weilburg (Hessen)
**LÖ** Lörrach (Baden-Württemberg)
**LOS** Landkreis Oder-Spree, Beeskow (Brandenburg)
**LU** Ludwigshafen am Rhein (Rheinland-Pfalz)
**LWL** Ludwigslust (Mecklenburg-Vorpomm.)

**M**

**M** München (Bayern)
**MA** Mannheim (Baden-Württemberg)
**MB** Miesbach (Bayern)
**MD** Magdeburg (Sachsen-Anhalt)
**ME** Mettmann (NRW)
**MEI** Meißen/Sachsen (Sachsen)
**MEK** Mittlerer Erzgebirgskreis, Marienberg (Sachsen)
**MG** Mönchengladbach (NRW)
**MH** Mülheim an der Ruhr (NRW)
**MI** Minden/Westfalen, Lübbecke/Westfalen (NRW)
**MIL** Miltenberg (Bayern)
**MK** Märkischer Kreis, Lüdenscheid (NRW)
**ML** Mansfelder Land, Lutherstadt Eisleben (Sachsen-Anhalt)
**MM** Memmingen (Bayern)
**MN** Unterallgäu (Bayern)
**MOL** Märkisch Oderland, Bad Freienwalde (Brandenburg)
**MOS** Mosbach, Neckar-Odenwald-Kreis (Baden-Württemberg)
**MQ** Merseburg, Querfurt (Sachsen-Anhalt)
**MR** Marburg, Biedenkopf (Hessen)
**MS** Münster/Westfalen (NRW)
**MSP** Main-Spessart, Karlstadt/Main (Bayern)
**MST** Mecklenburg-Strelitz, Neustrelitz (Mecklenburg-Vorpomm.)
**MTK** Main-Taunus-Kreis, Hofheim am Taunus (Hessen)
**MTL** Muldentalkreis, Grimma (Sachsen)
**MÜ** Mühldorf am Inn (Bayern)
**MÜR** Müritz, Waren (Mecklenburg-Vorpomm.)
**MW** Mittweida (Sachsen)
**MYK** Kreis Mayen-Koblenz, Andernach (Rheinland-Pfalz)
**MZ** Mainz, Bingen am Rhein (Rheinland-Pfalz)
**MZG** Merzig, Wadern (Saarland)

**N**

**N** Nürnberg (Bayern)
**NB** Neubrandenburg (Mecklenburg-Vorpomm.)
**ND** Neuburg an der Donau, Schrobenhausen (Bayern)
**NDH** Nordhausen (Thüringen)
**NE** Neuss (NRW)
**NEA** Neustadt an der Aisch, Bad Windsheim (Bayern)
**NES** Bad Neustadt an der Saale, Rhön-Grabfeld (Bayern)
**NEW** Neustadt an der Waldnaab (Bayern)
**NF** Nordfriesland, Husum/Nordsee (Schleswig-Holstein)
**NI** Nienburg/Weser (Niedersachsen)
**NK** Neunkirchen/Saar (Saarland)
**NM** Neumarkt/Oberpfalz (Bayern)
**NMS** Neumünster (Schleswig-Holstein)
**NOH** Nordhorn, Grafschaft Bentheim (Niedersachsen)
**NOL** Niederschlesischer Oberlausitzkreis (Sachsen)
**NOM** Northeim (Niedersachsen)
**NR** Neuwied/Rhein (Rheinland-Pfalz)
**NU** Neu-Ulm (Bayern)
**NVP** Nordvorpommern, Grimmen (Mecklenburg-Vorpomm.)
**NW** Neustadt an der Weinstraße (Rheinland-Pfalz)
**NWM** Nordwestmecklenburg, Grevesmühlen (Mecklenburg-Vorpomm.)

**O**

**OA** Oberallgäu, Sonthofen (Bayern)
**OAL** Ostallgäu, Marktoberdorf (Bayern)
**OB** Oberhausen/Rheinland (NRW)
**OD** Bad Oldesloe, Stormarn (Schleswig-Holstein)
**OE** Olpe/Biggensee (NRW)
**OF** Offenbach am Main (Hessen)
**OG** Offenburg, Ortenaukreis (Baden-Württemberg)
**OH** Ostholstein, Eutin (Schleswig-Holstein)
**OHA** Osterode am Harz (Niedersachsen)
**OHV** Oberhavel, Oranienburg (Brandenburg)
**OHZ** Osterholz-Schambeck (Niedersachsen)
**OK** Ohrekreis, Haldersleben (Sachsen-Anhalt)
**OL** Oldenburg/Oldenburg (Niedersachsen)
**OPR** Ostprignitz-Ruppin, Neuruppin (Brandenburg)
**OS** Osnabrück (Niedersachsen)
**OSL** Oberspreewald-Lausitz, Senftenberg (Brandenburg)
**OVP** Ostvorpommern, Anklam (Mecklenburg-Vorpomm.)

**P**

**P** Potsdam (Brandenburg)
**PA** Passau (Bayern)
**PAF** Pfaffenhofen an der Ilm (Bayern)
**PAN** Pfarrkirchen, Rottal-Inn (Bayern)
**PB** Paderborn (NRW)
**PCH** Parchim (Mecklenburg-Vorpomm.)
**PE** Peine (Niedersachsen)
**PF** Pforzheim, Enzkreis

(Baden-Württemberg)

**PI** Pinneberg (Schleswig-Holstein)

**PIR** Pirna, Sächsische Schweiz (Sachsen)

**PL** Plauen (Sachsen)

**PLÖ** Plön/Holstein (Schleswig-Holstein)

**PM** Potsdam-Mittelmark, Belzig (Brandenburg)

**PR** Prignitz, Perleberg (Brandenburg)

**PS** Pirmasens (Rheinland-Pfalz)

**Q**

**QLB** Quedlinburg (Sachsen-Anhalt)

**R**

**R** Regensburg (Bayern)

**RA** Rastatt (Baden-Württemberg)

**RD** Rendsburg, Eckernförde (Schleswig-Holstein)

**RE** Recklinghausen, Marl/Westfalen (NRW)

**REG** Regen (Bayern)

**RG** Riesa, Großenhain/Sachsen (Sachsen)

**RH** Roth/Mittelfranken (Bayern)

**RO** Rosenheim/Oberbayern (Bayern)

**ROW** Rotenburg/Wümme (Niedersachsen)

**RS** Remscheid (NRW)

**RT** Reutlingen (Baden-Württemberg)

**RÜD** Rüdesheim, Rheingau-Taunus-Kreis (Hessen)

**RÜG** Rügen, Bergen auf Rügen (Mecklenburg-Vorpomm.)

**RV** Ravensburg (Baden-Württemberg)

**RW** Rottweil (Baden-Württemberg)

**RZ** Ratzeburg, Herzogtum Lauenburg (Schleswig-Holstein)

**S**

**S** Stuttgart (Baden-Württemberg)

**SAD** Schwandorf/Bayern (Bayern)

**SAW** Salzwedel (Sachsen-Anhalt)

**SB** Saarbrücken (Saarland)

**SBK** Schönebeck/Elbe (Sachsen-Anhalt)

**SC** Schwabach (Bayern)

**SDL** Stendal (Sachsen-Anhalt)

**SE** Bad Segeberg (Schleswig-Holstein)

**SFA** Soltau, Fallingbostel (Niedersachsen)

**SG** Solingen (NRW)

**SGH** Sangerhausen (Sachsen-Anhalt)

**SHA** Schwäbisch Hall (Baden-Württemberg)

**SHG** Schaumburg, Stadthagen (Niedersachsen)

**SHK** Saale-Holzlandkreis, Eisenberg (Thüringen)

**SHL** Suhl (Thüringen)

**SI** Siegen, Wittgenstein (NRW)

**SIG** Sigmaringen (Baden-Württemberg)

**SIM** Simmern, Rhein-Hunsrück-Kreis (Rheinland-Pfalz)

**SK** Saalkreis in Halle (Sachsen-Anhalt)

**SL** Schleswig, Flensburg (Schleswig-Holstein)

**SLF** Saalfeld/Saale, Rudolstadt (Thüringen)

**SLS** Saarlouis (Saarland)

**SM** Schmalkalden, Meiningen (Thüringen)

**SN** Schwerin/Mecklenburg (Mecklenburg-Vorpomm.)

**SO** Soest/Westfalen (NRW)

**SÖM** Sömmerda (Thüringen)

**SOK** Saale-Orla-Kreis, Oberböhmsdorf (Thüringen)

**SON** Sonneberg/Thüringen (Thüringen)

**SP** Speyer (Rheinland-Pfalz)

**SPN** Spree-Neiße-Kreis, Forst/Lausitz (Brandenburg)

**SR** Straubing, Bogen/Niederbayern (Bayern)

**ST** Steinfurt (NRW)

**STA** Starnberg (Bayern)

**STD** Stade (Niedersachsen)

**STL** Stollberg/Erzgebirge (Sachsen)

**SU** Siegburg, Rhein-Sieg-Kreis (NRW)

**SÜW** Südliche Weinstraße, Landau (Rheinland-Pfalz)

**SW** Schweinfurt (Bayern)

**SZ** Salzgitter (Niedersachsen)

**T**

**TBB** Tauberbischofsheim, Main-Tauber-Kreis (Baden-Württemberg)

**TF** Teltow-Fläming-Kreis, Zossen (Brandenburg)

**TIR** Tirschenreuth (Bayern)

**TO** Torgau, Oschatz (Sachsen)

**TÖL** Bad Tölz, Wolfratshausen (Bayern)

**TR** Trier, Saarburg/Saar (Saarland)

**TS** Traunstein/Oberbayern (Bayern)

**TÜ** Tübingen (Baden-Württemberg)

**TUT** Tuttlingen (Baden-Württemberg)

**U**

**UE** Uelzen (Niedersachsen)

**UER** Uecker-Randow, Pasewalk (Mecklenburg-Vorpomm.)

**UH** Unstrut-Hainich-Kreis, Mühlhausen (Thüringen)

**UL** Ulm/Donau, Alb-Donau-Kreis (Baden-Württemberg)

**UM** Uckermark, Prenzlau (Brandenburg)

**UN** Unna (NRW)

**V**

**V** Vogtlandkreis (Sachsen)

**VB** Vogelsbergkreis, Lauterbach/Hessen (Hessen)

| | | | |
|---|---|---|---|
| **VEC** | Vechta (Niedersachsen) | **WN** | Waiblingen, Rems-Murr-Kreis (Baden-Württemberg) |
| **VER** | Verden/Aller (Niedersachsen) | **WND** | St. Wendel/Saar (Saarland) |
| **VIE** | Viersen (NRW) | **WO** | Worms (Rheinland-Pfalz) |
| **VK** | Völklingen (Saarland) | **WOB** | Wolfsburg (Niedersachsen) |
| **VS** | Villingen-Schwennigen, Schwarzw.-Baar-Kr. (Baden-Württemberg) | **WR** | Wernigerode (Sachsen-Anhalt) |
| | **W** | **WSF** | Weißenfels (Sachsen-Anhalt) |
| **W** | Wuppertal (NRW) | **WST** | Westerstede, Ammerland (Niedersachsen) |
| **WAF** | Warendorf (NRW) | **WT** | Waldshut-Tiengen (Baden-Württemberg) |
| **WAK** | Wartburgkreis (Thüringen) | **WTM** | Wittmund (Niedersachsen) |
| **WB** | Wittenberg (Sachsen-Anhalt) | **WÜ** | Würzburg (Bayern) |
| **WE** | Weimar/Thüringen (Thüringen) | **WUG** | Weißenburg in Bayern, Gunzenhausen (Bayern) |
| **WEN** | Weiden/Oberpfalz (Bayern) | **WUN** | Wunsiedel (Bayern) |
| **WES** | Wesel (NRW) | **WW** | Westerwald, Montabaur (Rheinland-Pfalz) |
| **WF** | Wolfenbüttel (Niedersachsen) | | **Z** |
| **WHV** | Wilhelmshaven (Niedersachsen) | **Z** | Zwickau, Zwickauer Land, Werdau (Sachsen) |
| **WI** | Wiesbaden (Hessen) | **ZI** | Zittau, Sächsischer Oberlausitzkreis (Sachsen) |
| **WIL** | Wittlich, Bernkastel-Kues (Rheinland-Pfalz) | **ZW** | Zweibrücken/Pfalz (Rheinland-Pfalz) |
| **WL** | Winsen/Luhe, Harburg (Niedersachsen) | | |
| **WM** | Weilheim in Oberbayern, Schongau (Bayern) | | |

## Autokennzeichen in Österreich

| | | | | | |
|---|---|---|---|---|---|
| **B** | Burgenland | **N** | Niederösterreich | **T** | Tirol |
| **G** | Graz | **O** | Oberösterreich | **V** | Vorarlberg |
| **K** | Kärnten | **S** | Salzburg | **W** | Wien |
| **L** | Linz | **St** | Steiermark | | |

## Autokennzeichen in der Schweiz

| | | | | | |
|---|---|---|---|---|---|
| **AG** | Aargau | **GR** | Graubünden | **SZ** | Schwyz |
| **AI** | Appenzell-Innerrhoden | **JU** | Jura | **TG** | Thurgau |
| **AR** | Appenzell-Außerrhoden | **LU** | Luzern | **TI** | Tessin |
| **BE** | Bern | **NE** | Neuenburg | **UR** | Uri |
| **BL** | Basel-Land | **NW** | Nidwalden | **VD** | Waadt |
| **BS** | Basel-Stadt | **OW** | Obwalden | **VS** | Wallis |
| **FR** | Freiburg | **SG** | St. Gallen | **ZG** | Zug |
| **GE** | Genf | **SH** | Schaffhausen | **ZH** | Zürich |
| **GL** | Glarus | **SO** | Solothurn | | |

# Baderegeln der DLRG



Schwimm- und Tauchsport zählen zu den beliebtesten Freizeitvergnügen. Damit es beim Vergnügen bleibt, ungetrübt durch Badeunfälle aus Leichtsinn oder ganz einfach Unwissenheit, hat die Deutsche Lebensrettungs-Gesellschaft (DLRG) 15 goldene Baderegeln zusammengestellt.

1. Nur wer gesund ist und sich wohl fühlt, sollte Baden oder Schwimmen gehen.
2. Man sollte nicht erhitzt ins Wasser gehen, sondern sich vorher abkühlen. Mit vollem oder leerem Magen schwimmt man nicht!
3. Wer nicht schwimmen kann, sollte tiefe Gewässer vermeiden.
4. Luftmatratzen und Autoschläuche sind im Wasser gefährliche Spielzeuge.
5. In unbekanntes Gewässer zu springen bedeutet erhöhte Verletzungsgefahr.
6. Das Schwimmen in Schiffahrtsstraßen ist wegen außergewöhnlicher Strömungen und Wellengangs verboten.
7. Bei Gewitter und hohem Wellengang soll man Gewässer meiden.
8. Hautverbrennungen und Kreislaufschäden können durch zu lange Sonnenbestrahlung entstehen.
9. Es ist wichtig, den Kopf gegen übermäßige Sonneneinwirkung zu schützen.
10. Wer im Wasser friert, sollte es verlassen. Das gilt insbesondere für Kinder.
11. Bei kalter Lufttemperatur sollen nach dem Schwimmen Körper und Kopfhaare sowie die Gehörgänge gut abgetrocknet werden.
12. Vor Übertreibung beim Tauchen können auch Gesunde nicht eindringlich genug gewarnt werden.
13. Ohne Aufsicht sollte man allein nicht weit vom Ufer wegschwimmen.
14. Man stößt andere auch nicht im Spaß ins Wasser.
15. Es ist Dummheit, aus Spaß um Hilfe zu rufen!

# Bälle und ihre Maße

| Ball | Gewicht | Umfang (cm) | Ball | Gewicht | Umfang (cm) |
|---|---|---|---|---|---|
| Baseball | 142–149 g | 22,9–23,5 | Kricketball | 156– 163 g | 22 |
| Basketball | 600–650 g | 75–80 | Medizinball | 1500–3000 g | 110 |
| Faustball | 300–350 g | 65–71 | Rugbyball | 360– 425 g | – |
| Fußball | 396–453 g | 68–71 | Schlagball | 70– 85 g | 19–21 |
| Golfball | 45– 48 g | 12,6 | Schleuderball | 1000–1500 g | 65–70 |
| Handball | 400–500 g | 48–60 | Tennisball | 56,5– 58,5g | 20–41 |
| Hockeyball | 156–163 g | 23–23,5 | Tischtennisball | 2,4– 2,5 g | 11,4–12,1 |
| Korbball | 400–500 g | 58–60 | Wasserball | 400– 450 g | 68–71 |

# Ballspiele

Badminton
Bandy
Baseball
Basketball
Billard
Boccia
Bockball
Burgball
Faustball
Football
Fußball
Fußballtennis
Golf
Grenzball
Hallenhandball
Handball
Hockey
Indiaca
Jägerball
Kegeln
Korbball
Kricket
Lacrosse
Pelota
Polo
Prellball
Radball
Raffball
Raufball
Ringtennis
Rollhockey
Rugby
Schlagball
Softball
Squash
Tennis
Tischtennis
Völkerball
Volleyball
Wasserball

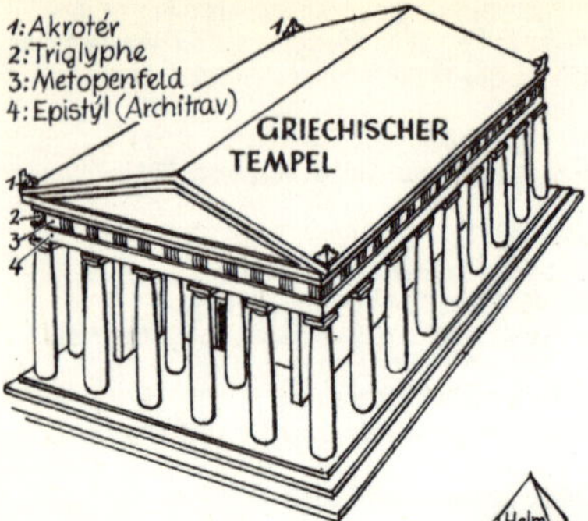
1: Akrotér
2: Triglyphe
3: Metopenfeld
4: Epistýl (Architrav)
GRIECHISCHER TEMPEL
1
2
3
4

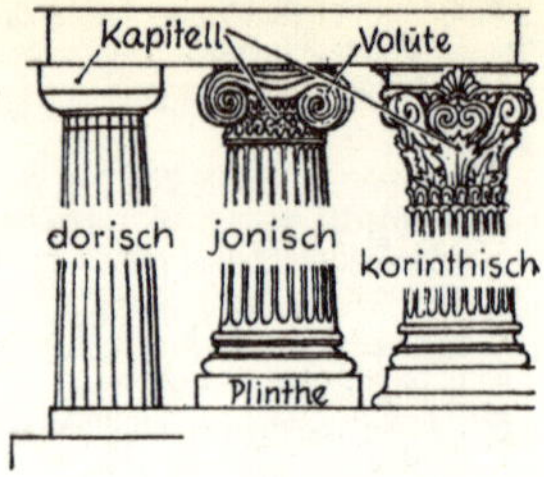
Kapitell
Volüte
dorisch
jonisch
korinthisch
Plinthe

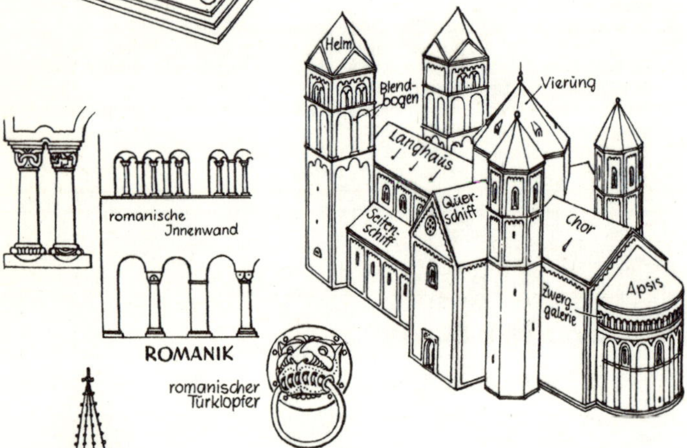
Helm
Blend-bogen
Vierüng
Langhaüs
Qüer-schiff
Seiten-schiff
Chor
Apsis
Zwerg-galerie
romanische Innenwand
ROMANIK
romanischer Türklopfer

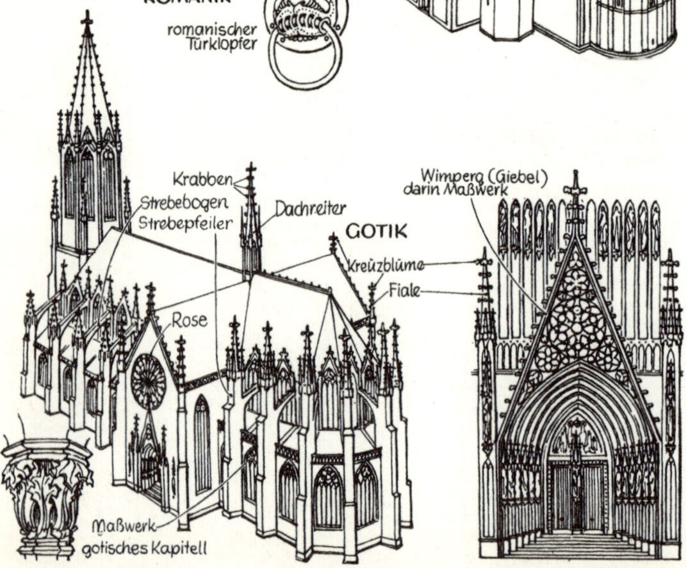
Krabben
Strebebogen
Strebepfeiler
Dachreiter
GOTIK
Kreüzblüme
Fiale
Rose
Wimperg (Giebel) darin Maßwerk
Maßwerk
gotisches Kapitell

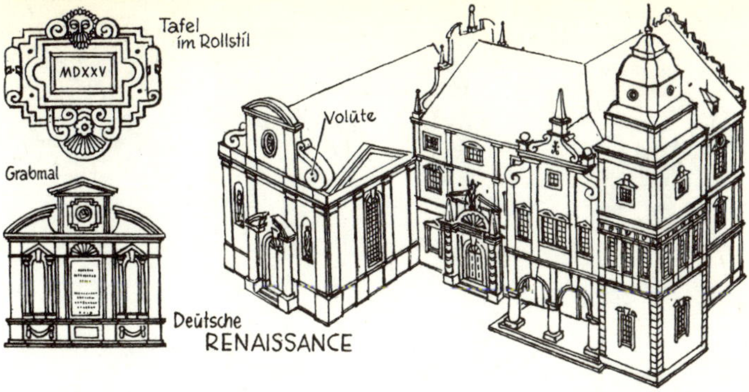


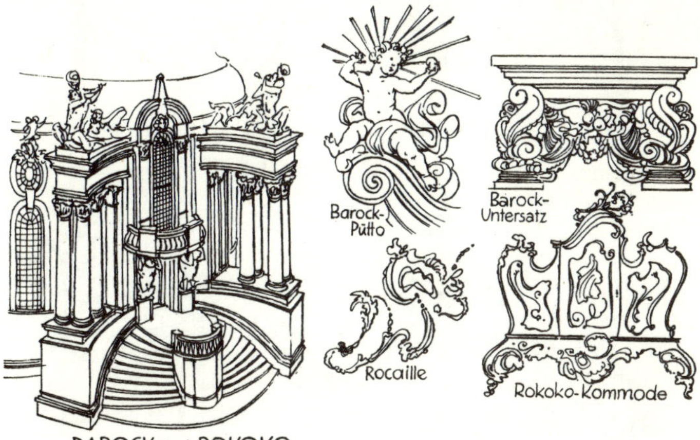


BAROCK ünd ROKOKO

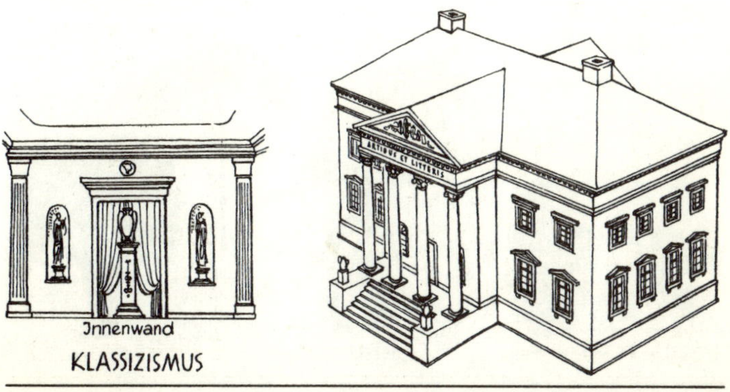


KLASSIZISMUS

# Baumformen

Eiche
Buche
Ulme
Birke
Roßkastanie
Linde
Ahorn
Trauerweide
Kopfweide
Pyramidenpappel
Fichte
Tanne
Lärche
Kiefer
Wacholder
Lebensbaum
Kokos-
palme
Fächerpalme
Pinie
Ölbaum

## Wichtige Bäume Deutschlands

**Bergahorn** (Acer pseudoplatanus)
**Bergulme** (Ulmus glabra)
**Bruchweide** (Salix fragilis)
**Eberesche** (Sorbus aucuparia)
**Eibe** (Taxus baccata)
**Eisbeere** (Sorbus torminalis)
**Esche** (Fraxinus excelsior)
**Espe** (Populus tremula)
**Faulbaum** (Frangula ainus)
**Feldahorn** (Acer campestre)
**Feldulme** (Ulmus minor)
**Fichte** (Picea abies)
**Flatterulme** (Ulmus laevis)
**Grauerle** (Alnus incana)
**Hainbuche** (Carpinus betulus)
**Hasel** (Corylus aveliana)
**Holzapfel** (Malus sylvestris)
**Kiefer** (Pinus sylvestris)
**Korbweide** (Salix viminalis)
**Kreuzdorn** (Rhamnus catharticus)
**Lärche, Europäische** (Larix decidua)
**Lorbeerweide** (Salix pentandra)
**Mehlbeere** (Sorbus aria)
**Moorbirke** (Betula pubescens)
**Pyramidenpappel** (Populus nigra)
**Robinie** (Robinia pseudacacia)
**Roßkastanie** (Aesculus hippocastanum)
**Rotbuche** (Fagus sylvatica)
**Salweide** (Salic caprea)
**Schwarzerle** (Ainus glutinosa)
**Silberpappel** (Populus alba)
**Silberweide** (Salix alba)
**Sommerlinde** (Tilla platyphyllos)
**Spitzahorn** (Acer platanoides)
**Stechpalme** (Ilex aquifolium)
**Stieleiche** (Quercus robur)
**Traubeneiche** (Quercus petraea)
**Traubenkirsche, Gewöhnliche** (Prunus padus), **Späte** (P. serotina)
**Vogelkirsche** (Prunus avium)
**Wacholder** (Juniperus communis)
**Weißbirke** (Beta pendula)
**Weißdorn** (Crataegus monogyna)
**Weißtanne** (Albies alba)
**Wildbirne** (Pyrus pyraster)
**Winterlinde** (Tilla cordata)

## Die wichtigsten Baustile

| Baustil | Merkmale | Typische Beispiele |
|---|---|---|
| **Romanik** (1000–1200) | gedrungen und wuchtig, horizontale Gliederung, Rundbogen (Fenster und Friese), Würfelkapitell der Säulen | Dome in Braunschweig, Hildesheim, Lübeck, Mainz, Minden, Speyer, Trier u. a., Kaiserpfalz in Goslar |
| **Gotik** (1200–1500) | in die Höhe strebende Linien, steile Dächer, Spitzbogen und -fenster, kelchförmige Kapitelle der Säulen | Notre-Dame in Paris, Dome in Köln, Paderborn, Regensburg u. a., Münster in Straßburg und Ulm, Stephansdom in Wien, Rathaus und Marienkirche in Lübeck |
| **Renaissance** (1500–1650) | horizontale Gliederung, Rundbogen, Gliederung durch Gesimse, Obelisken, Pilaster (= aus der Wand hervortretende Pfeiler), Voluten (= spiralförmige Vermittlungsglieder) u. a. | Louvre und Palais Luxembourg in Paris, Paläste in Florenz, Genua, Rom, Venedig u. a., Schloß in Heidelberg, Rathaus in Nürnberg |
| **Barock u. Rokoko** (1650–1770) | Häufung der Formen und Umbildung ins Schwulstige, Verschwinden der geraden Linien, Vorwiegen der Kurven, reiche Ornamentik, Stuckdekoration | Schloß in Versailles, Invalidendom in Paris, Klosterkirche Banz, Schloß Belvedere in Wien, Residenz in Würzburg, Zwinger in Dresden, Schloß Sanssouci |
| **Klassizismus** (1750–1850) | in Anlehnung an antike Vorbilder klare, einfache, strenge Formen | Brandenburger Tor in Berlin, Propyläen in München, Scala in Mailand, Kapitol in Washington, Pantheon in Paris |

## Hohe Bauwerke

| | | | |
|---|---|---|---|
| **KTHI-Fernsehmast**, Fargo/USA | 629 m | **Bank of Manhattan**, New York | 282 m |
| **CN-Tower**, Toronto | 553 m | **Fernsehturm**, Hamburg | 272 m |
| **Fernsehturm**, Moskau | 537 m | **Antennentürme**, Nauen | 260 m |
| **Taipei 101**, Taipei | 508 m | **Fernsehturm**, Wien | 252 m |
| **Petronas Twin Towers**, Kuala Lumpur | 452 m | **Woolworth Building**, New York | 241 m |
| **Sears Tower**, Chicago | 445 m | **Lomonossow-Universität**, Moskau | 240 m |
| **Jin Mao Tower**, Shanghai | 420 m | **Boulder-Staudamm**, Arizona/USA | 223 m |
| **2 International Finance Centre**, Hongkong | 415 m | **Fernsehturm**, Dortmund | 220 m |
| **CITIC Plaza**, Guangzhou/China | 391 m | **Fernsehturm**, Stuttgart | 210 m |
| **Shun Hing Square**, Shenzhen/China | 384 m | **Kulturpalast**, Warschau | 200 m |
| **Empire State Building**, New York | 381 m | **Waldorf-Astoria-Hotel**, New York | 191 m |
| **Central Plaza**, Hongkong | 374 m | **Fernsehturm**, Ochsenkopf | 186 m |
| **Fernsehturm**, Berlin | 362 m | **Nationalmuseum**, Turin | 164 m |
| **John Hancock Center**, Chicago | 335 m | **Münster**, Ulm | 161 m |
| **Fernsehturm**, Tokio | 332 m | **Dom**, Köln | 160 m |
| **Fernsehturm**, Milwaukee/USA | 329 m | **Obelisk**, Washington | 159 m |
| **Fernsehturm**, Paris | 321 m | **Funkturm**, Berlin | 150 m |
| **Chrysler Building**, New York | 319 m | **Kathedrale**, Rouen | 148 m |
| **Eiffelturm**, Paris | 318 m | **Münster**, Straßburg | 142 m |
| **Emirates Hotel Tower**, Dubai | 309 m | **Cheops-Pyramide**, Giseh | 137 m |
| **Fernmeldeturm**, Steinkimmen | 300 m | **Stephansdom**, Wien | 137 m |
| **Fernsehturm**, München | 290 m | **Peterskirche**, Rom | 133 m |
| **Grande Dixence-Staudamm**, Schweiz | 285 m | **Michaeliskirche**, Hamburg | 132 m |
| | | **St.-Pauls-Kathedrale**, London | 123 m |
| | | **Rathaus**, Brüssel | 118 m |

## Berge

Immer wieder tauchen Fragen nach der Höhe von Bergen auf. Man möchte z.B. wissen, ob dieser oder jener Berg höher ist. Für solche und ähnliche Fälle nennt die folgende Übersicht 129 Berge (die bekanntesten aus Europa und die höchsten aus den anderen Erdteilen) mit ihrer Höhe über dem Meeresspiegel in Metern:

| | | | | | |
|---|---|---|---|---|---|
| Aconcagua | 6958 | Dufour-Spitze | 4634 | Hohe Eule | 1014 |
| Adamello | 3554 | Elbrus | 5633 | Hohenpeißenberg | 988 |
| Alpspitze | 2628 | Elgon | 4311 | Hohenstaufen | 684 |
| Ararat | 5156 | Elias | 5486 | Hohentwiel | 686 |
| Arber (Großer) | 1456 | Elm | 327 | Hohenzollern | 855 |
| Ätna | 3274 | Erbeskopf | 816 | Hornisgrinde | 1164 |
| Bastei | 315 | Erebus | 4023 | Huascaran | 6768 |
| Beerberg | 982 | Feldberg (Schwarzw.) | 1495 | Illampu | 6550 |
| Belchen | 1416 | Feldberg (Taunus) | 880 | Illimani | 6447 |
| Benediktenwand | 1801 | Fichtelberg | 1214 | Inselsberg | 916 |
| Ben Nevis | 1343 | Finsteraarhorn | 4275 | Iztaccihuatl | 5286 |
| Bielstein | 642 | Fuchskauten | 657 | Jungfrau | 4166 |
| Brocken | 1142 | Fudschijama | 3778 | Kahler Asten | 841 |
| Bungsberg | 168 | Gaurisankar | 7150 | Kaiserstuhl | 557 |
| Chimborazo | 6310 | Gerlsdorfer Spitze | 2663 | Kalmit | 673 |
| Citlaltépetl | 5653 | Geyersberg | 586 | Kamerunberg | 4070 |
| Cotopaxi | 5886 | Glatzer Schneeberg | 1425 | Kantschindschunga | 8579 |
| Dachstein | 2996 | Godwin Austen | 8611 | Kebnekaise | 2123 |
| Dammastock | 3633 | Großglockner | 3797 | Kenia | 5194 |
| Deister | 405 | Grotenburg | 386 | Kibo | 5955 |
| Demawend | 5671 | Herzogstand | 1731 | Kreuzspitze | 2185 |
| Dhaulagiri | 8168 | Hochkalter | 2607 | Krottenkopf | 2657 |
| Donnersberg | 687 | Hochstaufen | 1781 | Kyffhäuser | 457 |
| Drachenfels | 321 | Hochvogel | 2593 | Landeskrone | 420 |
| Dreisesselberg | 1332 | Hohe Acht | 747 | Lausche | 793 |

| | | | | | |
|---|---|---|---|---|---|
| Lemberg | 1015 | Mustag Ata | 7438 | Scharfreiter | 2100 |
| Logan | 6050 | Nanga Parbat | 8125 | Schauinsland | 1284 |
| Lusen | 1373 | Narodnaja | 1883 | Schneeberg (Fichtelg.) | 1051 |
| MacKinley | 6187 | Nebelhorn | 2224 | Schneekoppe | 1603 |
| Mädelegabel | 2645 | Ochsenkopf | 1024 | Soiernspitze | 2258 |
| Malchen | 517 | Ojos del Salado | 6880 | Tajamulco | 4211 |
| Marmolata | 3354 | Olymp | 2911 | Tiratsch Mir | 7705 |
| Matterhorn | 4505 | Ortler | 3899 | Tödi | 3623 |
| Mauna Kea | 4208 | Osser | 1293 | Triglav | 2863 |
| Mauna Loa | 4168 | Parseier Spitze | 3038 | Turmberg | 331 |
| Mawensi | 5270 | Pico de Teyde | 3718 | Vesuv | 1186 |
| Meißner (Hoher) | 750 | Piekberg | 161 | Wasserkuppe | 950 |
| Meru | 4630 | Piz Bernina | 4052 | Watzmann | 2713 |
| Minja Gonkar | 7700 | Popocatépetl | 5451 | Wendelstein | 1838 |
| Mitchell | 2037 | Rachel | 1453 | Wilseder Berg | 169 |
| Montblanc | 4810 | Rainier | 4391 | Wurmberg | 971 |
| Mount Cook | 3764 | Ruapehu | 2797 | Zobtén | 718 |
| Mount Everest | 8848 | Ruwenzori | 5127 | Zugspitze | 2963 |

| | |
|---|---|
| Höchster Berg Deutschlands: | Zugspitze (2963 m) im Wettersteingebirge |
| Höchster Berg Europas: | Montblanc (4810 m) in den Savoyer Alpen |
| Höchster Berg Asiens: | Mount Everest (8848 m) im Himalaya |
| Höchster Berg Afrikas: | Kibo (5955 m), Gipfel des Kilimandscharo |
| Höchster Berg Amerikas: | Aconcagua (6958 m) in den Anden |

# Berlin

**Berliner Verwaltungsbezirke**

1. Mitte
2. Friedrichshain-Kreuzberg
3. Pankow
4. Charlottenburg-Wilmersdorf
5. Spandau
6. Steglitz-Zehlendorf
7. Tempelhof-Schöneberg
8. Neukölln
9. Treptow-Köpenick
10. Marzahn-Hellersdorf
11. Lichtenberg
12. Reinickendorf

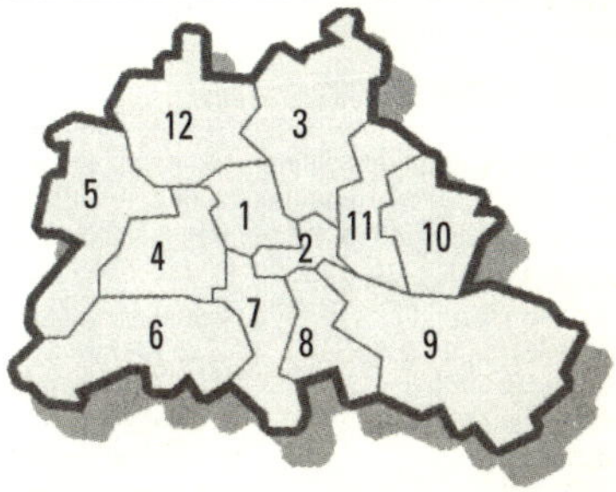


# Bettgrößen

Das Sprichwort »Wie man sich bettet, so liegt man« sollte beim Bett wörtlich genommen werden. Ob Schrank-, Polster- oder Doppelbett – die richtigen Maße für dieses wichtige Möbel sind entscheidend. Die üblichen Größen:

| Einzelbetten: | Doppelbetten | Französische Betten: | Andere Betten: |
|---|---|---|---|
| 90 x 190 cm | 180 x 190 cm | 150 x 190 cm | 140 x 200 cm |
| 90 x 200 cm | 180 x 200 cm | 150 x 200 cm | 140 x 210 cm |
| 100 x 190 cm | 200 x 190 cm | 150 x 210 cm | 160 x 200 cm |
| 100 x 200 cm | 200 x 200 cm | | 160 x 210 cm |
| 100 x 210 cm | 200 x 210 cm | | |
| 120 x 210 cm | | | |

## *Große Bibliotheken*

Sie suchen ein seltenes oder altes Buch? Nun, fragen Sie einmal bei den hier mit den Zahlen der Bücher genannten 38 Bibliotheken an, in deren Gewölben über 100 Millionen Bände versammelt sind. Irgendwo steht sicher auch das von Ihnen gesuchte Werk.

| | |
|---|---|
| Amsterdam, Univ.-B. | 2000000 |
| Berkeley, Univ.-B. | 9880000 |
| Berlin, Dt. Staats-B. | 2900000 |
| Bern, Schweiz, Landes-B. | 1200000 |
| Brüssel, Königl. B. | 2600000 |
| Cambridge (Engl.), Univ.-B. | 3000000 |
| Cambridge (USA), Univ.-B. | 8000000 |
| Chicago, Öffentl. B. | 4100000 |
| Edinburgh, National-B. | 3000000 |
| Florenz, National-B. | 4000000 |
| Göttingen, Staats- u. Univ.-B. | 1500000 |
| Haag, Königl. B. | 2000000 |
| Kiew, National-B. | 5000000 |
| Kioto, Univ.-B. | 2900000 |
| Kopenhagen, Kgl. B. | 1300000 |
| Leiden, Univ.-B. | 1800000 |
| Leipzig, Dt. Bücherei | 3400000 |
| Leipzig, Univ.-B. | 2000000 |
| Leningrad, Saltykow-Schtschedrin-Bibliothek | 15000000 |
| London, Brit. Museum | 7000000 |
| Los Angeles, Öffentl. B. | 3000000 |
| Madrid, National-B. | 2100000 |
| Moskau, Lenin-B. | 23000000 |
| Moskau, Univ.-B. | 7700000 |
| München, Bayr. Staats-B. | 3200000 |
| New Haven, Univ.-B. | 5500000 |
| New York, Öffentl. B. | 2800000 |
| Oxford, Bodleiana | 3500000 |
| Paris, National-B. | 6000000 |
| Paris, Univ.-B. | 3100000 |
| Peking, National-B. | 4400000 |
| Prag, National-B. | 3962000 |
| Rom, National-B. | 2200000 |
| Straßburg, Univ.-B | 3000000 |
| Stuttgart, Landesbibliothek | 1485000 |
| Uppsala, Univ.-B | 1300000 |
| Warschau, Volks-B. | 2400000 |
| Washington, Kongreß-B. | 14800000 |
| Wien, National-B. | 1900000 |
| Wien, Univ.-B | 1560000 |

## *Blasinstrumente*

Alle Musikinstrumente, deren Ton durch schwingende Luft erzeugt wird, faßt man unter dem Namen Aerophone (griechisch »aer« = Luft) zusammen. Die meisten sind Blasinstrumente, die vom Atem des Bläsers gespeist werden.

**Blechblasinstrumente**

Aidatrompete
Althorn
Altkornett
Altposaune
Alttrompete
Baßposaune
Baßtrompete
Baßtuba
Doppelhorn
Doppeltuba
Euphonium
Fanfare
Flügelhorn
Helikon
Inventionshorn
Jazztrompete
Kleine Trompete
Kontrabaßtuba
Kornett
Naturtrompete
Naturwaldhorn
Posaune
Soprankornett
Sousaphon
Tenorhorn
Tenorposaune
Ventilposaune
Ventiltrompete
Wagnertuba
Waldhorn

**Holzblasinstrumente**

Altflöte
Altklarinette
Altsaxophon
Baritonsaxophon
Bassethorn
Baßflöte
Baßklarinette
Baßsaxophon
Blockflöte
Böhmflöte
Doppelblockflöte
Dudelsack
Einhandflöte
Englisch Horn
Fagott
Gefäßflöte
Gemshorn
Heckelphon
Klarinette
Kontrabaßklarinette
Kontrafagott
Liebesflöte
Liebesoboe
Oboe
Orgel
Panflöte
Pikkoloflöte
Quartklarinette
Querflöte
Saxophon
Schalmei
Sopransaxophon
Tenorsaxophon

# Blätter

## Formen

kreisrund Zitterpappel · elliptisch Kirschbaum · eiförmig Birnbaum · verkehrt eiförmig Aurikel · dreieckig Gänsefuß · rautenförmig Schwarzpappel · keilförmig Seidelbast · spatelförmig Gänseblümchen

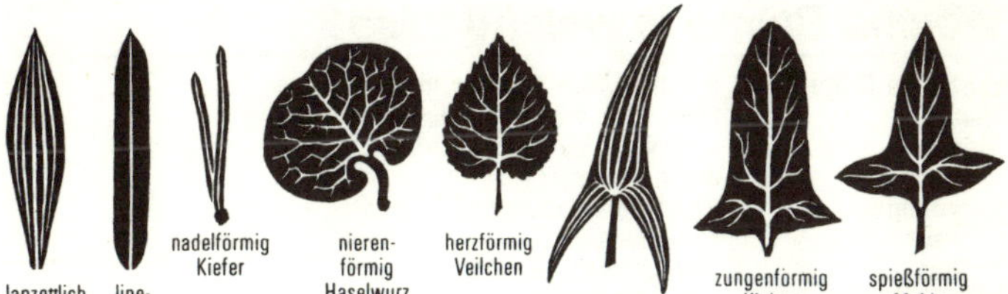

lanzettlich Nelke · linealisch Gräser · nadelförmig Kiefer · nierenförmig Haselwurz · herzförmig Veilchen · pfeilförmig Pfeilkraut · zungenförmig Kleiner Sauerampfer · spießförmig Melde

## Ränder

ganzrandig Flieder · gesägt Rose · doppelt gesägt Schwarzerle · schrotsägeförmig Löwenzahn · gezahnt Kl. Brennessel · gekerbt Sumpfdotterblume · buchtig Eiche

## Teilung

fiederspaltig Raps · handförmig geteilt Hahnenfuß · gelappt Ahorn · unpaarig gefiedert Rose · paarig gefiedert Erbse · gefingert Fingerkraut

## Stellung

wechselständig Lungenkraut · gegenständig Pfefferminze · quirlständig Waldmeister · am Stengel ablaufend Schwarzwurz · stengelumfassend Mohn · durchwachsen Hasenohr · verwachsen Geißblatt

## Blindenschrift

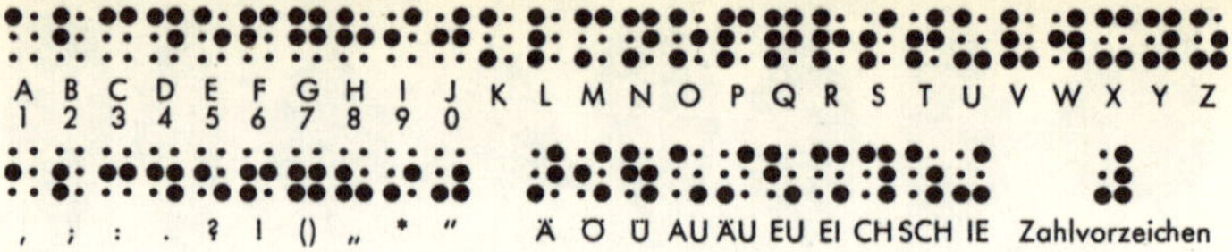


## Welche Blume in welche Vase?

| | |
|---|---|
| **Exotische Blüten** | in sehr hohe, sehr schlanke, moderne Vasen. |
| **Flieder** | in hohe, weite Vasen oder Glaskrüge. |
| **Gladiolen** | in schlanke, hohe Vasen oder Krüge. |
| **Herbstlaub** | in moderne Tonkrüge. |
| **Kornblumen** | in bäuerliche Steinkrüge oder Tonvasen. |
| **Kresse** | in zarte Glasvasen. |
| **Krokus** | in niedrige, breite Schalen. |
| **Margeriten** | in bäuerliche Steinkrüge oder Tonvasen. |
| **Mohn** | in zarte Glasvasen. |
| **Orchideen** | in hohe, sehr schlanke, moderne Vasen. |
| **Phlox** | in schlanke, hohe Vasen oder Krüge. |
| **Primeln** | in niedrige, breite Schalen. |
| **Rittersporn** | in schlanke, hohe Vasen oder Krüge. |
| **Rosen** | in hohe Glas- oder Porzellanvasen. |
| **Sonnenblumen** | in schlanke, hohe Vasen oder Krüge. |
| **Stechpalmenzweige** | in moderne Tonkrüge. |
| **Tannengrün** | in moderne Tonkrüge. |
| **Tulpen** | in hohe Glasvasen oder mittelhohe Schalen. |
| **Vergißmeinnicht** | in niedrige und breite Schalen. |
| **Wicken** | in zarte Glasvasen. |
| **Wiesenblumen** | in bäuerliche Steinkrüge oder Tonvasen. |

## Blütenstände

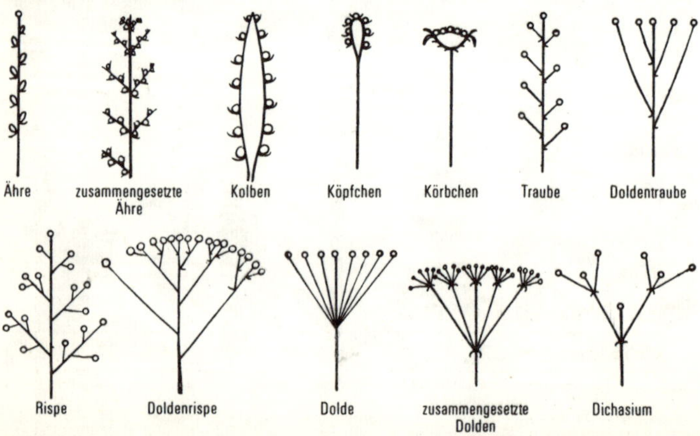

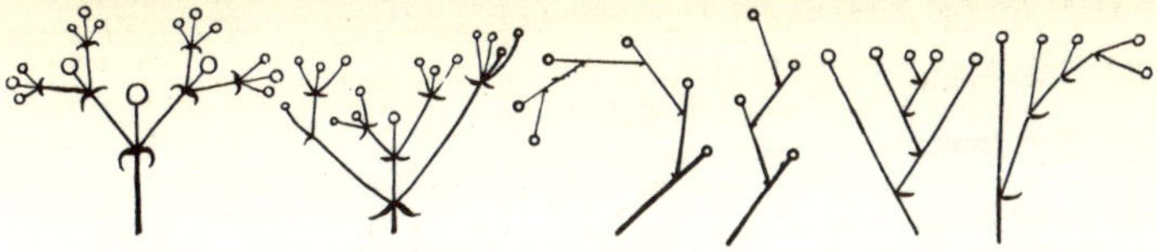


## Blutgruppen und Vaterschaft

Die Blutgruppenuntersuchung beruht auf der Feststellung, daß jeder Mensch einer von vier möglichen Blutgruppen angehört, und zwar der Blutgruppe A, B, AB oder Null. Diese Blutgruppen sind nach bestimmten Regeln vererblich. Haben z.B. Kindesmutter und der als Kindesvater in Anspruch genommene Beklagte beide die Blutgruppe A, das Kind aber die Blutgruppe AB, so kann der Beklagte nicht der Vater sein, sondern nur ein anderer Mann mit der Blutgruppe B oder AB. Die Blutgruppenuntersuchung scheidet also wissenschaftlich einwandfrei bestimmte Männer aus, die als Vater nicht in Frage kommen. Dieser Beweis ist also rein negativ. Denn es kann durch diese Methode nicht festgestellt werden, daß ein bestimmter Mann der Vater ist.

| | | | | | | | | | | | | | | |
|---|---|---|---|---|---|---|---|---|---|---|---|---|---|---|
| Kind: | 0 | 0 | 0 | A | A | A | A | B | B | B | B | AB | AB | AB |
| Mutter: | 0 | A | B | 0 | A | B | AB | 0 | A | B | AB | A | B | AB |
| Nicht Vater: | AB | AB | AB | OB | – | OB | – | OA | OA | – | – | OA | OB | O |

## Botanische Zeichen

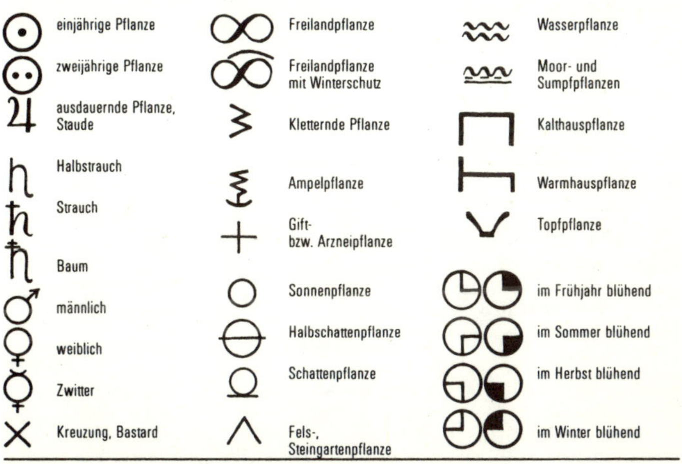


## Bremsen und Anhalten

| Bei Geschwindigkeit von | 10 | 20 | 30 | 40 | 50 | 60 | 70 | 80 | 90 | 100 km/h |
|---|---|---|---|---|---|---|---|---|---|---|
| beträgt der Reaktionsweg | 3 | 6 | 9 | 12 | 15 | 18 | 21 | 24 | 27 | 30 m |
| beträgt der Bremsweg | 1 | 4 | 9 | 16 | 25 | 36 | 49 | 64 | 81 | 100 m |
| beträgt der Anhalteweg | 4 | 10 | 18 | 28 | 40 | 54 | 70 | 88 | 108 | 130 m |

## Was liegt zwischen welchen Breitengraden?

**70° nördl. Breite**
Süd-Grönland, Island, Finnland, Nord-Ural, Alaska
**60° nördl. Breite**
Irland, England, Nord- u. Mitteldeutschland, Polen, Kamtschatka, Labrador
**50° nördl. Breite**
Frankreich, Alpen, Balkan, Schwarzes Meer, Mandschurei, Nord-USA
**40° nördl. Breite**
Süd-Spanien, Tunesien, Israel, Afghanistan, Tibet, Korea, Japan, Süd-USA
**30° nördl. Breite**
Libyen, Ägypten, Formosa, Hawaii, Mexiko, Kuba
**20° nördl. Breite**
Sudan, Jemen, Süd-Indien, Thailand, Philippinen, Mittelamerika
**10° nördl. Breite**
Liberia, Ghana, Kamerun, Uganda, Ceylon, Malaysia, Venezuela
**0° Äquator**
Zaire, Tanganjika, Java, Neuguinea, Ecuador, Amazonien
**10° südl. Breite**
Angola, Simbabwe, Nord-Australien, Fidschi-Inseln, Bolivien
**20° südl. Breite**
Namibia, Transvaal, Mittel-Australien, Osterinsel, Paraguay
**30° südl. Breite**
Kapland, Süd-Australien, Nord-Neuseeland, Mittel-Chile, Uruguay
**40° südl. Breite**
Kerguelen-Inseln, Tasmanien, Süd-Neuseeland, Süd-Chile, Süd-Argentinien
**50° südl. Breite**
Feuerland, Falkland-Inseln, Süd-Sandwich-Inseln, Bouvet-Insel
**60° südl. Breite**

## Erste Briefmarken

Albanien 1913
Andorra 1928
Baden 1851
Bayern 1849
Belgien 1849
Bergedorf 1861
Bosnien-Herzegowina 1879
Braunschweig 1852
Bremen 1855
Bulgarien 1879
Dänemark 1851
Danzig 1920
Deutsches Reich 1872
Estland 1918
Finnland 1856
Fiume 1918
Frankreich 1849
Gibraltar 1886
Griechenland 1861
Großbritannien 1840
Hamburg 1859
Hannover 1850
Helgoland 1867
Irland 1922
Island 1873
Italien 1861
Jugoslawien 1918
Kreta 1900
Kroatien 1941
Lettland 1918
Liechtenstein 1912
Litauen 1918
Lübeck 1859
Luxemburg 1852
Malta 1860
Mecklenburg-Schwerin 1856
Mecklenburg-Strelitz 1864
Memelgebiet 1920
Monaco 1885
Montenegro 1874
Niederlande 1852
Norddt. Postbezirk 1868
Norwegen 1855
Oldenburg 1852
Österreich 1850
Polen 1860
Portugal 1853
Preußen 1850
Rumänien 1858
Rußland 1857
Saarland 1920
Sachsen 1850
San Marino 1877
Schleswig-Holstein 1850
Schweden 1855
Schweiz 1843
Serbien 1866
Slowakei 1939
Spanien 1850
Thurn und Taxis 1852
Tschechoslowakei 1918
Türkei 1863
Ukraine 1918
Ungarn 1871
Vatikanstaat 1929
Württemberg 1851

# Briefmarkensprache

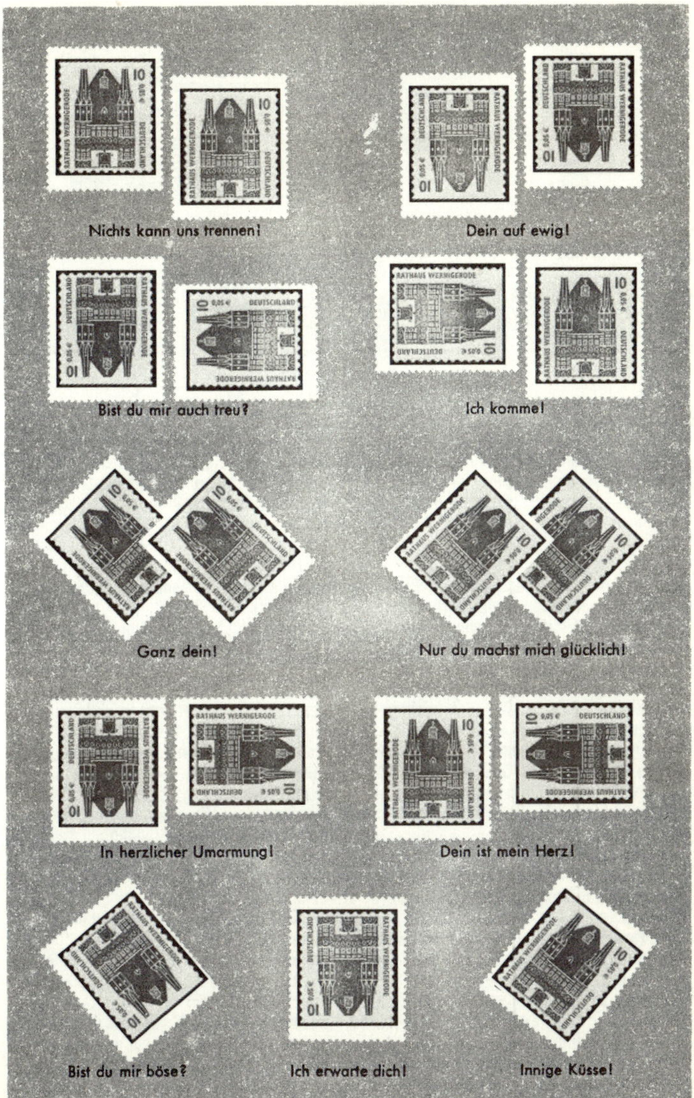

## Buch-Bestandteile

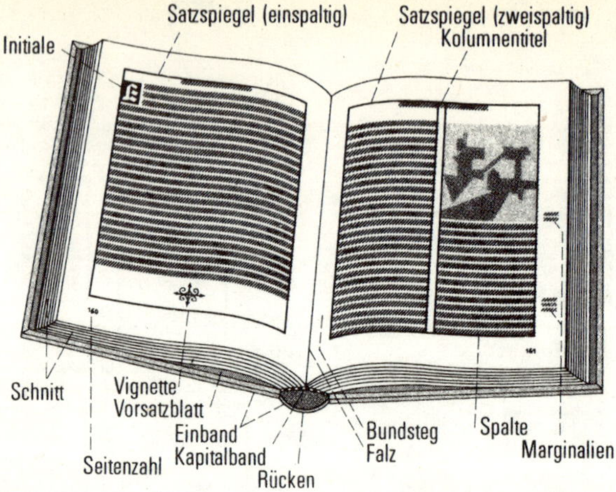


## Kleines Lexikon für Bücherfreunde

**Almanach,** Kalender mit tabellarischen oder literarischen Beigaben
**Antiquariat,** Buchhandlung für gebrauchte Bücher, Zeitschriften, Noten usw.
**Anthologie,** Sammlung ausgewählter literarischer Texte
**Autograph,** Schriftstück, das von seinem Verfasser eigenhändig niedergeschrieben ist
**Belletristik,** Bereich der schönen Literatur, einschließlich Unterhaltungsliteratur
**Bestseller,** Buch, von dem innerhalb kurzer Zeit große Mengen verkauft werden
**Bibliographie,** Verzeichnis von Büchern, Zeitschriften und anderem Schrifttum, meistens auf ein bestimmtes Thema bezogen
**Bibliophilie,** Bücherliebhaberei
**Börsenverein,** 1825 in Leipzig gegründete Spitzenvertretung des Buchhandels in Deutschland
**Codex,** alte Handschrift in Buchform
**Copyright,** Urheberrecht an Druckwerken
**Erstausgabe,** erste Veröffentlichung eines Druckwerks
**Exlibris,** Bucheignerzeichen auf der Innenseite eines Bucheinbandes
**Hardcover,** Buch mit festem Einband
**Impressum,** gesetzlich vorgeschriebene Nennung des verantwortlichen Herausgebers und des Druckers in einem Druckwerk
**Imprimatur,** Druckerlaubnis durch den Verfasser eines Werkes nach Vornahme der letzten Korrektur
**Initiale,** hervorgehobener Anfangsbuchstabe in einer Handschrift oder einem Druckwerk
**Inkunabeln,** die frühesten Erzeugnisse der Buchdruckerkunst
**Layout,** Entwurf für die Text- und Bildgestaltung eines Druckwerks
**Leporello,** harmonikaartig gefalztes Druckwerk
**Longseller,** Buch, von dem über einen längeren Zeitraum überdurchschnittlich große Stückzahlen verkauft werden
**Palimpsest,** alte Handschrift, bei der die ursprüngliche Schrift entfernt und durch eine jüngere ersetzt ist
**Paperback,** Buch mit Papierrücken und Kartonumschlag
**Part Publication,** Nachschlage- oder Bildungswerk, das in einzelnen, später zusammensetzbaren Lieferungen erscheint
**Präsenzbibliothek,** Bibliothek, deren Bücher nur an Ort und Stelle im Lesesaal benutzt werden dürfen
**Pseudonym,** Deckname, fingierter Name eines Schriftstellers oder Künstlers
**Signet,** Drucker-, Verleger- oder Firmenzeichen, meist in Wappen-, Monogramm- oder Emblemform
**Steadyseller,** Buch, das sich über einen längeren Zeitraum, aber nur in mittleren oder geringen Stückzahlen verkaufen läßt

## Buchformate

Früher bezeichnete man B. nach der durch Falzen entstandenen Zahl der Blätter eines Druckbogens, z.B.:

| | | | |
|---|---|---|---|
| **Folio** | = 2° | = | 4 Seiten |
| **Quart** | = 4° | = | 8 Seiten |
| **Oktav** | = 8° | = | 16 Seiten |
| **Duodez** | = 12° | = | 24 Seiten |
| **Sedez** | = 16° | = | 32 Seiten |

Heute werden die Buchformate nach der Rückenhöhe unterschieden:

| | | |
|---|---|---|
| **Kleinoktav** | = 10-18,5cm hoch | = kl. -8° |
| **Oktav** | = 18,5-22,5cm hoch | = 8° |
| **Großoktav** | = 22,5-25cm hoch | = gr. -8° |
| **Quart** | = 25-35cm hoch | = 4° |
| **Folio** | = 35-45cm hoch | = 2° |
| **Großfolio** | = über 45cm hoch | = gr. -2° |

## Buchstabiertafeln

**für den Inlanddienst:**

A = Anton
Ä = Ärger
B = Berta
C = Cäsar
CH = Charlotte
D = Dora
E = Emil
F = Friedrich
G = Gustav
H = Heinrich
I = Ida
J = Julius
K = Kaufmann
L = Ludwig
M = Marta
N = Nordpol
O = Otto
Ö = Ökonom
P = Paula
Q = Quelle
R = Richard
S = Samuel
Sch = Schule
T = Theodor
U = Ulrich
Ü = Übermut
V = Viktor
W = Wilhelm
X = Xanthippe
Y = Ypsilon
Z = Zacharias

**für den Auslandsdienst:**

A = Amsterdam
B = Baltimore
C = Casablanca
D = Dänemark
E = Edison
F = Florida
G = Gallipoli
H = Havanna
I = Italia
J = Jerusalem
K = Kilogramm
L = Liverpool
M = Madagaskar
N = New York
O = Oslo
P = Paris
Q = Quebec
R = Roma
S = Santiago
T = Tripolis
U = Uppsala
V = Valencia
W = Washington
X = Xanthippe
Y = Yokohama
Z = Zürich

## Bundesleistungszentren für Spitzensportler

Zur Schulung von Hochleistungssportlern und ihren Trainern gibt es in der Bundesrepublik Deutschland 28 Bundesleistungszentren der Sportfachverbände. Hier eine Liste, nach Sportarten geordnet:

| | |
|---|---|
| **Biathlon** | Ruhpolding |
| **Behindertensport** | Kienbaum |
| **Bob** | Königssee |
| **Bogenschießen** | Kienbaum |
| **Boxen** | Hennef, Kienbaum, Frankfurt/Oder |
| **Curling** | Oberstdorf |
| **Eishockey** | Füssen |
| **Eiskunstlauf** | Oberstdorf |
| **Eisschnellauf** | Inzell |
| **Fechten** | Bonn, Tauberbischofsheim |
| **Gewichtheben** | Frankfurt/Oder |
| **Hockey** | Köln |
| **Judo** | Köln, Hennef, Frankfurt/Oder |
| **Kanurennsport** | Duisburg, Kienbaum |
| **Kanuslalom** | Augsburg |
| **Leichtathletik** | Kienbaum |

| | |
|---|---|
| **Reiten** | Warendorf |
| **Rennrodeln** | Königssee |
| **Ringen** | Hennef, Jena, Frankfurt/Oder |
| **Rollschnellauf** | Inzell |
| **Rudern** | Dortmund, Ratzeburg |
| **Schwimmen** | Heidelberg |
| **Ski nordisch** | Ruhpolding |
| **Sportschießen** | Wiesbaden |
| **Tennis** | Hannover |
| **Tischtennis** | Heidelberg |
| **Turnen** | Frankfurt a. Main, Kienbaum |
| **Volleyball** | Kienbaum |

## *Bundesrepublik Deutschland*

| Bundesland | Fläche (km²) | Einw. |
|---|---|---|
| 1 **Baden-Württemberg,** Stuttgart | 35 752 | 10 717 419 |
| 2 **Bayern,** München | 70 549 | 12 444 000 |
| 3 **Berlin,** Berlin | 892 | 3 390 444 |
| 4 **Brandenburg,** Potsdam | 29 477 | 2 567 704 |
| 5 **Bremen,** Bremen | 404 | 662 990 |
| 6 **Hamburg,** Hamburg | 755 | 1 737 000 |
| 7 **Hessen,** Wiesbaden | 21 115 | 6 097 800 |
| 8 **Mecklenburg-Vorp.,** Schwerin | 23 174 | 1 726 000 |
| 9 **Niedersachsen,** Hannover | 47 618 | 8 000 909 |
| 10 **Nordrhein-Westfalen,** Düsseld. | 34 084 | 18 075 352 |
| 11 **Rheinland-Pfalz,** Mainz | 19 847 | 4 059 000 |
| 12 **Saarland,** Saarbrücken | 2 569 | 1 057 502 |
| 13 **Sachsen,** Dresden | 18 415 | 4 288 796 |
| 14 **Sachsen-Anhalt,** Magdeburg | 20 445 | 2 523 000 |
| 15 **Schleswig-Holstein,** Kiel | 15 763 | 2 823 000 |
| 16 **Thüringen,** Erfurt | 16 172 | 2 355 280 |
| **Gesamt Deutschland** | **357 026** | **82 501 000** |

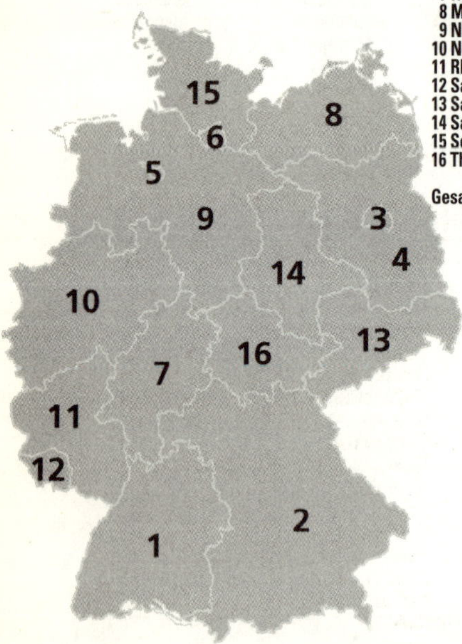

## Bundeswehr-Deutsch für Anfänger

Unzweifelhaft ist die Bundeswehr in sprachlicher Hinsicht der größte Schmelztiegel der Nation. Zahlreiche neue Formulierungen und Redensarten geben Zeugnis davon. Nicht-Soldaten stehen ziemlich fassungslos Sätzen gegenüber wie: Wenn in der Tankstelle Nato-Adler serviert werden, vergißt die Fleurop-Truppe die Flossengymnastik. Für solche Fälle ist das folgende kleine Lexikon hilfreich.

| | |
|---|---|
| **Aktion Ajax** | Reinemachen |
| **Atagirl** | Putzfrau |
| **Blechgeilheit** | Sucht nach Auszeichnungen |
| **Boutique** | Bekleidungskammer |
| **Bude** | Unterkunft |
| **Bügelfreier** | Stahlhelm |
| **Drehzahl** | Dienstzeit |
| **Firma** | Waffengattung |
| **Fleurop-Truppe** | Alpenjäger |
| **Flossengymnastik** | Salutieren |
| **Garantieschein** | Wehrpaß |
| **Goofys** | mittelmäßige Soldaten |
| **Gütezeichen** | Tauglichkeitsgrad |
| **Handbagger** | Schaufel |
| **Keilriemen** | Koppel |
| **Kieler Knabenanzug** | Marine-Anzug |
| **knacken** | schlafen |
| **Knackie machen** | schlafen |
| **Kriegsspiel** | Manöver |
| **Labersack** | Angeber |
| **Labertag** | Sonntag |
| **Laden** | Kompanie |
| **Leihhaus** | Bekleidungskammer |
| **Mao-Look** | Arbeitsanzug |
| **Modenschau** | Kleiderempfang |
| **Nato-Adler** | Brathähnchen |
| **Neckermänner** | durchschnittliche Soldaten |
| **Nesfleisch** | Büchsenfleisch |
| **Pennemännchen machen** | schlafen |
| **poofen** | schlafen |
| **Schlummis** | durchschnittliche Soldaten |
| **Seelenarche** | Kirche |
| **Seelenputzer** | Pfarrer |
| **Tankstelle** | Kantine |
| **Trachtenanzug** | Uniform |
| **TÜV** | Gesundheitsüberprüfung |
| **Wolganerz** | Winter-Postenmantel |

## Die 105 chemischen Elemente

| Name | Zeichen | Ordn.-Zahl | Atommasse |
|---|---|---|---|
| **Aktinium** | Ac | 89 | 277 |
| **Aluminium** | Al | 13 | 26,98 |
| **Americium** | Am | 95 | 243 |
| **Antimon** | Sb | 51 | 121,76 |
| **Argon** | Ar | 18 | 39,944 |
| **Arsen** | As | 33 | 74,91 |
| **Astatin** | At | 85 | 210 |
| **Barium** | Ba | 56 | 137,36 |
| **Berkelium** | Bk | 97 | 249 |
| **Beryllium** | Be | 4 | 9,01 |
| **Blei** | Pb | 82 | 207,21 |
| **Bor** | B | 5 | 10,82 |
| **Brom** | Br | 35 | 79,916 |
| **Chlor** | Cl | 17 | 35,457 |
| **Chrom** | Cr | 24 | 52,01 |
| **Curium** | Cm | 96 | 245 |
| **Dysprosium** | Dy | 66 | 162,51 |
| **Einsteinium** | Es | 99 | 253 |
| **Eisen** | Fe | 26 | 55,85 |
| **Erbium** | Er | 68 | 167,3 |
| **Europium** | Eu | 63 | 152 |
| **Fermium** | Fm | 100 | 255 |
| **Fluor** | F | 9 | 19 |
| **Frankium** | Fr | 87 | 223 |
| **Gadolinium** | Gd | 64 | 157,26 |
| **Gallium** | Ga | 31 | 69,72 |
| **Germanium** | Ge | 32 | 72,6 |
| **Gold** | Au | 79 | 197 |
| **Hafnium** | Hf | 72 | 178,5 |
| **Hahnium** | Ha | 105 | 261 |
| **Helium** | He | 2 | 4,003 |
| **Holmium** | Ho | 67 | 164,94 |
| **Indium** | In | 49 | 114,82 |
| **Iridium** | Ir | 77 | 192,2 |
| **Jod** | J | 53 | 126,91 |
| **Kadmium** | Cd | 48 | 112,41 |
| **Kalifornium** | Cf | 98 | 249 |
| **Kalium** | K | 19 | 39,1 |

| | | | |
|---|---|---|---|
| **Kalzium** | Ca | 20 | 40,08 |
| **Kobalt** | Co | 27 | 58,94 |
| **Kohlenstoff** | C | 6 | 12,011 |
| **Krypton** | Kr | 36 | 83,8 |
| **Kupfer** | Cu | 29 | 63,54 |
| **Kurtschatowium** | Ku | 104 | 260 |
| **Lanthan** | La | 57 | 138,92 |
| **Lawrencium** | Lw | 103 | 257 |
| **Lithium** | Li | 3 | 6,94 |
| **Lutetium** | Lu | 71 | 174,99 |
| **Magnesium** | Mg | 12 | 24,32 |
| **Mangan** | Mn | 25 | 54,94 |
| **Mendelevium** | Md | 101 | 256 |
| **Molybdän** | Mo | 42 | 95,95 |
| **Natrium** | Na | 11 | 22,991 |
| **Neodym** | Nd | 60 | 144,27 |
| **Neon** | Ne | 10 | 20,183 |
| **Neptunium** | Np | 93 | 237 |
| **Nickel** | Ni | 28 | 58,71 |
| **Niob(ium)** | Nb | 41 | 92,91 |
| **Nobelium** | No | 102 | 253 |
| **Osmium** | Os | 76 | 190,2 |
| **Palladium** | Pd | 46 | 106,4 |
| **Phosphor** | P | 15 | 30,975 |
| **Platin** | Pt | 78 | 195,09 |
| **Plutonium** | Pu | 94 | 242 |
| **Polonium** | Po | 84 | 210 |
| **Praseodym** | Pr | 59 | 140,92 |
| **Promethium** | Pm | 61 | 145 |
| **Protactinium** | Pa | 91 | 231 |
| **Quecksilber** | Hg | 80 | 200,61 |
| **Radium** | Ra | 88 | 226,05 |
| **Radon** | Rn | 86 | 222 |
| **Rhenium** | Re | 75 | 186,22 |
| **Rhodium** | Rh | 45 | 102,91 |
| **Rubidium** | Rb | 37 | 85,48 |
| **Ruthenium** | Ru | 44 | 101,1 |
| **Samarium** | Sm | 62 | 150,35 |
| **Sauerstoff** | O | 8 | 16 |
| **Schwefel** | S | 16 | 32,066 |
| **Selen** | Se | 34 | 78,96 |
| **Silber** | Ag | 47 | 107,88 |
| **Silizium** | Si | 14 | 28,09 |
| **Skandium** | Sc | 21 | 44,96 |
| **Stickstoff** | N | 7 | 14,008 |
| **Strontium** | Sr | 38 | 87,63 |
| **Tantal** | Ta | 73 | 180,95 |
| **Technetium** | Tc | 43 | 99 |
| **Tellur** | Te | 52 | 127,61 |
| **Terbium** | Tb | 65 | 158,93 |
| **Thallium** | Tl | 81 | 204,39 |
| **Thorium** | Th | 90 | 232,05 |
| **Thulium** | Tm | 69 | 168,94 |
| **Titan** | Ti | 22 | 47,9 |
| **Uran** | U | 92 | 238,07 |
| **Vanadium** | V | 23 | 50,95 |
| **Wasserstoff** | H | 1 | 1,008 |
| **Wismut** | Bi | 83 | 209 |
| **Wolfram** | W | 74 | 183,86 |
| **Xenon** | X | 54 | 131,3 |
| **Ytterbium** | Yb | 70 | 173,04 |
| **Yttrium** | Y | 39 | 88,92 |
| **Zäsium** | Cs | 55 | 132,91 |
| **Zer(ium)** | Ce | 58 | 140,13 |
| **Zink** | Zn | 30 | 65,38 |
| **Zinn** | Sn | 50 | 118,7 |
| **Zirkon** | Zr | 40 | 91,22 |

## *Dachformen*

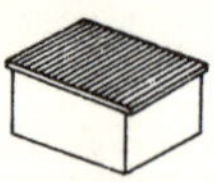
Flachdach

Pultdach

Satteldach

Walmdach

Krüppelwalm-dach

Mansardendach

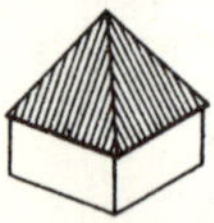
Zeltdach

Kegeldach

Kuppeldach

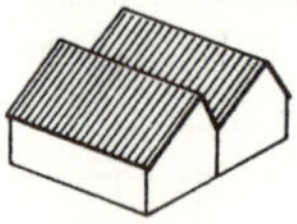
Sheddach

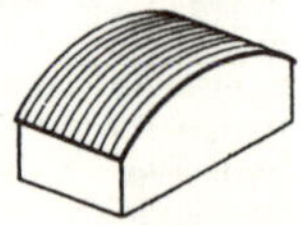
Bogendach

## *Dezimal-Klassifikation*

**0 Allgemeines**

00 Allgemeinste Grundlagen der Wissenschaft und Kultur

01 Bibliographie, Kataloge, Bücherverzeichnisse

02 Bibliothekswesen, Bibliothekslehre

03 Enzyklopädien, Konversationslexika
04 Sammlungen vermischter Aufsätze
05 Allgemeine Zeitschriften, Adreßbücher, Kalender
06 Körperschaften, Tagungen, Festlichkeiten, Museen
07 Zeitungen, Journalismus
08 Polygraphien, Sammelwerke
09 Handschriften, besonders bemerkenswerte Bücher

**1 Philosophie**

10 Wesen und Aufgabe der Philosophie
11 Metaphysik, Grundprobleme
12 Philosophie der Natur
13 Philosophie des Geistes
14 Systematische Stellungnahme
15 Psychologie
16 Logik, Erkenntnistheorie
17 Sittenlehre, Ethik
19 Geschichte der Philosophie

**2 Religion, Theologie**

20 Allgemeines
21 Natürliche Theologie
22 Bibel
23 Dogmatik
24 Praktische Theologie
25 Pastoraltheologie
26 Christliche Kirche
27 Allgemeine Kirchengeschichte
28 Christliche Kirchen und Sekten
29 Nichtchristliche Religionen

**3 Sozialwissenschaften, Recht, Verwaltung**

30 Allgemeine Soziologie
31 Statistik
32 Politik, Allgemeine Staatslehre
33 Volkswirtschaft
34 Recht, Rechtswissenschaft
35 Öffentliche Verwaltung, Kriegskunst
36 Soziale Fürsorge, Versicherungswesen
37 Erziehung, Unterricht
38 Handel, Verkehr
39 Völkerkunde, Volkskunde, Brauchtum

**4 Philologie, Sprachwissenschaft**

40 Allgemeines
41 Allgemeine Sprachwissenschaft
42 Abendländische Sprachen im allg.
43 Germanische Sprachen
44 Romanische Sprachen
45 Romanische Sprachen
46 Iberische Sprachen
47 Klassische Sprachen, Latein, Griech.
48 Slawische und baltische Sprachen
49 Orientalische, afrikanische, amerikanische, ozeanische Sprachen

**5 Mathematik, Naturwissenschaften**

50 Allgemeines
51 Mathematik
52 Astronomie, Geodäsie
53 Physik
54 Chemie
55 Geologie, Meteorologie, Geophysik
56 Paläontologie
57 Biologie
58 Botanik
59 Zoologie

**6 Angewandte Wissenschaften, Medizin, Technik**

60 Gemeinsame Fragen
61 Medizin
62 Ingenieurwesen Technik
63 Landwirtschaft, Forstwirtschaft, Jagd, Fischerei
64 Hauswirtschaft
65 Handels- und Verkehrstechnik
66 Chemische Technik, chemische Industrie
67 Verschiedene Industrien und Gewerbe
68 Verschiedene Industrien und Gewerbe
69 Bauhandwerk, Baustoffe, Haus- und Wohnungsbau

**7 Kunst, Kunstgewerbe, Spiel, Sport**

70 Allgemeines
71 Landesplanung, Städtebau, Landschaftsgestaltung, Gartenarchitektur
72 Architektur, Baukunst
73 Bildhauerkunst
74 Zeichenkunst, Kunstgewerbe
75 Malerei
76 Graphische Kunst
77 Fotografie
78 Musik
79 Unterhaltung, Spiel, Sport

**8 Schöne Literatur**

80 Allgemeines
81 Allgemeines
82 Englische Literatur
83 Deutsche Literatur
84 Französische Literatur
85 Italienische Literatur
86 Spanische Literatur
87 Lateinische und griechische Literatur
88 Slawische und baltische Literatur
89 Sonstige Literatur

**9 Geographie, Geschichte**

90 Allgemeines
91 Geographie, Reisebeschreibungen
92 Biographien
93 Geschichtswissenschaft, Alte Geschichte
94 Geschichte Europas
95 Geschichte Asiens
96 Geschichte Afrikas
97 Geschichte Nordamerikas
98 Geschichte Südamerikas
99 Geschichte der ozeanischen Gebiete

## Geschichte der DDR

**8. Mai 1945** Aufteilung Deutschlands in vier Besatzungszonen
**Sommer 1945** Bodenreform
**22. April 1946** Gründung der SED
**Herbst 1946** Erste Wahlen in der SBZ
**7. Okt. 1949** Gründung der DDR, Präsident wird Wilhelm Pieck, Regierungschef: Otto Grotewohl
**8. Feb. 1950** Gründung des Ministerium für Staatssicherheit (MfS)
**Juli 1950** Walter Ulbricht wird Generalsekretär der SED
**7. Juni 1953** Arbeiteraufstand
**14. Mai 1955** DDR tritt dem Warschauer Pakt bei
**Februar 1960** Walter Ulbricht wird Staatsratsvorsitzender
**13. Aug. 1961** Beginn des Mauerbaus
**24. Sept. 1964** Willi Stoph wird Ministerratsvorsitzender
**9. April 1968** Zweite Verfassung der DDR
**3. Mai 1971** Erich Honecker wird Nachfolger von Walter Ulbricht
**21. Dez. 1972** Grundlagenvertrag zwischen der DDR und BRD
**22. Juni 1974** Fußballweltmeisterschaft: In der Qualifikation schlägt die DDR den späteren Weltmeister BRD 1:0
**23. April 1976** In Ostberlin wird der „Palast der Republik" eingeweiht
**1. Jan. 1977** Konferenz über Sicherheit und Zusammenarbeit in Europa (KSZE) in Helsinki
**26. Aug. 1978** Siegmund Jähn – der erste Deutsche im Weltall
**6. Mai 1986** Kulturabkommen zwischen der DDR und der Bundesrepublik
**7.–11. Sept. 1987** Erich Honecker als Staats- und Parteichef der DDR zu Besuch in der Bundesrepublik
**4. Sept. 1989** Erste Montagsdemonstrationen in Leipzig
**10/11. Sept. 1989** Ungarn läßt mehrere tausend Menschen aus der DDR in die Bundesrepublik ausreisen
**18. Okt 1989** Rücktritt Erich Honeckers
**9. Nov. 1989** Maueröffnung
**13. Nov. 1989** Hans Modrow neuer Ministerpräsident der DDR
**28. Jan. 1990** Modrow und Oppositionsgruppen bilden eine „Regierung der nationalen Verantwortung"
**10. Feb. 1990** Michail Gorbatschow gibt Bundeskanzler Kohl die Zusicherung, daß die UdSSR der Wiedervereinigung Deutschlands nicht im Weg steht
**9. März 1990** Treffen von BRD- und DDR-Vertretern mit den vier Siegermächten des Zweiten Weltkrieges
**12. April 1990** Erste freie DDR-Volkskammer-Wahl: Große Koalition unter Ministerpräsident Lothar de Maizière
**2. Mai 1990** DM wird Einheitswährung
**13. Juni 1990** Beginn des Mauerabrisses
**4. Sept. 1990** Besetzung der Zentrale des ehemaligen Staatssicherheitsdienstes
**3. Okt. 1990** DDR tritt dem Geltungsbereich des Grundgesetzes bei
**4. Okt. 1990** Der erste gesamtdeutsche Bundestag konstituiert sich im Berliner Reichstagsgebäude
**14. Nov. 1990** Deutsch-polnischer Grenzvertrag über die Festlegung der Oder-Neiße-Linie als polnische Westgrenze
**2. Dez. 1990** Erste freie gesamtdeutsche Wahlen seit 1933
**17. Jan. 1991** Helmut Kohl erster gesamtdeutscher Bundeskanzler

## Farbe und Reinheit von Diamanten

Für die Kennzeichnung der Farbe und Reinheit von Diamanten gibt es international gültige Bezeichnungen. Je höher ein Stein qualifiziert ist, desto teurer müssen Sie ihn bezahlen.

| Rang | Abk. | Internat. Begriff | Bedeutung, Definition |
|---|---|---|---|
| **Farbe** | | | |
| 1. | R | River | blauweiß |
| 2. | TW | Top Wesselton | feines Weiß |
| 3. | W | Wesselton | weiß |
| 4. | TCr | Top Crystal | sehr, sehr leicht gelblich |
| 5. | Cr | Crystal | sehr leicht gelblich |
| 6. | TCa | Top Cape | leicht gelblich |
| 7. | Ca | Cape | gelblich |

**Reinheit**

| | | | |
|---|---|---|---|
| 1. | if | internally flawless | lupenrein (frei von inneren Merkmalen) |
| 2. | vvs | very, very small inclusions | sehr, sehr kleine Einschlüsse (bei zehnfacher Vergrößerung sehr schwer zu erkennen) |
| 3. | vs | very small inclusions | sehr kleine Einschlüsse (bei zehnfacher Vergrößerung schwer zu erkennen) |
| 4. | si | small inclusions | kleine Einschlüsse (bei zehnfacher Vergrößerung deutlich zu erkennen) |
| 5. | p1 | Piqué 1 | Einschlüsse, die die Brillanz nicht mindern (mit bloßem Auge sehr schwer zu erkennen) |
| 6. | p2 | Piqué 2 | Einschlüsse, die die Brillanz nur schwach mindern (mit bloßem Auge schwer zu erkennen) |
| 7. | p3 | Piqué 3 | Einschlüsse, die die Brillanz deutlich mindern (mit bloßem Auge erkennbar) |

## *Berühmte Diamanten*

| Name | Karatgewicht roh | geschliffen | Fundjahr |
|---|---|---|---|
| **Cullinan** | 3106 | 1063,65 | 1905 |
| **Cullinan I (Stern von Afrika)** | . | 530,2 | . |
| **Cullinan II** | . | 317,4 | . |
| **De Beers** | 440 | 235 | . |
| **Eureka** | . | 73 | . |
| **Excelsior** | 995,2 | 373,75 | 1893 |
| **Florentiner (gelb)** | . | 137,27 | . |
| **Hope (blau)** | 112 | 44,5 | . |
| **Jonker** | 726 | . | 1934 |
| **Jubilee** | 650,8 | 245,3 | 1895 |
| **Kohinoor** | 186 | 108,93 | . |
| **Maseru-Diamant** | 527 | . | 1968 |
| **Nassak** | 81 | 43,38 | . |
| **Nizam von Hyderabad** | . | 340 | . |
| **Orlow** | . | 199,6 | . |
| **Pascha von Ägypten** | . | 40 | . |
| **Pigott** | . | 49 | . |
| **Präsident Vargas** | 726,8 | . | 1938 |
| **Premier Rose** | 353,9 | 137,02 | 1978 |
| **Red Cross** | 375 | 205,07 | 1901 |
| **Regent (Pitt)** | 410 | 140,5 | 1701 |
| **Sancy (Großer Sancy)** | . | 55 | . |
| **Schah** | 116 | 89 | . |
| **Stern des Südens** | 361,88 | 128,8 | 1853 |
| **Stern Jakutiens** | 233 | . | 1976 |
| **Stern von Sierra Leone** | 969,8 | . | 1972 |
| **Stern von Südafrika** | 85,75 | 47,75 | . |
| **Tiffany (gelb)** | . | 129 | . |
| **Victoria** | 469 | 184,5 | . |

## *Berühmte Dichter(innen) und Schriftsteller(innen)*

**Alexis**, Willibald 1798–1871
**Andersen**, Hans Christian 1805–1875
**Andersen-Nexö**, Martin 1869–1954
**Anet**, Claude 1868–1931
**Annunzie**, Gabriele d' 1863–1938
**Anzengruber**, Ludwig 1839–1889
**Aristophenes** 450–385 v. Chr.
**Amdt**, Ernst Moriti 1769–1860
**Arnim**, Achim von 1781–1831
**Äschylos** 525–456 v. Chr.

**Ballzac**, Honoré de 1799–1850
**Barbune**, Henri 1874–1935
**Baudelaire**, Charles 1821–1867
**Beauvoir**, Simone de 1908–1986
**Becker**, Jurek 1937–1997
**Bellow**, Saul 1915–2005
**Benn**, Gottfried 1866–1956
**Bernanos**, George 1888–1948
**Bernhard**, Thomas 1931–
**Björnsen**, Björnstjerne 1832–1910
**Boccaccio**, Giovanni 1313–1375
**Böll**, Heinrich 1917–1985
**Bonsels**, Waldemar 1881–1952
**Brecht**, Bert 1898–1956
**Brentano**, Klemens 1778–1842
**Brod**, Max 1884–1968
**Bromfield**, Louis 1896–1956
**Brontë**, Charlotte 1816–1855
**Bruyn**, Günther de 1926–
**Büchner**, Georg 1813–1837
**Buck**, Pearl S. 1892–1973
**Burns**, Robert 1759–1796
**Busch**, Wilhelm 1832–1908
**Byron**, Lord George N. G. 1788–1824
**Calderón**, Pedro 1600–1681
**Camus**, Albert 1913–1960
**Canetti**, Elias 1905–1994
**Corossa**, Hans 1878–1956
**Cervantes Saavedre**, Miguel de 1547–1616
**Chamisso**, Adelbert von 1781–1838
**Cicero**, Marcus Tullius 106–43 v. Chr.
**Claudel**, Paul 1868–1955
**Claudius**, Matthias 1740–1615
**Conrad**, Joseph 1857–1924
**Corneille**, Pierre 1606–1684
**Courths-Mahler**, Hedwig 1867–1950
**Crenin**, Archibald Joseph 1896–1981
**Dahn**, Felix 1834–1912
**Dante**, Alighieri 1265–1321
**Dauthendey**, Max 1867 –1918
**Deeping**, Warwick 1877–1950
**Dehmel**, Richard 1863–1920
**Dickens**, Charles 1812–1870
**Döblin**, Alfred 1878 –1957
**Des Passes**, John 1896–1970
**Dostojewskij**, Fjodor M. 1821–1881
**Dreiser**, Theodore 1871–1945
**Droste-Hülshoff**, Annette von 1797–1848
**Dumas**, Alexander 1802–1870
**Dumas**, Alexander (Sohn) 1824–1895
**Dürrenmatt**, Friedrich 1921–1990
**Ebner-Eschenbach**, Marie von 1830–1916
**Eco**, Umberto 1932–
**Eichendorff**, Joseph von 1788–1857
**Elliot**, Thomas Stearns 1888–1965
**Ernst**, Paul 1866–1933
**Euripides** 480–406 v. Chr.
**Fallada**, Hans 1893–1947
**Faulkner**, William 1897–1962
**Feuchtwanger**, Lion 1884–1959
**Flaubert**, Gustave 1821–1880
**Fontane**, Theodor 1819–1898
**France**, Anatole 1844–1924
**Freiligrath**, Ferdinand 1810–1876
**Frenssen**, Gustav 1863–1945
**Freytag**, Gustav 1816–1895
**Frisch**, Max 1911–1991
**Galsworthy**, John 1867–1933
**Ganghofer**, Ludwig 1855–1920
**Geibel**, Emanuel 1815–1884
**Gellert**, Chr. Fürchiegon 1715–1769
**George**, Stefan 1868–1933
**Gerstäcker**, Friedrich 1816–1872
**Gide**, André 1869–1951
**Gogol**, Nikolai W. 1809–1852
**Gorki**, Maxim 1868–1936
**Goethe**, Joh. Wolfang von 1749–1832
**Gottsched**, Joh. Christoph 1700–1766
**Grabbe**, Christian Dietrich 1801–1836
**Grau**, Günther 1927
**Greene**, Graham 1904–1991
**Grillparzer**, Franz 1791–1872
**Grimm**, Hans 1875–1959
**Grimm**, Jakob 1785–1863
**Grimm**, Wilhelm 1786–1859
**Grimmelshausen**, Christ von 1622–1676
**Guitry**, Sacha 1885–1957
**Gutzkow**, Karl 1811–1876
**Halbe**, Max 1865–1944
**Halldór**, Laxness 1902–1998
**Hamsun**, Knut 1859–1952
**Hauff**, Wilhelm 1802–1827
**Hauptmann**, Carl 1858–1921
**Hauptmann**, Gerhart 1862–1946
**Hebbel**, Friedrich 1813–1863
**Hebel**, Johann Peter 1760–1826
**Heine**, Heinrich 1797–1856
**Hemingway**, Ernest 1898–1961
**Herder**, Joh. Gottfried von 1744–1803
**Hergesheimer**, Joseph 1880–1954
**Herwegh**, Georg 1817–1875
**Herzog**, Rudolf 1869–1943
**Hesse**, Hermann 1877–1962
**Hesse**, Max René 1865–1952
**Highsmith**, Patricia 1921–1995
**Hoffmann**, E.T.A. 1776–1822
**Hofmannsthal**, Hugo von 1874–1929
**Hölderlin**, Friedrich 1770–1843
**Holz**, Arno 1863 –1929
**Horaz** 65–8 v. Chr.
**Huch**, Ricarda 1864–1947
**Hugo**, Victor 1802–1885
**Hutten**, Ulrich von 1488–1523
**Ibsen**, Henrik 1828–1906
**Jean Paul**, (Friedr. Richter) 1763–1825
**Jelinek**, Elfriede 1946–
**Joyce**, James 1882–1941
**Jünger**, Ernst 1895–1998
**Kafka**, Franz 1883–1924
**Kaiser**, Georg 1878–1945
**Kästner**, Erich 1899–1974
**Keller**, Gottfried 1819–1890
**Keller**, Paul 1873–1932
**Kellermann**, Bernhard 1879–1951
**Kertész**, Imre 1929–
**Kipling**, Rudyard 1865–1936
**Kisch**, Egon Erwin 1885–1948
**Kleist**, Heinrich von 1777–1811

**Klopstock**, Friedr. Gottlieb 1724–1803
**Knittel**, John 1891–1970
**Körner**, Theodor 1791–1813
**Kotzebue**, August von 1761–1819
**Kundera**, Milan 1929–
**Kurz**, Isolde 1853–1944
**Lagerlöf**, Selma 1858–1940
**Langgässer**, E. 1899–1950
**Le Fort**, Gertrud von 1876–1971
**Lenau**, Nikolaus 1802–1850
**Lenz**, Siegfried 1926–
**Lermontow**, Michail J. 1814–1841
**Lessing**, Gotthold Ephraim 1729–1781
**Lewis**, Sinclair 1885–1951
**Levi**, Primo 1919–1987
**Liliencron**, Detlev von 1844–1909
**London**, Jack 1876–1916
**Löns**, Hermann 1866–1914
**Lope de Vega**, Felix 1562–1635
**Lorca**, Garcia 1899–1936
**Ludwig**, Otto 1813–1865
**Maeterlinck**, Maurice 1862–1949
**Malaparte**, Curzio 1898–1957
**Mann**, Heinrich 1871–1950
**Mann**, Klaus 1906–1949
**Mann**, Thomas 1875–1955
**Marquez**, Gabriel Garcia 1928–
**Maugham**, William Somerseit 1874–1965
**Maupassant**, Guy de 1850–1893
**Mauriac**, Francois 1885–1970
**Maurier**, Daphne du 1907–1989
**Mey**, Karl 1842–1912
**Melville**, Herman 1819–1891
**Meyer**, Conred Ferdinand 1825–1898
**Miegel**, Agnes 1879–1964
**Miller**, Arthur 1915–2005
**Milton**, John 1608–1674
**Mitchell**, Margarez 1900–1949
**Molière**, Joan Baptiste 1622–1673
**Monnier**, Thyde 1°37–1967
**Morgenstern**, Christian 1871–1914
**Mörike**, Eduard 1804–1875
**Morrison**, Toni 1931–
**Mulisch**, Harry 1927–
**Naipaul**, V. S. 1932–
**Nekrassow**, Nikolai A. 1821–1878
**Nestroy**, Johann 1801–1862
**Nooteboom**, Cees 1933–
**Novalis** 1722–1801
**O'Neill**, Eugene 1888–1953
**Opitz**, Martin 1597–1639
**Ovid**, Publius 43 v. Chr.–17 n. Chr.
**Pasternak**, Boris 1890–1960
**Petöfi**, Alexander 1823–1849
**Petrarca**, Francesco 1304–1374
**Pirandello**, Luigi 1867–1936
**Plievier**, Theodor 1892–1955
**Poe**, Edgar Allen 1809–1849
**Polgar**, Alfred 1875–1955
**Ponten**, Josef 1883–1940
**Priestley**, John B. 1894–1984
**Proust**, Marcel 1871–1922
**Puschkin**, Alexander 1799–1837
**Raabe**, Wilhelm 1831–1910
**Rabelais**, Francois 1494–1553
**Racine**, Jean dé 1639–1699
**Reger**, Ernst 1893–1954
**Remarque**, Erich Maria 1898–1970
**Reuter**, Friiz 1810–1874
**Rilke**, Rainer Maria 1875–1926
**Rimbaud**, Arthur 1854–1891
**Rinser**, Luise 1911–2002
**Rizelnetz**, Joachim 1883–1934
**Roland**, Romain 1866–1944
**Rosegger**, Peter 1843–1918
**Roth**, Joseph 1894–1939
**Rückert**, Friedrich 1788–1866
**Sachs**, Hans 1494–1576
**Saramago**, José 1922–
**Sartre**, Jean Paul 1905–1980
**Scheffel**, Viktor von 1826–1886
**Schiller**, Friedrich von 1759–1805
**Schlegel**, Aug. Wilh. von 1767–1845
**Schlegel**, Friedrich von 1772–1829
**Schneider**, Reinhold 1903–1958
**Schnitzler**, Arthur 1862–1931
**Scholochow**, Michael 1905–1984
**Scholz**, Wilhelm von 1874–1969
**Schröder**, Rudolf Alexander 1878–1962
**Scott**, Walter 1771–1832
**Seidel**, Heinrich 1842–1906
**Seidel**, Ina 1885–1974
**Semprun**, Jorge 1923–
**Shakespeare**, William 1564–1616
**Shaw**, George Bernard 1856–1950
**Shelley**, Porcy Bysshe 1792–1822
**Silone**, Ignazio 1900–1978
**Simmel**, Johannes Mario 1924–
**Sinclair**, Upton 1878–1968
**Solschenizyn**, Alexander 1918–
**Sophokles** 496–406 v. Chr.
**Spitteler**, 1845–1924
**Spoerl**, Heinrich 1887–1955
**Stehr**, Hermann 1864–1940
**Steinbeck**, John 1902–1968
**Stendhal**, Frédéric de 1783–1842
**Stifter**, Adalbert 1805–1868
**Storm**, Theodor 1817–1868
**Strindberg**, August 1849–1912
**Sudermann**, Hermann 1857–1928
**Swift**, Jonathan 1667–1745
**Szczypiorski**, Andrzej 1924–2000
**Tagore**, Rabindranath 1861–1941
**Tasso**, Torquato 1544–1595
**Thackerey**, William 1811–1863
**Thoma**, Ludwig 1867–1921
**Thurber**, James 1894–1961
**Tieck**, Ludwig 1773–1853
**Tolstoi**, Leo N. 1828–1910
**Trakl**, Georg 1887–1914
**Tschechow**, Anton 1860–1904
**Tucholsky**, Kurt 1890–1935
**Turgenjew**, Iwan S. 1818–1883
**Twain**, Mark 1835–1910
**Uhland**, Ludwig 1787–1862
**Undset**, Sigrid 1882–1949
**Unruh**, Fritz von 1885–1970

**Valéry**, Paul 1871–1945
**Varè**, Daniele 1880–1956
**Vargas Llosa**, Mario 1936–
**Vergil**, Publius 70–19 v. Chr.
**Verlaine**, Paul 1844–1896
**Viebig**, Clara 1860–1952
**Voltaire**, Francois Marie 1694–1778
**Walser**, Martin 1927–
**Walther von der Vogelweide** 1170–1230
**Wassermann**, Jakob 1873–1934
**Wedekind**, Frank 1864–1918
**Weinheber**, Josef 1892–1945
**Wells**, Herbert George 1866–1946
**Werfel**, Franz 1890–1945
**Wiechert**, Ernst 1887–1950
**Wieland**, Christoph Martin 1733–1813
**Wilde**, Oskar 1856–1900
**Wilder**, Thornion 1897–1975
**Wolf**, Christa 1929–
**Wolfram von Eschenbach** 1170–1220
**Woolf**, Virginia 1882–1941
**Zahn**, Ernst 1867–1952
**Zola**, Emile 1840–1902
**Zuckmayer**, Carl 1896–1977

## *Diplomatisches Abc*

**Agreement** Vereinbarung, die die betreffenden Staatsmänner auf bestimmte Anschauungen festlegt, ohne die Staaten zu verpflichten, was nur durch formal genau umrissene Abkommen und Verträge geschehen kann.
**Agrément** Zustimmung, daß der betreffende Diplomat angenehm sei.
**Aide-mémoire** schriftliche Gedächtnisstütze, die verhindern soll, daß ein mündlicher Vortrag später vom Verhandlungspartner entstellt wird.
**Botschafter** Diplomat, der über seine normale Funktion hinaus auch das Oberhaupt seines Heimatstaates vertritt und daher gegenüber dem Gesandten einige Sonderrechte hat. Er darf z.B. ohne Vermittlung einer anderen Stelle beim Staatsoberhaupt des Gastlandes eine Audienz (= Gehör) erbitten.
**Communiqué** Unterrichtung der Öffentlichkeit über diplomatische Verhandlungen oder einen Vertrag.
**Corps diplomatique** die Gesamtheit der Vertreter der fremden Staaten.
**Démarche** Teilhandlung zur Erreichung eines politischen Zieles.
**Depesche** jedes Schreiben eines Diplomaten an die eigene Regierung.
**Doyen** an der Spitze des Corps diplomatique stehender, rangältester Botschafter; in Hauptstädten meist der →Nuntius.
**Gesandter** dem Botschafter untergeordneter diplomatischer Vertreter.
**Geschäftsträger** unterste Rangklasse der Gesandten, als diplomatischer Vertreter in einem Land, mit dem engere diplomatische Beziehungen noch nicht oder nicht mehr unterhalten werden oder als Vertreter des regulären Missionschefs bei dessen Abwesenheit.
**Instruktionen** vom Diplomaten zu beachtende Richtlinien seiner Regierung.
**Junktim** Koppelung verschiedener Verträge oder Gesetzesvorlagen zum Zwecke einer gemeinsamen Annahme.
**Mantelnote** Begleitbrief zu mehreren anderen diplomatischen Schriftstücken.
**Memorandum** eine ausführliche diplomatische Note oder Denkschrift.
**Ministerresident** diplomatischer Vertreter in einem für die Politik des Heimatlandes unwichtigeren Land.
**Mission** sowohl der ganze Apparat, an dessen Spitze der Diplomat als Missionschef steht, als auch die Führung des politischen Gedankenaustausches und die Abwicklung aller hierzu erforderlichen Geschäfte.
**Note** stets sehr förmlich gehaltenes diplomatisches Schriftstück.
**Notiz** eine weniger wichtige Mitteilung ohne Anrede, Schlußformel und Unterschrift.
**Nuntius** beglaubigter Vertreter der Kurie (= röm.-kath. Zentralbehörde in Rom), der in Hauptstädten die Stellung des →Doyen übernimmt.
**Paraphierung** Unterzeichnung von Staatsverträgen durch beglaubigte Vertreter.
**Persona grata** erwünschte Persönlichkeit.
**Persona ingrata** unerwünschte Persönlichkeit.
**Pourparlers** unverbindliche diplomatische Vorbesprechungen.
**Ratifizierung** zur Inkraftsetzung eines Abkommens oder Vertrages notwendige Zustimmung durch die Parlamente und Regierungen der beteiligten Staaten.
**Revirement** nach Regierungs- oder Kurswechsel meist eintretender Wechsel der Diplomaten.
**Ricevimento** erster feierlicher Empfang eines neuen Diplomaten im Hause seiner Mission.
**Signierung** feierliche und endgültige Unterzeichnung eines Vertrages.
**Verbalnote** unterscheidet sich von der eigentlichen →Note durch das Fehlen einer Anrede und einer Schlußformel, ist also eine etwas zwanglosere Mitteilung.

## Doktortitel

| | | | |
|---|---|---|---|
| **Dr. agr.** | für Landwirtschaft | **Dr. oec.** | für Betriebswirtschaft |
| **Dr. hort.** | für Gartenbaukunde | **Dr. pharm.** | für Arzneikunde |
| **Dr.-Ing.** | für Ingenieurwissenschaften | **Dr. phil.** | für Geisteswissenschaften |
| **Dr. jur.** | für Rechtswissenschaften | **Dr. rer. nat.** | für Naturwissenschaften |
| **Dr. med.** | für Medizin | **Dr. rer. oec.** | für Wirtschaftswissenschaften |
| **Dr. med. dent.** | für Zahnheilkunde | **Dr. rer. pol.** | für Staatswissenschaften |
| **Dr. med. vet.** | für Tierheilkunde | **Dr. theol.** | für Theologie |

## Dreiecke

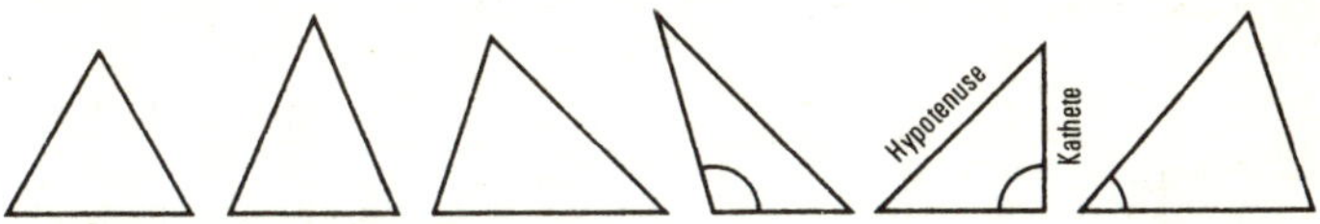


gleichseitig gleichschenklig ungleichseitig stumpfwinklig rechtwinklig spitzwinklig

## Düngerstern

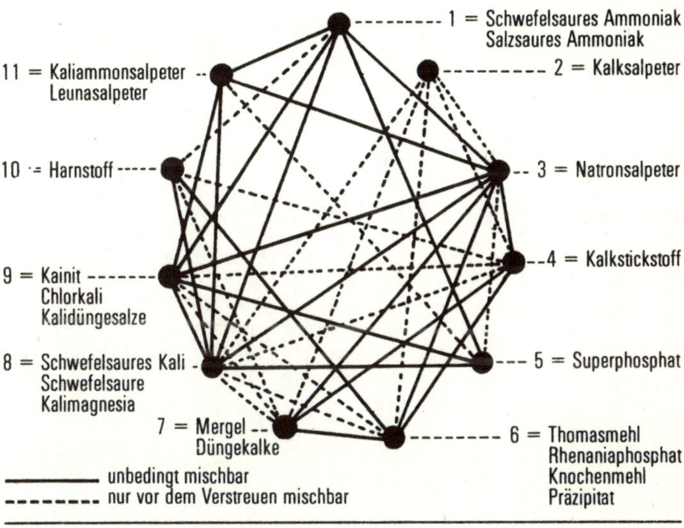

# E *Einmaleins*

| | 2 | 3 | 4 | 5 | 6 | 7 | 8 | 9 | 10 | 11 | 12 | 13 | 14 | 15 |
|---|---|---|---|---|---|---|---|---|---|---|---|---|---|---|
| **2** | 4 | 6 | 8 | 10 | 12 | 14 | 16 | 18 | 20 | 22 | 24 | 26 | 28 | 30 |
| **3** | 6 | 9 | 12 | 15 | 18 | 21 | 24 | 27 | 30 | 33 | 36 | 39 | 42 | 45 |
| **4** | 8 | 12 | 16 | 20 | 24 | 28 | 32 | 36 | 40 | 44 | 48 | 52 | 56 | 60 |
| **5** | 10 | 15 | 20 | 25 | 30 | 35 | 40 | 45 | 50 | 55 | 60 | 65 | 70 | 75 |
| **6** | 12 | 18 | 24 | 30 | 36 | 42 | 48 | 54 | 60 | 66 | 72 | 78 | 84 | 90 |
| **7** | 14 | 21 | 28 | 35 | 42 | 49 | 56 | 63 | 70 | 77 | 84 | 91 | 98 | 105 |
| **8** | 16 | 24 | 32 | 40 | 48 | 56 | 64 | 72 | 80 | 88 | 96 | 104 | 112 | 120 |
| **9** | 18 | 27 | 36 | 45 | 54 | 63 | 72 | 81 | 90 | 99 | 108 | 117 | 126 | 135 |
| **10** | 20 | 30 | 40 | 50 | 60 | 70 | 80 | 90 | 100 | 110 | 120 | 130 | 140 | 150 |
| **11** | 22 | 33 | 44 | 55 | 66 | 77 | 88 | 99 | 110 | 121 | 132 | 143 | 154 | 165 |
| **12** | 24 | 36 | 48 | 60 | 72 | 84 | 96 | 108 | 120 | 132 | 144 | 156 | 168 | 180 |
| **13** | 26 | 39 | 52 | 65 | 78 | 91 | 104 | 117 | 130 | 143 | 156 | 169 | 182 | 195 |
| **14** | 28 | 42 | 56 | 70 | 84 | 98 | 112 | 126 | 140 | 154 | 168 | 182 | 196 | 210 |
| **15** | 30 | 45 | 60 | 75 | 90 | 105 | 120 | 135 | 150 | 165 | 180 | 195 | 210 | 225 |
| **16** | 32 | 48 | 64 | 80 | 96 | 112 | 128 | 144 | 160 | 176 | 192 | 208 | 224 | 240 |
| **17** | 34 | 51 | 68 | 85 | 102 | 119 | 136 | 153 | 170 | 187 | 204 | 221 | 238 | 255 |
| **18** | 36 | 54 | 72 | 90 | 108 | 126 | 144 | 162 | 180 | 198 | 216 | 234 | 252 | 270 |
| **19** | 38 | 57 | 76 | 95 | 114 | 133 | 152 | 171 | 190 | 209 | 228 | 247 | 266 | 285 |
| **20** | 40 | 60 | 80 | 100 | 120 | 140 | 160 | 180 | 200 | 220 | 240 | 260 | 280 | 300 |
| **21** | 42 | 63 | 84 | 105 | 126 | 147 | 168 | 189 | 210 | 231 | 252 | 273 | 294 | 315 |
| **22** | 44 | 66 | 88 | 110 | 132 | 154 | 176 | 198 | 220 | 242 | 264 | 286 | 308 | 330 |
| **23** | 46 | 69 | 92 | 115 | 138 | 161 | 184 | 207 | 230 | 253 | 276 | 299 | 322 | 345 |
| **24** | 48 | 72 | 96 | 120 | 144 | 168 | 192 | 216 | 240 | 264 | 288 | 312 | 336 | 360 |
| **25** | 50 | 75 | 100 | 125 | 150 | 175 | 200 | 225 | 250 | 275 | 300 | 325 | 350 | 375 |
| **26** | 52 | 78 | 104 | 130 | 156 | 182 | 208 | 234 | 260 | 286 | 312 | 338 | 364 | 390 |
| **27** | 54 | 81 | 108 | 135 | 162 | 189 | 216 | 243 | 270 | 297 | 324 | 351 | 378 | 405 |
| **28** | 56 | 84 | 112 | 140 | 168 | 196 | 224 | 252 | 280 | 308 | 336 | 364 | 392 | 420 |
| **29** | 58 | 87 | 116 | 145 | 174 | 203 | 232 | 261 | 290 | 319 | 348 | 377 | 406 | 435 |
| **30** | 60 | 90 | 120 | 150 | 180 | 210 | 240 | 270 | 300 | 330 | 360 | 390 | 420 | 450 |
| **31** | 62 | 93 | 124 | 155 | 186 | 217 | 248 | 279 | 310 | 341 | 372 | 403 | 434 | 465 |
| **32** | 64 | 96 | 128 | 160 | 192 | 224 | 256 | 288 | 320 | 352 | 384 | 416 | 448 | 480 |
| **33** | 66 | 99 | 132 | 165 | 198 | 231 | 264 | 297 | 330 | 363 | 396 | 429 | 462 | 495 |
| **34** | 68 | 102 | 136 | 170 | 204 | 238 | 272 | 306 | 340 | 374 | 408 | 442 | 476 | 510 |
| **35** | 70 | 105 | 140 | 175 | 210 | 245 | 280 | 315 | 350 | 385 | 420 | 455 | 490 | 525 |
| **36** | 72 | 108 | 144 | 180 | 216 | 252 | 288 | 324 | 360 | 396 | 432 | 468 | 504 | 540 |
| **37** | 74 | 111 | 148 | 185 | 222 | 259 | 296 | 333 | 370 | 407 | 444 | 481 | 518 | 555 |
| **38** | 76 | 114 | 152 | 190 | 228 | 266 | 304 | 342 | 380 | 418 | 456 | 494 | 532 | 570 |
| **39** | 78 | 117 | 156 | 195 | 234 | 273 | 312 | 351 | 390 | 429 | 468 | 507 | 546 | 585 |
| **40** | 80 | 120 | 160 | 200 | 240 | 280 | 320 | 360 | 400 | 440 | 480 | 520 | 560 | 600 |
| **41** | 82 | 123 | 164 | 205 | 246 | 287 | 328 | 369 | 410 | 451 | 492 | 533 | 574 | 615 |
| **42** | 84 | 126 | 168 | 210 | 252 | 294 | 336 | 378 | 420 | 462 | 504 | 546 | 588 | 630 |
| **43** | 86 | 129 | 172 | 215 | 258 | 301 | 344 | 387 | 430 | 473 | 516 | 559 | 602 | 645 |
| **44** | 88 | 132 | 176 | 220 | 264 | 308 | 352 | 396 | 440 | 484 | 528 | 572 | 616 | 660 |
| **45** | 90 | 135 | 180 | 225 | 270 | 315 | 360 | 405 | 450 | 495 | 540 | 585 | 630 | 675 |
| **46** | 92 | 138 | 184 | 230 | 276 | 322 | 368 | 414 | 460 | 506 | 552 | 598 | 644 | 690 |
| **47** | 94 | 141 | 188 | 235 | 282 | 329 | 376 | 423 | 470 | 517 | 564 | 611 | 658 | 705 |
| **48** | 96 | 144 | 192 | 240 | 288 | 336 | 384 | 432 | 480 | 528 | 576 | 624 | 672 | 720 |
| **49** | 98 | 147 | 196 | 245 | 294 | 343 | 392 | 441 | 490 | 539 | 588 | 637 | 686 | 735 |
| **50** | 100 | 150 | 200 | 250 | 300 | 350 | 400 | 450 | 500 | 550 | 600 | 650 | 700 | 750 |

## Einrichtungs- und Möbel-Abc

**Accessoires** modisches Beiwerk
**antik** mindestens 100 Jahre alt
**Applikation** Aufnäharbeit
**Bordüre** verzierte Borte
**Büffet** Geschirrschrank
**Chaiselongue** Halbsofa
**Couch** breite Liege mit niedriger Lehne
**Dekor** Verzierung
**Design** Entwurf eines Industrieprodukts
**Dessin** Zeichnung, Muster
**Draperie** Stoffbehang, Faltenwurf
**Etagère** Bücherbrett, Stufengestell, Hängebord
**Facetten** Schrägschliff-Kanten
**Fauteuil** Armsessel, Polstersessel
**Gobelin** Bildteppich
**Highboard** halbhohes Schrankelement
**Hochlehner** Sessel mit hohen Lehnen
**Intarsien** Einlegearbeit mit verschiedenfarbigen Hölzern
**Kanapee** Sitzsofa mit Rück- und Seitenlehnen
**Kandelaber** Standleuchte
**Kommode** auf Füßen ruhende Truhe mit Schubladen
**Konsole** Tragstütze
**Korpus** Körper, Kasten ohne Tür
**Lisene** senkrechte Begrenzung oder Zwischengliederung an Möbeln
**Lüster** Kronleuchter
**Markise** Sonnendach
**Maserung** strukturierte Zeichnung
**Ornament** Schmuckwerk, Verzierung
**Paneel** Holztäfelung
**Paravent** Stellschirm, sog. spanische Wand
**Patina** schöne Alterungsschicht
**Pendüle** Pendeluhr
**Podest** Podium
**Rapport** Wiederholung eines Musters
**Sekretär** Schreibschrank
**Sideboard** niedriges Schrankelement
**Stilmöbel** Möbel, bei dem antiker Stil nachgebildet wurde
**Tapisserie** Teppichstickerei, Wandteppich
**Toilettentisch** Frisiertisch
**Vitrine** Glasschrank
**Volant** glockig geschnittener gefälzter Besatz
**Zarge** Decke und Boden verbindende Einfassung

## Eisenbahn-»Geheimzeichen«

An den Lokomotiven, Personen- und Güterwagen der Eisenbahn finden sich Bezeichnungen aus Buchstaben und Zahlen, zu deren Verständnis hier einige Hinweise gegeben werden:

| | |
|---|---|
| **A** | Personenwagen 1. Klasse |
| **AB** | Personenwagen 1. u. 2. Klasse |
| **B** | Personenwagen 2. Klasse |
| **Br** | Handbremse |
| **c** | Kokswagen |
| **Dhz** | Dampfheizung |
| **E** | Elektrische Lokomotive |
| **Ehz** | elektrische Heizung |
| **ElBel** | elektrische Beleuchtung |
| **f** | Fährwagen |
| **G** | Güterzuglokomotive mit Schlepptender |
| **G** | gedeckter Güterwagen mit Tonnendach |
| **Gt** | Güterzugtenderlokomotive |
| **h** | Wagen mit Heizleitung |
| **H** | Holzwagen |
| **i** | Personenwagen mit Plattform u. offener Übergangsbrücke |
| **k** | Kühl- oder Kurswagen |
| **K** | Schmalspurlokomotive |
| **K** | gedeckter Güterwagen mit Klappendeckeldach (Kalkwagen) |
| **Khz** | Kohlenheizung |
| **kr** | Personenwagen mit Krankenabteil |
| **Ksbr** | Knorr-Bremse für Schnellzüge |
| **L** | Lokalbahnlokomotive |
| **l** | Glas- oder Langwagen |
| **m** | Ladegewicht 20 t |
| **n** | Wagen mit Luftdruckbremse bzw. -leitung |
| **O** | offener kippfähiger Güterwagen |
| **P** | Personenzuglokomotive mit Schlepptender |
| **Ppost** | Gepäckwagen mit Postabteil |
| **Pt** | Personenzugtenderlokomotive |
| **Pw** | Gepäckwagen |
| **R** | offener Güterwagen mit hölzernen Rungen (Rungenwagen) |
| **Radst** | Abstand der Achsen voneinander (Radstand) |
| **s** | für Züge bis zu 90 km/h geeignet |
| **S** | Schnellzuglokomotive mit Schlepptender |
| **S** | offener Güterwagen mit eisernen Rungen (Schienenwagen) |
| **St** | Schnellzugtenderlokomotive |
| **t** | Tief- oder Selbstentlader |
| **T** | für Transitverkehr zugelassener Güterwagen |

**ü** Personenwagen mit Übergangsbrücken u. Faltenbälgen
**V** gedeckter Güterwagen mit Lattenwänden (Kleinviehwagen)
**w** Ladegewicht unter 15 t
**WL** Schlafwagen
**WR** Speisewagen
**Wsbr** Westinghouse-Bremse für Schnellzüge
**X** nicht kippfähiger offener Güterwagen (Arbeitswagen)
**Z** Zahnradlokomotive

## Eishockey

Die älteste Erwähnung des Eislaufs überhaupt stammt aus dem Jahr 1134 und kommt aus Dänemark. Vermutlich benutzte man damals noch Schlittschuhe aus Knochen, die nicht robust genug waren für ein hartes Mannschaftsspiel wie Eishockey. Erst im 16. Jahrhundert ist in den Niederlanden ein Spiel nachweisbar, das unserem heutigen Eishockey schon sehr ähnlich war und bis ins 19. Jahrhundert hinein unter dem Namen ›Bandy‹ weite Verbreitung fand.

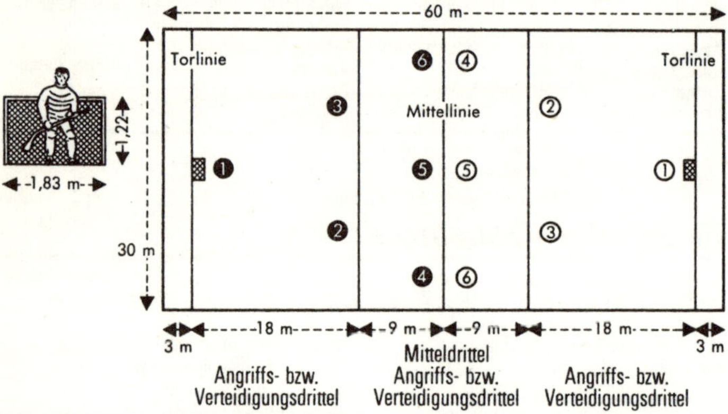


## Eiszeiten

Mit Argusaugen überwachen Wissenschaftler das ständige Wachstum der Gletscher und das unaufhaltsame Sinken der Durchschnittstemperaturen. Steht eine neue Eiszeit bevor?

| Norddeutschland | Zeitdauer (Jahre v. Chr.) | Alpengebiet |
|---|---|---|
| Elbe-Eiszeit (?) | 600000–540000 | Günz-Eiszeit |
| 1. Zwischeneiszeit | 540000–480000 | 1. Zwischeneiszeit |
| Elster-Eiszeit | 480000–430000 | Mindel-Eiszeit |
| 2. Zwischeneiszeit | 430000–240000 | 2. Zwischeneiszeit |
| Saale-Eiszeit | 240000–180000 | Riß-Eiszeit |
| 3. Zwischeneiszeit | 180000–120000 | 3. Zwischeneiszeit |
| Weichsel-Eiszeit | 120000– 20000 | Würm-Eiszeit |
| Nacheiszeit | seit 20000 | Nacheiszeit |

# Wichtige Etappen der Entdeckungsgeschichte

| | |
|---|---|
| 596– 594 v. Chr. | Phönizier umfahren Afrika |
| um 525 v. Chr. | Karthager Hanno befährt afrikanische Westküste |
| um 400 v. Chr. | Karthager erreichen die Azoren |
| um 1000 n. Chr. | Normannen an der nordamerikan. Küste |
| 1271–1295 | Marco Polo bereist China |
| 1324–1353 | Ibn Batuta bereist Nordafrika |
| 1456 | Kapverdische Inseln entdeckt |
| 1484 | Diego Cão erreicht Kongo-Mündung |
| 1488 | Barth. Dias umschifft Kap der Guten Hoffnung |
| 1492 | Kolumbus entdeckt Guanahani, Kuba und Haiti |
| 1493 | Kolumbus entdeckt Puerto Rico, Guadeloupe u.a. Inseln Westindiens |
| 1494 | Kolumbus entdeckt Jamaika |
| 1497 | John Cabot in Labrador |
| 1498 | Kolumbus erreicht das südamerikanische Festland |
| 1498 | Vasco da Gama erreicht Indien |
| 1499 | Mündung des Amazonas entdeckt |
| 1500 | Pedro Alvarez Cabral erreicht Brasilien |
| 1502 | Kolumbus an der Moskitoküste |
| 1507 | Mauritius und Réunion entdeckt |
| 1512 | Entdeckung der Molukken |
| 1513 | Florida entdeckt |
| 1513 | Vasco N. de Balboa überschreitet Landenge von Panama |
| 1515 | Mündung des La Plata entdeckt |
| 1519 | Fernando Cortez in Mexiko |
| 1520 | Magalhães durchfährt die M.-Straße |
| 1521 | Magalhães erreicht die Philippinen |
| 1521 | Magalhães entdeckt die Marianen |
| 1527 | Neuguinea entdeckt |
| 1528–1529 | Saavedra entdeckt Karolinen- und Marshall-Inseln |
| 1532–1533 | Francisco Pizarro erobert Peru |
| 1533 | Entdeckung Kaliforniens |
| 1535–1537 | Diego de Almagro in Bolivien und Chile |
| 1541 | Fernando de Soto am Mississippi |
| 1556 | Nowaja Semlja entdeckt |
| 1580 | Jermak Timofejew in Sibirien |
| 1596 | William Barents erreicht Spitzbergen |
| 1606 | Neue Hebriden und Torres-Straße entdeckt |
| 1610 | Henry Hudson in der Hudson-Bai |
| 1616 | William Baffin erreicht Baffin-Bai |
| 1616 | Australiens Westküste entdeckt |
| 1642–1644 | Abel Tasman entdeckt Tasmanien, Neuseeland u.a. Inseln |
| 1643 | Entdeckung der Kurilen |
| 1648 | Semjon Iwanow Deschnew entdeckt Bering-Straße |
| 1728 | Vitus Bering erreicht Asiens Ostkap |
| 1741 | Vitus Bering entdeckt die Alëuten |
| 1765 | Laroche in Südgeorgien |
| 1766–1769 | L.A. de Bougainvilles Weltumseglung |
| 1767 | Tahiti entdeckt |
| 1768 | Tana-See entdeckt |
| 1769 | Cook erkennt Neuseeland als Doppelinsel |
| 1770 | James Bruce entdeckt Quellen des Blauen Nils |
| 1770 | Cook an Australiens Ostküste |
| 1772 | Kerguelen erreicht Kerguelen-Inseln |
| 1774 | Cook entdeckt Neukaledonien |
| 1778 | Cook entdeckt Hawaii |
| 1787–1804 | A. v. Humboldt in Mittel- und Südamerika |
| 1788 | Gilbert-Inseln entdeckt |

| | |
|---|---|
| 1792–1793 | Alex. Mackenzie durchquert Nordamerika |
| 1795–1797 | Mungo Park am Niger |
| 1797–1800 | Friedr. Konr. Hornemann bereist Nordafrika |
| 1803–1805 | Lewis und Clark am Missouri und Columbia |
| 1805–1806 | Mungo Parks 2. Reise zum Niger |
| 1819 | W. E. Parry erreicht Melville-Insel |
| 1822 | Tschad-See entdeckt |
| 1823 | James Weddell erreicht Weddell-See |
| 1828 | René Caillié in Timbuktu und Tanger |
| 1829 | A. v. Humboldt in Innerasien |
| 1831 | Magnetischer Nordpol erreicht |
| 1839–1840 | E. J. Eyre entdeckt Torrens- und Eyre-See |
| 1844–1848 | Ludwig Leichhardt im Innern Australiens |
| 1846 | John Franklin in der Franklin-Straße |
| 1848 | Entdeckung des Kilimandscharo |
| 1849 | Livingstone am Ngami-See |
| 1850–1855 | Heinr. Barth bereist Sahara und Sudan |
| 1854–1856 | Livingstone durchquert Südafrika |
| 1858 | J. H. Speke entdeckt Viktoria- und Tanganjika-See |
| 1858–1859 | Livingstone am Sambesi und Njassa-See |
| 1860–1861 | R. O'Hara Burke durchquert Australien von S nach N |
| 1861 | R. F. Burton am Kamerun-Gebirge |
| 1862 | Speke am Viktoria-Nil |
| 1864 | Albert-See entdeckt |
| 1865–1867 | Gerh. Rohlfs bereist Sahara und Sudan |
| 1868 | Livingstone erreicht Bangweolo-See |
| 1868–1872 | Ferd. v. Richthofen bereist China |
| 1869 | Gustav Nachtigal in der Sahara |
| 1870 | Georg Schweinfurth am Uëlle |
| 1871–1872 | H. M. Stanley mit Livingstone am Tanganjika-See |
| 1873–1875 | V. L. Cameron durchquert Südafrika |
| 1874 | Franz-Joseph-Land erreicht |
| 1874–1877 | H. M. Stanley durchquert Zentralafrika |
| 1877–1879 | Serpa Pinto durchquert Südafrika |
| 1878–1879 | A. E. Nordenskjöld gelingt Nordöstl. Durchfahrt |
| 1880 | Nik. Prschewalski im Hoangho-Quellgebiet |
| 1880–1882 | H. v. Wißmann durchquert Südafrika |
| 1882–1883 | 1. Internationales Polarjahr |
| 1883 | A. E. Nordenskjöld im Innern Grönlands |
| 1887–1888 | Lindsay durchquert Australien von N nach S |
| 1888 | Nansen durchquert Grönland |
| 1888 | Rudolf- und Stefanie-See entdeckt |
| 1889 | H. Meyer besteigt Kilimandscharo |
| 1894 | Passarge in Adamaua |
| 1894 | Erste Durchquerung Labradors |
| 1894–1897 | Hedin durchquert Zentralasien |
| 1897 | Salomon Andrées Ballonfahrt zum Nordpol |
| 1898–1902 | R. E. Peary erreicht Nordspitze Grönlands |
| 1899–1902 | Hedins 2. Zentralasien-Reise |
| 1900 | Wilh. Filchners Ritt über den Pamir |
| 1900 | Kandt im Nil-Quellgebiet |
| 1900–1902 | O. Sverdrup erreicht Sverdrup-Archipel |
| 1902 | Robert F. Scott erreicht König-Eduard-VII.-Land |
| 1902 | Erich v. Drygalski entdeckt Kaiser-Wilhelm-II.-Land |
| 1903–1906 | Amundsen gelingt Nordwestl. Durchfahrt |
| 1905–1908 | Hedins 3. Zentralasien-Reise |
| 1908–1909 | E. H. Shackleton im Viktoria-Land |
| 1909 | E. E. Peary nahe dem Nordpol |
| 1911–1912 | Amundsen und R. F. Scott erreichen Südpol |
| 1911–1912 | Wilh. Filchner im Südpolargebiet |

| | |
|---|---|
| 1911–1913 | Theod. Koch-Grünberg im Orinoko-Quellgebiet |
| 1912–1913 | Alfred Wegener durchquert Grönland |
| 1912–1913 | Behrmann und Thurnwald in Neuguinea |
| 1916–1918 | Knud Rasmussen in Grönland |
| 1926 | Amundsen, Nobile und Byrd überfliegen Nordpol |
| 1926–1928 | Filchner in Zentralasien |
| 1927–1935 | Hedins 4. Zentralasien-Reise |
| 1929 | Byrd überfliegt Südpol |
| 1930–1931 | Umschiffung des antarktischen Kontinents |
| 1931 | H. Eckeners Arktisfahrt mit ›Graf Zeppelin‹ |
| 1932–1933 | 2. Internationales Polarjahr |
| 1934–1938 | Filchner in Zentralasien |
| 1944 | Nordwestpassage wird von einem kanadischen Schiff innerhalb eines Sommers durchfahren |
| 1957–1958 | Internationales Geophysikalisches Jahr |
| 1957 | Hillary erreicht Südpol |
| 1958 | Fuchs durchquert Antarktika |
| 1958 | Das amerikanische Atom-U-Boot ›Nautilus‹ fährt unter dem Polareis zum Nordpol |
| 1960 | Piccard mit einem Tauchboot fast elf Kilometer tief im pazifischen Marianengraben |
| 1969 | Die Amerikaner Armstrong und Aldrin betreten als erste Menschen den Mond. |
| 1978 | Drei Amerikaner überqueren als erste in einem Helium-Ballon den Atlantik |
| 1990 | Reinhold Messner und Arved Fuchs durchqueren die Antarktis fast ohne technische Hilfsmittel |
| 2004 | Marsmission durch den Rover „Spirit“, wichtige Bilder vom Mars |

## Erdbebenstärke

| | |
|---|---|
| **1. Grad, Unmerklich** | wird nur von Instrumenten registriert |
| **2. Grad, Sehr leicht** | nur für sehr empfindliche Personen spürbar |
| **3. Grad, Leicht** | entspricht etwa der Erschütterung durch ein rasch vorbeifahrendes Auto |
| **4. Grad, Mäßig** | Möbelstücke zittern oder wanken leicht, Fenster klirren |
| **5. Grad, Ziemlich stark** | Fensterscheiben zerspringen, Schlafende erwachen, Türen schlagen auf und zu, leichte Gegenstände werden verschoben |
| **6. Grad, Stark** | Bücher fallen aus Regalen und Bilder von der Wand, Geschirr zerbricht, Möbel rücken von der Stelle oder fallen sogar um, Risse bilden sich im Hausputz |
| **7. Grad, Sehr stark** | auch schwerere Gegenstände fallen um, Kirchenglocken schlagen an, in Mauern bilden sich leichte Risse, Ziegel fallen herab |
| **8. Grad, Zerstörend** | Baumstämme brechen ab, auch schwerste Möbelstücke werden umgeworfen, einzelne Häuser stürzen ein, an Steilhängen entstehen Bodenrisse |
| **9. Grad, Verwüstend** | etwa die Hälfte der Steinhäuser schwer zerstört, viele stürzen ein |
| **10. Grad, Vernichtend** | etwa 75% der Gebäude schwer zerstört, die meisten stürzen ein, Eisenbahnschienen werden leicht verbogen, im Straßenbelag entstehen Risse und Falten |
| **11. Grad, Katastrophe** | sämtliche Steingebäude stürzen ein, auch stabile Brücken werden zerstört, Eisenbahnschienen werden stark verbogen, zahlreiche Erdrutsche und Dammbrüche |
| **12. Grad, Große Katastrophe** | kein Menschenwerk hält stand, die gesamte Erdoberfläche wird verändert, Seen laufen aus und Flüsse werden abgelenkt |

# Erdumspannende Entfernungstabelle

(Luftlinie auf Großkreisen in km)

| Von \ Nach | Berlin | Bombay | Buenos Aires | Hongkong | Honolulu | Kairo | Kalkutta | Kapstadt | Lissabon | London | Los Angeles | Moskau | New York | Paris | Rio de Janeiro | San Franzisco | Sydney | Tokio |
|---|---|---|---|---|---|---|---|---|---|---|---|---|---|---|---|---|---|---|
| Berlin | - | 6315 | 11858 | 8784 | 11815 | 2917 | 7040 | 9519 | 2256 | 920 | 9359 | 1592 | 6442 | 864 | 9924 | 9191 | 16000 | 8997 |
| Bombay | 6315 | - | 15008 | 4256 | 13076 | 4317 | 1648 | 8213 | 7595 | 7242 | 14096 | 4960 | 12600 | 7026 | 13501 | 13637 | 10080 | 6796 |
| Buenos Aires | 11858 | 15008 | - | 18240 | 12245 | 11885 | 16340 | 6932 | 9440 | 11071 | 9837 | 13280 | 8472 | 11026 | 2001 | 10380 | 11744 | 18562 |
| Hongkong | 8784 | 4256 | 18240 | - | 8984 | 8053 | 2600 | 11695 | 10928 | 9616 | 11752 | 7080 | 12976 | 9632 | 17512 | 11248 | 7264 | 2960 |
| Honolulu | 11815 | 13076 | 12245 | 8984 | - | 14280 | 11320 | 18684 | 12536 | 11712 | 4192 | 11360 | 8082 | 12040 | 13440 | 3852 | 7994 | 6208 |
| Kairo | 2917 | 4317 | 11885 | 8053 | 14280 | - | 5640 | 7152 | 3784 | 3549 | 12280 | 2760 | 9122 | 3232 | 9988 | 12087 | 14240 | 9608 |
| Kalkutta | 7040 | 1648 | 16340 | 2600 | 11320 | 5640 | - | 9601 | 8972 | 7944 | 13133 | 5472 | 12672 | 7840 | 14920 | 12608 | 9031 | 5136 |
| Kapstadt | 9519 | 8213 | 6932 | 11695 | 18648 | 7152 | 9601 | - | 8333 | 9560 | 16264 | 10061 | 12552 | 9220 | 6160 | 16544 | 11023 | 14775 |
| Lissabon | 2256 | 7959 | 9440 | 10928 | 12536 | 3784 | 8972 | 8333 | - | 1560 | 9040 | 3888 | 5392 | 1432 | 7528 | 9096 | 18002 | 11080 |
| Loncon | 920 | 7242 | 11071 | 9616 | 11712 | 3549 | 7944 | 9560 | 1560 | - | 8794 | 2464 | 5601 | 336 | 9196 | 8704 | 16824 | 9680 |
| Los Angeles | 9359 | 14096 | 9837 | 11752 | 4192 | 12280 | 13133 | 16264 | 9040 | 8794 | - | 9808 | 3946 | 9138 | 10128 | 552 | 11920 | 8960 |
| Moskau | 1592 | 4960 | 13280 | 7080 | 11360 | 2760 | 5472 | 10061 | 3888 | 2464 | 9808 | - | 7090 | 2461 | 11312 | 9381 | 14320 | 7412 |
| New York | 6442 | 12600 | 8472 | 12976 | 8082 | 9122 | 12672 | 12552 | 5392 | 5601 | 3946 | 7090 | - | 5760 | 7696 | 4170 | 15784 | 10954 |
| Paris | 864 | 7026 | 11026 | 9632 | 12040 | 3232 | 7840 | 9220 | 1432 | 336 | 9138 | 2461 | 5760 | - | 9136 | 9088 | 16802 | 9812 |
| Rio de Janeiro | 9924 | 13501 | 2001 | 17512 | 13440 | 9988 | 14920 | 6160 | 7528 | 9196 | 10128 | 11312 | 7696 | 9136 | - | 10648 | 13480 | 18560 |
| San Franzisco | 9191 | 13637 | 10380 | 11248 | 3852 | 12087 | 12608 | 16544 | 9096 | 8704 | 552 | 9381 | 4170 | 9088 | 10648 | - | 11712 | 8401 |
| Sydney | 16000 | 10080 | 11744 | 7264 | 7994 | 14240 | 9031 | 11023 | 18002 | 16824 | 11920 | 14320 | 15784 | 16802 | 13480 | 11712 | - | 7680 |
| Tokio | 8997 | 6796 | 18562 | 2960 | 6208 | 9608 | 5136 | 14775 | 11080 | 9680 | 8960 | 7412 | 10954 | 9812 | 18560 | 8401 | 7680 | - |

## Maße der Erdkugel

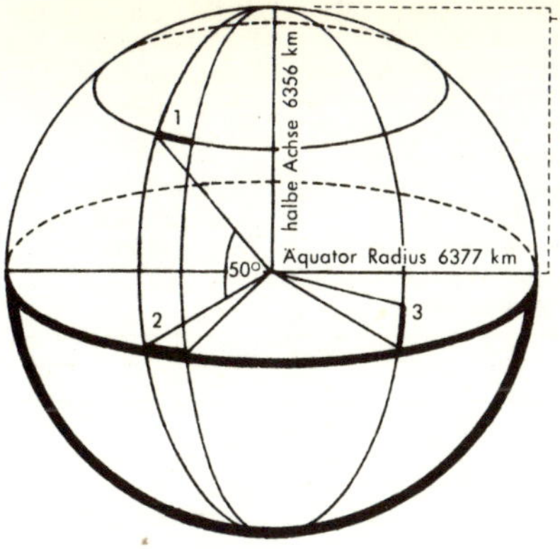


Quadrant 90° = 10000 km
Erdumfang = 360° = 40000 km
① Längengrad in 50° = 71,4 km

② Längengrad in 0° = 111 km

③ 1 Meridianminute = 1852 m
= 1 Seemeile
1 Kabellänge = 185 m
1 Knoten = 1 Sm/Stunde
1 deutsche Meile = 7,420 km

Erdoberfläche = 510 Mill. $km^2$

Erdvolumen ~ 1083 Mill. $km^3$

Erdgewicht ~ 5,96 Quadrill. kg

mittlere Dichte 5,5

## Erfindungen

Addiermaschine 1642
Akkumulator 1859
Aluminium 1827
Anilin 1826
Antenne 1895
Atombombe 1945
Atomzertrümmerung 1919
Augenspiegel 1850
Autotypie 1881
Bakelit 1909
Bandsäge 1808
Barometer 1643
Benzinmotor 18B4
Bildtelegraphie 1902
Bleistift 1662
Blitzableiter 1752
Bogenlampe 1848
Bohrmaschine 1710
Buchdruck 1440
Dampfhammer 1839
Dampfheizung 1745
Dampfmaschine 1690
Dampfschiff 1807
Dampfturbine 1884
Dieselmotor 1897
Drahtseilbahn 1861
Drehbank 1569
Dreschmaschine 1785
Druckknopf 1885
Dynamit 1867
Dynamomaschine 1866
Echolot 1912
Eisenbahn 1825
Eisschrank 1801
Elektromagnet 1825
Elektromotor 1629
Essig 1823
Fahrrad 1817
Fallschirm 1480
Feldelektronenmikroskop 1950
Fernrohr 1608
Fernsehen 1929
Fernsprecher 1861
Film 1895
Füllfederhalter 1843
Funktelegraphie 1896
Galvanoplastik 1839
Gasbeleuchtung 1786
Gasmotor 1860
Gasturbine 1905
Glühlampe 1854
Grammophon 1887
Grubenlampe 1815
Hobelmaschine 1776
Holographie 1947
Holzwolle 1885
Kabel 1847
Kinematograph 1895
Kraftwagen (Benzin-) 1885
Kreissäge 1780
Kugellager 1847
Kunstseide 1885
Laser 1960
Lichtdruck 1869
Linoleum 1844
Lithographie 1796
Lokomotive 1804
Luftdruckbremse 1872
Luftpumpe 1663
Luftreifen 1685
Luftschiff 1900
Magnetophon 1928
Margarine 1868
Maschinengewehr 1883
Maser 1955
Mikrophon 1878
Mikroskop 1590
Motorflugzeug 1903
Motorrad 1885
MP3 2000
Nähmaschine 1755
Neuer Röntgenstrahler „Straton" 2005
Nylon 1938
Offsetdruck 1904
PAL-Farbfernsehsystem 1960
Pendeluhr 1657
Penicillin 1929
Perlon 1938
Phonograph 1677
Photographie 1826
Photozelle 1893
Plattenspieler 1887
Plexiglas 1928
Porzellan 1693
Protonen 1920
Radargeräte 1904
Raketenflugzeug 1937
Rechenmaschine 1694
Rechenschieber 1617
Registrierkasse 1879
Revolver 1835
Rohrpost 1853
Rollfilm 1889
Röntgenstrahlen 1895

Saccharin 1879
Schallplatte 1887
Schiffsschraube 1812
Schreibmaschine 1867
Schwerkraftwellen 1969
Setzmaschine 1884
Solarzelle 1954
Spektralanalyse 1859
Spiegelteleskop 1669
Sputnik 1957
Stahlbeton 1867
Steindruck 1796
Steingut 1759
Stereotypie 1725
Strahltriebwerk 1930
Straßenbahn (elektr.) 1881
Strickmaschine 1857
Sulfonamide 1935
Taschenuhr 1505
Teflon 1941
Telegraph 1837
Telefon 1861
Tonfilm 1919
Transistor 1948
Ultrafilter 1907
Uranbrenner 1942
Viertaktmotor 1867
Wankelmotor 1957
Webstuhl (mech.) 1785
Xerographie 1937
Zahnradbahn 1862
Zellstoff 1857
Zelluloid 1869
Zement 1796
Zentrifuge 1836
Zündhölzer1830
Zündkerze 1860

## Europastraßen

**E 1** London–Paris–Rom–Palermo
**E 2** London–Lausanne–Mailand–Brindisi
**E 3** Lissabon–Paris–Hannover–Stockholm
**E 4** Lissabon–Bern–Hamburg–Stockholm–Helsinki
**E 5** London–Brüssel–Wien–Belgrad–Istanbul
**E 6** Rom–München–Berlin–Oslo
**E 7** Rom–Wien–Warschau
**E 8** London–Haag–Hannover–Berlin–Warschau–Sowjetunion
**E 9** Amsterdam–Basel–Genua
**E 10** Paris–Brüssel–Amsterdam
**E 11** Paris–Stuttgart–München–Salzburg
**E 12** Paris–Nürnberg–Prag–Warschau–Leningrad
**E 13** Lyon–Venedig
**E 14** Triest–Prag–Stettin
**E 15** Hamburg–Berlin–Prag–Budapest
**E 16** Preßburg–Gdingen
**E 17** Chagny–Zürich–Innsbruck–Salzburg
**E 18** Stavanger–Oslo–Stockholm
**E 19** Albanien–Janina–Korinth
**E 20** Koritza–Sofia
**E 21** Aosta–Turin–Genua
**E 22** Berlin–Breslau–Krakau
**E 23** Ankara–Kayseri–Erzurum–Karaköse–iran. Grenze
**E 24** (E 5)–Gaziantep–Mardin–Hakkari–iran. Grenze
**E 25** Burgos–Madrid–Sevilla–Algeciras
**E 26** Barcelona–Valencia–Granada–Algeciras
**E 27** Triest–Split–Dubrovnik–Skopje–Sofia–Warna

## »Namhafte« Expreßzüge Europas

**Adria-Expreß** Kopenhagen–Rijeka (Fiume)
**Alpen-Expreß** Rom–Hamburg (–Kopenh.)
**Arlberg-Expreß** Paris–Wien–Budapest
**Austria-Expreß** Graz–Hoek van Holland
**Balkan-Expreß** Wien–Belgrad–Athen
**Basel-Expreß** Großenbrode–Basel
**Bavaria** Genf–München
**Blauer Enzian** Hamburg–München
**Blauer Expreß** Berlin–Warschau–Moskau
**Brenner-Expreß** München–Rom
**Comet** London–Manchester
**Diplomat** Genf–Zürich
**Dolomiten-Expreß** Florenz–München
**Dompfeil** Hannover–Köln
**Domspatz** Hamburg–Regensburg
**Donau-Kurier** Dortmund–Wien
**Edelweiß** Brüssel–Basel
**Engadin-Expreß** Calais–Basel–Chur
**Flying Scotsman** London–Edinburgh
**Gambrinus** München–Köln–Hamburg
**Germania** Bonn–Hannover
**Glückauf** Köln–Würzburg–Wien
**Hamburg-Expreß** Hamburg–Kopenhagen
**Hanseat** Köln–Hamburg (–Kiel)
**Harz-Expreß** Hoek van Holland–Hannover
**Helvetia-Expreß** Hamburg–Zürich
**Irish Mail** London–Holyhead (–Dublin)
**Italien-Holland-Expreß** Rom–Amsterdam
**Jugoslawien-Expreß** Amsterdam–Belgrad
**Kärnten-Expreß** Ostende–Klagenfurt
**Käse-Expreß** (Kaas-E.) Rotterdam–Alkmaar
**Komet** Basel–Hamburg
**Lorelei-Expreß** Basel–Hoek van Holland
**Lusitania-Expreß** Lissabon–Madrid
**Mediolanum** München–Mailand
**Merkur** Hamburg–Frankfurt
**Mistral** Paris–Nizza
**Montan-Expreß** Luxemburg–Koblenz
**Mozart-Expreß** Straßburg–Salzburg
**Münchner Kindl** Frankfurt–München
**Nord-Expreß** Paris–Kopenhagen
**Nordpfeil** Hamburg–Frederikshavn
**Nord-West-Expreß** Hoek van Holland–Kopenhagen

**Orient-Expreß** Paris–Wien (–Budapest)
**Paris-Ruhr-Expreß** Paris–Dortmund
**Parsifal** (Paris–) Aachen–Hamburg
**Rembrandt-Expreß** Amsterdam–München
**Rheinblitz** München–Dortmund
**Rheingold** Basel–Emmerich (–Amsterdam)
**Rhein-Main-Expreß** Amsterdam–Frankfurt
**Rhone-Isar-Expreß** Genf–München
**Roland** Basel–Bremen
**Rot-Weiß-Kurier** Basel–Wien
**Ruhr-Expreß** Hoek van Holland–Köln
**Sachsenroß** Köln–Hannover
**Saphir** Ostende–Brüssel–Frankfurt
**Schauinsland-Expreß** Basel–Frankfurt
**Schwabenpfeil** Dortmund–Stuttgart
**Senator** Frankfurt–Bremerhaven
**Simplon-Orient-Expreß** Paris–Belgrad (–Istanbul)
**Skandinavien-Holland-Expreß** Stockholm–Hoek van Holland
**Skandinavien-Italien-Expreß** Kopenhagen–Rom
**Steiermark-Expreß** München–Graz
**Tauern-Expreß** Ostende–Belgrad
**Ulster-Expreß** London–Heysman (–Belfast)
**Vogel Greiff** Basel–Zürich
**Vorarlberg-Expreß** Ulm–Innsbruck
**Wien-Ostende-Expreß** Wien–Ostende

## *Fabelnamen der Tiere*

| | |
|---|---|
| **Äugler** | Kaninchen |
| **Bellyn** | Widder |
| **Bokert** | Biber |
| **Boldewyn** | Esel |
| **Braun** | Bär |
| **Ermelyn** | Füchsin |
| **Gieremund** | Wölfin |
| **Grimbart** | Dachs |
| **Henning** | Hahn |
| **Hinze** | Kater |
| **Isegrim** | Wolf |
| **Kratzefuß** | Henne |
| **Lampe** | Hase |
| **Lütke** | Kranich |
| **Markart** | Häher |
| **Martin** | Affe |
| **Merkenau** | Krähe |
| **Nobel** | Löwe |
| **Pflückebeutel** | Rabe |
| **Reineke** | Fuchs |
| **Wackerlos** | Hündchen |

## *Fabelwesen*

**Argos** griechischer Wächter-Riese mit hundert Augen
**Cerberus** dreiköpfiger Hund als Wächter der Unterwelt
**Chimäre** altgriechisches Mischwesen, vorn Löwe, Mitte Ziege, hinten Schlange
**Faun** römische Waldgottheit mit spitzen Eselsohren und Geißschwanz
**Greif** sagenhafter Riesenvogel
**Harpyien** griechische Schutzgeister des schnellen Todes mit Frauenköpfen, Vogelkörper, Löwenklauen
**Hydra** Schlange mit neun Köpfen
**Janus** altitalienischer doppelköpfiger Gott des Türeingangs
**Kentauren** tierleibige Mischwesen mit menschlichem Oberkörper
**Kyklopen** einäugige Riesen der griechischen Mythologie
**Leviathan** vielköpfiger biblischer Drache
**Medusa** Mensch mit Schlangenhaaren und versteinerndem Blick
**Meerweib** schönes Mischwesen mit menschlichem Oberkörper und Fischschwanz
**Moloch** biblisches stierköpfiges Ungeheuer
**Pan** griechischer Hirtengott, gehörnt, rauhbehaart, geschwänzt und geißfüßig
**Pegasus** griechisches geflügeltes Pferd
**Phönix** Wundervogel, der sich verbrennt und aus seiner Asche wiederaufersteht
**Sirenen** griechische Fischweibchen, die Seeleute durch ihren Gesang ins Verderben locken
**Undine** legendärer weiblicher Wassergeist
**Wasserelefant** nach der burmanischen Sage ein sehr starker Elefant von der Größe einer Maus

## Fährten und Spuren

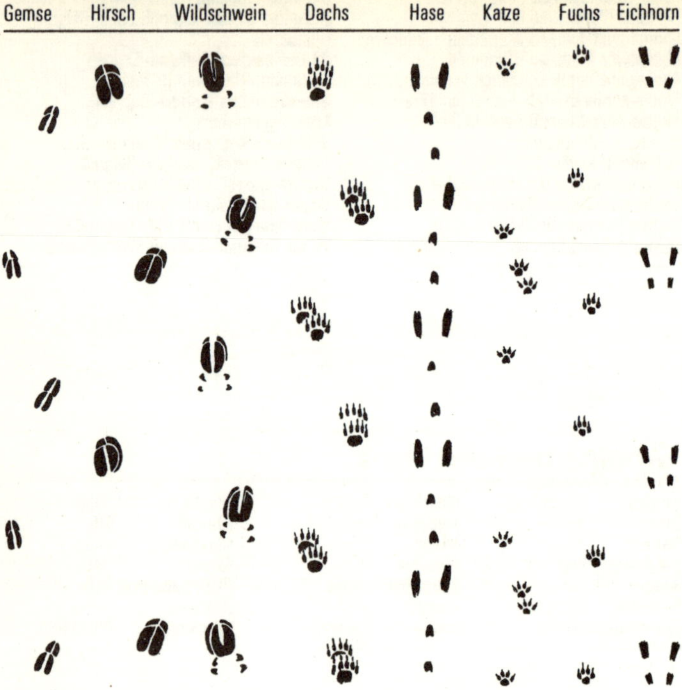


Fährten und Spuren sind übrigens nicht dasselbe. Die Waidmannssprache, die Kunstsprache der Jäger, kennt dafür eine genaue Unterscheidung: Fährten sind nur die Abdrücke der Schalen des Schalenwildes. Nicht auf Schalen ziehendes Wild hinterläßt Spuren. Beim Federwild spricht man von Geläuf.

## Wichtige europäische Fährverbindungen

(und ihre Überfahrtszeiten)

Ajaccio–Marseille 12 Std. 30 Min.
Algericas–Cétua: 1 Std. 30 Min.
Algeciras–Tanger: 2 Std.
Almeria–Melilla: 8 Std.
Amsterdam–Göteborg: 24 Std.
Ancona–Dubrovnik: 12–19 Std.
Barcelona–Ibiza: 4 Std. 30 Min.
(via Palma 6 Std. 30 Min.)
Barcelona–Palma de Mallorca:
3 Std. 45 Min.
Bastia–Genua: 4 Std. 45 Min.
Bilbao–Portsmouth: 29 Std.
Boulogne–Dover: 50 Min.
Càglari–Civitavècchia: 12 Std.
Calais–Dover: 1 Std. 10 Min.
Calais–Folkestone: 35 Min.
Dieppe–Newhaven: 3–4 Std.
Dover–Boulogne: 50 Min.
Dover–Calais: 1 Std. 10 Min.
Dover–Dünkirchen: 2 Std.
Dublin–Liverpool: 4 Std.
Dubrovnik–Bari: 9 Std.
Dubrovnik–Korfu: 10 Std. 15 Min.
Dünkirchen–Dover: 2 Std.
Folkestone–Calais: 35 Min.
Frederikshavn–Larvik: 6 Std. 30 Min.

Frederikshavn–Oslo: 8 Std. 30 Min.
Genua–Olbia: 9 Std. 30 Min.
Genua–Palermo: 20 Std.
Genua–Tanger: 23–48 Std.
Genua–Tunis: 22 Std.
Gibraltar–Tanger: 2 Std. 15 Min.
Göteborg–Frederikshavn: 2 Std.
Helsingborg–Helsingör: 20 Min.
Harwich–Hoek van Holland: 3 Std. 45 Min.
Helsinki-Stockholm: 16 Std. 30 Min.
Hirthals–Kristiansand: 2 Std. 30 Min.
Hirtshals–Bergen: 23 Std.
Hirthals–Stavanger: 23 Std.
Hoek van Holland–Harwich: 3 Std. 45 Min.
Karlskrona–Gdynia: 10 Std.
Kiel–Göteborg: 13 Std. 30 Min.
Kiel–Oslo: 19 Std. 30 Min.
Kristiansand–Hirthals: 2 Std. 30 Min.
Larvik–Frederikshavn: 6 Std. 30 Min.
Le Havre–Portsmouth: 5 Std. 30 Min.
List–Havneby: 45 Min.
Malaga–Melilla: 8 Std.
Malmö–Kopenhagen: 1 Std. 25 Min.
Malmö–Travemünde: 8 Std.
Marseille–Tunis: 22 Std.
Messina–Reggio Cal: 15 Min.
Neapel–Palermo: 11 Std.
Newhaven–Dieppe: 3–4 Std.
Oslo–Frederikshavn: 8 Std. 30 Min.
Oslo–Kopenhagen: 16 Std. 15 Min.
Port Vendres–Tanger: 36 Std.
Rostock–Gedser: 2 Std.
Santander–Plymouth: 19 Std.
Stockholm–Helsinki: 16 Std. 30 Min.
Stockholm–Turku: 12 Std.
Stockholm–Tallinn: 6 Std.
St. Petersburg–Helsinki: 15 Std.
St. Petersburg–Tallinn: 14 Std. 30 Min..
Tanger–Sete: 16 Std.
Travemünde–Kopenhagen: 8–9 Std.
Trelleborg–Travemünde: 7 Std.
Trelleborg–Rostock: 5 Std. 30 Min.

## Farbbücher

Farb- oder Buntbücher werden nach ihren farbigen Umschlägen jene amtlichen Zusammenstellungen von Dokumenten genannt, die von Regierungen zur Orientierung über wichtige, meist außenpolitische Fragen bzw. zur Rechtfertigung des eigenen Verhaltens herausgegeben werden. Dabei benutzt jeder Staat traditionell eine ganz bestimmte Farbe für den Umschlag, so gibt es:

| | |
|---|---|
| **Blaubücher** | in Griechenland, Großbritannien und Schweden |
| **Blauweißbücher** | in Finnland |
| **Gelbbücher** | in China und Frankreich |
| **Graubücher** | in Belgien, Dänemark und Japan |
| **Grünbücher** | in Brasilien, Bulgarien, Italien, Mexiko und Rumänien |
| **Orangebücher** | in den Niederlanden und Rußland (bis 1917) |
| **Rotbücher** | in Österreich und Spanien |
| **Weißbücher** | in Deutschland, Polen, Portugal und den USA |

## Farben

**Farben und Gegenfarben**

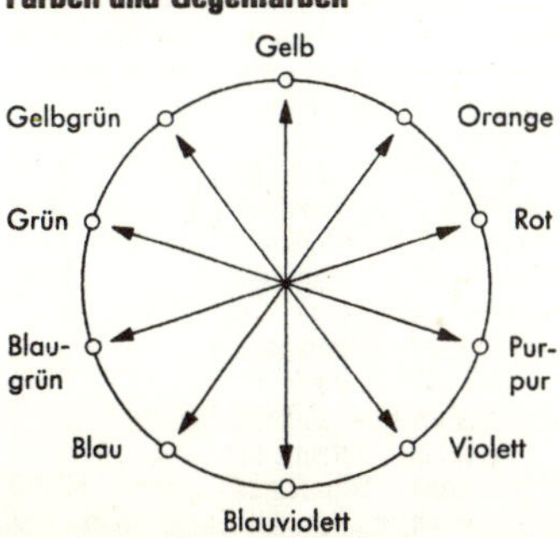


**Farben in Schwarzweiß-Darstellung**

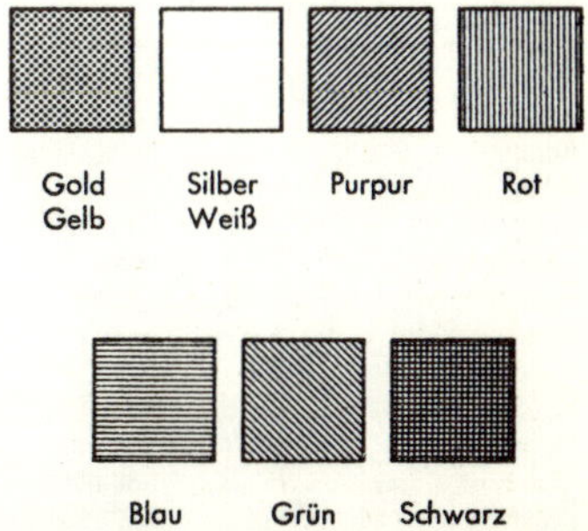

## Farbendeutung

Schon seit alten Zeiten werden den Hauptfarben bestimmte Begriffe, Gemütsstimmungen oder ähnliches zugeordnet, wobei es je nach Zeit und Volk teilweise verschiedene Deutungen gab und gibt. Im allgemeinen gilt:

**Blau** Treue, Beständigkeit, Mäßigkeit, Adel; in der Politik für Konservativ; bei der Kirche für evangelisch in katholischen Gegenden; bei den Israeliten für Gott, Himmel, Glauben und Offenbarung
**Gelb** Neid, Haß, Eifersucht
**Goldgelb** Sonne, Reichtum, Freude
**Grün** Hoffnung, aber auch Unreife
**Rot** Leben, Freude, Liebe, Feuer, auch Scham und Zorn; in der Politik für linksgerichtete Gruppen aller Schattierungen
**Schwarz** Trauer, Bosheit, unerlaubter Handel, unerlaubtes Arbeiten; in der Kirche die orthodoxen Richtungen, besonders der Katholizismus und seine politischen Bestrebungen
**Violett** Alter, Trauer, Entsagung, aber auch Würde; bei den Katholiken für Buße
**Weiß** Unschuld, Reinheit, bei den Katholiken und Israeliten Heiligkeit.

## Federball/Badminton

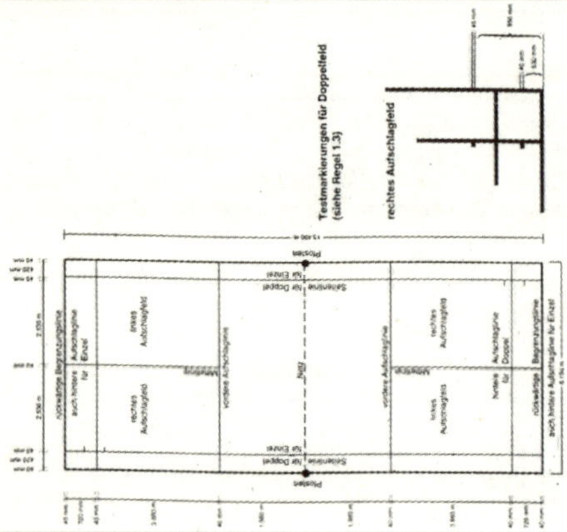


## Feinschmecker-Kalender

Am schmackhaftesten ist......... in den Monaten......... (1 = Januar, 12 = Dezember):

| | | | | | |
|---|---|---|---|---|---|
| Aal | 5- 9 | Felchen | 5- 7 | Kaviar | 11- 3 |
| Ananas | 12- 4 | Forelle | 4- 8 | Lachs | 11-12 |
| Apfel | 11- 3 | Froschschenkel | 5- 7 | Languste | 6- 9 |
| Artischocke | 5- 6 | Gans | 10- 2 | Makrele | 5- 8 |
| Auster | 12- 2 | Hammelfleisch | 10- 3 | Melone | 7- 9 |
| Banane | 10- 2 | Hase | 9-12 | Muschel | 10-12 |
| Barsch | 7- 9 | Hering (grün) | 6- 8 | Pute | 10- 1 |
| Birne | 9-12 | Hirsch | 9-12 | Radieschen | 2- 4 |
| Damwild | 10-12 | Hummer | 4- 9 | Rebhuhn | 9-11 |
| Dorsch | 7- 8 | Kabeljau | 10- 4 | Rehfleisch | 10-12 |
| Endivie | 5- 7 | Kalbfleisch | 3- 9 | Rhabarber | 4- 5 |
| Ente | 7- 9 | Kaninchen | 6-11 | Rindfleisch | 12- 3 |
| Fasan | 11- 2 | Karpfen | 9- 4 | Rotwild | 11- 2 |

| | | | | | |
|---|---|---|---|---|---|
| Sardelle | 12- 4 | Seezunge | 4-10 | Tomate | 8-10 |
| Schellfisch | 10-12 | Spargel | 4- 6 | Trüffel | 10- 1 |
| Schlei | 9- 2 | Steinbutt | 10- 4 | Truthahn | 10-12 |
| Schnepfe | 10-12 | Steinpilz | 7- 8 | Wildente | 10-12 |
| Scholle | 5- 9 | Taube | 7-11 | Wildschwein | 1-11 |
| Schweinefleisch | 9- 4 | Thunfisch | 6- 7 | Zander | 4- 8 |

## *Filmlaufzeiten*

Ein Normal-Tonfilm mit 24 Bildern in der Sekunde läuft bei einer Filmlänge von............ Metern eine Zeit von........... Minuten:

| | | | | | | | |
|---|---|---|---|---|---|---|---|
| 50 m | 1,8 min | 400 m | 14,5 min | 800 m | 29 min | 2000 m | 73 min |
| 100 m | 3,6 min | 500 m | 18 min | 900 m | 33 min | 3000 m | 109,5 min |
| 200 m | 7 min | 600 m | 22 min | 1000 m | 36,5 min | 4000 m | 146 min |
| 300 m | 11 min | 700 m | 25,5 min | 1500 m | 55 min | 5000 m | 182,5 min |

## *Filmtechnik in Abkürzungen*

| | | | | | |
|---|---|---|---|---|---|
| **AC** | Agfacolor | **GC** | Gevacolor | **SFS** | SuperfilmScope |
| **AnC** | Anscocolor | **GP** | Garutso-Plastorama | **SS** | SuperScope |
| **CP** | Cinépanoramic | **GS** | GammaScope | **TC** | Technicolor |
| **CS** | CinemaScope | **IC** | IfisScope | **TeR** | Technirama |
| **CSS** | CinesuperScope | **KC** | Kodakcolor | **ToV** | Totalvision |
| **CTS** | CinetotalScope | **MC** | Metrocolor | **TrC** | Trucolor |
| **D** | Deluxe | **Nat** | Naturama | **TS** | Totalscope |
| **DS** | Dialiscope | **PC** | Pathécolor | **Ul** | Ultrascope |
| **EaC** | Eastmancolor | **PK** | Prokimascope | **VR** | Vistarama |
| **FC** | Ferraniacolor | **SchS** | SchermoScope | **VV** | VistaVision |
| **FS** | FranScope | **SCS** | SuperCinemaScope | **WC** | Warnercolor |

## *Flächenmaße*

1 Acker (Sachsen) = 2 Morgen = 55,34 a
1 Acre (USA, Großbrit.) = 40,4678 a
1 Ar (a) = 100 m²
1 Deßjatine (Rußland) = 109,25 a
1 Dunam (Israel) = 9,193 a
1 Estadel (Spanien) = 11,18234 m²
1 Fanega (Spanien) = 64,396 a
1 Hektar (ha) = 100 a = 10000 m²
1 Hufe = 7-15 ha
1 Joch (Wien) = 57,55 a
1 King (China) = 6,3 ha
1 Meu (China) = 6,3 a
1 Morgen = 25-36 a
1 Morgen (Bayern) = 34,07 a
1 Morgen (Preußen) = 25,53 a
1 Morgen (Sachsen) = 27,67 a
1 Pie cuadrado (Spanien) = 0,0776 m²
1 Quadratdezimeter (dm²) = 100 cm²
1 Quadratkilometer (km²) = 100 ha
1 Quadratmeter (m²) = 10000 cm²
1 Quadratmillimeter (mm²)
1 Quadratrute = 8,2-25 m²
1 Quadratrute (Hamburg) = 21,846 m²
1 Quadratrute (Preußen) = 14,2 m²
1 Quadratrute (Sachsen) = 18,447 m²
1 Quadratzentimeter (cm²) = 100 mm²
1 Rood (USA, Großbrit.) = 10,117 a
1 Se (Japan) = 99,17 m²
1 Square Foot (USA, Großbrit.) = 929,03 cm²
1 Square Mile (USA, Großbrit.) = 2,59 km²
1 Square Yard (USA, Großbrit.) = 0,8361 m²
1 Stemma (Griech.) = 10 a
1 Tagwerk (Bayern) = 34,07 a
1 Tan (Japan) = 991,7 m²
1 Township (USA) = 93,24 km²
1 Tsubo (Japan) = 3,306 m²
1 Vara cuadrada (Spanien) = 0,6987 m²
1 Yard of Land (USA, Großbrit.) = 12,1404 ha

# Kleines Flaggen-Lexikon

**Afghanistan**: rot mit Emblem
**Ägypten**: Rot-Weiß-Schwarz (waagerecht)
**Albanien**: Rot mit schwarzem Doppeladler und gelbem Stern darüber
**Andorra**: Blau-Gelb-Rot (senkrecht) mit Wappenzeichnung
**Argentinien**: Blau-Weiß-Blau (waagerecht) mit aufgehender Sonne
**Äthiopien**: Grün-Gold-Rot (waagerecht) mit Wappen
**Australien**: Blau mit britischem Union Jack, großem Stern und Kreuz des Südens
**Belgien**: Schwarz-Gelb-Rot (senkrecht)
**Birma**: Rot mit blauem Rechteck oben links, darin ein weißes Zahnrad mit Sternen
**Bolivien**: Rot-Gelb-Grün (waagerecht)
**Brasilien**: Grün mit gelber Raute, die einen blauen Kreis umschließt (darin weiße Sterne und das Motto „Ordnung und Fortschritt")
**Bulgarien**: Weiß-Grün-Rot (waagerecht) mit Wappen im weißen Feld am Flaggenstock
**Bundesrepublik Deutschland**: Schwarz-Rot-Gold (waagerecht)
**Chile**: Weiß-Rot (waagerecht) mit dunkelblauem Feld oben am Flaggenstock, im blauen Feld ein weißer fünfzackiger Stern
**China**: Rot mit 1 großen und 4 kleinen goldenen Sternen
**Coste Rica**: Blau-Weiß-Rot-Weiß-Blau (waagerecht)
**Dänemark**: Weißes Kreuz auf rotem Feld
**Dominikan. Rep.**: Durch weißes Kreuz geviertelteltes Blau-Rot
**Equador**: Gelb (doppelte Breite) -Blau-Rot (waagerecht)
**El Salvador**: Blau-Weiß-Blau (waagerecht) mit dem Wappen im weißen Feld
**Finnland**: Blaues Kreuz auf weißem Feld
**Frankreich**: Blau-Weiß-Rot (senkrecht)
**Ghana**: Rot-Weiß-Grün (waagerecht) mit schwarzem fünfzackigen Stern im Weiß
**Griechenland**: Weißes Kreuz auf blauem Feld
**Großbritannien**: „Union Jack" mit englischem St.-Georgs-Kreuz, schottischem St.-Andreas-Kreuz und irischem St.-Patricks-Kreuz
**Guatemala**: Blau-Weiß-Blau (senkrecht) mit Wappen im weißen Mittelstreifen
**Haiti**: Schwarz-Karmesinrot (senkrecht) mit Wappen in der Mitte
**Honduras**: Blau-Weiß-Blau (waagerecht) mit 5 blauen Sternen im weißen Mittelstreifen
**Indien**: Safrangelb-Weiß-Grün (waagerecht) mit einem blauen Rad in der Mitte des weißen Streifens
**Indonesien**: Rot-Weiß (waagerecht)
**Irak**: Rot-Weiß-Schwarz (waagerecht) mit 3 grünen fünfzackigen Sternen im Weiß
**Iran**: Grün-Weiß-Rot (waagerecht)
**Irland**: Grün-Weiß-Orange (senkrecht)
**Island**: Weiß umrandetes rotes Kreuz auf blauem Feld
**Israel**: Weiß mit 2 waagerechten blauen Streifen und dem blauen Davidstern in der Mitte
**Italien**: Grün-Weiß-Rot (senkrecht)
**Japan**: Rote strahlenlose Sonne auf weißem Feld
**Jordanien**: Schwarz-Weiß-Grün (waagerecht), am Flaggenstock ein rotes Dreieck mit einem weißen siebenzackigen Stern
**Kanada**: Rotes Ahornblatt auf weißem Feld, links und rechts roter Streifen
**Kolumbien**: Gelb (doppelte Breite) -Blau-Rot (waagerecht)
**Kuba**: Blau-Weiß-Blau-Weiß-Blau (waagerecht), am Flaggenstock ein rotes Dreieck mit einem weißen fünfzackigen Stern
**Libanon**: Rot-Weiß-Rot (waagerecht) mit einer grünen Zeder auf dem weißen Streifen
**Liberia**: 11 abwechselnd rote und weiße Streifen (waagerecht), oben am Flaggenstock ein blaues Feld mit weißem fünfzackigem Stern
**Libyen**: grüne Fläche
**Liechtenstein**: Blau-Rot (waagerecht) mit goldener Krone im blauen Streifen
**Luxemburg**: Rot-Weiß-Blau (waagerecht)
**Malaysia**: 14 abwechselnd rote und weiße Streifen (waagerecht), oben am Flaggenstock ein blaues Feld mit gelbem Halbmond und Stern
**Marokko**: Grüner Stern (Pentagramm) auf rotem Feld
**Mexiko**: Grün-Weiß-Rot (senkrecht mit Wappen auf dem weißen Streifen)
**Monaco**: Rot-Weiß (waagerecht)
Mongolische Volksrepublik: Rot-Blau-Rot (senkrecht) mit gelben Symbolen im roten Streifen am Flaggenstock
**Neuseeland**: Rot mit brit. Union Jack links oben und weißem Kreuz des Südens
**Niederlande**: Rot-Weiß-Blau (waagerecht)
**Nicaragua**: Blau-Weiß-Blau (waagerecht) mit Wappen auf dem weißen Streifen
**Norwegen:** Weiß umrandetes blaues Kreuz mit rotem Grund
**Österreich**: Rot-Weiß-Rot (waagerecht)
**Pakistan**: Grün mit senkrechtem weißen Streifen am Flaggenstock, auf dem grünen Feld ein weißer Halbmond und fünfzackiger Stern
**Paraguay**: Rot-Weiß-Blau (waagerecht) mit Wappen im weißen Streifen

**Peru**: Rot-Weiß-Rot (senkrecht)
**Philippinen**: Blau-Rot (waagerecht), am Flaggenstock weißes, Dreieck mit goldener achtstrahliger Sonne und 3 goldenen fünfzackigen Sternen
**Polen**: Weiß-Rot (waagerecht)
**Portugal**: Grün-Rot (senkrecht) mit Wappen auf der Trennungslinie
**Republik Südafrika**: Ypsilon links waagerecht gelegt in Grün, weiß abgegrenzt, ganz links Schwarz, darüber Rot, darunter Blau
**Rumänien**: Blau-Gelb-Rot (senkrecht) mit Wappen im gelben Streifen
**Rußland**: Weiß-Blau-Rot (waagerecht) mit Wappen
**San Marino**: Weiß-Blau (waagerecht)
**Schweden**: Gelbes Kreuz auf blauem Grund
**Schweiz**: Weißes Kreuz auf rotem Feld
**Spanien**: Rot-Gelb (doppelte Breite) -Rot (waagerecht)
**Slowakei**: Weiß-Blau-Rot (waagerecht) mit Staatswappen
**Sudan**: Rot-Weiß-Schwarz (waagerecht) mit grünem Dreieck am Flaggenstock
**Syrien**: Rot-Weiß-Schwarz (waagerecht) mit Goldwappen im Weiß
**Thailand**: Rot-Weiß-Blau-Weiß-Rot (waagerecht)
**Tschechien**: Weiß-Rot (waagerecht) mit blauem Dreieck am Flaggenstock
**Tunesien**: Auf rotem Feld in der Mitte weißer Kreis mit rotem Halbmond und rotem fünfzackigen Stern
**Türkei**: Weißer Halbmond und Stern auf rotem Grund
**Ungarn**: Rot-Weiß-Grün (waagerecht)
**Uruguay**: 9 abwechselnd weiße und blaue waagerechte Streifen, oben am Flaggenstock auf weißem Feld eine goldene aufgehende Sonne
**USA**: 7 rote und 6 weiße waagerechte Streifen, oben am Flaggenstock ein blaues Rechteck mit 50 weißen fünfzackigen Sternen, die in 9 waagerechten Reihen angeordnet sind (vgl. auch S. 176)
**Vatikan**: Gelb-Weiß (senkrecht) mit Wappen im weißen Streifen
**Venezuela**: Gelb-Blau-Rot (waagerecht) mit 7 weißen Sternen im blauen Streifen
**Vietnam**: Rot mit gelbem Fünfzackstern

## *Fleckenentfernungs-Tips*

**Apfelwein:** meist genügt Auskochen, sonst verdünnter Salmiakgeist
**Bier:** lauwarmes Wasser oder 1%iger Salmiakgeist, Überwischen mit Alkohol
**Blaubeeren:** in saure Milch legen, warm nachwaschen
**Blut:** angefeuchtete Weizenstärke auftragen, gut abbürsten und mit Seifenlauge auswaschen; nicht waschechte Stoffe mit Salzwasser betupfen und in lauwarmem Seifenwasser waschen
**Bowle:** warme Seifenlauge, Alkohol oder verdünnter Salmiakgeist
**Butter:** Seifenwasser, Salmiakgeist
**Druckerschwärze:** leichte Seifenlauge, Spiritus oder Tetrachlorkohlenstoff
**Eigelb:** lauwarme Seifenwasserlösung, dann 3%ige Wasserstoffsuperoxidlösung
**Eis:** lauwarmes Wasser
**Eiweiß:** kaltes Wasser mit etwas Salmiakgeist
**Erdbeeren:** verdünntes Chlorwasser oder Boraxlösung
**Fett:** warme Seifenlauge, Benzin oder Äther, Salmiakgeistlösung
**Firnis:** Benzin, Äther oder Terpentin, mit Seifenwasser nachbehandeln
**Fleischbrühe:** Seifenlauge, verdünnter Salmiakgeist oder Benzinoform
**Fliegenschmutz:** schwache lauwarme Seifenlauge mit etwas Salmiakgeist
**Fruchtsaft:** kochendes Wasser, Salmiakgeist oder Wasserstoffsuperoxid
**Gras:** Spiritus, dann auswaschen im Wasser oder verdünntem Salmiakgeist
**Grünspan:** Salmiakgeist oder Essig, mit Wasser nachspülen
**Harn:** Seifenwasser oder verdünnte Salmiakgeistlösung
**Harz:** mit Schwefelkohlenstoff oder Terpentin aufweichen, dann mit Äther ausputzen
**Himbeeren:** Zitronensaft oder Wasserstoffsuperoxidlösung
**Honig:** lauwarmes Wasser mit etwas Soda
**Jod:** Salmiakgeist oder Wasserstoffsuperoxid
**Johannisbeeren:** wie Himbeeren
**Kaffee:** mit Glyzerin betupfen und mit kaltem Wasser ohne Seife ausreiben; evtl. Tetrachlorkohlenstoff oder Benzin
**Kakao:** wie bei Kaffee
**Kerzenwachs:** abkratzen, zwischen Löschpapier bügeln, mit Seifenlauge nachwaschen
**Kopierstift:** mit erwärmtem Glyzerin einreiben, mit Seifenspiritus oder Zitronensaft betupfen, mit warmem Wasser nachspülen
**Kugelschreiber:** in reinem Alkohol durchschwenken

**Lack:** abkratzen, mit Terpentin oder Alkohol nachbehandeln
**Lebertran:** Alkohol, Seifenspiritus
**Leim:** lauwarmes Wasser
**Likör:** heißes Wasser mit Spirituszusatz oder Benzin
**Maschinenöl:** Salmiakgeist, mit lauwarmem Wasser nachspülen
**Milch:** kaltes Wasser, Seife, eventuell Salmiakgeist, bei Seide Benzin
**Mostrich:** Soda- oder lauwarmes Wasser
**Nagellack:** lauwarmes Wasser, Aceton
**Nikotin:** Salmiakgeist und Glyzerin, mit Spiritus nachreiben
**Obst:** in verdünnte Salmiaklösung legen, auswaschen oder mit Chlor bleichen
**Öl:** warme Seifenlauge, Benzin oder Terpentin, Äther
**Ölfarbe:** mit Terpentin aufweichen, mit Benzin oder Äther ausputzen
**Parfüm:** Tetrachlorkohlenstoff oder erwärmtes Glyzerin
**Punsch:** lauwarmes Wasser, Seifenspiritus oder Benzin
**Rhabarber:** Weingeist mit 5% Essigsäure
**Rost:** Zitronensaft oder Oxalsäure aufstreichen und kräftig auswaschen
**Rotwein:** mit Salz bestreuen, auswaschen und in Buttermilch legen; Weißwaren mit Hydrosulfit auskochen oder in Bleilauge bleichen
**Ruß:** angefeuchtetes Weißbrot, Seife oder Seifenspiritus
**Säure:** 10%ige Sodalösung oder verdünnter Salmiakgeist
**Schimmel:** in heißer Buttermilch weichen lassen und mit klarem Wasser nachspülen
**Schmutz:** Wasser und Seife, Salmiakgeist, bei Seide Benzin
**Schokolade:** lauwarmes Wasser
**Schuhkrem:** Terpentin, mit Seifenlauge nachbehandeln
**Schweiß:** Essig, Brennspiritus oder verdünnter Salmiakgeist
**Sirup:** lauwarmes Wasser oder Seifenspiritus
**Stempelfarbe:** Zitronensaft mit Salz
**Tee:** heißes Wasser mit Glyzerinzusatz
**Teer:** Terpentin oder ungesalzene Butter, mit Benzin nachbehandeln
**Wasserfarbe:** lauwarmes Wasser
**Weißwein:** lauwarmes Wasser oder Seifenlauge, eventuell Alkohol
**Zitronensaft:** verdünnter Salmiakgeist oder nur Wasser
**Zucker:** lauwarmes oder heißes Wasser

## »Namhafte« Flughäfen aller Erdteile

**Algier** – Maison Blanche
**Amsterdam** – Schiphol
**Antwerpen** – Deurne
**Athen** – Ellenikon
**Bangkok** – Don Muang
**Barcelona** – Muntadas
**Basel** – Mülhausen
**Basra** – Margil
**Beirut** – Khaldeh
**Belgrad** – Zemun
**Berlin** – Schönefeld – Tegel – Tempelhof
**Bern** – Belp(moos)
**Bilbao** – Sondica
**Bologna** – Borgo Panigale
**Bombay** – Santa Cruz
**Bordeaux** – Mérignac
**Boston** – Logan
**Bremen** – Neulanderfeld
**Brüssel** – Melsbroek
**Budapest** – Ferihegy
**Buenos Aires** – Ezeira
**Bukarest** – Baneasa, – Otopeni
**Caracas** – La Guaira, – Maiquetia
**Catania** – Fontana Rossa
**Chicago** – Midway, – O'Hare
**Damaskus** – Mezze
**Delhi** – Palam
**Detroit** – Willow Run
**Dresden** – Klotzsche
**Dublin** – Collinstown
**Düsseldorf** – Lohausen
**Florenz** – Peretola
**Frankfurt/Main** – Rhein-Main
**Genf** – Cointrin
**Glasgow** – Abbotsinch
**Göteborg** – Torslanda
**Hamburg** – Fuhlsbüttel
**Hannover** – Langenhagen
**Havanna** – José Martí
**Helsinki** – Malmi, – Sentula
**Hongkong** – Kai Tak
**Innsbruck** – Hotting
**Irland** – Shannon
**Istanbul** – Yesilköy
**Johannesburg** – Jan Smuts Airport
**Kabul** – Khaja Rawasch
**Kairo** – Al Maza

**Kalkutta** – Dum Dum
**Klagenfurt** – Annabichl
**Köln** – Köln/Bonn
**Kopenhagen** – Kastrup
**Kristiansand** – Kjevik
**Linz** – Hörsching
**Lissabon** – Portela de Sacavém
**London** – Gatwick, – Heathrow
**Lugano** – Agno
**Lüttich** – Bierset
**Luxemburg** – Sandweiler, – Findel
**Lyon** – Satolas
**Madrid** – Barajas
**Mailand** – Malpensa, – Linate
**Manchester** – Ringway
**Manila** – Nichols Field
**Marseille** – Marignane
**Milwaukee** – General Mitchell Field
**Montevideo** – Carrasco
**Moskau** – Domodedowo, – Bykowo, – Scheremetjewo, – Wnukowo
**München** – Franz-Josef Strauß
**Neapel** – Capodichino
**Neufundland** – Gander
**New York** – J.F. Kennedy Intern. Airport, – La Guardia
**Nürnberg** – Kraftshof
**Oslo** – Fornebu, – Gardermoen
**Ostende** – Middelkerke
**Palermo** – Bocca di Falco
**Paris** – Ch. de Gaulle, – Le Bourget, – Orly
**Pittsburgh** – Allegheny County
**Posen** – Lawica
**Prag** – Ruzyně
**Pretoria** – Jan Smuts International Airport
**Réunion** – Gillot
**Rio de Janeiro** – Galeao, – Santos Dumont
**Rom** – Ciampino, – Leonardo da Vinci
**Saint Louis** – Lambert Field
**Santiago** – Los Cerrillos
**Saragossa** – Sanjurjo
**Sevilla** – San Pablo
**Singapur** – Paya Lebar, – Changi
**Sofia** – Vrazdebna
**Southampton** – Eastleigh
**Stavanger** – Sola
**Stockholm** – Bromma, – Arlanda
**Straßburg** – Entzheim
**Stuttgart** – Echterdingen
**Sydney** – Kingsford·Smith
**Teheran** – Mehrabad
**Tokio** – Haneda, – Narita
**Toronto** – Malton
**Toulouse** – Blagnac
**Venedig** – San Nicolo
**Warschau** – Okecie
**Washington** – National
**Wien** – Schwechat, – Tulln
**Zürich** – Kloten

## *Flüsse*

Immer wieder tauchen Fragen nach der Länge von Flüssen auf. Man möchte z.B. wissen, ob dieser Fluß länger oder kürzer als jener sei. Für solche und ähnliche Fälle nennt die folgende Übersicht über 200 Flüsse (die bekanntesten aus Europa und die größten aus allen anderen Erdteilen) mit ihrer Länge in Kilometern:

Alle 289
Aller 263
Altmühl 220
Alz 87
Amazonas 6400
Amper 175
Amu-darja 2540
Amur 4354
Angara 1853
Angerapp 169
Angermanälv 450
Arkansas 2333
Arno 241
Bartsch 130
Bjelaja 1420
Bober 268
Bode 169
Brahmaputra 2900
Bug (Schwarzmeer-B.) 857
Bug (Weichsel-B.) 730
Colorado 2900
Columbia 2250
Dalälv 455
Darling 2450
Desna 1187
Dnjepr 2285
Dnjestr 1370
Don 1967
Donau 2850
Donez 1016
Drage 195
Drau 749
Dschuba 1500
Duero (Douro) 776
Düna (Westl. Dwina) 930
Dwina (Nördl.) 1293
Ebro 927
Eder 177
Eider 188
Elbe 1144
Elde 220
Ems 371
Enz 112
Etsch 415
Euphrat 2700
Fränkische Saale 135
Fulda 218
Gambia 740
Ganges 2700
Garonne 650
Glatzer Neiße 196
Glomma 587
Godawari 1445
Götaälv (-Klarälv) 720
Guadalquivir 579
Guadiana 830
Hase 130
Havel 341
Hoangho 4150
Hudson 492
Hunte 189
Ihna 129
Iller 147

Ilmenau 107
Indalsälv 420
Indigirka 1050
Indus 3190
Inn 510
Irawadi 2012
Irtysch 2969
Isar 295
Jagst 196
Jangtsekiang 5632
Jenissei 5391
Jordan 600
Kalixalv 430
Kama 2032
Katzbach 89
Kemijoki 494
Kinzig 131
Kisil-Irmak 1400
Kocher 180
Kolyma 1790
Kongo 4377
Kuanza 630
Kuban 941
Kubango 1800
Küddow 147
Kunene 830
Kura 1515
Lahn 245
La Plata (-Paraná) 4700
Lausitzer Neiße 256
Leba 95
Lech 285
Leda (-Jümme) 75
Leine 279
Lena 4264
Lenne 131
Lesum (-Wümme) 128
Limpopo 1600
Lippe 237
Loire 1020
Loisach 100
Luleälv 450
Maas 925
Mackenzie 3780
Magdalena 1350
Main 524
Malapane 130
Maritza 514
Maros 754
Mekong 4500
Memel 879
Menam 1500
Mississippi-Missouri 6051
Moldau 435
Morava 500
Mosel 545
Mulde 252
Murray (-Darling) 3490
Naab 98
Nahe 116
Narew 425
Neckar 371
Nelson-Saskatschewan 2575
Netze 370
Nidda 98
Niers 106
Niger 4160
Nil (-Kagera) 6671
Nogat 62
Ob 4016
Obra 80
Oder 860
Ogowe 1200.
Ohio 1579
Oka 1478
Oranje 1860
Orinoko 2736
Paraguay 2200
Passarge 120
Peace-River 283
Peene 156
Persante 165
Petschora 1789
Po 676
Pregel 128
Pripjet 779
Pruth 632
Rega 190
Regen 184
Regnitz 68
Rhein 1320
Rhone 812
Rio Grande del Norte 2800
Rowuma 1100
Ruhr 235
Rur 120
Saale 427
Sacramento 400
Salween 2500
Salzach 220
Sambesi 2660
São Francisco 2897
Save 712
Schari 1400
Schelde 220
Schwarze Elster 188
Seine 776
Selenga 871
Senegal 1430
Severn 336
Shannon 368
Sieg 130
Sikiang 1450
Spree 398
St. Lorenz 3138
Stolpe 110
Syr-darja 2860
Tajo (Tejo) 910
Tarim 1200
Tauber 120
Terek 591
Theiß 977
Themse 346
Tiber 393
Tigris 1950
Tocantins 2640
Torneälv 570
Trave 118
Ücker 103
Umeaälv 380
Unstrut 188
Ural 2534
Uruguay 1650
Ussuri 854
Vechta 200
Waag 459
Warnow 128
Warthe 823
Weichsel 1059
Weide 110
Weiße Elster 247
Werra 293
Wertach 145
Weser (-Werra) 733
Wipper 115
Wjatka 1367
Wolga 3688
Wytschegda 1109
Yukon 3185

| | |
|---|---|
| Längster Fluß Europas: | Wolga (3688 km) |
| Längster Fluß Asiens: | Jangtsekiang (5632 km) |
| Längster Fluß Afrikas: | Nil (6324 km) |
| Längster Fluß Nordamerikas: | Mississippi-Missouri (6051 km) |
| Längster Fluß Südamerikas: | Amazonas (6518 km) |

# Foto-Tips

| | | |
|---|---|---|
| **Faustregel** (für Filme 17° DIN): | Blende 8 | 1/50 Sek. |
| sonniges Wetter | 1/50 Sek. | Blende 8 |
| wolkiger Himmel | 1/25 Sek. | Blende 5,6 |
| bedeckter Himmel | 1/10 Sek. | Blende 4 |
| regnerisches Wetter | 1/5 Sek. | Blende 2,8 |

**Belichtungstabelle** (für Filme 17° DIN):

| | | | | | | | | | |
|---|---|---|---|---|---|---|---|---|---|
| volle Sonne | 2,8 | 4 | 5,6 | 8 | 11 | 16 | 22 | | |
| leicht dunstig | | 2,8 | 4 | 5,6 | 8 | 11 | 16 | 22 | |
| bedeckt – trübe | | | 2,8 | 4 | 5,6 | 8 | 11 | 16 | 22 |
| Wolken – Schnee – Strand – Hochgebirge | | | | 1/500 | 1/250 | 1/100 | 1/50 | 1/25 | 1/10 |
| Fernsicht – offene Landschaft – heller Vordergrund | | | 1/500 | 1/250 | 1/100 | 1/50 | 1/25 | 1/10 | 1/5 |
| helle Architekturen – dunkler Vordergrund | | 1/500 | 1/250 | 1/100 | 1/50 | 1/25 | 1/10 | 1/5 | 1/2 |
| helle Straßen und Plätze – Personen im Freien | 1/500 | 1/250 | 1/100 | 1/50 | 1/25 | 1/10 | 1/5 | 1/2 | 1 |
| dunkle Straßen, Plätze u. Bauwerke – Personen im Schatten | 1/250 | 1/100 | 1/50 | 1/25 | 1/10 | 1/5 | 1/2 | 1 | 2 |
| lichter Wald – Personen unter lichten Bäumen | 1/100 | 1/50 | 1/25 | 1/10 | 1/5 | 1/2 | 1 | 2 | 4 |
| dunkler Wald – Personen unter dichten Bäumen | 1/50 | 1/25 | 1/10 | 1/5 | 1/2 | 1 | 2 | 4 | 8 |
| Personen im hellen Zimmer | 1/25 | 1/10 | 1/5 | 1/2 | 1 | 2 | 4 | 8 | 16 |
| Personen im dunklen Zimmer | 1/10 | 1/5 | 1/2 | 1 | 2 | 4 | 8 | 16 | 32 |
| helle Innenräume | 1/5 | 1/2 | 1 | 2 | 4 | 8 | 16 | 32 | 1 |
| dunkle Innenräume | 4 | 8 | 16 | 32 | 1 | 2 | 4 | 8 | 16 |
| Fotomotiv | Sekunden | | | | Minuten | | | | |

# Fütterungszeiten für junge Hunde

| Zeitraum | Anzahl der Fütterungen | erste Fütterung | letzte Fütterung |
|---|---|---|---|
| 2. Lebensmonat | 2 | zusätzlich zur Muttermilch | |
| 3. Lebensmonat | 5 | 7.00 Uhr | 19.00 Uhr |
| 4., 5. Lebensmonat | 2 | 8.00 Uhr | 18.00 Uhr |
| 6., 7. Lebensmonat | 2 | 9.00 Uhr | 17.00 Uhr |
| 8.–12. Lebensmonat | 2 | 9.00 Uhr | 15.00 Uhr |
| nach einem Jahr | 1 | 13.00 Uhr oder | 18.00 Uhr |
| | untertags zusätzlich zwei Nebenfütterungen | | |

## Fußball

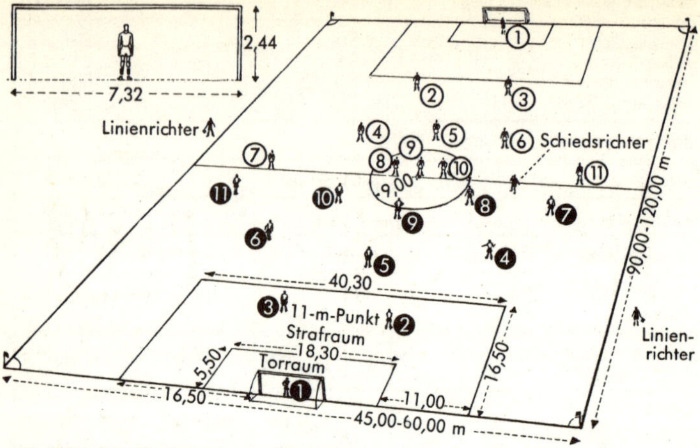


## Fußball-Weltmeisterschaften

| Jahr | Land | Weltmeister | Vizeweltmeister | Endspiel |
|---|---|---|---|---|
| 1930 | Uruguay | Uruguay | Argentinien | 4:2 |
| 1934 | Italien | Italien | Tschechoslowakei | 2:1 n.V. |
| 1938 | Frankreich | Italien | Ungarn | 4:2 |
| 1950 | Brasilien | Uruguay | Brasilien | (Endrunde) |
| 1954 | Schweiz | Deutschland | Ungarn | 3:2 |
| 1958 | Schweden | Brasilien | Schweden | 5:2 |
| 1962 | Chile | Brasilien | Tschechoslowakei | 3:1 |
| 1966 | England | England | Deutschland | 4:2 n.V. |
| 1970 | Mexiko | Brasilien | Italien | 4:1 |
| 1974 | Deutschland | Deutschland | Niederlande | 2:1 |
| 1978 | Argentinien | Argentinien | Niederlande | 3:1 n.V. |
| 1982 | Spanien | Italien | Deutschland | 3:1 |
| 1986 | Mexiko | Argentinien | Deutschland | 3:2 |
| 1990 | Italien | Deutschland | Argentinien | 1:0 |
| 1994 | USA | Brasilien | Italien | 3:2 i.E. |
| 1998 | Frankreich | Frankreich | Brasilien | 3:0 |
| 2002 | Südkorea und Japan | Brasilien | Deutschland | 2:0 |
| 2006 | Deutschland | | | |
| 2010 | Südafrika | | | |

## Gaunerzinken

An Türen, Hauswänden, Zäunen, Bäumen usw. findet man gelegentlich die sogenannten Gaunerzinken, jene Geheimzeichen, mit denen sich Bettler, Zigeuner u.a. »fahrende Gesellen« gegenseitig über Gefahren und günstige Möglichkeiten unterrichten.

| | | |
|---|---|---|
|  Gefährlich! Hände weg! | 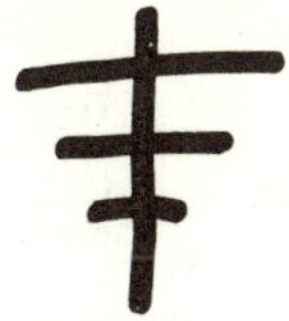 Hier wohnt Polizei! |  Grobe, unfreundliche Leute! |
|  Achtung, bissiger Hund! |  Prügel-Gefahr! |  Leute rufen Polizei! |
|  Hier gibt es nichts |  Für Arbeiten gibt es etwas |  Fromm tun lohnt sich |
|  Ruhig aufdringlich werden |  Krank spielen lohnt sich |  Abhauen! |
|  Hier gibt es Nachtlager |  Hier gibt es Essen |  Hier gibt es Geld |

## Germanische Götterwelt

**Asen** das Göttergeschlecht
**Asgard** Wohnort der Asen
**Baldur** Licht- und Frühlingsgott, Gott der Schönheit und Weisheit
**Bragi** Gott der Dichtkunst und Beredsamkeit, ein unter die Asen aufgenommener Skalde
**Donar** Sohn Wotans, der Donnergott mit dem Donnerhammer Mjölnir
**Fenriswolf** ein Ungeheuer, Bruder der Hel und der Midgardschlange
**Forseti** der Richter
**Freya** Schwester Freys, Göttin der Fruchtbarkeit und der Liebe, Schirmherrin des Ackers und der Feldfrüchte
**Frey(r)** Sohn des Nörd, Gott des Friedens und der Fruchtbarkeit
**Frigg** → Frija
**Frija** Gattin Wotans, Mutter der Götter und Menschen
**Heimdall** der weise Wächter des Himmels
**Hel** Göttin des Totenreiches, Tochter Lokis; auch Bezeichnung für die Unterwelt
**Hödur** der Blinde, der Baldur tötet
**Idun** Gattin Bragis, deren goldene Äpfel den Göttern die ewige Jugend erhalten
**Loki** Gott des Feuers, ein schlauer, hinterhältiger Unruhestifter, Vater des Fenriswolfs, der Midgardschlange und der Todesgöttin Hel
**Niflheim** wie Hel eine Bezeichnung für die Unterwelt
**Nörd** Gott der Schiffahrt, des Reichtums und der Fruchtbarkeit, Vater des Frey und der Freya
**Nornen** die 3 Schicksalsgöttinnen Urd (Vergangenheit, Schicksal), Werdandi (Gegenwart) und Skuld (Zukunft), die an der Weltesche Yggdrasil sitzen
**Odin** → Wotan
**Ragnarökr** der Weltuntergang
**Thor** → Donar
**Tiu** ursprünglich Himmelsgott, später nur noch Gott des Krieges
**Uli** Gott der Skiläufer, Bogenschütze
**Walhall** das Heldenparadies, wohin die Gefallenen von den →Walküren gebracht werden
**Walküren** Schildmädchen, die die gefallenen Helden (= Einherier) von dem Schlachtfeld nach Walhall holen, wo sie von →Wotan bewirtet werden, um beim Weltuntergang den Asen im letzten Kampf beizustehen
**Widar** Sohn Wotans, der dessen Tod am Fenriswolf rächt
**Wotan** der oberste der Götter; ursprünglich Sturmgott, dann Himmelsgott; dem griech.-röm. Zeus bzw. Jupiter gleichzusetzen
**Yggdrasil** die Weltesche, an der die Normen ihren Sitz haben
**Ziu** → Tiu

## Geschwindigkeiten

Immer höhere Geschwindigkeiten bestimmen unser technisches Zeitalter. Man hört von schnellsten Flugzeugen, schnellsten Schiffen und Eisenbahnen und natürlich von schnellsten Autos, von denen wiederum das allerschnellste, der Raketenwagen ›Blue Flame‹ des Amerikaners Gary Gabelich, 1001,671 Stundenkilometer erreichte. Einen etwas ungewöhnlichen Geschwindigkeitsrekord hält ein junger Amerikaner. Er ging auf Händen und erreichte eine Geschwindigkeit von fast 2 m/sec.

| | | | |
|---|---|---|---|
| Schneeflocke | 0,2 m/sek | Rennpferd | 25,0 m/sek |
| Fußgänger | 1,2 m/sek | Radrennfahrer | 35,0 m/sek |
| Fliege | 1,6 m/sek | Skiläufer | 35,0 m/sek |
| Reiter | 1,7 m/sek | Schnellzug | 44,0 m/sek |
| Radfahrer | 5,5 m/sek | Schwalbe | 60,0 m/sek |
| Biene | 6,5 m/sek | Motorrad | 80,0 m/sek |
| Regentropfen | 11,0 m/sek | Schall | 333,0 m/sek |
| Güterzug | 12,5 m/sek | Infanteriegeschoß | 800,0 m/sek |
| Personenzug | 14,0 m/sek | Artilleriegeschoß | 1,5 km/sek |
| Brieftaube | 20,0 m/sek | Erdbebenwellen | 3,6 km/sek |
| Motorboot | 24,0 m/sek | Erde um die Sonne | 29,6 km/sek |

Die nebenstehende Seite zeigt Ihnen, wie Sie mit Hilfe einer Uhr die Geschwindigkeit eines Eisenbahnzuges feststellen können.

# Geschwindigkeit eines Eisenbahnzuges

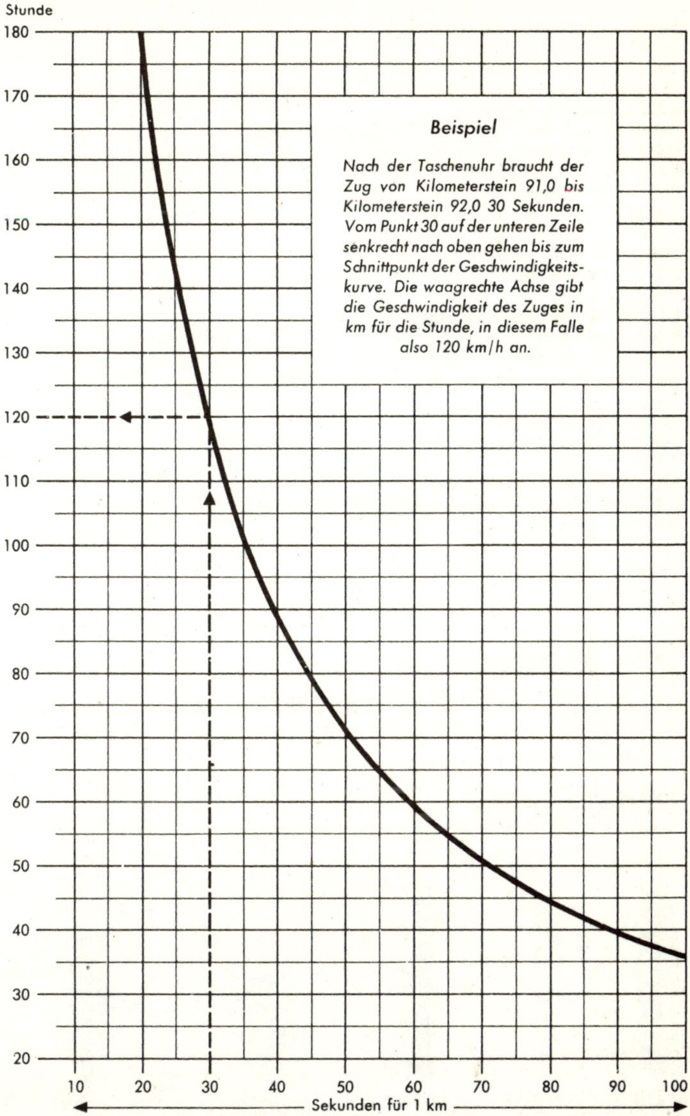

## Gesetzliches entsetzlich abgekürzt

| | |
|---|---|
| **AbzG** | Gesetz betr. Abzahlungsgeschäfte |
| **AktG** | Aktiengesetz |
| **ArbGG** | Arbeitsgerichtsgesetz |
| **BGB** | Bürgerliches Gesetzbuch |
| **BGBl** | Bundesgesetzblatt |
| **BGH** | Bundesgerichtshofentscheidung |
| **BMG** | Bundesmietengesetz |
| **FGG** | Ges. über freiwill. Gerichtsbarkeit |
| **FGO** | Finanzgerichtsordnung |
| **GBO** | Grundbuchordnung |
| **GenG** | Gesetz betr. Erwerbs- u. Wirtschaftsgenossenschaften |
| **GG** | Grundgesetz |
| **GKG** | Gerichtskostengesetz |
| **GVG** | Gerichtsverfassungsgesetz |
| **HaftpflG** | Haftpflichtgesetz |
| **HGB** | Handelsgesetzbuch |
| **JGG** | Jugendgerichtsgesetz |
| **KO** | Konkursordnung |
| **KostO** | Kostenordnung |
| **LG** | Landgerichtsentscheidung |
| **MSchG** | Mieterschutzgesetz |
| **PatG** | Patentgesetz |
| **RG** | Reichsgerichtsentscheidung |
| **SchG** | Scheckgesetz |
| **StGB** | Strafgesetzbuch |
| **StPO** | Strafprozeßordnung |
| **StVG** | Straßenverkehrsgesetz |
| **StVO** | Straßenverkehrsordnung |
| **StVZO** | Straßenverkehrszulassungs-Ordnung |
| **SVG** | Soldatenversorgungsgesetz |
| **UWG** | Gesetz gegen unlauteren Wettbewerb |
| **VerglO** | Vergleichsordnung |
| **VerschG** | Verschollenheitsgesetz |
| **WBG** | Wohnungsbewirtschaftungsgesetz |
| **WG** | Wechselgesetz |
| **WZG** | Warenzeichengesetz |
| **ZPO** | Zivilprozeßordnung |
| **ZVG** | Gesetz über Zwangsversteigerung und -verwaltung |

## Getreidearten

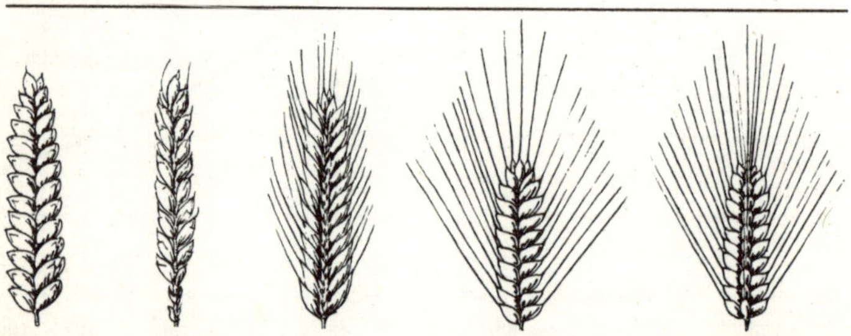

Weizen — Dinkel oder Spelz — Roggen — zweizeilige Gerste — vierzeilige Gerste

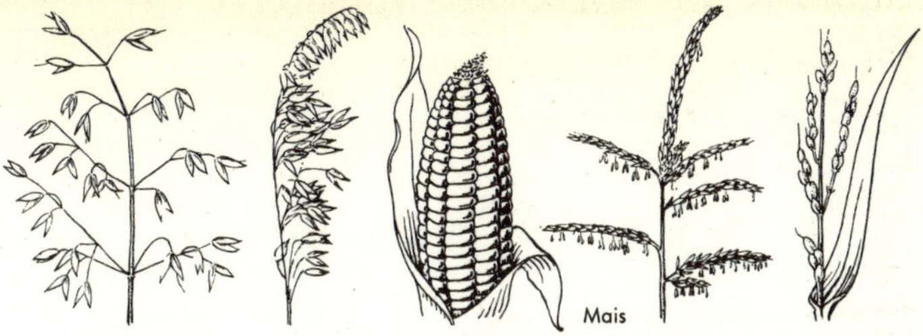


## Gewichte

1 Apothekerpfund (Österr.) = 0,42001 kg
1 Berkowetz (Rußland) = 163,8 kg
1 Dekagramm (Dg) = 10 g
1 Dezigramm (dg) = 100 mg
1 Doppelzentner (dz) = 100 kg
1 Drachme (Antike) = 4,4 g
1 Drachme (Apothekergew.) = 3,6 g
1 Dram (USA, Großbrit.) = 1,77 g
1 Gramm (g) = 1000 mg
1 Gran (Apothekergew.) = 0,06 g
1 Hektogramm (hg) = 100 g
1 Hundredweight (USA, Großbr.) = 50,8 kg
1 Hyakume (Japan) = 375 g
1 Karat = vgl. Seite 90
1 Kilogramm (kg) = 1000 g
1 Kin (Japan) = 0,6 kg
1 Komme (Japan) = 3,75 kg
1 Libra (Antike) = 327 g
1 Libra (Spanien) = 460,1 g
1 Lot (Apothekergew.) = 50 g
1 Meterzentner = 100 kg
1 Momme (Japan) = 3,75 g
1 Oka (Griech.) = 1,284 kg
1 Ounce (USA, Großbrit.) = 28,35 g
1 Pfund = 500 g
1 Pfund (Apothekergew.) = 345,6 g
1 Pfund (Preußen) = 467,4 g
1 Pfund (Rußland) = 409,5 g
1 Pikul (China) = 60,479 kg
1 Pound (USA, Großbrit.) = 454 g
1 Pud (Rußland) = 16,38 kg
1 Quantar (Ägypt.) = 44,928 kg
1 Quent = 1,66 g
1 Quintal (Spanien) = 46,01 kg
1 Short ton (USA, Großbrit.) = 907,18 kg
1 Skrupel (Apothekergew.) = 1,2 g
1 Stein = 10 kg
1 Stone (USA, Großbrit.) = 6,35 kg
1 Tael (China) = 0,038 kg
1 Talanton (Griech.) = 150 kg
1 Talent (Antike) = 26,2 kg
1 Ton (USA, Großbrit.) = 1016 kg
1 Tonnalada (Spanien) = 920,2 kg
1 Tonne (t) = 1000 kg
1 Troy-Grain (USA, Großbrit.) = 64,8 mg
1 Troy-Pfund (USA, Großbrit.) = 373 g
1 Troy-Unze = 31,103 g
1 Unze (Apothekergew.) = fast 30 g
1 Unze (USA, Großbrit.) = 28,35 g
1 Yin (China) = 1,2 kg
1 Zentigramm (cg) = 10 mg
1 Zentner = 50 kg

## Gifte und Gegenmittel

**Alkohol:** schwarzen Kaffee trinken, Salmiakgeist riechen
**Arsen:** Aktivkohle essen
**Benzin:** schwarzen Kaffee trinken
**Blausäure:** künstliche Atmung, frische Luft, Magenspülung mit Kaliumpermanganatlösung (1 g auf 1 l Wasser), schwarzer Kaffee
**Blei:** gelöstes Bitter- oder Glaubersalz, Milch, Öl
**Chlor:** an Salmiakgeist riechen, frische Luft
**Essigessenz:** Wasser oder Milch
**Fischgift:** Abführmittel, Aktivkohle, Alkohol
**Insektengift:** Stachel entfernen, Stich mit Salmiakgeist, Jodtinktur oder Seife bestreichen, kühle Umschläge
**Karbolsäure:** Aktivkohle, Milch, Öl, Eiweiß, Schleimsuppe
**Kohlenoxid:** frische Luft, künstliche Atmung, kalte Dusche
**Laugen:** verdünnter Essig, Lösung von Wein- oder Zitronensäure, dann Milch; keine Brechmittel!

**Leuchtgas:** frische Luft, künstliche Atmung, kalte Dusche
**Morphium:** Aktivkohle, künstliche Atmung, schwarzer Kaffee, Rotwein
**Nikotin:** Aktivkohle, künstliche Atmung, Kaffee, Tee, Weinbrand
**Phosphor:** mit 5 Teilen Wasser verdünntes Wasserstoffsuperoxid, Glauber- oder Bittersalz; keine Milch, keine Öle oder Fette!
**Pilzgift:** Abführmittel, Aktivkohle, schwarzer Kaffee, Alkohol
**Rattengift:** Brechmittel, Aktivkohle
**Salmiakgeist:** verdünnter Essig, Lösung von Wein- oder Zitronensäure, dann Milch; keine Brechmittel!
**Säuren:** viel Wasser, Milch, Öl, Schleimsuppe; keine Brechmittel!
**Schlangengift:** Biß abbinden und aussaugen (wenn keine Wunde im Mund!), mit Chlorkalklösung bestreichen
**Schwefelwasserstoff:** viel frische Luft, eventuell künstliche Sauerstoffatmung
**Soda:** wie bei Laugen
**Zyankali:** siehe Blausäure

## Große Gletscher

| | km² | | km² |
|---|---|---|---|
| Vatna Jökull (Island) | 8500 | Tasman-Gletscher (Neuseeland) | 138 |
| Malaspina-Gletscher (Alaska) | 3800 | Gorner-Gletscher (Schweiz) | 68 |
| Jostedalsbrae (Norwegen) | 1100 | Pasterze (Österreich) | 32 |
| Fedtschenko-Gletscher (Transalai) | 600 | Gepatsch-Ferner (Österreich) | 25 |
| Aletsch-Gletscher (Schweiz) | 169 | Rhone-Gletscher (Schweiz) | 22 |

## Glückssteine

oder Monatssteine werden verschiedene Edelsteine genannt, die als glückbringende Amulette verwendet werden und nach altem Aberglauben ihre Wirkung nur in bestimmten Monaten entfalten.

| | | | |
|---|---|---|---|
| **Januar** | Granat, Hyazinth | **Juli** | Rubin, Onyx |
| **Februar** | Amethyst | **August** | Sardonyx, Karneol |
| **März** | Jaspis | **September** | Saphir, Chrysolith |
| **April** | Saphir | **Oktober** | Opal, Beryll (Aquamarin) |
| **Mai** | Smaragd, Achat | **November** | Topas |
| **Juni** | Achat, Smaragd | **Dezember** | Türkis, Rubin |

## Kennen Sie Ihre Glückszahl?

Falls nicht, so sei hier verraten, wie man sie nach den uralten Regeln der Zahlenmagie errechnen kann. Dazu braucht man für die einzelnen Buchstaben des Alphabets bestimmte zugeordnete Zahlenwerte:

| | | | |
|---|---|---|---|
| A = 1 | H = 8 | P = 17 | TS = 18 |
| Ä = 1 | I = 10 | PH = 17 | TZ = 18 |
| B = 2 | J = 10 | Q = 19 | U = 6 |
| C = 11 | K = 11 | R = 20 | Ü = 6 |
| CH = 8 | L = 12 | S = 21 | V = 6 |
| D = 4 | M = 13 | SCH = 18 | W = 6 |
| E = 5 | N = 14 | SH = 18 | X = 15 |
| F = 17 | O = 16 | T = 9 | Y = 10 |
| G = 3 | Ö = 16 | TH = 22 | Z = 7 |

(Th in Günther = T (9) + H (8) = 17; Th in Theodor = 22)

Nun schreibe man unter jeden Buchstaben seines Namens die zugeordnete Zahl, z. B.

| R | E | I | N | H | A | R | D | | M | O | H | N |
|---|---|---|---|---|---|---|---|---|---|---|---|---|
| 20 | 5 | 10 | 14 | 8 | 1 | 20 | 4 | | 13 | 16 | 8 | 14 |

Bringt man alle zweistelligen Zahlen durch Addition der beiden Zahlen auf einstellige Zahlen (14 = 1 + 4 = 5), so ergibt sich die Zahlenreihe

2 5 1 5 8 1 2 4 4 7 8 5

Durch Addition der einzelnen Zahlen beider Namensteile ergeben sich die Zahlen 28 und 24, die wieder auf einstellige Zahlen gebracht werden müssen (28 = 2 + 8 = 10, 24 = 2 + 4 = 6). Die Addition von 10 + 6 ergibt 16, was wiederum auf eine einstellige Zahl gebracht werden muß (1 + 6) und für Herrn Reinhard Mohn, den Namensträger unseres Beispiels, die Glückszahl 7 ergibt.

## 80 grammatikalische Begriffe

| | |
|---|---|
| **Ablativ** | 6. Fall |
| **Adjektiv** | Eigenschaftswort |
| **Adverb** | Umstandswort |
| **Akkusativ** | Wenfall (4. Fall) |
| **Aktiv(um)** | Tätigkeitsform |
| **Apposition** | Zufügung |
| **Attribut** | Beifügung |
| **Casus** | Fall |
| **Compositum** | zusammengesetztes Wort |
| **Dativ** | Wemfall (3. Fall) |
| **Deklination** | Beugung des Substantivs, Adjektivs, Pronomens |
| **Demonstrativpronomen** | Hinweisendes Fürwort |
| **Determinativpronomen** | Bestimmendes Fürwort |
| **Diphthong** | Doppellaut |
| **Distributiva** | Einteilungszahlen |
| **Finalsatz** | Absichtssatz |
| **Futur(um)** | Zukunft |
| **Genitiv** | Wesfall (2. Fall) |
| **Genus** | Geschlecht/Form |
| **Genus femininum** | weibl. Geschlecht |
| **Genus masculinum** | männl. Geschlecht |
| **Genus neutrum** | sächl. Geschlecht |
| **Imperativ** | Befehlsform |
| **Imperfekt** | 1. Vergangenheit |
| **Indefinitivpronomen** | Unbest. Fürwort |
| **Indikativ** | Wirklichkeitsform |
| **Infinitiv** | Nennform |
| **Interjektion** | Empfindungswort |
| **Interrogativpronomen** | fragendes Fürwort |
| **Interrogativsatz** | Fragesatz |
| **intransitiv** | nichtzielendes Verb |
| **Kardinalia** | Grundzahlen |
| **Kausalsatz** | Begründungssatz |
| **Komparation** | Steigerung |
| **Komparativ** | 1. Steigerungsstufe |
| **Konditionalsatz** | Bedingungssatz |
| **Konjugation** | Beugung des Verbs |
| **Konjunktion** | Bindewort |
| **Konjunktiv** | Möglichkeitsform |
| **Konsekutivsatz** | Folgesatz |
| **Konsonant** | Mitlaut |
| **Konzessivsatz** | Einräumungssatz |
| **Modus** | Aussageform |
| **Multiplikativa** | Vervielfältigungszahlen |
| **Nomen appellativum** | Gattungsname |
| **Nomen proprium** | Eigenname |
| **Nomina** | Nennwörter |
| **Nominativ** | Werfall (1. Fall) |
| **Numerale** | Zahlwort |
| **Numerus** | Zahl |
| **Objekt** | Satzergänzung |
| **Ordinalia** | Ordnungszahlen |
| **Partitiva** | Teilungszahlen |
| **Partizip** | Mittelwort |
| **Passiv(um)** | Leideform |
| **Perfekt** | 2. Vergangenheit |
| **Personalpronomen** | persönl. Fürwort |
| **Plural** | Mehrzahl |
| **Pluraletantum** | nur in der Mehrzahl übliches Wort |
| **Plusquamperfekt** | Vorvergangenheit |
| **Positiv** | Grundstufe |
| **Possessivpronomen** | besitzanzeigendes Fürwort |
| **Prädikat** | Satzaussage |
| **Präposition** | Verhältniswort |
| **Präsens** | Gegenwart |
| **Pronomen** | Fürwort |
| **Reflexivpronomen** | rückbezügl. Fürwort |
| **Relativpronomen** | zurückweisendes Fürwort |
| **Simplex** | einfaches Wort |
| **Singular** | Einzahl |
| **Subjekt** | Satzgegenstand |
| **Substantiv** | Hauptwort |
| **Superlativ** | 2. Steigerungsstufe |
| **Syntax** | Satzlehre |
| **Temporalsatz** | Zeitsatz |
| **Tempus** | Zeit |
| **transitiv** | zielendes Verb |
| **Verb** | Zeitwort |
| **Vokal** | Selbstlaut |
| **Vokativ** | Ruffall (5. Fall) |

**Transitive und intransitive Verben** bereiten immer wieder große Kopfschmerzen. Hier sei der Unterschied erklärt: Ein Verb ist transitiv, wenn davon ein Objekt im 4. Fall abhängig gemacht werden kann (z. B. schlagen, kaufen). In jedem anderen Fall ist es intransitiv (z. B. laufen). Nur die transitiven Verben bilden ein vollständiges, persönliches Passivum (er wird geschlagen), intransitive Verben dagegen nur ein unpersönliches Passivum in der 3. Person Singular (es wird gelaufen).

## Griechische Götterwelt

**Aiolos:** Gott der Winde
**Amphitrite:** Beherrscherin des Meeres; Gattin des Poseidon
**Aphrodite:** Göttin der Liebe und der Schönheit; Gattin des Ares
**Apollon:** Gott des Lichtes, des Frühlings, der sittlichen Reinheit und Gemäßigkeit, der Musik, des Gesanges, der Dichtkunst und der Weissagung, Beschützer der Herden
**Ares:** Gott des Krieges, auch Gott des Feldes
**Artemis:** Göttin der Jagd, des Wachstums, der Geburt und der freien Natur; Zwillingsschwester des Apollon
**Athene:** Göttin der Weisheit, Schirmherrin von Kunst und Wissenschaft, Schützerin der kämpfenden Helden;
**Demeter:** Göttin des Ackerbaus
**Dionysos:** Gott des Weines und der triebhaften Naturkraft
**Eos:** Göttin der Morgenröte; Schwester von Helios und Selene
**Erinnyen:** Rachegöttinnen (Alekto, Megära, Tisiphone)
**Ganymedes:** Mundschenk der Götter
**Hades:** Gott der Unterwelt und des Erdsegens
**Hebe:** Göttin der ewigen Jugend, Mundschenkin im Olymp; Gattin des Herakles
**Hekate:** Göttin der Geister und Gespenster, Genossin der Erinnyen
**Helios:** Gott des Feuers und der Schmiedekunst
**Hera:** Göttin der Ehe und der Familie; Gattin und Schwester des Zeus
**Herakles:** unter die Götter aufgenommener Sagenheld, Gott der Athletik (des Sports)
**Hermes:** Gott der Fruchtbarkeit, der Herden und der Weiden, der Gymnastik und der Rede, Beschützer der Diebe und Kaufleute, Förderer von Handel und Verkehr, Götterbote und Begleiter der Toten in die Unterwelt
**Hestia:** Göttin des Herdes und Herdfeuers
**Kybele:** Göttermutter, Natur- und Kulturgöttin
**Moiren:** Schicksalsgöttinnen (Klotho, Lachesis, Atropos)
**Nereus:** Meergott und Vater der 50 Nereiden (= Meernymphen)
**Okeanos:** die Erde umfließender Weltstrom
**Olymp:** höchster Berg Griechenlands (2911 m), galt als Sitz der Götter
**Pan:** Wald- und Weidegott, Beschützer der Herden, der Hirten und der Jäger
**Persephone:** Gattin des Hades, Tochter der Demeter
**Poseidon:** Gott der Gewässer, vor allem des Meeres, Erreger der Erdbeben; Bruder des Zeus
**Priapos:** Gott der Fruchtbarkeit und der Geschlechtslust
**Rhea** → Kybele
**Selene:** Mondgöttin, Schwester des Helios und der Eos
**Silenos:** Quellgott, Erzieher und Begleiter des Dionysos
**Zeus:** oberster Gott, Gott des Himmels, des Lichtes und des Blitzes

## Grundrechte

Die in Artikel 1–17 des Grundgesetzes für die Bundesrepublik Deutschland verankerten 17 Grundrechte betreffen:

1. Schutz der Menschenwürde
2. Freiheit der Person
3. Gleichheit vor dem Gesetz
4. Freiheit des Glaubens
5. Freie Meinungsäußerung
6. Schutz der Ehe und Familie
7. Recht auf Schule
8. Versammlungs-Freiheit
9. Vereinigungs-Freiheit
10. Brief-, Post-, Fernmeldegeheimnis
11. Recht der Freizügigkeit
12. Freiheit im Beruf
13. Unverletzlichkeit der Wohnung
14. Eigentumsrecht
15. Gemeineigentum
16. Staatsangehörigkeit, Asylrecht
17. Petitionsrecht

# Handball

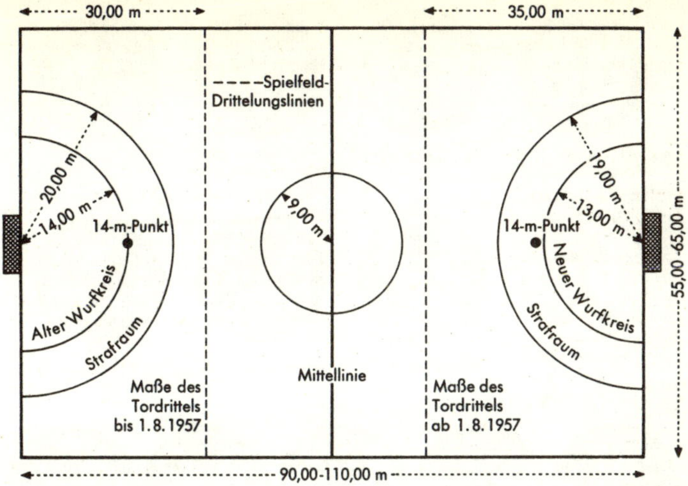


# Handelssprachen

**Ägypten:** Französisch, Englisch
**Arabische Staaten:** Arabisch, Englisch
**Argentinien:** Spanisch
**Australien:** Englisch
**Belgien:** Französisch
**Bolivien:** Spanisch
**Brasilien:** Portugiesisch
**Bulgarien:** Bulgarisch
**Chile:** Spanisch
**China:** Chinesisch, Englisch
**Dänemark:** Dänisch, Englisch
**Dominikanische Republik:** Spanisch
**Ecuador:** Spanisch
**Fidschi:** Englisch
**Finnland:** Finnisch, Schwedisch
**Frankreich:** Französisch
**Gabun:** Französisch
**Griechenland:** Griechisch, Französisch
**Grenada:** Englisch
**Großbritannien:** Englisch
**Guatemala:** Spanisch
**Haiti:** Französisch
**Indien:** Indisch, Englisch
**Indonesien:** Holländisch, Englisch
**Iran:** Persisch, Englisch, Französisch
**Island:** Isländisch, Dänisch
**Italien:** Italienisch
**Japan:** Japanisch, Englisch
**Kanada:** Englisch, Französisch
**Katar:** Arabisch
**Kolumbien:** Spanisch
**Kuba:** Spanisch, Englisch
**Libanon:** Arabisch, Französisch
**Liechtenstein:** Deutsch
**Luxemburg:** Französisch, Deutsch
**Madagaskar:** Französisch
**Mali:** Französisch
**Mexiko:** Spanisch, Englisch
**Nicaragua:** Spanisch
**Niederlande:** Holländisch
**Norwegen:** Norwegisch
**Oman:** Arabisch
**Österreich:** Deutsch
**Panama:** Spanisch
**Paraguay:** Spanisch
**Peru:** Spanisch
**Polen:** Polnisch
**Portugal:** Portugiesisch, Französisch
**Republik Südafrika:** Englisch, Afrikaans
**Rumänien:** Rumänisch
**Salvador:** Spanisch
**Schweden:** Schwedisch, Englisch
**Schweiz:** Deutsch, Französisch
**Sowjetunion:** Russisch
**Spanien:** Spanisch
**Syrien:** Arabisch, Französisch
**Türkei:** Türkisch
**Ungarn:** Ungarisch, Deutsch

# Handwerkszeichen I

Allg. Handwerkszeichen

Bäcker

Bandagisten und Orthopädiemechaniker

Baugewerbe

Bildhauer und Steinmetzen

Böttcher und Küfer

Brauer und Mälzer

Buchbinder

Büchsenmacher und Messerschmiede

Bürsten- und Pinselmacher

Dachdecker

Damenschneider

Drechsler

Elektro-Installateure

Färber

Fleischer

Friseure

Glaser

Glas- und Gebäudereiniger

Graveure und Gürtler

Herrenschneider

Installateure und Klempner

Juweliere, Gold- und Silberschmiede

Konditoren

Korbmacher

Kraftfahrzeug-Handwerk

Kürschner, Hut- und Handschuhmacher — Maler — Mechaniker — Müller

Musikinstrumentenmacher — Optiker und Feinmechaniker — Pflasterer und Straßenbauer — Photographen

Putzmacher — Roßschlächter — Schilderhersteller und Lichtreklame-Handwerk — Schlosser — Schmiede

Schornsteinfeger — Schuhmacher — Seiler, Reepschläger und Segelmacher — Stellmacher und Karosseriebauer

Stukkateure und Gipser — Tapezierer, Sattler, Polsterer, Dekorateure — Tischler — Töpfer und Ofensetzer

Uhrmacher — Wäscherei- und Plätterei-Handwerk — Wäscheschneider, Weber und Sticker — Zahntechniker — Zimmerer

## 152 Hauptstädte

**Afghanistan**: Kabul
**Ägypten**: Kairo
**Albanien**: Tirana
**Algerien**: Algier
**Andorra**: Andorra la Vella
**Argentinien**: Buenos Aires
**Äthiopien**: Addis Abeba
**Australien**: Canberra
**Bahrein**: Manama
**Bangla Desch**: Dacca
**Barbados**: Brigdetown
**Belgien**: Brüssel
**Benin**: Porto Novo
**Bhutan**: Thimbu
**Birma**: Rangun
**Bolivien**: La Paz
**Botswana**: Gaborone
**Brasilien**: Brasilia
**Bulgarien**: Sofia
**Burkina Faso**: Ouagadougou
**Burundi**: Bujumbara
**Chile**: Santiago
**China, Republik**: Taipeh
**Chines. Volksrepublik**: Peking
**Cuba**: Havanna
**Dänemark**: Kopenhagen
**Deutschland**: Berlin
**Dominikanische Republik**: Santo Domingo
**Ecuador**: Quito
**El Salvador**: San Salvador
**Estland**: Tallinn
**Finnland**: Helsinki
**Frankreich**: Paris
**Gabun**: Libreville
**Gambia**: Banjul
**Georgien**: Tiflis
**Ghana**: Akkra
**Griechenland**: Athen
**Großbritannien**: London
**Guatemala**: Guatemala
**Guinea**: Malabo
**Guinea-Bissau**: Bissau
**Guyana**: Georgetown
**Haiti**: Port-au-Prince
**Honduras**: Tegucigalpa
**Indien**: Delhi
**Indonesien**: Djakarta
**Irak**: Bagdad
**Iran**: Teheran
**Irland**: Dublin
**Island** : Reykjavik
**Israel**: Jerusalem
**Italien**: Rom
**Jamaika**: Kingston
**Japan**: Tokio
**Jordanien**: Amman
**Kambodscha**: Phnom Penh
**Kamerun**: Jaunde
**Kanada**: Ottawa
**Kasachstan**: Astana
**Kenia**: Nairobi
**Kirgisistan**: Bischkek
**Kolumbien**: Bogotá
**Kongo**: Brazzaville
**Korea, Republik**: Seoul
**Koreanische Volksdem. Republik**: Pjöngjang
**Kroatien**: Zagreb
**Kuwait**: Kuwait
**Laos**: Vientiane
**Lesotho**: Maseru
**Lettland**: Riga
**Libanon**: Beirut
**Liberia**: Monrovia
**Libyen**: Tripolis
**Liechtenstein**: Vaduz
**Litauen**: Vilnius
**Luxemburg**: Luxemburg
**Madagaskar**: Tananarive
**Malawi**: Lilongwe
**Malaysia**: Kuala Lumpur
**Malediven**: Malé
**Mali**: Bamako
**Malta**: Valetta
**Marokko**: Rabat
**Mauretanien**: Nouakschott
**Mauritius**: Port Louis
**Mazedonien**: Skopje
**Mexiko**: Ciudad de México
**Mocambique**: Maputo
**Moldawien**: Chisinaŭ
**Monaco**: Monaco
**Mongolische Volksrepublik**: Ulan Bator
**Nepal**: Katmandu
**Neuseeland**: Wellington
**Nicaragua**: Managua
**Niederlande**: Amsterdam
**Niger**: Niamey
**Nigerien**: Lagos
**Norwegen**: Oslo
**Oman**: Maskat
**Österreich**: Wien
**Pakistan**: Islamabad
**Paraguay**: Asunción
**Peru**: Lima
**Philippinen**: Manila
**Polen**: Warschau
**Portugal**: Lissabon
**Ruanda**: Kigali
**Rumänien**: Bukarest
**Rußland**: Moskau
**Sambia**: Lusaka
**Samoa**: Apia
**San Marino**: San Marino
**Saudi-Arabien**: El Rijad
**Schweden**: Stockholm
**Schweiz**: Bern
**Senegal**: Dakár

**Serbien und Montenegro**: Belgrad
**Sierra Leone**: Freetown
**Simbabwe**: Harare
**Somalia**: Mogadischu
**Spanien**: Madrid
**Sri Lanka**: Colombo
**Slowakei**: Bratislava
**Slowenien**: Lubljana
**Südafrikanische Republik**: Pretoria
**Sudan**: Khartum
**Swasiland**: Mbabane
**Syrien**: Damaskus
**Tadschikistan**: Duschanbe
**Tansania**: Dodoma
**Thailand**: Bangkok
**Togo**: Lomé
**Trinidad und Tobago**: Port of Spain
**Tschad**: N'Djamena
**Tschechien**: Prag
**Tunesien**: Tunis
**Turkmenistan**: Aschgabat
**Türkei**: Ankara
**Uganda**: Kampala
**Ukraine**: Kiew
**Ungarn**: Budapest
**Uruguay**: Montevideo
**Usbekistan**: Taschkent
**Vatikanstadt**: Vatikanstadt
**Venezuela**: Caracas
**Vereinigte Staaten von Amerika**: Washington
**Vietnam**: Hanoi
**Weißrußland**: Minsk
**Zentralafrik. Republik**: Bangui
**Zypern**: Nikosia

## Heilpflanzen

| Name | Teil der Pflanze | hilft bei |
|---|---|---|
| **Arnika** | Blüten | Magen- u. Darmkrankheiten |
| **Baldrian** | Wurzeln | Schlaflosigkeit |
| **Bibernelle** | Wurzeln | Mandelentzündung |
| **Enzian** | Wurzeln | Magenbeschwerden |
| **Fenchel** | Früchte | Verdauungsstörungen |
| **Gartensalbei** | Blätter | Katarrh |
| **Holunder** | Blüten, Früchte | fieberhafte Erkältungen |
| **Huflattich** | Blütenköpfe, Blätter | Katarrh |
| **Kamille** | Blütenköpfe | Erkältungen |
| **Knoblauch** | Zwiebeln | Arterienverkalkung |
| **Königskerze** | Blüten | Magen- u. Darmkatarrh |
| **Koriander** | Früchte | Magen- u. Darmleiden |
| **Kümmel** | Früchte | Magen- u. Darmleiden |
| **Löwenzahn** | Wurzeln mit Kraut | Magen- u. Nierenbeschwerden |
| **Melisse** | Blätter | Krämpfe, Magenschwäche |
| **Pfefferminze** | Blätter | Leibschmerzen, Blähungen |
| **Schafgarbe** | Blätter, Blüten | Nieren- u. Blasenleiden |
| **Thymian** | Blätter, Blüten | Keuchhusten, Katarrh |
| **Tollkirsche** | Blätter | Asthma, Darmleiden |
| **Wegwarte** | Wurzeln | Magenkatarrh |
| **Wermut** | Kraut | Appetitlosigkeit |
| **Wurmfarn** | Wurzelstock | Eingeweidewürmern |

## Heitere Tage

sind nach der Definition der Wetterkundler solche Tage, an denen im Tagesdurchschnitt weniger als 2/10 des Himmels mit Wolken bedeckt sind. Die Zahl solcher Tage im Jahr beträgt z. B. in:

| | | | |
|---|---|---|---|
| Berlin 34 | Garmisch-P. 64 | London 28 | San Francisco 173 |
| Breslau 38 | Hamburg 31 | Moskau 46 | Stockholm 56 |
| Chicago 122 | Hannover 35 | München 44 | Stuttgart 40 |
| Erfurt 37 | Helgoland 25 | Neustrelitz 54 | Ulm 43 |
| Essen 35 | Köln 36 | Nürnberg 43 | Warschau 45 |
| Frankfurt/Main 52 | Landshut 54 | Paris 51 | Wien 52 |
| Freiburg/Br. 47 | Leipzig 41 | Pforzheim 60 | Würzburg 54 |

## Herrscherhäuser

**Albertiner:** Zweig der Wettiner
**Askanier:** mitteldeutsches Fürstengeschlecht, das Markgrafen von Brandenburg, Herzöge von Sachsen und Herzöge von Anhalt stellte
**Bernadotte:** das schwedische Königshaus
**Bourbonen:** französ. Königsgeschlecht
**Ernestiner:** Zweig der Wettiner, herrschten in Sachsen-Weimar, Sachsen-Coburg-Gotha, Sachsen-Altenburg und Sachsen-Meiningen
**Folkunger:** Königsgeschlecht in Schweden (1250-1363) und Norwegen (1319-1387)
**Habsburger:** deutsches Kaisergeschlecht
**Hohenstaufen:** deutsches Kaisergeschlecht
**Hohenzollern:** deutsches Fürstengeschlecht
**Kapetinger:** französische Königsdynastie
**Karolinger:** fränkisches Königsgeschlecht
**Lancaster:** englisches Königshaus
**Merowinger:** fränkisches Königsgeschlecht
**Nassau:** deutsches Fürstengeschlecht
**Oldenburger:** deutsches Fürstengeschlecht
**Piasten:** polnisches Fürstengeschlecht
**Przemysliden:** böhmisches Königshaus
**Radziwill:** litauisch-preußisches Fürstengeschlecht
**Romanow:** russisches Kaiserhaus
**Salier:** fränkisches Kaisergeschlecht
**Stuart:** schottisch-englisches Königshaus
**Tudor:** englisches Königshaus
**Wasa:** schwedisches Königsgeschlecht
**Welfen:** deutsches Fürstengeschlecht
**Wettiner:** deutsches Fürstengeschlecht
**Wittelsbacher:** süddeutsches Fürstengeschlecht in der Pfalz und Bayern
**Zähringer:** süddeutsches Fürstengeschlecht

## Himmelsrichtungen

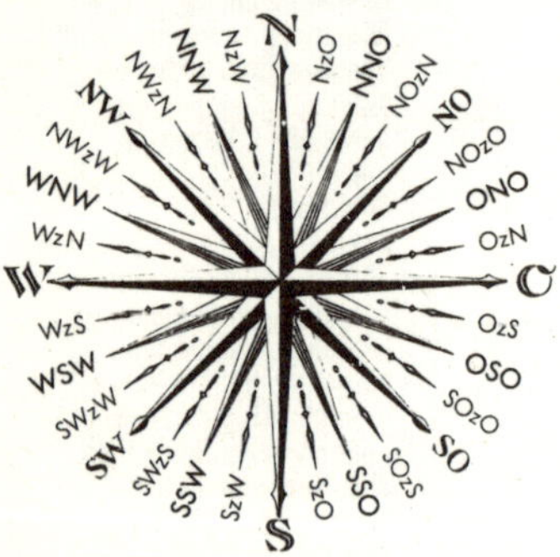


Die Abkürzungen sind zu lesen:

| | |
|---|---|
| **N** | Nord |
| **NzO** | Nord zu Ost |
| **NNO** | Nordnordost |
| **NOzN** | Nordost zu Nord |
| **NO** | Nordost |
| **NOzO** | Nordost zu Ost |
| **ONO** | Ostnordost |
| **OzN** | Ost zu Nord |
| **O** | Ost |

## Symbole für Hochzeitstage

| Jahrestag | Jahrestag | Jahrestag |
|---|---|---|
| 1. Papier | 9. Keramik | 25. Silber |
| 2. Baumwolle | 10. Zinn | 30. Perlen |
| 3. Leder | 11. Stahl | 40. Rubin |
| 4. Seide | 12. Leinen | 50. Gold |
| 5. Holz | 13. Spitze | 60. Diamant |
| 6. Zucker | 14. Elfenbein | 65. Eisen |
| 7. Kupfer, Wolle | 15. Kristall | 67½ Stein |
| 8. Bronze, Salz | 20. Porzellan | 70. Gnaden-H. |

# Hockey

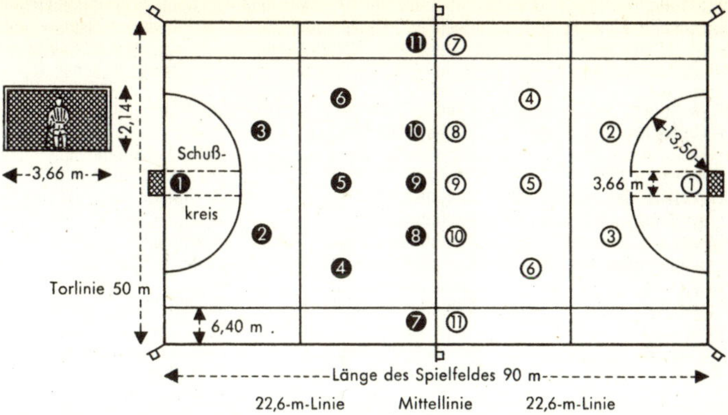


# Hohl- oder Körpermaße

1 Ardeb (Ägypten) = 0,198 hl
1 Arroba (Spanien) = 12,56 l
1 Barrel (USA, Großbrit.) = 163,6 l
1 Bota (Spanien) = 480 l
1 Botschka (Rußland) = 492 l
1 Bushel (USA, Großbrit.) = 36,35 l
1 Cahiz (Spanien) = 666 l
1 Cantawa (Spanien) = 16 l
1 Cuartillo (Spanien) = 1,16 l
1 Cubic foot (USA, Großbrit.) = 28316, 7 $cm^3$
1 Cubic inch (USA, Großbrit.) = 16,387 $cm^3$
1 Cubic yard (USA, Großbrit.) = 0,76 $cm^3$
1 Deziliter (dl) = 100 $cm^3$ = 1/10 l
1 Fanega (Spanien) = 55,49 l
1 Fuder (Wein) = 1000 l
1 Gallon (Großbrit.) = 4,544 l
1 Gallon (USA) = 3,785-4,621 l
1 Garnetz (Rußland) = 4,373 l
1 Hektoliter (hl) = 100 l
1 Imperial gallon (Großbrit.) = 4,55 l
1 Klafter = 3,339 $m^3$
1 Koku (Japan) = 180,39 l
1 Krügel = 0,5305 l
1 Kruschka (Rußland) = 1,23 l
1 Kubikdezimeter ($dm^3$) = 1000 $cm^3$ = 1 l
1 Kubikfuß (österr.) = 0,0315 $m^3$
1 Kubikfuß (preuß.) = 0,0309 $m^3$
1 Kubikmeter ($m^3$) = 1000000 $cm^3$
1 Kubikzentimeter ($cm^3$) = 1000 $mm^3$
1 Liter (l) = 1 $dm^3$
1 Maß = 0,9-2 l
1 Maß (Österreich) = 1,4147 l
1 Metze = 1,9465-61,487 l
1 Metze (Bayern) = 37,06 l
1 Metze (Preußen) = 3,435 l
1 Metze (Sachsen) = 6,49 l
1 Ohm (Preußen) = 137,4 l
1 Ohm (Schweiz/Baden) = 150 l
1 Oxhoft (Wein) = 206,1 l
1 Pint (USA, Großbrit.) = 0,473-0,567 l
1 Pipa (Spanien) = 432 l
1 Quart (USA, Großbrit.) = 1,136 l
1 Quartier = 0,8897-0,9735 l
1 Quartier (Hamburg) = 0,9057 l
1 Raummeter = 1 $m^3$
1 Registertonne = 2,832 $m^3$
1 Scheffel (Bayern) = 222,36 l
1 Scheffel (Dänemark) = 17,39 l
1 Scheffel (Preußen) = 54,96 l
1 Scheffel (Sachsen) = 103,82 l
1 Schoppen = 0,42-0,5 l
1 Seidel = 0,3537 l
1 Spint (Bremen) = 4,63 l
1 Spint (Hamburg) = 6,87 l
1 Spint (Mecklenburg) = 2,41 l
1 Tonne = 2,12 $m^3$
1 Tschetwerik (Rußland) = 26,238 l
1 Tschi (China) = 103,1 l
1 Wedro (Rußland) = 12,3 l
1 Zentiliter (cl) = 10 $cm^3$ = 1/100 l

## Die Härte der Hölzer

Nicht nur die Härte einer Holzart bestimmt ihren Verwendungszweck, sondern auch ihr spezifisches Gewicht. Am leichtesten ist Korkholz vom Baum »Aeschynomene hispida«, der auf Kuba wächst. Ein Kubikmeter von diesem Holz wiegt nur 44 Kilogramm. Am schwersten ist schwarzes Eisenholz, das immerhin 1490 Kilo pro Kubikmeter auf die Waage bringt.

**Ahorn:** hart
**Apfelbaum:** hart
**Birke:** ziemlich hart
**Birnbaum:** hart
**Bleistiftzeder:** sehr weich
**Buchsbaum:** sehr hart
**Ebenholz:** steinhart
**Edelkastanie:** ziemlich hart
**Eibe:** hart
**Eiche:** hart
**Erle:** weich
**Esche:** hart
**Fichte:** weich
**Flieder:** sehr hart
**Hainbuche:** hart
**Haselnuß:** hart
**Hickory:** sehr hart
**Holunder:** hart
**Kiefer:** weich
**Kirschbaum:** hart
**Kornelkirsche:** steinhart
**Linde:** sehr weich
**Mahagoni:** sehr hart
**Nußbaum:** ziemlich hart
**Pappel:** sehr weich
**Pflaumenbaum:** hart
**Quebracho:** steinhart
**Robinie:** hart
**Rosenholz:** sehr hart
**Roßkastanie:** weich
**Rotbuche:** hart
**Tanne:** weich
**Teak:** hart
**Ulme:** ziemlich hart
**Weide:** sehr weich
**Weißbuche:** sehr hart
**Weißdorn:** sehr hart
**Zirbelkiefer:** sehr weich
**Zypresse:** sehr hart

## Internationaler Hotel-Telegrammschlüssel

| | |
|---|---|
| 1 Zimmer mit 1 Bett | Alba |
| 1 Zimmer mit 1 Bett für 2 Personen | Aldua |
| 1 Zimmer mit 2 Betten | Arab |
| 1 Zimmer mit 3 Betten | Abec |
| 2 Zimmer mit je 1 Bett | Belab |
| 2 Zimmer mit 3 Betten | Birac |
| 2 Zimmer mit je 2 Betten | Bonad |
| 3 Zimmer mit je 1 Bett | Ciroc |
| 3 Zimmer mit 4 Betten | Carid |
| 3 Zimmer mit 5 Betten | Calde |
| 3 Zimmer mit je 2 Betten | Caduf |
| 4 Zimmer mit je 1 Bett | Danid |
| 4 Zimmer mit je 2 Betten | Diroh |
| 5 Zimmer mit je 1 Bett | Emble |
| 5 Zimmer mit je 2 Betten | Ercaj |
| 6 Zimmer mit je 1 Bett | Felaf |
| 6 Zimmer mit je 2 Betten | Feral |
| Kinderbett | Kind |
| Salon | Sal |
| Zimmer mit Privatbad | Bat |
| Dienerzimmer | Serv |
| Zimmer mit schöner Aussicht | Belvu |
| Zimmer zur Rückfront | Inter |
| sehr ruhiges Zimmer | Tranq |
| beste Zimmerqualität | Best |
| gute Zimmerqualität | Bon |
| gewöhnl. Zimmerqualität | Plain |
| Aufenthalt 1 Nacht | Pass |
| Aufenthalt mehrere Tage | Stop |
| Einzelgarage | Box |
| Autounterkunft | Garag |
| Abholung vom Bahnhof | Train |
| Abholung vom Schiff | Quai |
| Abholung vom Flugplatz | Aero |
| Abholung vom Autobus, vom Flugplatz kommend | Aeroz |
| Abbestellung | Anul |

| Ankunft | morgens | nachmittags | abends | nachts |
|---|---|---|---|---|
| Sonntag | Pobab | Polyp | Rabal | Ranuv |
| Montag | Pocun | Pomel | Racex | Rapin |
| Dienstag | Podyl | Ponov | Radok | Raqaf |
| Mittwoch | Pogok | Popuf | Rafyg | Ratyz |
| Donnerstag | Pohix | Porik | Ragub | Ravup |
| Freitag | Pojaw | Posev | Rahiv | Rawow |
| Sonnabend | Pokuz | Povah | Rajod | Raxab |
| heute | Powys | Pozum | Ramyk | Razem |

## *Hundealter – Menschenalter*

Eine alte Faustregel besagt, daß man das Alter eines Hundes mit sieben malnehmen müsse, um herauszufinden, welchem menschlichem Lebensalter das jeweilige Hundealter zu vergleichen sei. Französische Forscher stellten genauere Vergleichsrechnungen auf (alle Angaben = Lebensjahre):

| Hundealter | = | Menschenalter | Hundealter | = | Menschenalter |
|---|---|---|---|---|---|
| 1/2 | | 10 | 11 | | 60 |
| 1 | | 15 | 13 | | 68 |
| 2 | | 24 | 15 | | 76 |
| 5 | | 36 | 17 | | 84 |
| 7 | | 44 | 19 | | 92 |
| 9 | | 52 | 21 | | 100 |

## *Hutformen*

**Griechische und römische Antike**

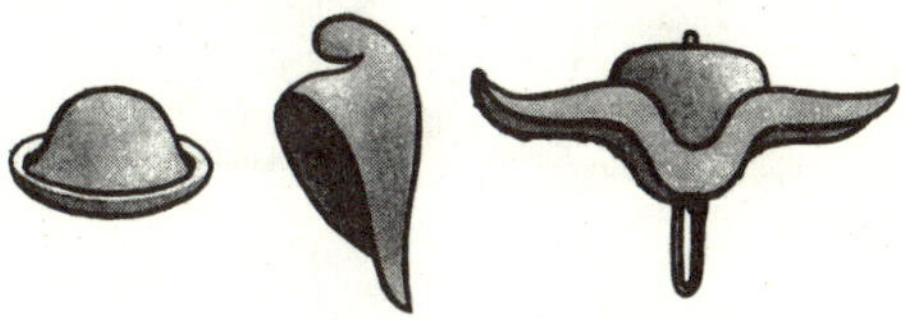

Pilos  Phrygische Mütze  Petasos

**Mittelalter**

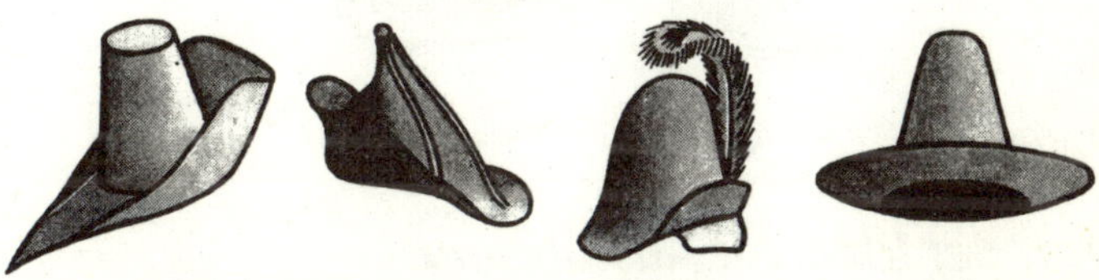

Gotische Hüte  Gugl-Hut  Judenhut

**Renaissance**

Hut mit hochgebundener Krempe  Hut mit geschlitzter Krempe  Spanischer Hut

## 17. Jahrhundert

Rubens-Hut

Schweden-Hut

## 18. Jahrhundert

Dreispitz

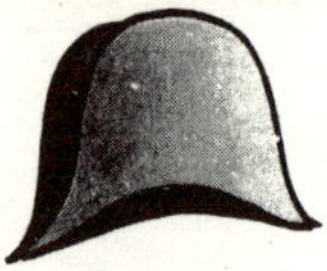
Zweispitz

## 19. Jahrhundert

um 1800

Biedermeier-Hut

## 20. Jahrhundert

Zylinder

Weicher Filzhut

# *Von der Idee zur Ausführung*

Zwischen der ersten Formulierung einer neuen Idee und ihrer Verwirklichung vergehen Jahre oder auch Jahrzehnte. Die Tabelle nennt die Entwicklungsdauer einiger wichtiger Erzeugnisse.

| Erzeugnis | Idee | Verwirklichung | dauerte . . . Jahre |
|---|---|---|---|
| **Fernsehen** | 1884 | 1947 | 63 |
| **Fotografie** | 1782 | 1838 | 56 |
| **Kernenergie** | 1919 | 1965 | 46 |
| **Helikopter** | 1904 | 1941 | 37 |
| **Radar** | 1904 | 1939 | 35 |
| **Herzschrittmacher** | 1928 | 1960 | 32 |
| **Antibiotika** | 1910 | 1940 | 30 |
| **Reißverschluß** | 1883 | 1913 | 30 |

| Erzeugnis | Idee | Verwirklichung | dauerte . . . Jahre |
|---|---|---|---|
| **Radio** | 1890 | 1914 | 24 |
| **Pulverkaffee** | 1934 | 1956 | 22 |
| **Telegraf** | 1820 | 1838 | 18 |
| **Minutenreis** | 1931 | 1949 | 18 |
| **Transistor** | 1940 | 1956 | 16 |
| **Xerokopie** | 1935 | 1950 | 15 |
| **Tiefkühlkost** | 1908 | 1923 | 15 |
| **Nylon** | 1927 | 1939 | 12 |
| **Kugelschreiber** | 1938 | 1945 | 7 |
| **Teflon** | 1943 | 1954 | 11 |
| **Videorecorder** | 1950 | 1956 | 6 |
| **Langspielplatte** | 1945 | 1948 | 3 |
| **Filterzigarette** | 1953 | 1955 | 2 |
| **CD-Player** | Anf. d. 1970er | 1982 | ca. 10 |
| **MP3** | 1987 | 1995 | 8 |

## *Kleines Immobilien-Lexikon*

**Amortisation,** Abtragung einer Schuld
**Anliegerbeiträge,** von den Gemeinden erhobene Abgaben zu den Kosten der Erschließung eines Grundstücks
**Annuität,** gleichbleibender an den Gläubiger eines Darlehens zu zahlender Betrag (Zinsen und Tilgung)
**Auflassung,** Einigung vor dem Notar, daß das Eigentum an einem Grundstück vom Verkäufer auf den Erwerber übergehen soll
**Baugrenze,** im Bebauungsplan festgesetzte Linie, die mit Gebäuden oder Gebäudeteilen nicht überschritten werden darf
**Bauträger,** Bauherr, der ein Gebäude im eigenen Namen und für eigene Rechnung errichtet, um es im Ganzen oder in Teilen zu verkaufen
**Bauwich,** der gesetzlich vorgeschriebene seitliche Mindestabstand eines Gebäudes von der Grenze der Nachbargrundstücke
**Beurkundung,** Niederschrift von Erklärungen in Gegenwart und unter Mitwirkung eines Notars
**Bezugsfertigkeit,** baulicher Zustand eines Gebäudes, in dem der Bezug der Räume zugemutet werden kann
**Disagio,** Unterschiedsbetrag zwischen dem Nennwert und dem niedrigeren Auszahlungsbetrag z.B. einer Hypothek
**Dienstbarkeit,** dingliches Recht an einem Grundstück auf beschränkte unmittelbare Nutzung (z.B. Wegerecht, Wasserentnahmerecht)
**Eigentum,** das volle Verfügungsrecht an einem Grundstück
**Erbbaurecht,** dinglich gesichertes zeitlich befristetes Recht an einem Grundstück, auf oder unter der Oberfläche ein Bauwerk zu errichten
**Ertragswert,** der Wert, der sich aufgrund der Rentabilität einer Liegenschaft errechnet
**Flurstück,** Teil der Erdoberfläche, der von einem in sich geschlossenen Linienzug abgegrenzt und im Kataster unter besonderer Nummer aufgeführt wird
**Grundbuch,** bei den Amtsgerichten geführtes Register, in dem die Rechtsverhältnisse an Grundstücken festgelegt sind
**Grunddienstbarkeit,** Nutzungsrecht oder Nutzungsbeschränkung an einem Grundstück zugunsten des jeweiligen Eigentümers eines anderen Grundstücks
**Grundschuld,** dingliche Sicherheit für eine Forderung, für die das Grundstück haftet
**Hypothek,** dingliche Sicherung einer persönlichen Forderung an einem Grundstück
**Immobilie,** Oberbegriff für Grundstücke und grundstücksgleiche Rechte
**Kataster,** Verzeichnis aller Grundstücke; es wird bei den Katasterämtern geführt
**Löschungsbewilligung,** die Genehmigung des Berechtigten zur Löschung eines im Grundbuch eingetragenen Rechtes
**Nießbrauch,** unvererbliches und nicht übertragbares dingliches Recht, aus einem Grundstück oder einer Sache in ihrer Gesamtheit Nutzungen zu ziehen
**Sachwert,** der Wert einer Immobilie, der sich aus dem Bodenwert und dem Zeitwert des Gebäudes zusammensetzt
**Tilgungsstreckung,** Verlängerung der Lauf zeit eines Kredits um die Zeit, die zur Tilgung eines Zusatzdarlehens zum Ausgleich des Disagios gebraucht wird
**Verkehrswert,** der im normalen Geschäftsverkehr auf dem Grundstücksmarkt zu erzielende Preis

# Impfplan für Kinder und Jugendliche

| Impfung gegen | vollendeter Lebensmonat | | | vollendetes Lebensjahr | | | | | |
|---|---|---|---|---|---|---|---|---|---|
| | **2** | **3** | **4** | **11–14** | **15–23** | **5–6** | **9–17** | **ab 18** | **ab 60** |
| Diphterie,<br>Tetanus,<br>Keuchhusten,<br>Hepatitis B,<br>Kinderlähmung, | 1. Impfung | 2. Impfung | 3. Impfung | | | Auffrischimpf.<br>Tetanus und Diphterie | Auffrischimpf.<br>Tetanus, Diphterie, Keuchhusten, Kinderlähmung | Auffrischimpf. alle 10 Jahre<br>Tetanus und Diphterie | Auffrischimpfung alle 10 Jahre<br>Tetanus und Diphterie |
| Haemophilus influenzae Typ (Hib) b, mögl mit 6fach Kombinationsimpfstoff | | | | 4. Impfung | | | | | |
| Masern, Mumps, | | | | 1. Impfung (3,4) | 2. Impfung (3,4) | | | | |
| Röteln mögl. mit Kombinationsimpfstoff | | | | | | | | | |
| Windpocken | | | | Impfung (4,6) | | | Impfung (4,6) | | |
| Hepatitis B | | | | | | | Grundimmunis. (7) | | |
| Pneumokokken | | | | | | | | | Impfung alle 6 Jahre |
| Grippe (Influenza) | | | | | | | | | jährliche Impfung |

Impfkalender nach STIKO. Modifiziert nach den Impfempfehlungen der Ständigen Impfkommision STIKO; Stand: Juli 2004. Quelle: Epidemiologisches Bulletin 30/2004, Robert-Koch-Institut

2 Gleichbedeutend mit dem Beginn des folgenden Lebensmonats/jahrs
3 Mindestabstand zwischen den Impfungen 4 Wochen
4 Versäumte Impfungen sollten möglichst bald nachgeholt werden
5 Impfung entsprechend Herstellerangaben
6 Ungeimpfte ohne durchgemachte Windpockenerkrankung
7 Grundimmunisierung für bisher nicht geimpfte Kinder und Jugendliche

# Inseln



Die größte Insel der Welt ist Grönland. Einen Superlativ ganz anderer Art hält eine kleine Insel im Südpazifik innerhalb der Britischen Salomonen. 1970 entstanden, ist das 30 Meter hohe Eiland die jüngste der Welt.

Die über 10000 km² umfassenden größten Inseln der Erde sind (Fläche in km²):

| | | | | | |
|---|---|---|---|---|---|
| Baffinland | 512183 | Hawaii | 10399 | Nowaja-Semlja (N.) | 48200 |
| Banka | 11937 | Hokkaido | 88741 | Nowaja-Semlja (S.) | 33200 |
| Banks-Land | 66498 | Hondo | 229952 | Palawan | 11780 |
| Borneo | 737018 | Irland | 82459 | Sachalin | 76790 |
| Celebes | 179416 | Island | 102819 | Samar | 13074 |
| Ceram | 17150 | Jamaika | 11402 | Sardinien | 23818 |
| Ceylon | 65585 | Java | 126650 | Schikoku | 18765 |
| Cuba | 144449 | Kiuschiu | 42063 | Sizilien | 25462 |
| Devon | 55959 | Luzon | 104647 | Spitzbergen (NO.) | 15000 |
| Djilolo | 17998 | Madagaskar | 598706 | Spitzbergen (W.) | 39500 |
| Ellesmere-Land | 200445 | Mindanao | 94594 | Sumatra | 424979 |
| Feuerland | 48000 | Megros | 12698 | Sumba | 11080 |
| Flores | 15175 | Neufundland | 112269 | Sumbawa | 13280 |
| Formosa | 35961 | Neuguinea | 771900 | Tasmanien | 63015 |
| Grönland | 2175600 | Neukaledonien | 16117 | Timor | 33615 |
| Großbritannien | 219805 | Neupommern | 37799 | Vancouver | 32124 |
| Hainan | 35562 | Neuseeland (N.) | 114295 | Victoria-Insel | 208080 |
| Haiti | 77218 | Neuseeland (S.) | 150525 | Viti-Levu | 10382 |

# Jagd- und Schonzeiten

| | Jagdzeit | Schonzeit |
|---|---|---|
| Auer-, Birk- und Rackelhähne | 1. 5.–31. 5. | 1. 6.–30. 4. |
| Bekassine | 16. 7.–31. 12. | 1. 1.–15. 7. |
| Dachs | 1. 7.–15. 1. | 16. 1.–30. 6. |
| Dam- und Sikawild (männl.) | 1. 9.–31. 1. | 1. 2.–31. 8. |
| Dam- und Sikawild (weibl.) | 1. 8.–31. 1. | 1. 2.–31. 7. |
| Edel-, Steinmarder, Otter | 1. 12.–31. 1. | 1. 2.–30. 11. |
| Elchwild (männl.) | 1. 9.–15. 10. | 16. 10.–31. 8. |
| Elchwild (weibl.) | 1. 10.–31. 10. | 1. 11.–31. 9. |
| Fasanen | 16. 10.–15. 1. | 16. 1.–15. 10. |
| Gamswild | 1. 8.–15. 12. | 16. 12.–31. 7. |
| Hase | 16. 10.–15. 1. | 16. 1.–15. 10. |
| Haselhähne | 1. 9.–31. 10. | 1. 11.–31. 8. |
| Muffelwild | 1. 8.–31. 1. | 1. 2.–31. 7. |
| Murmeltier | 1. 9.–30. 9. | 1. 10.–31. 8. |
| Rebhuhn | 1. 9.–30.11. | 1. 12.–31. 8. |
| Rehwild (männl.) | 16. 5.–15. 10. | 16. 10.–15. 5. |
| Rehwild (weibl.) | 1. 9.–31. 1. | 1. 2.–31. 8. |
| Ringeltaube | 1. 7.–30. 4. | 1. 5.–30. 6. |
| Robben | 16. 7.–28. 2. | 1. 3.–15. 7. |
| Rotwild (männl.) | 1. 8.–31. 1. | 1. 2.–31. 7. |
| Rotwild (weibl.) | 1. 8.–31. 1. | 1. 2.–30. 7. |
| Schwarzwild | 16. 6.–31. 1. | 1. 2.–15. 6. |
| Trapphähne | 1. 4.–30. 4. | 1. 5.–31. 3. |
| Wildenten | 1. 8.–25. 1. | 26. 1.–31. 7. |
| Wildgänse | 1. 8.–25. 1. | 26. 1.–31. 7. |

## Jahreszeiten

| Nördliche Halbkugel | astronomische Jahreszeiten | meteorologische Jahreszeiten | Südliche Halbkugel |
|---|---|---|---|
| Frühling | 21. 3.–22. 6. | März–Mai | Herbst |
| Sommer | 22. 6.–23. 9. | Juni–August | Winter |
| Herbst | 23. 9.–22. 12. | Sept.–November | Frühling |
| Winter | 22. 12.–21. 3. | Dez.–Februar | Sommer |

## Jazz-Abkürzungen

(Verwendung vor allem bei Besetzungsangaben auf Schallplattenetiketten und Musicassetten-Inhaltsverzeichnissen.)

| | |
|---|---|
| **arr** | Arrangeur |
| **as** | Altsaxophon |
| **b** | Baß (Streichbaß) |
| **bar. bs** | Baritonsaxophon |
| **bjo** | Banjo |
| **bss** | Baßsaxophon |
| **cello** | Cello |
| **c** | Kornett |
| **cl** | Klarinette |
| **dm** | Schlagzeug (Drums) |
| **fh** | Waldhorn |
| **ft** | Flöte |
| **g** | Gitarre |
| **l** | Leiter eines Ensembles (Leader) |
| **M 33** | Mikrosaphir (33 Umdr.) |
| **M 45** | Mikrosaphir (45 Umdr.) |
| **p** | Piano |
| **s** | Saxophon |
| **tb** | Posaune (Trombone) |
| **tp** | Trompete |
| **ts** | Tenorsaxophon |
| **tu** | Tuba, Sousaphon |
| **vo, voc** | Gesang (Vocal) |
| **vb, vib** | Vibraphon |
| **v** | Violine |
| **vtb** | Ventilposaune |
| **wb** | Waschbrett (Washboard) |
| **xyl** | Xylophon |

## Jazzgrößen

Armstrong, Louis 1901–1971
Baker, Chet 1929–
Basie, Count 1904–1984
Brubeck, Dave 1920–
Charles, Ray 1930–2004
Cole, Nat King 1919–1965
Coltrane, John 1926–
Corea, Chick 1941–
Davis, Miles 1926–1991
Doldinger, Klaus 1936–
Ellington, Duke 1899–1974
Evans, Bill 1929–1980
Fitzgerald, Ella 1918–1996
Garbarek, Jan 1947–
Getz, Stan 1927–1991
Gillespie, Dizzy 1917–1993
Goodman, Benny 1909–1986
Gordon, Dexter 1923–1990
Hancock, Herbie 1940–
Hawkins, Coleman 1901–1969
Holliday, Billie 1915–1959
Hooker, John Lee 1917–2001
Jarreau, Al 1940–
Jarrett, Keith 1945–
King, B. B. 1925–
Konitz, Lee 1927–
Krall, Diana 1964–
Mangelsdorff, Albert 1928–2005
Marsalis, Branford 1960–
Marsalis, Wynton 1961–
Metheny, Pat 1954–
Miller, Glenn 1904–1944
Mulligan, Gerry 1927–1996
Oliver, Joe "King" 1885–1938
Parker, Charlie 1920–1955
Peterson, Oscar 1925–
Reinhardt, Django 1910–1953
Rollins, Sonny 1930–
Smith, Bessie 1894–1937
Tyner, McCoy 1938–
Vaughan, Sarah 1924–1990
Washington, Dinah 1924–1963
Wilson, Cassandra 1955–

# Immerwährender Kalender

Tagermittlung der Daten von 1801 bis 2008

| Jahreszahlen (*Schaltjahre) | | Monate: Januar | Februar | März | April | Mai | Juni | Juli | August | September | Oktober | November | Dezember |
|---|---|---|---|---|---|---|---|---|---|---|---|---|---|
| 1801 1829 1857 1885 | 1925 1953 1981 | 4 | 0 | 0 | 3 | 5 | 1 | 3 | 6 | 2 | 4 | 0 | 2 |
| 1802 1830 1858 1886 | 1926 1954 1982 | 5 | 1 | 1 | 4 | 6 | 2 | 4 | 0 | 3 | 5 | 1 | 3 |
| 1803 1831 1859 1887 | 1927 1955 1983 | 6 | 2 | 2 | 5 | 0 | 3 | 5 | 1 | 4 | 6 | 2 | 4 |
| *1804 1832 1860 1888 | 1928 1956 1984 | 0 | 3 | 4 | 0 | 2 | 5 | 0 | 3 | 6 | 1 | 4 | 6 |
| 1805 1833 1861 1889 | 1901 1929 1957 1985 | 2 | 5 | 5 | 1 | 3 | 6 | 1 | 4 | 0 | 2 | 5 | 0 |
| 1806 1834 1862 1890 | 1902 1930 1958 1986 | 3 | 6 | 6 | 2 | 4 | 0 | 2 | 5 | 1 | 3 | 6 | 1 |
| 1807 1835 1863 1891 | 1903 1931 1959 1987 | 4 | 0 | 0 | 3 | 5 | 1 | 3 | 6 | 2 | 4 | 0 | 2 |
| *1808 1836 1864 1892 | 1904 1932 1960 1988 | 5 | 1 | 2 | 5 | 0 | 3 | 5 | 1 | 4 | 6 | 2 | 4 |
| 1809 1837 1865 1893 | 1905 1933 1961 1989 | 0 | 3 | 3 | 6 | 1 | 4 | 6 | 2 | 5 | 0 | 3 | 5 |
| 1810 1838 1866 1894 | 1906 1934 1962 1990 | 1 | 4 | 4 | 0 | 2 | 5 | 0 | 3 | 6 | 1 | 4 | 6 |
| 1811 1839 1867 1895 | 1907 1935 1963 1991 | 2 | 5 | 5 | 1 | 3 | 6 | 1 | 4 | 0 | 2 | 5 | 0 |
| *1812 1840 1868 1896 | 1908 1936 1964 1992 | 3 | 6 | 0 | 3 | 5 | 1 | 3 | 6 | 2 | 4 | 0 | 2 |
| 1813 1841 1869 1897 | 1909 1937 1965 1993 | 5 | 1 | 1 | 4 | 6 | 2 | 4 | 0 | 3 | 5 | 1 | 3 |
| 1814 1842 1870 1898 | 1910 1938 1966 1994 | 6 | 2 | 2 | 5 | 0 | 3 | 5 | 1 | 4 | 6 | 2 | 4 |
| 1815 1843 1871 1899 | 1911 1939 1967 1995 | 0 | 3 | 3 | 6 | 1 | 4 | 6 | 2 | 5 | 0 | 3 | 5 |
| *1816 1844 1872 | 1912 1940 1968 1996 | 1 | 4 | 5 | 1 | 3 | 6 | 1 | 4 | 0 | 2 | 5 | 0 |
| 1817 1845 1873 | 1913 1941 1969 1997 | 3 | 6 | 6 | 2 | 4 | 0 | 2 | 5 | 1 | 3 | 6 | 1 |
| 1818 1846 1874 | 1914 1942 1970 1998 | 4 | 0 | 0 | 3 | 5 | 1 | 3 | 6 | 2 | 4 | 0 | 2 |
| 1819 1847 1875 | 1915 1943 1971 1999 | 5 | 1 | 1 | 4 | 6 | 2 | 4 | 0 | 3 | 5 | 1 | 3 |
| *1820 1848 1876 | 1916 1944 1972 2000 | 6 | 2 | 3 | 6 | 1 | 4 | 6 | 2 | 5 | 0 | 3 | 5 |
| 1821 1849 1877 1900 | 1917 1945 1973 2001 | 1 | 4 | 4 | 0 | 2 | 5 | 0 | 3 | 6 | 1 | 4 | 6 |
| 1822 1850 1878 | 1918 1946 1974 2002 | 2 | 5 | 5 | 1 | 3 | 6 | 1 | 4 | 0 | 2 | 5 | 0 |
| 1823 1851 1879 | 1919 1947 1975 2003 | 3 | 6 | 6 | 2 | 4 | 0 | 2 | 5 | 1 | 3 | 6 | 1 |
| *1824 1852 1880 | 1920 1948 1976 2004 | 4 | 0 | 1 | 4 | 6 | 2 | 4 | 0 | 3 | 5 | 1 | 3 |
| 1825 1853 1881 | 1921 1949 1977 2005 | 6 | 2 | 2 | 5 | 0 | 3 | 5 | 1 | 4 | 6 | 2 | 4 |
| 1826 1854 1882 | 1922 1950 1978 2006 | 0 | 3 | 3 | 6 | 1 | 4 | 6 | 2 | 5 | 0 | 3 | 5 |
| 1827 1855 1883 | 1923 1951 1979 2007 | 1 | 4 | 4 | 0 | 2 | 5 | 0 | 3 | 6 | 1 | 4 | 6 |
| *1828 1856 1884 | 1924 1952 1980 2008 | 2 | 5 | 6 | 2 | 4 | 0 | 2 | 5 | 1 | 3 | 6 | 1 |

Tage

| | | | | | | |
|---|---|---|---|---|---|---|
| 1 | 8 | 15 | 22 | 29 | 36 | Sonntag |
| 2 | 9 | 16 | 23 | 30 | 37 | Montag |
| 3 | 10 | 17 | 24 | 31 | | Dienstag |
| 4 | 11 | 18 | 25 | 32 | | Mittwoch |
| 5 | 12 | 19 | 26 | 33 | | Donnerstag |
| 6 | 13 | 20 | 27 | 34 | | Freitag |
| 7 | 14 | 21 | 28 | 35 | | Sonnabend |

**Erklärung**

Auf welchen Tag fiel der 1. Mai 1900? Auf einen Dienstag.

Man geht von der in Tafel »Jahreszahlen« aufgesuchten Zahl 1900 nach rechts bis zu der in Tafel »Monate« unter Mai stehenden Ziffer. Zu dieser (2) wird die Zahl des Monatstages (1) gezählt (= 3). In Tafel »Tage« steht neben 3 Dienstag. Ebenso: 10. Juli 1803? 5 und 10 = 15: Sonntag; oder 23. Okt. 1918? 2 und 23 = 25: Mittwoch.

## Kanäle

| | verbindet Länge | Länge (km) | Schleusenzahl | eröffnet |
|---|---|---|---|---|
| Alfons-XIII.-K. | Sevilla–Golf von Cadiz | 85,0 | – | 1926 |
| Amsterdam-Rhein-K. | Amsterdam–Rhein | 72,0 | 2 | 1952 |
| Brügger See-K. | Brügge–Nordsee | 10,0 | – | 1907 |
| Brüsseler See-K. | Brüssel–Nordsee | 32,0 | 4 | 1922 |
| Dortmund-Ems-K. | Dortmund–Emden | 269 | 20 | 1899 |
| Elbe-Trave-K. | Lauenburg–Lübeck | 67,5 | 7 | 1900 |
| Finow-K. | Havel–Oder | 31,9 | 14 | 1926 |
| Havel-Hohenzollern-K. | Paretz-Niederneuendorf | 39,4 | 1 | 1952 |
| Hohenzollern-K. | Hohensaaten–Berlin | 100,7 | 7 | 1914 |
| Houston-K. | Golf von Mexiko–Houston | 91,2 | – | 1940 |
| Kanal von Korinth | Ionisches Meer–Ägäisches Meer | 6,3 | – | 1893 |
| Klodnitz-K. | Oder–Gleitwitz | 41,2 | 6 | 1939 |
| Küsten-K. | Dörpen–Oldenburg i. O. | 69,6 | 2 | 1935 |
| Manchester-K. | Irische See–Manchester | 64,0 | 5 | 1894 |
| Mittelland-K. | Bergeshövede–Rothensee | 325 | 4 | 1938 |
| Moskau-Wolga-K. | Moskau–Wolga | 128 | 11 | 1937 |
| Neckar-K. | Mannheim–Plochingen | 202 | 26 | 1935 |
| Nieuwe Waterweg | Nordsee–Nieuwe Maas | 33 | – | 1872 |
| Nord-Ostsee-K. | Brunsbüttel–Kiel/Holtenau | 98,7 | 2 | 1895 |
| Nordsee-K. | Amsterdam–Nordsee | 24,8 | 4 | 1876 |
| Oder-Spree-K. | Fürstenberg–Dahme | 85 | 5 | 1891 |
| Panama-K. | Atlantik–Pazifik | 81,6 | 6 | 1914 |
| Rhein-Herne-K. | Duisburg–Datteln | 45,8 | 8 | 1914 |
| Suez-K. | Mittelmeer–Rotes Meer | 160,0 | – | 1869 |
| Teltow-K. | Potsdam–Berlin/Grünau | 38,6 | 1 | 1907 |
| Weißmeer-K. | Onegasee–Weißes Meer | 227,0 | 19 | 1933 |
| Welland-K. | Eriesee–Ontariosee | 45,0 | 7 | 1931 |
| Wolga-Don-K. | Schwarzes Meer–Kaspisches Meer | 101 | 13 | 1952 |

Eine durchgehende Binnenschiffahrtsverbindung zwischen der Nordsee und dem Schwarzen Meer soll der Rhein-Main-Donau-Großschiffahrtsweg herstellen, dessen Fertigstellung für etwa 2000 geplant ist. Der Wasserweg besteht teils aus schiffbaren, teils aus schiffbar gemachten Flüssen und teils aus Kanalverbindungen; er wird 13 Staaten durchlaufen und rund 3.500 km lang sein. Zwischen Nürnberg und Regensburg wird der Kanal die kontinentale Wasserscheide (rund 400 m Höhe über dem Meeresspiegel) überqueren.

## Karat

**als Goldgewicht:** Angabe des Gehaltes an Feingold in Legierungen, z.B.

24 Karat = 1000‰ Gold (= 100% Gold)
20 Karat = 833‰ Gold (= 83% Gold, Rest Silber und Kupfer)
14 Karat = 585‰ Gold (= 58% Gold, Rest Silber und Kupfer)
8 Karat = 333‰ Gold (= 33% Gold, Rest Silber und Kupfer)
6 Karat = 250‰ Gold (= 25% Gold, Rest Silber und Kupfer)

**als Edelsteingewicht:**

1 Karat = 200 Milligramm (metrisches K.) = 0,2 Gramm
Umrechnung von Gramm auf Karat durch Multiplikation mit 5
Umrechnung von Karat auf Gramm durch Division durch 5

## Von der »Kunst« des Kartenlegens

| | Herz | Karo |
|---|---|---|
| As | Alle Unternehmungen gelingen | Streit, Trauer, Verlust |
| König | Ältere Person ist günstig | Ältere Person hemmt ungewollt |
| Dame | Treue Gattin | Freundin ist zweideutig |
| Bube | Treuer Gatte | Freund ist zweideutig |
| 10 | Glück in der Liebe | Liebe ohne Erfolg |
| 9 | Vorsicht mit dem Glück | Klatsch |
| 8 | Glückliche Reise | Trennung von der Braut |
| 7 | Gute Neuigkeiten | Gesellschaft ist zweifelhaft |

| | Pik | Kreuz |
|---|---|---|
| As | Ortsveränderung bevorstehend | Krankheit, Tod |
| König | Guter Freund | Pfarrer oder Gerichtsvollzieher nahen |
| Dame | Freundin gut aber schwatzhaft | Feindin |
| Bube | Freund gut aber schwatzhaft | Feind |
| 10 | Reiche Heirat (rechts), Bruch mit Braut (links) | Pleite |
| 9 | Ausstehende große Ehre | Verachtung droht |
| 8 | Versöhnung mit Feinden | Verlust des Vermögens |
| 7 | Lustige Gesellschaft | Schlechte Nachrichten |

## Käsesorten

Auf den bunten Etiketten der verschiedenen Käsesorten finden sich auch vielversprechende Angaben über den auf die Trockensubstanz bezogenen Fettgehalt. Und zwar muß haben:

| | | Fett | | | Fett |
|---|---|---|---|---|---|
| **Magerkäse** | weniger als | 10% | **Fettkäse** | mindestens | 40% |
| **Viertelfettkäse** | mindestens | 10% | **Vollfettkäse** | " | 45% |
| **Halbfettkäse** | " | 20% | **Rahmkäse** | " | 50% |
| **Dreiviertelfettkäse** | " | 30% | **Doppelrahmkäse** | " | 60% |

## Kernkraftwerk-Schema

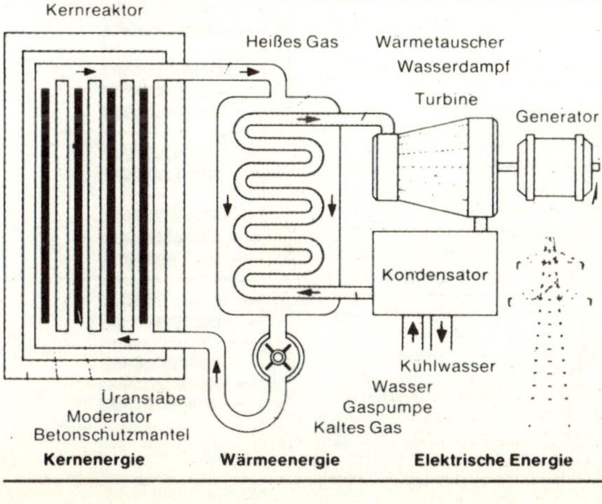

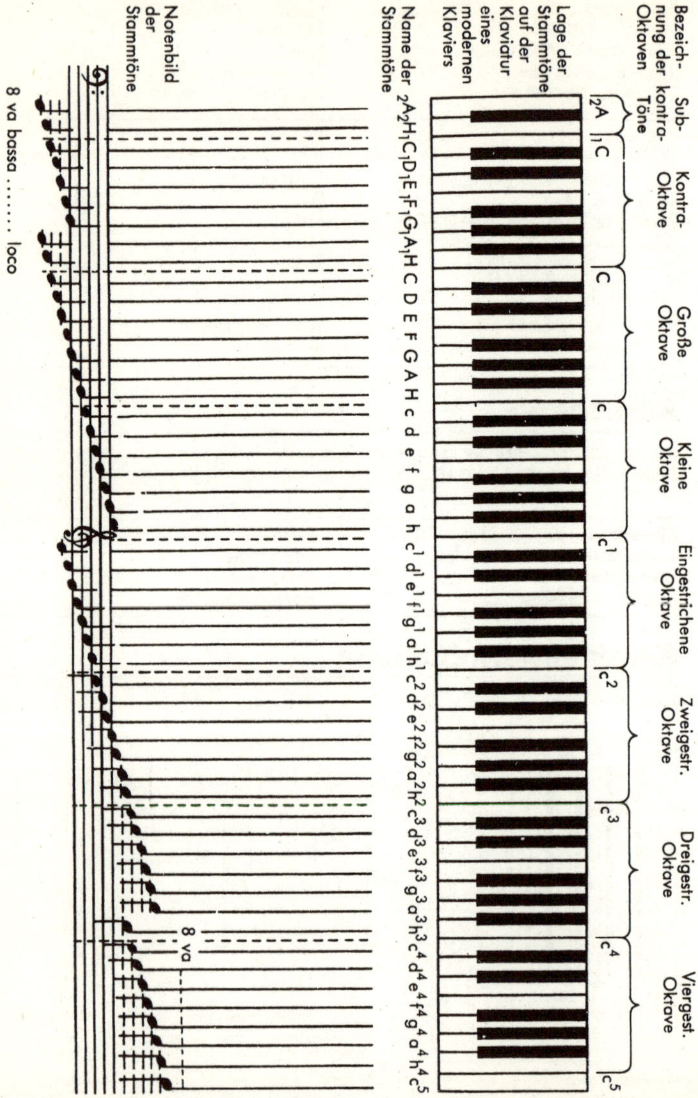
Bezeichnung der Oktaven
Sub-kontra-Töne
Kontra-Oktave
Große Oktave
Kleine Oktave
Eingestrichene Oktave
Zweigestr. Oktave
Dreigestr. Oktave
Viergest. Oktave
Lage der Stammtöne auf der Klaviatur eines modernen Klaviers
Name der Stammtöne
Notenbild der Stammtöne
8 va bassa ....... loco
8 va

## Kirchensonntage

1.–4. Advent
Sonntag nach Weihnachten
Sonntag nach Neujahr
2–6 Sonntage nach Epiphanias
Septuagesima
Sexagesima
Estomihi
Invokavit
Reminiscere
Okuli
Lätare
Judika
Palmarum
Ostersonntag
Quasimodogeniti
Miserikordias Domini
Jubilate
Kantate
Rogate
Exaudi
Pfingstsonntag
Trinitatis
21–27 Sonntage nach Trinitatis
Totensonntag

## Klimatische Verhältnisse

(an 70 Orten der Erde)

| Ort | Höhe über NN in m | Breitenlage | Mittlere(r) Jahres- Temperatur der Luft in C | Niederschlag in mm |
|---|---|---|---|---|
| Aden | 10 | 13° N | 28,2° | 40 |
| Ankara | 850 | 40° N | 11,4° | 240 |
| Archangelsk | 6 | 64,5° N | 0,1° | 470 |
| Athen | 107 | 38° N | 17,4° | 410 |
| Bagdad | 39 | 33° N | 22,2° | 160 |
| Belgrad | 138 | 45° N | 11,3° | 620 |
| Bergen | 17 | 60° N | 7,1° | 2140 |
| Berlin | 57 | 52,5° N | 8,4° | 590 |
| Bombay | 11 | 19° N | 26,2° | 1790 |
| Brüssel | 100 | 51° N | 9,8° | 800 |
| Buenos Aires | 25 | 34,5° S | 16,1° | 960 |
| Bukarest | 84 | 44° N | 10,6° | 590 |
| Caracas | 1042 | 10,5° N | 19,6° | 810 |
| Chicago | 205 | 42° N | 10,0° | 830 |
| Delhi | 219 | 28,5° N | 25,1° | 680 |
| Djakarta | 8 | 6° S | 25,9° | 1810 |
| Fairbanks | 150 | 65° N | – 3,2° | 290 |
| Genf | 406 | 46° N | 9,5° | 890 |
| Glasgow | 55 | 56° N | 8,4° | 1050 |
| Hamburg | 29 | 54° N | 8,5° | 740 |
| Hongkong | 33 | 22° N | 22,2° | 2230 |
| Honolulu | 17 | 21° N | 23,3° | 700 |
| Istanbul | 18 | 41° N | 13,8° | 730 |
| Jerusalem | 758 | 32° N | 17,4° | 410 |
| Kairo | 41 | 30° N | 21,7° | 20 |
| Kalkutta | 7 | 22,5° N | 25,5° | 1570 |
| Kapstadt | 10 | 34° S | 16,8° | 640 |
| Kiew | 183 | 50,5° N | 6,9° | 590 |
| Kinshasa | 360 | 4° S | 25,2° | 1400 |
| La Paz | 3658 | 16,5° S | 9,3° | 560 |
| Lissabon | 102 | 39° N | 15,5° | 760 |
| London | 45 | 51,5° N | 9,8° | 620 |
| Los Angeles | 103 | 34° N | 16,7° | 390 |
| Madras | 7 | 13° N | 28,1° | 1290 |
| Madrid | 655 | 40° N | 13,6° | 440 |
| Mailand | 147 | 45,5° N | 12,9° | 1050 |

| Ort | Höhe über NN in m | Breitenlage | | Mittlere(r) Temperatur der Luft in C | Jahres-Niederschlag in mm |
|---|---|---|---|---|---|
| Manila | 14 | 14,5° | N | 26,6° | 2040 |
| Melbourne | 35 | 38° | S | 14,7° | 650 |
| Mexiko City | 2282 | 19,5° | N | 15,6° | 580 |
| Montreal | 57 | 45,5° | N | 5,8° | 1030 |
| Moskau | 167 | 56° | N | 3,6° | 610 |
| München | 531 | 48° | N | 7,5° | 900 |
| New Orleans | 16 | 30° | N | 20,3° | 1460 |
| New York | 96 | 41° | N | 11,1° | 1090 |
| Omsk | 88 | 55° | N | 0,0° | 310 |
| Paris | 49 | 49° | N | 10,1° | 580 |
| Peking | 38 | 40° | N | 11,8° | 630 |
| Prag | 202 | 50° | N | 9,2° | 490 |
| Pretoria | 1430 | 26° | S | 17,5° | 660 |
| Quito | 2850 | 0° | S | 12,6° | 1120 |
| Rio de Janeiro | 60 | 23° | S | 23,2° | 1100 |
| Rom | 50 | 42° | N | 15,3° | 920 |
| Saigon | 11 | 11° | N | 27,1° | 2010 |
| San Francisco | 47 | 38° | N | 12,8° | 560 |
| Santiago de Chile | 520 | 33,5° | S | 13,9° | 350 |
| Schanghai | 7 | 31° | N | 15,1° | 1130 |
| Singapur | 5 | 1° | N | 26,3° | 2420 |
| St. Petersburg | 6 | 60° | N | 4,1° | 520 |
| Stockholm | 44 | 59° | N | 5,7° | 550 |
| Sydney | 44 | 34° | S | 17,3° | 1200 |
| Taschkent | 479 | 41° | N | 13,2° | 350 |
| Teheran | 1220 | 36° | N | 16,1° | 250 |
| Tokio | 6 | 36° | N | 14,0° | 1610 |
| Tripolis | 10 | 33° | N | 19,8° | 400 |
| Warschau | 121 | 52° | N | 7,6° | 540 |
| Washington | 34 | 39° | N | 12,6° | 1070 |
| Werchojansk | 122 | 67,5° | N | −16,1° | 130 |
| Wien | 202 | 48° | N | 9,2° | 660 |
| Winnipeg | 232 | 50° | N | 1,7° | 520 |
| Wladiwostok | 29 | 43° | N | 4,6° | 540 |

## Knoten

Weberknoten

Weberknoten (gekreuzt)

Seilverkürzung

Achterschlinge

Zimmermannsknoten

Rettungsschlinge

laufende Schlinge

halber Schlag

zwei halbe Schläge

einfache Schlinge

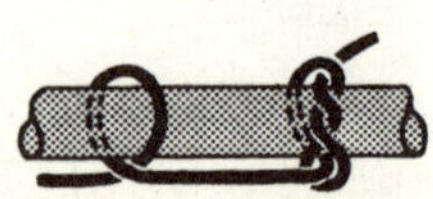
Webereinstich

**Der Gordische Knoten** kann hier leider nicht abgebildet werden, da niemand weiß, wie er ausgesehen hat. Aber welche Bewandtnis es damit hat, soll berichtet werden. Gordios hieß der sagenhafte Begründer der phrygischen Dynastie. Im Zeustempel von Gordion, der Hauptstadt Phrygiens, verknüpfte er das Joch seines geweihten Ochsenwagens mit der Deichsel durch einen Knoten, eben jenen berühmten Gordischen Knoten, den nach einer Weissagung nur der künftige Beherrscher Asiens sollte lösen können. Diese Weissagung erfüllte sich, als Alexander der Große den Knoten mit seinem Schwert durchschlug.

## Konstitutionstypen

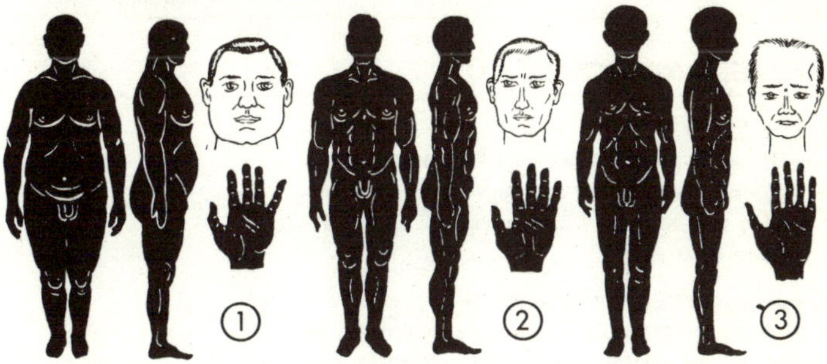


**Pykniker** **Athletiker** **Astheniker**

## Die 114 Suren des Korans

1. Einleitung
2. Die Kuh
3. Die Familie Amrans
4. Die Weiber
5. Der Tisch
6. Das Vieh
7. Die Zwischenmauer
8. Die Beute
9. Die Buße
10. Jonas
11. Hud
12. Joseph
13. Der Donner
14. Abraham
15. Al'Hedscher
16. Die Bienen
17. Die Nachtreise
18. Die Höhle
19. Maria
20. TH (Ta-Ha)
21. Die Propheten
22. Die Wallfahrt
23. Die Gläubigen
24. Das Licht
25. Al'Furkan
26. Die Dichter
27. Die Ameise
28. Die Geschichte
29. Die Spinne
30. Die Römer
31. Lokman
32. Die Anbetung
33. Die Verschworenen
34. Saba
35. Die Engel
36. Jas
37. Die sich Ordnenden
38. Die Wahrheit
39. Die Scharen
40. Der Gläubige
41. Die deutlich Erklärten
42. Die Beratschlagung
43. Der Goldprunk
44. Der Rauch
45. Das Knien
46. Al'Ahkaf
47. Der Krieg
48. Der Sieg
49. Die innern Zimmer
50. K (Kaf)
51. Die Zerstreuenden
52. Der Berg
53. Der Stern
54. Der Mond
55. Der Allbarmherzige
56. Der Unvermeidliche
57. Das Eisen
58. Die Streitende
59. Die Auswanderung
60. Die Geprüfte
61. Die Schlachtordnung
62. Die Versammlung
63. Die Heuchler
64. Der gegenseitige Betrug
65. Die Ehescheidung
66. Das Verbot
67. Das Reich
68. Die Feder
69. Der Unfehlbare
70. Die Stufen
71. Noah
72. Die Dschinnen
73. Die Verhüllte
74. Der Bedeckte
75. Die Auferstehung

76. Der Mensch
77. Die, so gesendet sind
78. Die Verkündigung
79. Die Entreißenden
80. Er runzelte die Stirn
81. Die Zusammenfaltung
82. Die Zerspaltung
83. Die unrichtig Messenden
84. Die Zerreißung
85. Die Türme
86. Der Nachtstern
87. Der Allerhöchste
88. Der Bedeckende
89. Die Morgendämmerung
90. Die Landschaft
91. Die Sonne
92. Die Nacht
93. Der helle Tag
94. Die Aufschließung
95. Die Feige
96. Das geronnene Blut
97. Al'Kadar
98. Der deutliche Beweis
99. Das Erdbeben
100. Die schnelleilenden Rosse
101. Der Klopfende
102. Das Bestreben, sich zu vermehren
103. Der Nachmittag
104. Der Verleumder
105. Der Elefant
106. Die Koraischiten
107. Die Zuflucht
108. Al'Chautsar
109. Die Ungläubigen
110. Die Hilfe
111. Abu Laheb
112. Das Bekenntnis der Einheit Gottes
113. Die Morgenröte
114. Die Menschen

## Korrekturzeichen

**Hauptregel:**

**Alle Satzfehler werden durch Korrekturzeichen angemerkt und dann auf dem Rande des Abzuges rechts neben den gleichen Korrekturzeichen berichtigt.**

1. Ein falscher Buchstabe wird durchgestrichen; kommen in einer Zeile mehrere Fehler vor, so werden sie durch verschiedene Zeichen unterschieden; in teil~~baren~~ falschen Wörtern werden die falschen Buchstaben, falsch gesetzte Wörter werden ~~stark~~ durchgestrichen. Die richtigen Buchstaben und Wörter sind deutlich auf den Rand zu schreiben. — |ü |l ⌐e ⌊o |ü ├─┤ weise ├─┤ ganz

2. Ist in einem Wort ein Buchstabbe zu viel, oder sind Wörter doppelt gesetzt ~~Wörter doppelt gesetzt~~ (Hochzeit), so werden sie durchgestrichen; auf dem Rande deutet ein neben den Strich geschriebenes ₰ (= *deleatur*) an, daß der Buchstabe oder die Wörter herauszunehmen (zu tilgen) sind. — | ₰ ├═┤ ₰

3. Fehlt ein Buchstabe, so wird der dem fehlenden vorgehende oder folgende Buchstabe durchgestrichen und am Rand unter Hinzufügung des fehlenden wiederholt. — |an ⌐de

4. Lädierte Buchstaben werden durchgestrichen und am Rand einfach, Buchstaben aus anderer Schrift (Zwiebelfisch) doppelt unterstrichen. Verschmutzte Buchstaben und zu stark erscheinende Stellen werden umringelt. Dieses Zeichen wird am Rande wiederholt. — |ü |a ◯ ◯
Neu zu setzende Zeilen mit beschädigten Stellen erhalten einen waagerechten Strich. — ———

5. Auf dem Kopfe oder quer stehende Buchstaben werden wie falsche Buchstaben angezeichnet. |k ⌈er

6. Sind zwei nebeneinanderstehende Buchstaben, die in der Schrift als Ligatur zu setzen wären, einzeln gesetzt, so werden sie durchgestrichen und auf dem Rande durch eine Klammer unter den betreffenden Buchstaben bezeichnet. Fälschlich gesetzte Ligaturen (z. B. Auflage) werden im Satze durchgestrichen und auf dem Rand mit einem die Buchstaben trennenden Strich wiederholt. ft f|l

7. Verstellte Buchstaben werden am Rand richtig angegeben, bei Wörtern umgestellten durch ⌊⌋⌈⌉ angedeutet, wie sie im Satze stehen sollen; auf dem Rande wird das Zeichen wiederholt; sind in einer Zeile mehrere Reihenfolge in falscher Wörter gesetzt, dann bezeichnen über die Wörter geschriebene Ziffern die richtige Reihenfolge. sta 1 2 3 4

8. Fehlt ein Wort, so deutet ein Strich betreffende Stelle und das neben den Strich auf den Rand geschriebene Wort die Auslassung an. Größere Auslassungen (Leichen) schreibt der Korrektor nicht auf die Korrektur, sondern er bezeichnet sie durch einen Strich / und schreibt auf den Rand neben den Strich einen Hinweis auf das Manuskript. |die |s. Ms.

9. Ein fehlende Zwischenraum wird im Satz und auf dem Rande mit ⌊ bezeichnet, ebenso ein in einem s p a t i o n i e r t e n (gesperrten) Wort fehlendes Spatium. Die zu weiten Räume werden bei ungleichmäßig ausgeschlossenen Zeilen vom Korrektor durch ⊥, die zu engen durch ⌊ bezeichnet und diese Zeichen am Rande wiederholt. Wenn Zwischen räume ganz zu beseitigen sind, so wird dies durch ◠◡ angemerkt.

10. Sollen Wörter oder Zeilen aus einer anderen Schrift gesetzt werden, so sind sie im Satze zu unterstreichen; am Rande wird die betreffende Schriftart angegeben. halbfett kursiv

11. Die Sperrung oder Aufhebung einer Sperrung wird – wie bei dem Verlangen einer a n d e r e n Schrift – durch Unterstreichen angezeigt. sperren nicht sperren

12. Nicht Linie haltende Stellen werden durch parallele Striche angezeichnet.

13. Im Satze gestiegener Ausschluß, der als Spieß erscheint, wird am Rande durch ein doppeltes # angezeichnet; dasselbe Zeichen wird auch angewendet, wenn Durchschuß und Quadrate als Spieße erscheinen.

14. Hat der Setzer einen Ausgang übersehen, so bezeichnet eine Zickzacklinie im Satze, daß die Zeile eine Ausgangszeile sein und der neue Satz mit einem Einzuge beginnen soll.

15. Muß ein Absatz „angehängt" werden, so deutet dies eine vom Ausgang bis zum Einzug gezogene Linie an.

16. Fehlender oder zu erweiternder Einzug wird am Rande durch bezeichnet.

17. Ein Einzug an unrechter Stelle erhält dies Zeichen.

18. waagerechten Randstrichen versehen und in der richtigen Reihenfolge numeriert. — 2
— 3
Verstellte (versteckte) Zeilen werden mit — 1

19. Fehlt ein Durchschuß, so zeigt dies ein Strich zwischen den Zeilen an, der auf den Rand hinausgeht und hier zu einem zwischen die Zeilen weisenden spitzen Winkel verlängert wird. Ist ein Durchschuß zu viel eingelegt, so wird dies ebenfalls durch einen Strich zwischen den Zeilen angedeutet; die angehängte Klammer deutet das Zusammenziehen der Zeilen an.

20. Kann der Setzer undeutlich geschriebene Wörter oder Buchstaben nicht entziffern, so stellt er einige Buchstaben, die der Wortlänge ungefähr entsprechen, als „Blockaden" auf den Kopf, um auf die unleserliche Stelle hinzuweisen, oder der Korrektor – wenn auch dieser die Stelle nicht lesen kann – verlangt eine Blockade ( ).

# Kosmischer Kalender

Unser Kosmos entstand, so nimmt die Wissenschaft heute an, vor 15 Milliarden Jahren durch einen »Urknall«, das Auseinanderbersten von unendlich verdichteter Materie. Unsere Tabelle projiziert der besseren Vorstellbarkeit halber den Zeitraum vom Urknall bis heute auf den Zeitabschnitt eines einzigen Jahres.

**1. Januar** Urknall
**1. Mai** Entstehung der Milchstraße
**14. September** Entstehung der Erde
**25. September** Entstehung des Lebens auf der Erde
**9. Oktober** Zeit der ältesten Fossilien, Bakterien, Algen
**15. November** erste Zellen mit Zellkern
**1. Dezember** Entwicklung der Sauerstoff-atmosphäre
**16. Dezember** erste Würmer
**17. Dezember** wirbellose Tiere
**18. Dezember** ozeanisches Plankton, Trilobiten
**19. Dezember** erste Fische und Wirbeltiere
**20. Dezember** Pflanzen erobern das Land
**21. Dezember** erste Insekten, Tiere erobern das Land
**23. Dezember** erste Bäume und Reptilien
**24. Dezember** erste Dinosaurier
**26. Dezember** erste Säugetiere
**27. Dezember** erste Vögel
**28. Dezember** erste Blumen, Dinosaurier sterben aus
**29. Dezember** erste Primaten
**30. Dezember** erste Hominiden, Riesensäugetiere

**31. Dezember**
**13.30** Vormenschen
**22.30** erste Menschen
**23.00** Steinwerkzeuge
**23.56** Beginn der letzten Eiszeit
**23.59** Höhlenmalerei in Europa
**23.59:20** Erfindung des Ackerbaus
**23.59:51** Erfindung des Alphabets
**23.59:55** Geburt Buddhas, Athen des Perikles
**23.59:56** Römisches Reich, Geburt Christi
**23.59:58** Byzantinisches Reich, Kreuzzüge
**23.59:59** Entdeckungsreisen aus Europa, experimentelle Methoden in der Wissenschaft

**1. Sekunde des Neujahrtages**
Entwicklung von Wissenschaft und Technologie, Entstehung einer globalen Kultur

## *So werden Krawatten gebunden*

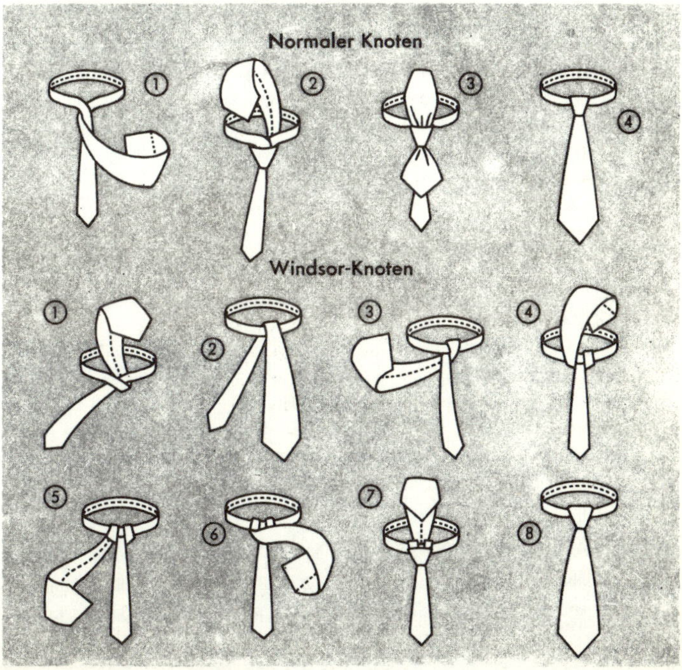

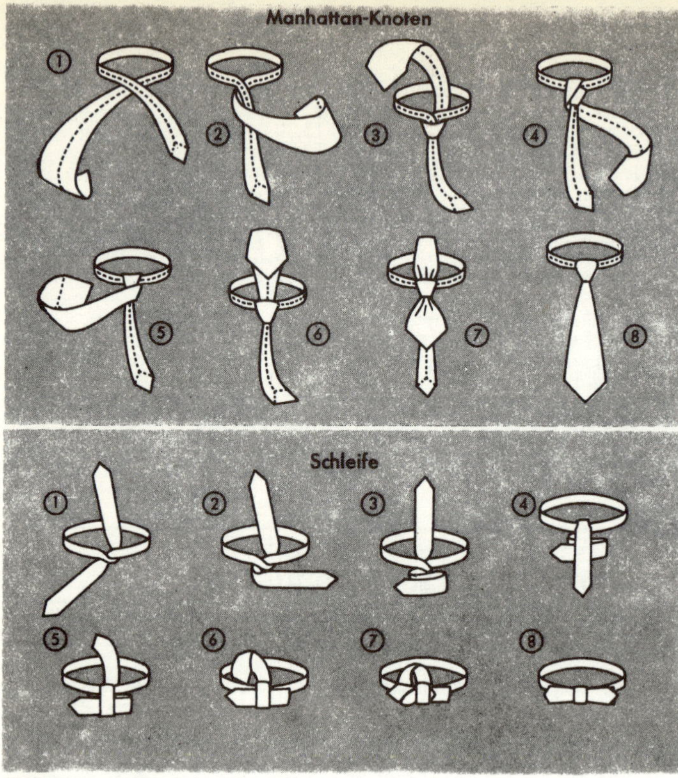


## Kreuzformen

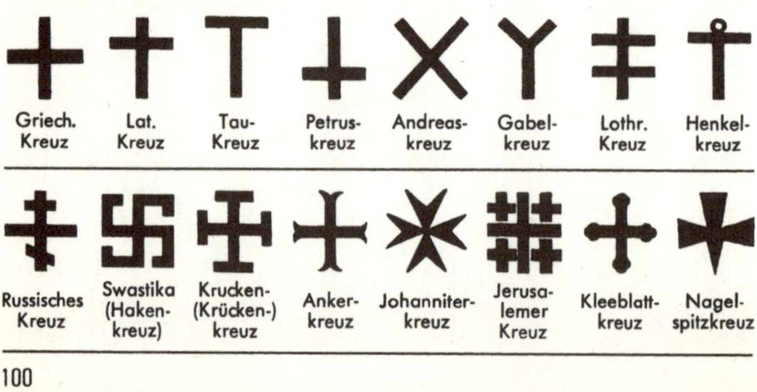

# Kriege

| | | |
|---|---|---|
| 1194-1184 | v. Chr. | Trojanischer Krieg |
| 499- 479 | „ | 1.-3. Perserkrieg |
| 431- 404 | „ | Peloponnesischer Krieg |
| 264- 241 | „ | 1. Punischer Krieg |
| 218- 201 | „ | 2. Punischer Krieg |
| 149- 146 | „ | 3. Punischer Krieg |
| 61- 58 | „ | Gallischer Krieg |
| 1096-1099 | n. Chr. | 1. Kreuzzug |
| 1147-1149 | „ | 2. Kreuzzug |
| 1189-1192 | „ | 3. Kreuzzug |
| 1202-1204 | „ | 4. Kreuzzug |
| 1217-1219 | „ | 5. Kreuzzug |
| 1228-1229 | „ | 6. Kreuzzug |
| 1248-1254 | „ | 7. Kreuzzug |
| 1270 | „ | 8. Kreuzzug |
| 1337-1453 | „ | Hundertjähriger Krieg |
| 1419-1436 | „ | Hussitenkriege |
| 1459-1465 | „ | Rosenkriege |
| 1524-1526 | „ | Deutscher Bauernkrieg |
| 1546-1547 | „ | Schmalkaldischer Krieg |
| 1562-1563 | „ | 1. Hugenottenkrieg |
| 1563-1570 | „ | Nordischer siebenjähriger Krieg |
| 1567-1570 | „ | 2./3. Hugenottenkrieg |
| 1618-1648 | „ | Dreißigjähriger Krieg |
| 1700-1721 | „ | Nordischer Krieg |
| 1701-1714 | n. Chr. | Span. Erbfolgekrieg |
| 1740-1742 | „ | 1. Schlesischer Krieg |
| 1741-1748 | „ | Österreichischer Erbfolgekrieg |
| 1744-1745 | | 2. Slesischer Krieg |
| 1756-1763 | „ | Siebenjähriger Krieg |
| 1775-1783 | „ | Nordamerikanischer Unabhängigkeitskrieg |
| 1813-1815 | „ | Befreiungkriege |
| 1840-1642 | „ | Opiumkrieg |
| 1848-1650 | „ | Deutsch-Dänischer Krg. |
| 1853-1856 | „ | Krimkrieg |
| 1661-1865 | „ | Sezessionskrieg |
| 1870-1871 | „ | Deutsch-Französischer Krieg |
| 1899-1902 | „ | Burenkrie |
| 1904-1905 | „ | Russisch-Japanischer Krieg |
| 1914-1918 | „ | 1 . Weltkrieg |
| 1936-1939 | „ | Spanischer Bürgerkrieg |
| 1939-1945 | „ | 2. Weltkrieg |
| 1950-1951 | „ | Koreakrieg |
| 5.-10.6.67 | „ | Israelfeldzug |
| 1964-1973 | „ | Vietnamkrieg |
| 6.-22.10.73 | „ | Jom-Kippur-Krieg |
| 2. 4.-14.6.82 | „ | Falklandkrieg |
| 1980-1988 | „ | Erster Golfkrieg (Iran-Irak) |
| 1985 | „ | Mali-Burkina Faso |
| 1989 | „ | Rumänien-Aufstand |
| 1990-1991 | „ | Zweiter Golfkrieg (USA-Irak) |
| 1991-1995 | „ | Jugoslawienkrieg |
| 1994 | „ | Völkermord in Ruanda |
| 1994-1996 | „ | Erster Tschetschenien-krieg |
| 1998-2000 | „ | Erithrea-Äthiopien |
| seit 1998 | „ | Zweiter Kongo-Krieg |
| 1999 | „ | Kosovo-Krieg |
| 2001-2003 | „ | Zweiter Tschetschenien-krieg |
| 2001-2002 | „ | Afghanistan-Krieg |
| 1983-2002 | „ | Bürgerkrieg auf Sri Lanka |
| 2003 | „ | Dritter Golfkrieg (Irak-Krieg) |
| 1983-2005 | „ | Sezessionskrieg Süd-Sudan |

# Kristalle

**Kristallsysteme**

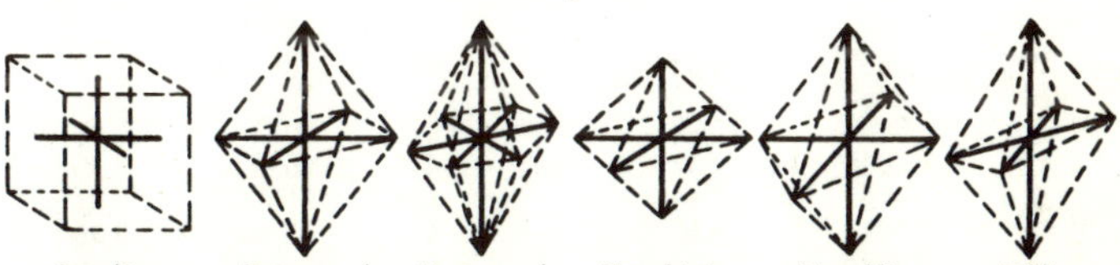

Regulär — Tetragonal — Hexagonal — Rhombisch — Monoklin — Triklin

**Kristallformen**

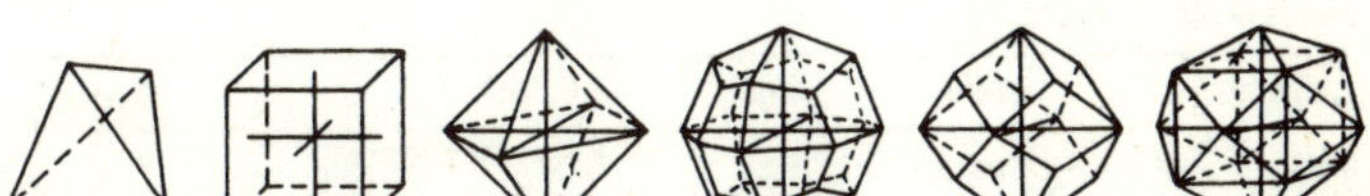

1 Tetraeder (Fahlerz) — 2 Hexaeder (Würfel) (Steinsalz) — 3 Oktaeder (Magnetit) — 4 Ikositetraeder (Leuzit) — 5 Rhombendodekaeder (Granat) — 6 Pyramidenwürfel (Flußspat)

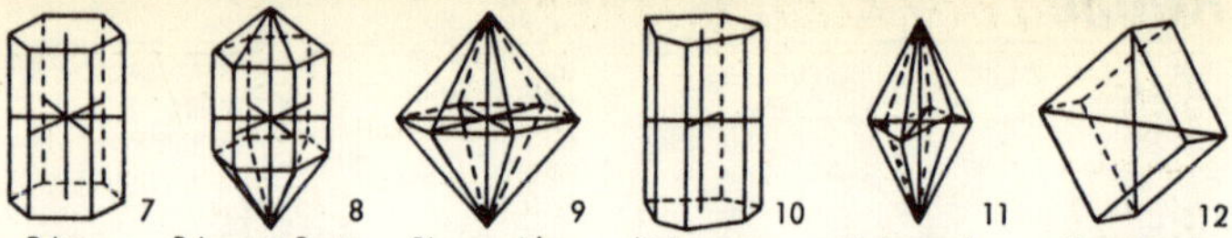

7 Prisma (Nephelin) · 8 Prisma + Protopyramide (Quarz) · 9 Bipyramide · 10 ditrigonales Prisma · 11 Skalenoeder (Kalkspat) · 12 Rhomboeder (Eisenglanz)

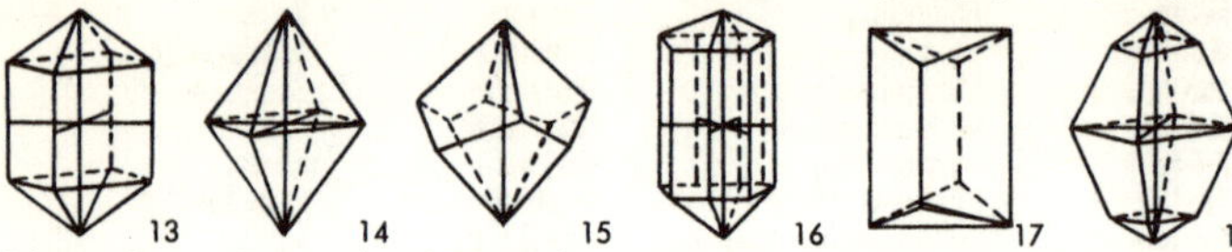

13 Prisma + Pyramide (Zirkon) · 14 Bipyramide · 15 Trapezoeder · 16 Prisma + Pyramide (Topas) · 17 Prisma, Makrodoma (Liëvrit) · 18 Pyramidenkombination (Schwefel)

1-6 Kubisch = Regulär · 7-12 Hexagonal · 13-15 Tetragonal · 16-18 Rhombisch

## Kubikzahlen und Kubikwurzeln

| N | $N^3$ | $\sqrt[3]{N}$ | N | $N^3$ | $\sqrt[3]{N}$ |
|---|---|---|---|---|---|
| 1 | 1 | 1,0 | 26 | 17576 | 2,936 |
| 2 | 8 | 1,26 | 27 | 19683 | 3,0 |
| 3 | 27 | 1,442 | 28 | 21952 | 3,037 |
| 4 | 64 | 1,587 | 29 | 24389 | 3,072 |
| 5 | 125 | 1,71 | 30 | 27000 | 3,107 |
| 6 | 216 | 1,817 | 31 | 29791 | 3,141 |
| 7 | 343 | 1,913 | 32 | 32768 | 3,175 |
| 8 | 512 | 2,0 | 33 | 35937 | 3,208 |
| 9 | 729 | 2,08 | 34 | 39304 | 3,24 |
| 10 | 1000 | 2,154 | 35 | 42875 | 3,271 |
| 11 | 1331 | 2,224 | 36 | 46656 | 3,302 |
| 12 | 1728 | 2,289 | 37 | 50536 | 3,332 |
| 13 | 2197 | 2,351 | 38 | 54872 | 3,362 |
| 14 | 2744 | 2,41 | 39 | 59319 | 3,391 |
| 15 | 3375 | 2,466 | 40 | 64000 | 3,42 |
| 16 | 4096 | 2,52 | 41 | 68921 | 3,448 |
| 17 | 4918 | 2,57 | 42 | 74088 | 3,476 |
| 18 | 5832 | 2,621 | 43 | 79507 | 3,503 |
| 19 | 6859 | 2,688 | 44 | 85184 | 3,53 |
| 20 | 8000 | 2,714 | 45 | 91125 | 3,557 |
| 21 | 9461 | 2,759 | 46 | 97336 | 3,583 |
| 22 | 10648 | 2,802 | 47 | 103823 | 3,609 |
| 23 | 12167 | 2,844 | 48 | 110592 | 3,634 |
| 24 | 13824 | 2,885 | 49 | 117649 | 3,659 |
| 25 | 15625 | 2,924 | 50 | 125000 | 3,684 |

## Küchenmaße

| 1 Eßlöffel | gestrichen | gehäuft | 1 Eßlöffel | gestrichen | gehäuft |
|---|---|---|---|---|---|
| Mehl | 12 g | 25 g | Grütze | 15 g | 25 g |
| Semmelmehl | 12 g | 25 g | Zucker | 15 g | 30 g |
| Gries, Graupen | 15 g | 30 g | Reis | 15 g | 25 g |
| Haferflocken | 10 g | 20 g | Salz | 12 g | 25 g |

## Heimat der Kulturpflanzen



| | |
|---|---|
| **Ananas** | Mittelamerika |
| **Apfel** | Vorderasien |
| **Apfelsine** | China, Indien |
| **Aprikose** | China |
| **Banane** | Ostindien |
| **Baumwolle** | Indien, Mexiko, Peru |
| **Birne** | Vorderasien |
| **Bohne** | Mittelamerika |
| **Dattelpalme** | Mesopotamien |
| **Erbse** | Mittelmeergebiet |
| **Feige** | Vorderasien |
| **Flachs** | Vorderasien |
| **Gerste** | Südwestasien, Äthiopien |
| **Gurke** | China |
| **Hanf** | China |
| **Hirse** | Indien |
| **Kaffee** | Äthiopien, Südarabien |
| **Kakao** | Mittel- u. Südamerika |
| **Kartoffel** | Bolivien, Peru, Chile |
| **Kautschuk** | Brasilien |
| **Kirsche** | Kaukasus |
| **Kohl** | Mittelmeerraum |
| **Kokospalme** | Südostasien |
| **Kürbis** | Mittelamerika |
| **Linse** | Vorderasien |
| **Lupine** | Mittelmeerraum |
| **Luzerne** | Vorderasien |
| **Mais** | Mittelamerika, Peru |
| **Mandel** | Vorderasien |
| **Matebaum** | Südamerika |
| **Maulbeerbaum** | China |
| **Mohn** | China |
| **Möhre** | Vorderasien |
| **Nelken** | Molukken |
| **Ölbaum** | Mittelmeerraum |
| **Ölpalme** | Afrika |
| **Pfeffer** | Malabarküste |
| **Pfirsich** | China, Persien |
| **Pflaume** | Vorderasien |
| **Quitte** | Vorderasien |
| **Reis** | Südostasien |
| **Rhabarber** | China |
| **Roggen** | Vorderasien |
| **Sisalagave** | Mexiko |
| **Sojabohne** | China |
| **Sonnenblume** | Bolivien, Peru |
| **Spinat** | Vorderasien, Turkestan |
| **Tabak** | Mittelamerika |
| **Tee** | Assam |
| **Tomate** | Mittelamerika |
| **Vanille** | Mittel- u. Südamerika |
| **Walnuß** | Vorderasien |
| **Weinrebe** | Mittelmeerraum, Vorderasien |
| **Weizen** | Südwestasien, Äthiopien |
| **Zimt** | Ceylon |
| **Zitrone** | China, Indien |
| **Zuckerrohr** | Südasien |
| **Zuckerrübe** | Mittelmeerraum |

## Längenmaße

1 Äquatorgrad = 111,306 km
1 Arschin (Rußland) = 0,7112 m
1 Astronom. Einheit = 149,5 Mill. km
1 Braza (Spanien) = 1672 m
1 Dekameter (Dm) = 10 m
1 Dezimeter (dm) = 10 cm
1 Ell (USA, Großbrit.) = 1,143 m
1 Elle = 0,5473-0,833 m
1 Elle (Bayern) = 0,833 m
1 Elle (Preußen) = 0,6669 m
1 Elle (Sachsen) = 0,566 m
1 Etmal = vom Schiff in 24 Std. zurückgelegte Strecke
1 Faden (Deutschland) = 1,85 m
1 Faden (England) = 231 m
1 Faust = 0,1054 m
1 Foot (USA, Großbrit.) = 30,47 cm
1 Fuß = 0,25-0,314 m
1 Fuß (Bayern) = 0,2918 m
1 Fuß (Hamburg) = 0,2866 m
1 Fuß (Paris) = 0,325 m
1 Fuß (Preußen) = 0,314 m
1 Fuß (Sachsen) = 0,283 m
1 Hektometer (hm) = 100 m
1 Inch (USA, Großbrit.) = 2,54 cm
1 Jo (Japan) = 3,033 m
1 Kabellänge = 185,2 m
1 Kabellänge (engl.) = 231,87 m
1 Ken (Japan) = 1,818 m
1 Kilometer (km) = 1000 m
1 Klafter = 2-2,5 m
1 Klafter (Preußen) = 2,092 m
1 Klafter (Sachsen) = 2 m
1 Knoten = 1 Seemeile je Stunde
1 Lachter = 2,09 m
1 Legua (Spanien) = 5555,25 m
1 Lichtjahr = 9,463 Billionen km
1 Lieue (Frankreich) = 4,45 km
1 Linie (Preußen) = 2,18 mm
1 Meile (geogr.) = rund 7500 m
1 Meile (Österr.) = 7,5859 km
1 Meile (Preußen) = 7532,485 m
1 Meile (römisch) = 1479 m
1 Meridiangrad = 111,1206 km
1 Meter (m) = 100 cm
1 Mikron = 1000 Millimikron
1 Mile (USA, Großbrit.) = 1609,3 m
1 Millimeter (mm) = 1000 Mikron

1 Palmo (Spanien) = 20,9 cm
1 Parsec = 3,257 Lichtjahre
1 Pie (Spanien) = 27,86 cm
1 Pulgada (Spanien) = 2,62 cm
1 Rute = 2,918-5,326 m
1 Rute (Bayern) = 2,918 m
1 Rute (Hamburg) = 4,585 m
1 Rute (Preußen) = 3,716 m
1 Rute (Sachsen) = 4,531 m
1 Saschen (Rußland) = 2,1336 m
1 Schaku (Japan) = 30,33 cm
1 Seemeile (deutsch) = 1852 m
1 Seemeile (engl.) = 1855 m
1 Stadion (attisch) = 184,18 m
1 Stadion (neugriech.) = 1 km
1 Stadion (olymp.) = 192,27 m
1 Statute Mile = 1,6093 km
1 Sun (Japan) = 3,033 cm
1 Toesa (span.) = 1,676 m
1 Tschang (China) = 3,58 m
1 Tschi (China) = 35,8 cm
1 Tsun (China) = 3,58 cm
1 Vara (Spanien) = 83,59 cm
1 Werst (Rußland) = 1066,8 m
1 Yard (USA, Großbrit.) = 0,914 m
1 Yin (China) = 24,5 m
1 Zentimeter (cm) = 10 mm
1 Zoll = 2-3 cm
1 Zoll (Baden) = 3 cm
1 Zoll (Bayern) = 2,43 cm
1 Zoll (Oldenburg) = 2,13 cm
1 Zoll (Preußen) = 2,61 cm
1 Zoll (Sachsen) = 2,36 cm

## Lateinische Redensarten und Zitate

| | |
|---|---|
| **ab ovo** | von Anfang an |
| **ad acta** | zu den Akten |
| **ad absurdum** | (führen) widerlegen |
| **ad infinitum** | unendlich |
| **alea iacta est** | Der Würfel ist gefallen |
| **a posteriori** | erfahrungsgemäß |
| **a priori** | von vornherein |
| **audiatur et altera pars** | auch die andere Partei muß gehört werden |
| **bona fide** | in gutem Glauben |
| **carpe diem** | Nutze den Tag |
| **casus belli** | Kriegsgrund |
| **circulus vitiosus** | Trugschluß |
| **conditio sine qua non** | unerläßliche Bedingung |
| **corpus delicti** | Beweisstück |
| **cum grano salis** | unter Berücksichtigung der Umstände |
| **de facto** | tatsächlich |
| **de jure** | von Rechts wegen |
| **de mortuis nil nisi bene** | über die Toten soll man nur gut reden |
| **eo ipso** | von selbst |
| **errare humanum est** | Irren ist menschlich |
| **festina lente** | Eile mit Weile |
| **hoc signo vinces** | in diesem Zeichen wirst du siegen |
| **honoris causa** | ehrenhalber |
| **incognito** | unerkannt |
| **in dubio** | im Zweifelsfall |
| **in flagranti** | auf frischer Tat |
| **in medias res** | mitten hinein |
| **in memoriam** | zum Gedächtnis |
| **in spe** | zukünftig |
| **in vino veritas** | im Weine liegt die Wahrheit |
| **manus manum lavat** | eine Hand wäscht die andere |
| **multum non multa** | vieles, nicht vielerlei |
| **mundus vult decipi** | die Welt will betrogen sein |
| **nervus rerum** | Kern der Sache |
| **nolens volens** | ob man will oder nicht |
| **noli me tangere** | rühre mich nicht an |
| **nomen est omen** | der Name ist schon eine Vorbedeutung |
| **non olet pecunia** | Geld riecht nicht |
| **non plus ultra** | unübertroffen |

| | |
|---|---|
| **per aspera ad astra** | auf rauhen Wegen zu den Sternen |
| **per pedes** | zu Fuß |
| **post festum** | nach dem Fest |
| **pro et contra** | für und wider |
| **qui tacet consentire videtur** | wer schweigt, scheint zuzustimmen |
| **quod erat demonstrandum** | was zu beweisen war |
| **semper idem** | immer dasselbe |
| **spiritus rector** | Anstifter |
| **status quo** | jetziger Zustand |
| **status quo ante** | früherer Zustand |
| **summa summarum** | alles in allem |
| **suum cuique** | jedem das Seine |
| **terminus technicus** | Fachausdruck |
| **ultima ratio** | äußerstes Mittel |
| **veni, vidi, vici** | ich kam, ich sah, ich siegte |
| **Veto!** | Ich erhebe Einspruch |
| **vivere militare est** | leben heißt kämpfen |
| **vox populi** | Stimme des Volkes |

Hier noch ein paar Zitate über Zitate:
»So ein paar grundgelehrte Zitate zieren den ganzen Menschen«
Heine
»Durch viele Zitate vermehrt man seinen Anspruch auf Gelehrsamkeit, vermindert den auf Originalität«
Schopenhauer

## *Lautstärken*

Intensität von Schallwellen in Dezibel

| | | | |
|---|---|---|---|
| Hörschwelle des menschlichen Ohres | 15 | Sägewerk | 100 |
| Flüstern, Blätterrauschen | 25 | Kugelmühle | 110 |
| Büroraum mit drei Personen | 55 | Weberei (200 Webstühle) | 110 |
| Gewitterdonner | 65 | Schwere Stanzmaschine | 110 |
| Schreibmaschine | 70 | Kesselschmiede | 120 |
| Drehbank | 80 | Preßluftbohrer | 125 |
| Rotationsdruckmaschine | 95 | Flugzeug, wenige Meter entfernt | 130 |
| Niethammer | 97 | Flugmotorenprüfstand | 140 |

## *Lebensdauer von Pflanzen und Tieren*

(in Jahren)

Adler 80–100
Alligator 80–100
Alpenrose 85–90
Alpenveilchen 60
Ameise 10–15
Amsel 15–20
Apfelbaum 200
Arve 1200
Bärlapp 5–7
Berberitze 25
Bergahorn 500
Birke 120
Birnbaum 300
Blutegel 25-30
Buchfink 25
Buchsbaum 150
Edelkastanie 700
Efeu 300–450
Elefant 150–200
Elster 25
Ente 20–30
Falke 100–160
Feuersalamander 10–12
Fichte 1000
Fischadler 100
Flußkrebs 20
Flußmuschel 10–15
Gans 20–30
Geier 110–120
Geißblatt 40
Gemse 25
Glockenheide 10
Hainbuche 150
Haselnuß 120
Hecht 100–120
Heidekraut 40–45
Heidelbeere 25
Hering 15–20
Hirsch 20–30

Holunder 100
Huhn 20–30
Hund 15–30
Kamel 40–50
Kanarienvogel 20–25
Kaninchen 5-7
Karpfen 100–120
Katze 10–20
Kirschbaum 400
Kornelkirsche 300
Krähe 110–120
Kranich 45
Kreuzdorn 100
Krodkodil 50 (-100?)
Kröte 30–40
Kuckuck 40
Lärche 600
Laubfrosch 20–25
Laufkäfer 6–8
Löwe 30–35
Magnolie 100
Maultier 40–45
Menschenaffen 30–35
Myrte 150–160
Nachtigall 10
Nacktschnecke 2–3
Nashorn 40–45
Ölbaum 700–800
Papagei 60–100
Pelikan 55
Perlmuschel 80–100
Pferd 40–50
Platane 1300
Rabe 60–100
Ratte 3–4
Regenwurm 10
Reh 15–20
Riesenschildkröte 200–400
Rind 30–35
Rotbuche 900–1000
Schaf 20
Schlehe 50
Scholle 60–70
Schwan 100 (-300?)
Schwarzerle 120
Schwarzkiefer 500–600
Seerose 50–70
Seidelbast 25
Silbermöwe 40–45
Silberpappel 500
Silberweide 150
Silberwurz 100
Sommereiche 1200
Sommerlinde 1000
Spinne 1–2
Spitzahorn 600
Stechpalme 120
Storch 70
Strauß 40
Tanne 800
Uhu 70
Ulme 500
Vogelbeerbaum 80
Wacholder 500
Wal 150
Walnußbaum 400
Weinstock 130
Weißdorn 400
Wels 100–120
Wintereiche 700
Winterlinde 600
Zitterpappel 150

## *Lederarten*

| Art | Farbe | woraus? |
|---|---|---|
| **Antilope** | alle Farbtöne | Antilopen- und Gazellenhäute |
| **Boxkalb** | alle Farbtöne (gefärbt) | Kalbfelle |
| **Brandsohlenleder** | braun | Rinderhäute |
| **Chevreau** | alle Farbtöne | Ziegenfelle |
| **Chromsohlleder** | graugrün | Rinderhäute |
| **Elkleder** | alle Farbtöne | Rinder- und Elchhäute |
| **Fahlleder** | meist naturbraun | meist Rinderhäute |
| **Futterleder** | meist naturfarben | Kalb-, Schaf-, Ziegenfelle |
| **Geschirrleder** | schwarz oder braun | Rinder- und Schweinshäute |
| **Glacéleder** | alle Farbtöne (gefärbt) | Zickel- und Lammfelle |
| **Hornback** | braun | Rückenpanzer bei Krokodilhäuten |
| **Juchtenleder** | meist schwarz | Rinder- und Schweinshäute |
| **Nappa** | alle Farbtöne (gefärbt) | Schaf-, Ziegenfelle |
| **Nabukleder** | alle Farbtöne (gefärbt) | Kalbfelle |
| **Rahmenleder** | braun | Rinderhälse |
| **Rindbox** | schwarz oder farbig | Rinderhäute |
| **Roßbox** | schwarz oder farbig | Roßhälse |
| **Saffian** | alle Farbtöne (gefärbt) | Ziegenleder |
| **Schweißleder** | · | Schaf-, Ziegenleder |
| **Skiver** | alle Farbtöne | Schaf-, Lamm- oder Ziegenhäute |
| **Sohlleder** | braungrau | Rinderhäute |
| **Sportbox** | schwarz oder braun | Rinderhäute |
| **Vacheleder** | · | Rinderhäute |
| **Vachetten** | naturfarben oder gefärbt | Rinderhäute |
| **Velourleder** | · | Kalb-, Ziegenfelle, Schweinshäute |
| **Waterproof** | · | Rinderhäute |
| **Wildleder** | · | Wild-, bes. Rehfelle |

## 30 Legierungen

Als Legierung bezeichnet man ein durch Zusammenschmelzen mehrerer Metalle entstandenes Metallgemisch, das auch kleinere Mengen von Nichtmetallen enthalten kann, z. B. Silizium oder Kohlenstoff. Durch diesen Vorgang des Legierens werden die Eigenschaften der Ausgangsmetalle oft wesentlich verbessert bzw. den gewüschten Erfordernissen angepaßt.

**Bleibronze** Kupfer + Blei
**Britannia-Metall** Zinn + Antimon + Kupfer + Zink
**Bronze** Kupfer + Zink + Zinn + Blei
**Chronin** Nickel + Chrom
**Duralumin** Aluminium + Kupfer + Magnesium + Mangan + Silizium
**Durana-Metall** Kupfer + Zink
**Elektron** Magnesium + Aluminium + Zink + Mangan + Silizium
**Germaniabronze** Zink + Zinn + Kupfer + Blei + Aluminium
**Goldamalgam** Quecksilber + Gold
**Hartblei** Blei + Antimon
**Hydronalium** Aluminium + Magnesium + Mangan
**Invar** Eisen + Nickel
**Konstantan** Kupfer + Nickel
**Lötzinn** Blei + Zinn
**Mattgold** Kupfer + Zinn
**Messing** Kupfer + Zink + Blei
**Monel-Metall** Nickel + Kupfer + Eisen + Mangan
**Neusilber** Kupfer + Zink + Nickel
**Nickelin** Kupfer + Nickel + Zink
**Packfong** Nickel + Kupfer + Zink
**Platinit** Nickel + Eisen
**Plessit** Nickel + Eisen
**Schrot** Blei + Arsen + Antimon
**Silberlot** Kupfer + Zink + Silber
**Silumin** Aluminium + Silizium
**Stellit** Kobalt + Chrom + Wolfram + Eisen + Kohlenstoff
**Tombak** Kupfer + Zink
**Tulasilber** Silber + Kupfer + Schwefel + Salmiak
**Weißgold** Gold + Nickel + Kupfer + Zink + Mangan + Kadmium
**Widia** Wolfram + Kobalt + Kohlenstoff + Titan

## Linsen

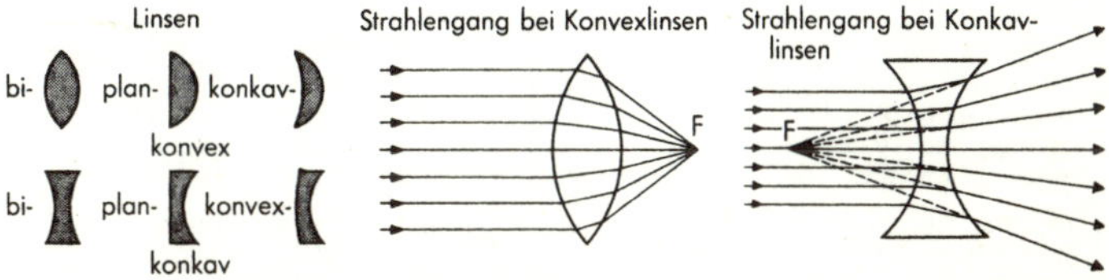


## Luftverkehrsgesellschaften

Die wichtigsten Luftverkehrsgesellschaften der Welt, geordnet nach den Zweibuchstaben-Abkürzungen, die Sie auf Flugplan und Ticket finden. In Klammern die im allgemeinen Sprachgebrauch üblichen Kurzbezeichnungen.

| | |
|---|---|
| **7B** | Kras Air, Rußland |
| **AA** | American Airlines, USA |
| **AB** | Air Berlin, Deutschland |
| **AC** | Air Canada, Kanada |
| **AF/KLM** | Air France/KLM, Frankreich, Niederlande |
| **AI** | Air India, Indien |
| **AM** | Aeromexico, Mexico |
| **AT** | Royal Air Maroc, Marokko |
| **AY** | Finnair, Finnland |
| **AZ** | Alitalia, Italien |
| **BA** | British Airways, Großbritannien |
| **CA** | Air China, China |
| **CO** | Continental Airlines, USA |
| **CX** | Cathay Pacific, Hongkong |
| **DI** | dba, Deutschland |
| **DL** | Delta Airlines, USA |
| **EI** | Aer Lingus, Irland |
| **EK** | Emirates, V.A. Emirate |
| **FR** | Ryanair, Irland |
| **HP** | America West, USA |
| **IB** | Iberia, Spanien |

M

| | | | |
|---|---|---|---|
| **JL** | Japan Airlines, Japan | **QF** | Qantas, Australien |
| **KAL** | Korean Air, Korea | **RG** | Varig (Viacao Aérea Rio Grandense), Brasilien |
| **LA** | LAN Chile Latin Airline Network, Chile | **RJ** | Royal Jordanian |
| **LH** | Lufthansa, Deutschland | **SA** | South African Airways, Südafrika |
| **LO** | Polskie Linie Lotnicze LOT, Polen | **SK** | Scandinavian Airlines System Dänemark Norwegen, Schweden (SAS) |
| **LX** | SWISS (Swiss International Air Lines AG), Schweiz | **SQ** | Singapore Airlines, Singapur |
| **MA** | Malév, Ungarn | **SU** | Aeroflot, Rußland |
| **MH** | Malaysia Airlines, Malaysia | **TG** | Thai Airways International, Thailand |
| **NH** | All Nippon Airways ANA, Japan | **TK** | Turkish Airlines, Türkei |
| **NW** | Northwest Airlines, USA | **TP** | TAP Air Portugal |
| **NZ** | Air New Zealand, Neuseeland | **TU** | Tunisair, Tunesien |
| **OK** | Czech Airlines, Tschechien | **UA** | United Airlines, USA |
| **OS** | Austrian Airlines, Österreichische Luftverkehrs AG, Österreich | **USA** | US Airways, USA |
| **PK** | Pakistan International Airlines, Pakistan (PIA) | **WN** | Southwest Airlines, USA |

## *95 berühmte Maler*

**Angelico,** Fra 1387–1455
**Baumeister,** Willi 1889–1955
**Beckmann,** Max 1884–1950
**Bellini,** Giovanni 1430 (?)–1516
**Böcklin,** Arnold 1827–1901
**Botticelli,** Sandro 1444–1510
**Braque,** Georges 1881–1963
**Bruegel,** Pieter d. Ä. 1525 (?)–1569
**Cézanne,** Paul 1839–1906
**Chagall,** Marc 1889–1985
**Chirico,** Giorgio de 1888–1978
**Chodowiecki,** Daniel 1726–1801
**Cranach,** Lucas d. Ä. 1472–1553
**Cranach,** Lucas d. J. 1515–1586
**Dali,** Salvador 1904–1989
**Daumier,** Honoré 1808–1879
**Defregger,** Franz von 1835–1921
**Degas,** Edgar 1834–1917
**Delacroix,** Eugène 1798–1863
**Dix,** Otto 1891–1969
**Dürer,** Albrecht 1471–1528
**Dyck,** Anthonis van 1599–1641
**Ernst,** Max 1891–1976
**Eyck,** Hubert van 1370 (?)–1426
**Eyck,** Jan van 1390 (?)–1441
**Feininger,** Lyonel 1871–1956
**Feuerbach,** Anselm 1829–1880
**Friedrich,** Caspar Dav. 1774–1840
**Gainsborough,** Thomas 1727–1788
**Gauguin,** Paul 1848–1903
**Giotto di Bondone** 1266–1337
**Gogh,** Vincent van 1853–1890
**Goya,** Francisco J. de 1746–1828
**Greco,** El 1541–1614
**Grünewald,** Matthias 1460–1528
**Hals,** Frans 1580–1666
**Hodler,** Ferdinand 1853–1918
**Hofer,** Karl 1878–1955
**Hogarth,** William 1697–1764
**Holbein,** Hans d. Ä. 1465–1524
**Holbein,** Hans d. J. 1497–1543
**Ingres,** Jean A. D. 1780–1867
**Kandinsky,** Wassily 1866–1914
**Klee,** Paul 1879–1940
**Kokoschka,** Oskar 1886–1980
**Kollwitz,** Käthe 1867–1945
**Kubin,** Alfred 1877–1959
**Léger,** Fernand 1881–1955
**Leibl,** Wilhelm 1844–1900
**Leistikow,** Walter 1865–1908

**Lenbach,** Franz von 1836–1904
**Leonardo da Vinci,** 1452–1519
**Liebermann,** Max 1847–1935
**Mack,** Heinz 1931–
**Manet,** Edouard 1832–1883
**Marc,** Franz 1880–1916
**Marées,** Hans von 1837–1887
**Masereel,** Frans 1889–1972
**Matisse,** Henri 1869–1954
**Memling,** Hans 1433–1494
**Menzel,** Adolf von 1815–1905
**Michelangelo** 1475–1564
**Monet,** Claude 1840–1926
**Munch,** Edvard 1863–1914
**Murillo,** Bartolomé 1618–1682
**Nolde,** Emil 1867–1956
**Pechstein,** Max 1881–1955
**Perugino,** Pietro 1450–1523
**Picasso,** Pablo 1881–1973
**Raffael** 1483–1520
**Rauschenberg,** Robert 1925–
**Rembrandt** 1606–1669
**Renoir,** Auguste 1841–1919
**Repin,** Ilja 1844–1930
**Richter,** Ludwig 1803–1884
**Rubens,** Peter Paul 1577–1640
**Ruisdael,** Jakob van 1628–1682
**Ruisdael,** Salomon van 1600–1670
**Runge,** Philipp Otto 1777–1810
**Schmidt-Rottluff,** Karl 1884–1976
**Schongauer,** Martin 1450–1491
**Schwind,** Moritz von 1804–1871
**Slevogt,** Max 1868–1932
**Spitzweg,** Carl 1808–1885
**Thoma,** Hans 1839–1924
**Tintoretto** 1518–1594
**Tischbein,** Joh. Friedr. Aug. 1750–1812
**Tischbein,** Joh. Heinr. d. Ä. 1722–1789
**Tischbein,** Joh. Heinr. Wilh. 1751–1829
**Tizian** 1476–1576
**Toulouse-Lautrec,** Henri de 1864–1901
**Utrillo,** Maurice 1883–1955
**Velasquez,** Diego R. 1599–1660
**Vermeer van Delft,** Jan 1632–1675
**Whistler,** James 1834–1903

## Maßstäbe auf Karten

| Maßstab | 1 cm auf der Karte = ... in der Natur | Maßstab | 1 cm auf der Karte = ... in der Natur |
|---|---|---|---|
| 1 : 5000 | 50 m | 1 : 750000 | 7,5 km |
| 1 : 10000 | 100 „ | 1 : 1000000 | 10 „ |
| 1 : 20000 | 200 „ | 1 : 2500000 | 25 „ |
| 1 : 25000 | 250 „ | 1 : 5000000 | 50 „ |
| 1 : 50000 | 500 „ | 1 : 10000000 | 100 „ |
| 1 : 100000 | 1 km | 1 : 20000000 | 200 „ |
| 1 : 200000 | 2 „ | 1 : 30000000 | 300 „ |
| 1 : 250000 | 2,5 „ | 1 : 40000000 | 400 „ |
| 1 : 300000 | 3 „ | 1 : 50000000 | 500 „ |
| 1 : 500000 | 5 „ | 1 : 100000000 | 1000 „ |

## Mathematische Zeichen

| Zeichen | Sprechweise und Erläuterung | Zeichen | Sprechweise und Erläuterung |
|---|---|---|---|
| % | vom Hundert (Prozent) | ≈ | angenährt, nahezu gleich |
| ‰ | vom Tausend (Promille) | < | kleiner als, z. B. < a |
| / | je (pro); Beispiel: kg/m, kg je m | > | größer als, z. B. > 0 |
| + | plus, und (Additionszeichen und Kennzeichen posit. Zahlen) | ∞ | unendlich |
| - | minus, weniger (Subtraktionszeichen und Kennzeichen negat. Zahlen) | π | (pi) Ludolfsche Zahl = 3,14159 |
| × | mal, z. B. 3×4, 3 · 4 | $\sqrt{\ }$ $\sqrt[3]{\ }$ | Wurzel (dritte Wurzel) aus, z. B. $\sqrt{8}$ |
| : / - | geteilt durch, t. B. 3:4, 3/4, $\frac{3}{4}$ | $a^x$ | a hoch x; xte Potenz von a |
| = | gleich | $^a\log$ | Logarithmus zur Basis a |
| ≡ | identisch gleich | lg | gewöhnl. (dekadischer) Logarithmus ($^{10}\log$) |
| ≠ | nicht gleich, ungleich | ln | natürlicher Logarithmus |
| | | Σ | (Sigma) Summenzeichen |

| | | | |
|---|---|---|---|
| f (x) | Funktion von x | $\perp$ | rechtwinklig zu, senkrecht auf |
| $\int$ | Integralzeichen | $\triangle$ | Dreieck |
| $\rightarrow$ | gegen, nähert sicht, strebt nach | $\cong$ | kongruent |
| lim | Limes, Grenzwert | $\triangleq$ | entspricht |
| $i = \sqrt{-1}$ | imaginäre Einheit | $\sim$ | ähnlich, proportional |
| ° | Grad (= 60') | $\sphericalangle$ | Winkel |
| ' | Minute (= 60") | $\overline{AB}$ | Strecke A B |
| " | Sekunde | $\overset{\frown}{AB}$ | Bogen A B |
| $\parallel$ | parallel | | |

# Medizinische Fachgebiete

**Anästhesiologie** Lehre von der Betäubung
**Anatomie** Lehre vom normalen Körperbau
**Bakteriologie** Lehre von den Krankheitserregern
**Balneologie** Bäderheilkunde
**Bioklimatologie** Klimaheilkunde
**Chirurgie** Behandlung durch Operationen und andere Eingriffe
**Dermatologie** Lehre von den Hautkrankheiten
**Embryologie** Entwicklungsgeschichte der Leibesfrucht
**Epidemiologie** Seuchenlehre
**Geriatrie** Lehre von den Krankheiten des Greisenalters
**Gynäkologie** Frauenheilkunde
**Hämatologie** Lehre vom Blut und den Blutkrankheiten
**Histologie** Lehre vom feineren Bau der Körpergewebe
**Hygiene** Gesundheitslehre
**Immunologie** Lehre von der Immunität (Impfungen)
**Interne Medizin** Innere Medizin
**Laryngologie** Lehre von den Kehlkopf-Krankheiten
**Meteorobiologie** Lehre von der Wirkung des Wetters auf Lebewesen
**Neurologie** Lehre von den Erkrankungen der Nerven
**Opthalmologie** Lehre von den Augenkrankheiten
**Orthopädie** Lehre von den Körperverbildungen und ihrer Behandlung
**Otologie** Lehre von den Ohrenkrankh.
**Pädiatrie** Kinderheilkunde
**Pathologie** Lehre von den krankhaften Körperveränderungen
**Pharmakologie** Arzneimittellehre
**Physiologie** Lehre von den Lebensvorgängen
**Psychiatrie** Irrenheilkunde
**Psychotherapie** Seelenheilkunde
**Radiologie** Strahlenheilkunde
**Rhinologie** Lehre von den Nasenkrankheiten
**Röntgenologie** Lehre von den Röntgenstrahlen
**Serologie** Lehre von den Eigenschaften des Blutserums
**Toxikologie** Lehre von den Giften
**Tumorologie** Lehre von den Geschwülsten
**Urologie** Lehre von den Erkrankungen der Harnorgane
**Venerologie** Lehre von den Geschlechtskrankheiten

# Meeresgrößen

| | Fläche (Mio km²) | Inhalt (Mio km³) | größte Tiefe (m) |
|---|---|---|---|
| Amerikan. Mittelmeer | 4,319 | 9,6 | 6269 |
| Atlantischer Ozean | 106,5 | 354,7 | 9219 |
| Bering-Meer | 2,268 | 3,2 | 3939 |
| Europ. Mittelmeer | 2,966 | 4,2 | 4404 |
| Hudson-Meer | 1,232 | 0,2 | 622 |
| Indischer Ozean | 74,9 | 291,9 | 7455 |
| Irische See | 0,103 | 0,01 | 265 |
| Japanisches Meer | 1,008 | 1,4 | 3258 |
| Nördl. Eismeer | 14,090 | 17,0 | 3850 |

| | | | |
|---|---|---|---|
| Nordsee | 0,575 | 0,05 | 617 |
| Ochotskisches Meer | 1,528 | 1,3 | 3370 |
| Ostchinesisches Meer | 1,249 | 0,2 | 2377 |
| Ostsee | 0,397 | 0,02 | 427 |
| Pazifischer Ozean | 179,7 | 723,7 | 11022 |
| Persischer Golf | 0,239 | 0,01 | 150 |
| Rotes Meer | 0,438 | 0,2 | 2359 |

## Meerestiefen

| Name | Lage | Tiefe |
|---|---|---|
| Albatros-Tiefe | Romanche-Kessel | 7 610 m |
| Challenger-Tiefe | Mariannen-Graben | 10 899 m |
| Emden-Tiefe | Philippinen-Graben | 10 400 m |
| Galathea-Tiefe | Philippinen-Graben | 10 540 m |
| Johnson-Tiefe | Philippinen-Graben | 10 497 m |
| Meteor-Tiefe | Südantillen-Graben | 8 264 m |
| Milwaukee-Tiefe | Antillen-Graben | 9 219 m |
| Penguin-Tiefe | Tonga-Graben | 10 882 m |
| Ramapo-Tiefe | Bonin-Graben | 10 340 m |
| Vitiaz-Tiefe I | Marianen-Graben | 11 022 m |

## Mehrstimmigkeit

| | 1 | 2 | 3 | 4 |
|---|---|---|---|---|
| Gesangsstimmen | Solo | Duett | Terzett | Quartett |
| Instrumente | Solo | Duo | Trio | Quartett |
| | **5** | **6** | **7** | **8** |
| Gesangsstimmen | Quintett | Sextett | Septett | Oktett |
| Instrumente | Quintett | Sextett | Septett | Oktett |

## Grundbegriffe der Mengenlehre

**Beziehungen zwischen Mengen**

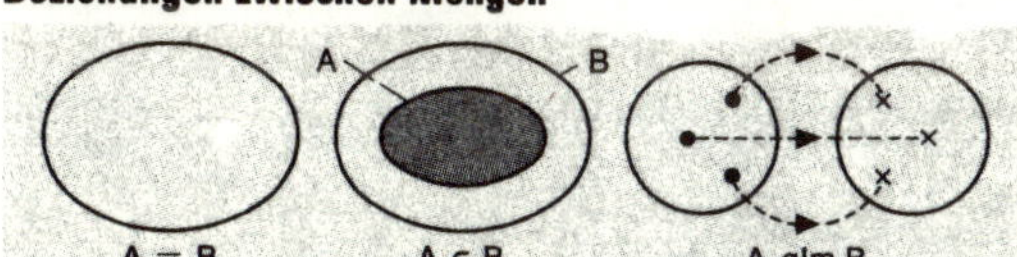


| Art | Zeichen | Bedeutung (Kriterium) |
|---|---|---|
| Gleichheit | $A = B$ | A und B enthalten dieselben Elemente |
| Teilmenge | $A \subseteq B$ | Jedes Element von A ist auch Element von B |
| Echte Teilmenge | $A \subset B$ | Jedes Element von A ist auch Element von B, aber nicht umgekehrt |
| Gleichmächtigkeit | A glm B auch $A \sim B$ | Es gibt eine eineindeutige Abbildung von A auf B |

**Verknüpfungen von Mengen**

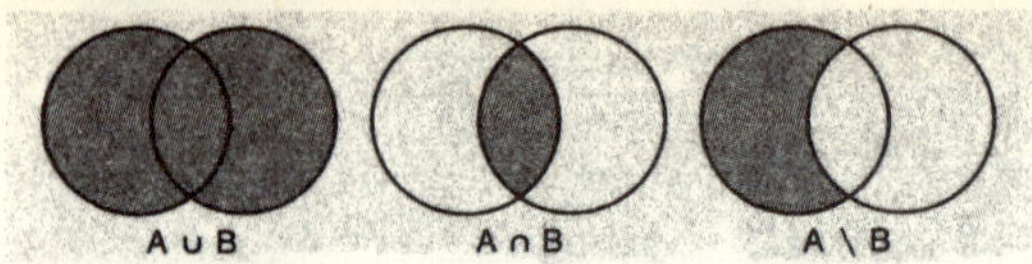


| Art | Zeichen | Bedeutung |
|---|---|---|
| Vereinigungsmenge | A ∪ B | Menge aller Elemente, die mindestens einer der beiden Mengen A oder B angehören |
| Schnittmenge | A ∩ B | Menge aller Elemente, die zugleich zu A und zu B gehören |
| Restmenge | A \ B (›A ohne B‹) | Menge aller Elemente aus A, die nicht in B enthalten sind |
| Paarmenge | A x B (›A kreuz B‹) | Menge aller geordneten Paare (x, y), deren erste Komponente x in A, und deren zweite Komponente y in B enthalten ist |

# *Die 100 einflußreichsten Menschen*

Welche Persönlichkeiten der Geschichte waren für die Entwicklung der Menschheit am bedeutsamsten? Über 50 »Menschen, die die Welt veränderten«, berichtete ein 1977 in Deutschland erschienenes Buch. Die nach seiner Meinung einflußreichsten 100 Menschen reihte 1978 der Amerikaner Michael Hart in seine Rangordnung ein:

1. **Mohammed** (570–632), Begründer des Islam, Einiger der Araber
2. **Isaac Newton** (1642–1727), Begründer der modernen Physik
3. **Jesus Christus** (7 v. Chr.–30), Begründer der christlichen Religion
4. **Gautama Buddha** )563–483 v. Chr.), Begründer des Buddhismus
5. **Konfuzius** (551–479 v. Chr.), chinesischer Moral- und Staatsphilosoph
6. **Paulus** (4 v. Chr.–64), größter christlicher Missionar
7. **Ts'ai Lun** (um 50–114), chinesischer Erfinder des Papiers
8. **Johannes Gutenberg** (vor 1400 bis 1468), erfand den Buchdruck mit beweglichen Lettern
9. **Christoph Columbus** (1451–1506), wichtigster Entdecker Amerikas
10. **Albert Einstein** (1879–1955), größter Naturwissenschaftler des 20. Jahrhunderts (Relativitätstheorie)
11. **Karl Marx** (1818–1883), Theoretiker des Kommunismus (mit Friedrich Engels)
12. **Louis Pasteur** (1822–1895), Begründer der Mikrobiologie, führte Schutzimpfungen ein
13. **Galileo Galilei** (1564–1642), Begründer der Fernrohrastronomie
14. **Aristoteles** (384–322 v. Chr.), führte die Logik in die westliche Philosophie ein
15. **Lenin** (1870–1924), setzte die bolschewistische Macht in Rußland durch
16. **Moses** (um 1300 v. Chr.), kanonisierte den jüdischen Monotheismus, führte die Juden aus Ägypten
17. **Charles Darwin** (1809–1882), Schöpfer der modernen Evolutionstheorie
18. **Shih Huang Ti** (260–209 v. Chr.), erzwang den ersten chinesischen Einheitsstaat
19. **Augustus** (63 v. Chr.–14), bedeutender Herrscher des Römischen Imperiums
20. **Mao Tse-tung** (1893–1976), Begründer des chinesischen Kommunismus
21. **Dschingis Chan** (um 1167–1227), Begründer des Mongolenreichs
22. **Euklid** (um 365–300 v. Chr.), Begründer der Geometrie
23. **Martin Luther** (1483–1546), protestantischer Reformator
24. **Nikolaus Kopernikus** (1473 bis 1543), Begründer der modernen Astronomie

25. **James Watt** (1736–1819), Erfinder der Dampfmaschine
26. **Konstantin der Große** (nach 280 bis 337), erster christlicher Kaiser des Römischen Reiches
27. **George Washington** (1732–1799), führte die USA zur Unabhängigkeit; erster US-Präsident
28. **Michael Faraday** (1791–1867), Entdecker des Elektromagnetismus, der Prinzipien von Motor und Generator
29. **James C. Maxwell** (1831–1879), entdeckte Gesetzmäßigkeiten des Elektromagnetismus
30. **Brüder Wright**, Orville (1871 bis 1948) und Wilbur (1867–1912), bauten das erste Motorflugzeug
31. **Antoine Lavoisier** (1743–1794), Begründer der modernen Chemie (Elementaranalyse)
32. **Sigmund Freud** (1856–1939), Begründer der Psychoanalyse
33. **Alexander der Große** (356–323 v. Chr.), verbreitete die griechische Kultur im Orient
34. **Napoleon I.** (1769–1821), schuf den Code Napoleon, Vorbild vieler moderner Gesetzbücher
35. **Adolf Hitler** (1889–1945), entfesselte den Zweiten Weltkrieg
36. **William Shakespeare** (1563 bis 1616), bedeutendster Dramatiker der Weltliteratur
37. **Adam Smith** (1723–1790), Begründer der klassischen Nationalökonomie
38. **Thomas A. Edison** (1847–1931), erfolgreichster Erfinder (u. a. Glühbirne, Elektrizitätswerk, Schallaufzeichnung)
39. **Antoni van Leeuwenhoek** (1632 bis 1723), entdeckte die Mikroben
40. **Platon** (427–347 v. Chr.), seine Erkenntnislehre beeinflußte die westliche Philosophie
41. **Guglielmo Marconi** (1847–1937), Erfinder der drahtlosen Telegraphie
42. **Ludwig van Beethoven** (1770 bis 1827), sein Werk erschloß der Musik neue Dimensionen
43. **Werner Heisenberg** (1901–1976), Schöpfer der Quantenmechanik
44. **Alexander G. Bell** (1847–1922), Erfinder des Fernsprechers
45. **Alexander Fleming** (1881–1955), entdeckte das Penicillin
46. **Simon Bolivar** (1783–1830), befreite Lateinamerika
47. **Oliver Cromwell** (1599–1658), unter seiner Herrschaft wurde England Republik
48. **John Locke** (1632–1704), Begründer der Philosophie der Aufklärung
49. **Michelangelo** (1475–1564), Renaissancebildhauer, Maler und Architekt
50. **Urban II.** (um 1035–1099), Papst, rief zu den Kreuzzügen auf
51. **Omar I.** (580–644), Kalif, Organisator des islamischen Reiches
52. **Ashoka** (etwa 273–236 v. Chr.), verbreitete den Buddhismus in Indien
53. **Augustinus** (354–430), Kirchenlehrer
54. **Max Planck** (1858–1947), formulierte die Quantentheorie
55. **Johann Calvin** (1509–1564), Begründer des Calvinismus
56. **William T. G. Morton** (1819 bis 1868), führte die Äthernarkose in die Medizin ein
57. **William Harvey** (1578–1657), entdeckte den Blutkreislauf
58. **Henri Becquerel** (1852–1908) entdeckte die Radioaktivität
59. **Gregor Mendel** (1822–1884), begründete die Vererbungslehre
60. **Joseph Lister** (1827–1912), entwickelte die antiseptische Wundbehandlung
61. **Nikolaus Otto** (1832–1891), baute den ersten Viertaktmotor
62. **Louis Daguerre** (1787–1851), schuf das erste brauchbare fotografische Verfahren
63. **Josef Stalin** (1879–1953), regierte die UdSSR mit brutaler Unterdrückung
64. **René Descartes** (1596–1650), Verfechter des Rationalismus
65. **Julius Cäsar** (100–44 v. Chr.), führte den Julianischen Kalender ein und eroberte Gallien
66. **Francisco Pizarro** (um 1478 bis 1541), eroberte das Inkareich
67. **Hernan Cortes** (1485–1547), eroberte das Aztekenreich
68. **Isabella I.** (1451–1504), einigte Spanien und finanzierte Columbus
69. **Wilhelm der Eroberer** (um 1027 bis 1087), eroberte England
70. **Thomas Jefferson** (1743–1826), formulierte die Unabhängigkeitserklärung der USA
71. **Jean Jacques Rousseau** (1712 bis 1778), Wegbereiter der Französischen Revolution
72. **Edward Jenner** (1749–1823), entwickelte die Pockenschutzimpfung
73. **Wilhelm Röntgen** (1845–1923), entdeckte die nach ihm benannten Röntgenstrahlen

74. **Johann Sebastian Bach** (1685 bis 1750), seine Kompositionen legten das Fundament der neueren Musik
75. **Lao Tse** (480–390 v. Chr.), Verkünder des Taoismus
76. **Enrico Fermi** (1901–1954), entwarf den ersten Kernreaktor
77. **Thomas Malthus** (1766–1834), erster Bevölkerungswissenschaftler
78. **Francis Bacon** (1561–1626), Begründer des englischen Empirismus, Lordkanzler
79. **Voltaire** (1694–1778), bedeutendster Vertreter der europäischen Aufklärung
80. **John F. Kennedy** (1917–1963), startete das Apollo-Raumfahrtprogramm (Mondlandung)
81. **Gregory Pincus** (1903–1967), entwickelte das erste hormonale Empfängnisverhütungsmittel (die »Pille«)
82. **Sui Wen Ti** (541–604), erreichte die Wiedervereinigung Chinas
83. **Mani** (216–276), persischer Begründer des Manichäismus
84. **Vasco da Gama** (1469–1524), fand den Seeweg nach Indien
85. **Karl der Große** (742–814), Gründer des mittelalterlichen Heiligen Römischen Reiches
86. **Kyros der Große** (um 590 bis 529 v. Chr.), Gründer des altpersischen Weltreiches
87. **Leonhard Euler** (1707–1783), fand die Verbindung zwischen Mathematik und Physik
88. **Niccolò Machiavelli** (1469–1527), Staatsphilosoph der Renaissance
89. **Zarathustra** (628–553 v. Chr.), persischer Religionsstifter
90. **Menes** (um 3100 v. Chr.), vereinigte Ägyptens Süd- und Nordreich
91. **Peter der Große** (1672–1725), öffnete Rußland dem Westen
92. **Meng Tzu** (372–289 v. Chr.), chinesischer Verfechter einer aufgeklärten Herrschaft
93. **John Dalton** (1766–1844), Begründer der modernen Atomtheorie
94. **Homer** (um 800 v. Chr.), wurde durch »Ilias« und »Odyssee« unsterblich
95. **Elisabeth I.** (1533–1603), machte Großbritannien zur Weltmacht
96. **Justinian I.** (487–565), kodifizierte das Römische Recht
97. **Johannes Kepler** (1571–1630), fand die Gesetze der Planetenbahnen
98. **Pablo Picasso** (1881–1973), Schöpfer der modernen Malerei
99. **Mahawira** (um 477 v. Chr.), Stifter des indischen Dschainismus
100. **Niels Bohr** (1885–1962), entwickelte das erste Atommodell

## *Menschenrechte*

Nach der vom Europa-Rat verabschiedeten »Europäischen Konvention zur Wahrung der Menschenrechte und Grundfreiheiten« werden ohne Unterschied des Geschlechts, der Rasse, Farbe, Sprache und Religion folgende Rechte garantiert:

1. Recht auf Leben
2. Schutz gegen Folter, erniedrigende oder unmenschliche Behandlung
3. Schutz gegen Sklaverei und Knechtschaft
4. Recht auf ordentliches richterliches Gehör
5. Schutz gegen rückwirkende Geltung von Gesetzen
6. Schutz des privaten Familienlebens, des Heimes und des Briefwechsels
7. Recht auf Gedanken-, Gewissens- und Religionsfreiheit
8. Recht auf freie Meinungsäußerung und Pressefreiheit
9. Recht auf Versammlungs- und Vereinigungsfreiheit
10. gewerkschaftliches Koalitionsrecht
11. Recht auf Eheschließung
12. Recht auf Achtung des Eigentums
13. Erziehungsrecht und Erziehungsfreiheit
14. Recht auf freie Wahlen und Geheimabstimmung

Seit 1961 hat die Organisation »Amnesty International« den Kampf um die Verwirklichung dieser Menschenrechte und um das Los aus weltanschaulich-religiösen oder politischen Gründen Festgenommener aufgenommen. Für ihre erfolgreichen Bemühungen erhielt die Organisation 1977 den Friedensnobelpreis.

# Die Menschheit in Zahlen

Die folgenden Zahlen zeigen das Anwachsen der Menschheit seit 12 000 Jahren:

| | | | |
|---|---|---|---|
| um | 10000 | v. Chr. | 2 500 000 |
| um | 5000 | „ | 20 000 000 |
| um | 3000 | „ | 80 000 000 |
| um | 1000 | „ | 100 000 000 |
| um | 0 | | 200 000 000 |
| um | 1650 | n. Chr. | 550 000 000 |
| um | 1750 | „ | 730 000 000 |
| um | 1800 | „ | 900 000 000 |
| um | 1850 | „ | 1 075 000 000 |
| um | 1900 | „ | 1 600 000 000 |
| um | 1950 | „ | 2 410 000 000 |
| um | 1960 | „ | 3 000 000 000 |
| um | 1987 | „ | 5 000 000 000 |
| um | 2000 | „ | 8 000 000 000 |

55% der heutigen Menschheit können lesen und schreiben, 45% nicht!

55% wohnen in festen Gebäuden und sind mehr oder weniger bekleidet, 30% wohnen in Hütten und tragen nur Gürtel oder Lendenschurz, 15% haben kein festes Obdach und sind nackt!

40% essen mit Messer und Gabel, 30% essen mit Stäbchen, 30% essen mit den Fingern!

35% sind Christen, 65% sind Nichtchristen!

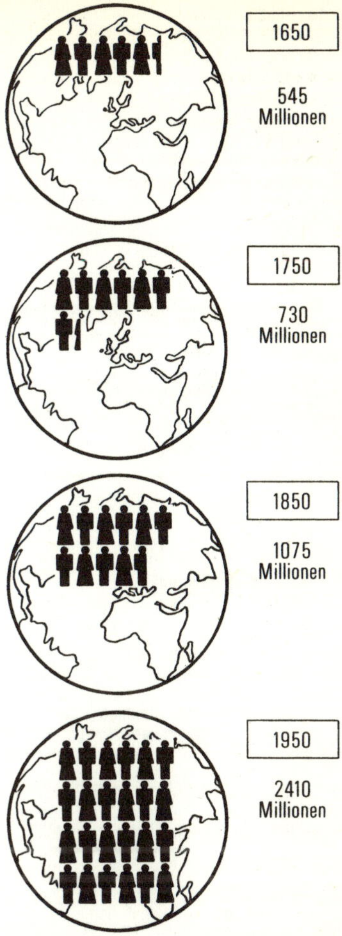


# Menschliche Knochen

Das menschliche Skelett besteht aus nicht mehr und nicht weniger als 210 einzelnen Knochen. Die folgende Übersicht zeigt Ihnen, wie die Knochen verteilt sind:

| | | |
|---|---|---|
| 33 im Schädel | 16 Handwurzelknochen | 4 im Schultergürtel |
| 28 in den Fingern | 14 Fußwurzelknochen | 4 in den Unterarmen |
| 28 in den Zehen | 10 Mittelhandknochen | 2 in den Oberarmen |
| 26 in der Wirbelsäule | 10 Mittelfußknochen | 2 in den Oberschenkeln |
| 25 im Brustkorb | 6 im Unterschenkel | 2 in der Hüfte |

## Mischlinge

**Cafuso** Indianer/Neger
**Casco** Mulatte/Mulatte
**Chino** Neger/Indianer
**Cubra** Mulatte/Neger
**Eurasier** Weißer/Inder
**Griffe** Neger/Mulattin
**Halfcast** Eurasier
**Liplap** Weißer/Javanin
**Mameluco** Weißer/Quarteronin
**Mango** Sambo/Neger
**Mestigo** Chinese/Malaie
**Mestize** Weißer/Indianer
**Mulatte** Weißer/Neger
**Peranakan** Chinese/Malaie
**Quarterone** Terzerone/Weißer
**Sambo** Mulatte/Neger
**Terzerone** Mulatte 1. Grades/Weißer
**Zambo** Indianer/Neger

## Alte deutsche Monatsnamen

| | |
|---|---|
| **Januar** | Hartung, Schneemond |
| **Februar** | Homung |
| **März** | Lenzing, Lenzmond |
| **April** | Ostermond |
| **Mai** | Wonnemond |
| **Juni** | Brachmond, Brachet |
| **Juli** | Heumond, Heuert |
| **August** | Erntemond, Ernting |
| **September** | Herbstmond, Scheiding |
| **Oktober** | Weinmond, Gilbhard |
| **November** | Nebelmond, Nebelung |
| **Dezember** | Christmond, Julmond |

## Mondfinsternis

Mondfinsternisse treten nur bei Vollmond auf, da Sonne, Mond und Erde in einer Linie stehen müssen. Wenn der Mond durch den Schattenkegel der Erdkugel läuft, erfolgt keine Reflexion des Sonnenlichts mehr, und der Erdtrabant scheint vom Himmel verschwunden zu sein. Entgegen der landläufigen Meinung treten Mondfinsternisse viel seltener auf als Sonnenfinster nisse. Das hängt damit zusammen, daß eine Sonnenfinsternis nur in einem 100 Kilometer breiten Korridor sichtbar ist, eine Mondfinsternis dagegen auf einer Erdhälfte.

1971 (10.2., 6.8.)
1972 (30.1.)
1974 (29.11.)
1975 (25.5., 18.11.)
1978 (24.3., 16. 9.)
1979 (6.9.)
1982 (9.1., 6.7., 30.12.)
1985 (4.5., 28.10.)
1986 (24.4., 17.10.)
1989 (20.2.,17.8.)
1990 (9.2.)
1992 (9.12.)
1993 (4.6., 29.11.)
1996 (4.4., 27.9.)
1997 (16.9.)
2000 (21.1., 16.7.)
2001 (09.01.)
2003 (16.05., 09.11.)
2004 (04.05., 28.10.)
2007 (03.03., 28.08.)
2008 (21.02.)
2010 (21.12.)

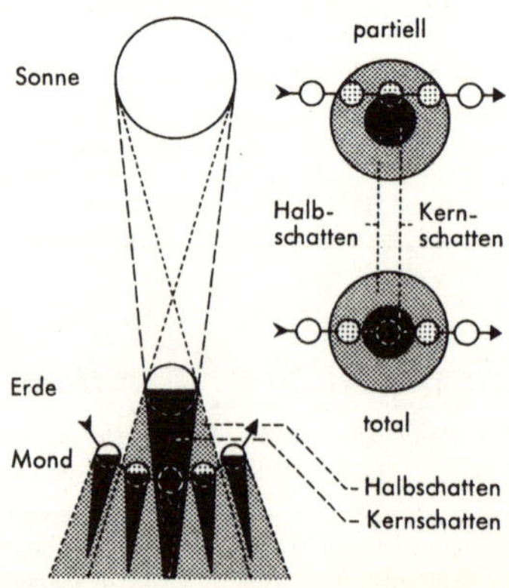

## Morsealphabet

| Buchstabe | Zeichen | Merkwörter*) | Buchstabe | Zeichen | Merkwörter*) |
|---|---|---|---|---|---|
| a | · – | Arno – Atom | o | – – – | Ökonom |
| ä | · – · – | Äsop ist tot | ö | – – – · | Ökonomie |
| b | – · · · | Borvaselin – | p | · – – · | Per Motorrad |
| | | Bohnensuppe | q | – – · – | Quohnsdorf bei Forst |
| c | – · – · | Coburg-Gotha | r | · – · | Revolver |
| ch | – – – – | Chloroformtopf | s | · · · | Sabine – Sausewind |
| d | – · · | Doria – Drogerie | t | – | Tod |
| e | · | Ernst – Eis | u | · · – | Uniform |
| f | · · – · | Friedrichroda | ü | · · – – | Überkonto |
| g | – – · | Gomorrha | v | · · · – | Verbrennungstod – |
| h | · · · · | Herrenzimmer – | | | Ventilator |
| | | Hausbesitzer | w | · – – | Weltnordpol – |
| i | · · | Ida | | | Windmotor |
| j | · – – – | Jawohl Odol | x | – · · – | Xolabaphon |
| k | – · – | Kolberg Ost- | y | – · – – | York Yellowstone – |
| | | Klosterhof | | | Yorker Kohlkopf |
| l | · – · · | Leonidas | z | – – · · | Zoroaster – Zorndorfer |
| m | – – | Motor | | | Schlacht |
| n | – · | Nora | | | |

Zahlen:

| | | | |
|---|---|---|---|
| 1 · – – – – | 6 – · · · · | Punkt · – · – · – | Doppelpunkt – – – · · · |
| 2 · · – – – | 7 – – · · · | Komma – – · · – – | Klammer – · – – · – |
| 3 · · · – – | 8 – – – · · | Strichpunkt – · – · – · | Anfangszeichen – · – · – |
| 4 · · · · – | 9 – – – – · | Fragezeichen · · – – · · | Warten · – · · · |
| 5 · · · · · | 0 – – – – – | Bindestrich – · · · · – | Irrung · · · · · · · · |
| | | Bruchstrich – · · – · | Verstanden · · · – · |

*) Jede Silbe mit dem Buchstaben »O«bedeutet Strich

## Berühmte Museen

| Name | Ort | Art der Sammlungen |
|---|---|---|
| Britisches Museum | London | kunst-, kulturgeschichtlich |
| Deutsches Museum | München | naturwissensch.-technisch |
| Eremitage | Leningrad | Kunst |
| Germanisches Museum | Nürnberg | kulturgeschichtlich |
| Glyptothek | München | Skulpturen |
| Grünes Gewölbe | Dresden | kunstgewerbliche Arbeiten |
| Louvre | Paris | Kunst |
| Museum of Modern Art | New York | moderne Kunst |
| Nationalgalerie | Berlin | Kunst |
| Nationalgalerie | London | Gemälde |
| Nationalmuseum | Neapel | Kunst |
| Palazzo Pitti | Florenz | Kunst |
| Pinakothek | München | Gemälde |
| Prado-Museum | Madrid | Gemälde |
| Rijksmuseum | Amsterdam | Gemälde u. a. |
| Tate-Galerie | London | Kunst |
| Tretjakow-Galerie | Moskau | Kunst |
| Uffizien | Florenz | Gemälde und Skulpturen |

## Die 9 Musen

| Name | Symbol | Aufgabenbereich |
|---|---|---|
| **Erato** | Saiteninstrument | Liebeserklärung |
| **Euterpe** | Flöte | Lyrik |
| **Kalliope** | Schreibtafel | epische Dichtung, Rhetorik, Philosophie |
| **Klio** | Schriftrolle | Geschichtswissenschaft |
| **Melpomene** | tragische Maske | Tragödie |
| **Polyhymnia** | – | Gesang |
| **Terpsichore** | Saiteninstrument | Tanz |
| **Thalia** | komische Maske | Komödie |
| **Urania** | Himmelsglobus | Sternkunde |

## Musikalische Tempo- und Ausdrucksbezeichnungen

**accelerando** (ital.) allmählich schneller werdend
**adagio** (ital.) ruhig, sanft, langsam (zwischen largo und andante)
**affettuoso** (ital.) leidenschaftlich
**agitato** (ital.) erregt
**a la breve** (ital.) im 2/2-Takt
**a la marcia** (ital.) marschmäßig
**allargando** (ital.) breiter werdend
**allegretto** (ital.) heiter (zwischen andante und allegro)
**allegro** (ital.) schnell, lebhaft
**amabile** (ital.) lieblich, liebenswürdig
**andante** (ital.) schreitend, mäßig bewegt (zwischen adagio und allegro)
**animato** (ital.) beseelt
**appassionato** (ital.) leidenschaftlich
**arioso** (ital.) sangbar
**arpeggio** (ital.) das harfenähnliche schnelle Hintereinandererklingen der Töne eines Akkordes auf Tasten- oder Saiteninstrumenten
**assai** (ital.) genug, sehr
**a tempo** (ital.) im ursprüngl. Zeitmaß
**a vista** (ital.) vom Blatt
**bis** (ital.) zweimal
**calando** (ital.) langsamer, leiser werdend
**cantabile** (ital.) gesangvoll, gesanglich
**coll'arco** (ital.) mit dem Bogen
**col legno** (ital.) mit dem Holz, nicht mit den Haaren des Bogens zu spielen
**con brio** (ital.) feurig
**crescendo** (ital.) lauter werdend, anschwellend
**da capo** (ital.) »von Anfang an«, wiederholen
**descrescendo** (ital.) abnehmend, schwächer werdend
**diminuendo** (ital.) schwächer werdend
**dolce** (ital.) zart, sanft
**eroico** (ital.) heroisch
**espressivo** (ital.) ausdrucksvoll
**forte** (ital.) stark, laut
**fortissimo** (ital.) sehr laut
**fugato** (ital.) nach der Art der Fuge
**funebre** (ital.) traurig
**furioso** (ital.) leidenschaftlich, rasend
**giocoso** (ital.) scherzhaft
**glissando** (ital.) gleitend (bei Saiten- oder Tasteninstrumenten)
**grave** (ital.) schwer
**istesso tempo** (ital.) im gleichen Zeitmaß
**larghetto** (ital.) weniger breit (als largo)
**largo** (ital.) breit, feierlich
**legato** (ital.) gebunden
**lento** (ital.) langsam
**lugubre** (ital.) finster, traurig
**maestoso** (ital.) majestätisch
**marcato** (ital.) deutlich, betont
**martellando** (ital.) hämmernd
**mezza voce** (ital.) mit mittlerer, halber Stimme
**mezzo** (ital.) mittel, halb
**mezzoforte** (ital.) halbstark, mittelstark
**moderato** (ital.) gemäßigt
**molto** (ital.) sehr
**mosso** (ital.) bewegt
**non** (lat., ital.) nicht
**ostinato** (ital.) beharrlich, hartnäckig
**parlando** (ital.) im Sprechgesang
**piano** (ital.) leise
**pianissimo** (ital.) sehr leise
**piccolo** (ital.) klein
**piu** (ital.) mehr (piu lento = langsamer)
**pizzicato** (ital.) Zupfen der Saiten mit den Fingern
**poco** (ital.) ein wenig
**portato** (ital.) getragen
**presto** (ital.) schnell; prestissimo, sehr schnell
**prima vista** (ital.) vom Blatt
**rallentando** (ital.) langsamer werdend
**religioso** (ital.) andächtig

**rinforcando** (ital.) stark werdend
**ritardando** (ital.) langsamer werdend
**ritenuto** (ital.) zurückhaltend
**secco** (ital.) trocken
**sereno** (ital.) heiter
**serio, serioso** (ital.) ernst, ernsthaft
**sforzato** (ital.) verstärkt, übermäßig
**smorzando** (ital.) ersterbend, verhauchend
**solemnis** (lat.) festlich
**sostenuto** (ital.) getragen
**sotto voce** (ital.) mit gedämpfter Stimme, halblaut
**staccato** (ital.) gestoßen, mit deutlicher Trennung der einzelnen Töne
**stringendo** (ital.) schneller werdend
**tenuto** (ital.) ausgehalten
**tranquillo** (ital.) ruhig
**troppo** (ital.) zu sehr
**tutti** (ital.) alle
**unisono** (ital.) einstimmig
**vibrato** (ital.) bebend
**vivace** (ital.) lebhaft

## *Berühmte Musiker*

**Abendroth,** Hermann 1883–1956
**Abraham,** Paul 1892–1960
**Albert,** Eugen d' 1864–1932
**Armstrong,** Louis 1900–1971
**Bach,** Joh. Sebastian 1685–1750
**Bartók,** Béla 1881–1945
**Beethoven,** Ludwig van 1770–1827
**Bellini,** Vincenzo 1801–1835
**Benatzky,** Ralph 1884–1957
**Berg,** Alban 1885–1935
**Berlioz,** Hector 1803–1869
**Bizet,** Georges 1838–1875
**Blacher,** Boris 1903–1975
**Boccherini,** Luigi 1743–1805
**Borodin,** Alexander 1833–1887
**Brahms,** Johannes 1833–1897
**Britten,** Benjamin 1913– 1976
**Bruch,** Max 1838–1920
**Bruckner,** Anton 1824–1896
**Busoni,** Ferruccio 1866–1924
**Buxtehude,** Dietrich 1637–1707
**Cherubini,** Luigi 1760–1842
**Chopin,** Frédéric 1810–1849
**Cornelius,** Peter 1824–1874
**Debussy,** Claude 1862–1918
**Donizetti,** Gaetano 1797–1848
**Dostal,** Nico 1895–1981
**Dukas,** Paul 1765–1835
**Dvořák,** Anton 1841–1904
**Egk,** Werner 1901–1983
**Einem,** Gottfried von 1918–1996
**Ellington,** Duke 1899–1974
**Fall,** Leo 1873–1925
**Falla,** Manuel de 1876–1946
**Flotow,** Friedrich von 1812–1883
**Furtwängler,** Wilhelm 1886–1954
**Gershwin,** George 1898–1937
**Gilbert,** Jean 1879–1942
**Glinka,** Michael 1804–1857
**Gluck,** Chr. Willibald 1714–1787
**Gounod,** Charles 1818–1893
**Grieg,** Edvard 1843–1907
**Händel,** Georg Friedrich 1685–1759
**Haydn,** Franz Joseph 1732–1809
**Henze,** Hans Werner 1926–
**Heuberger,** Richard 1850–1914
**Hindemith,** Paul 1895–1963
**Honegger,** Arthur 1892–1955
**Humperdinck,** Engelbert 1854–1921
**Kálmán,** Emmerich 1882–1953
**Khatschaturian,** Aram 1903–1978
**Kreutzer,** Konradin 1780–1849
**Künneke,** Eduard 1885–1953
**Lanner,** Joseph 1801–1843
**Lasso,** Orlando di 1532–1594
**Lehár,** Franz 1870–1948
**Leoncavallo,** Ruggiero 1858–1919
**Lincke,** Paul 1866–1946
**Liszt,** Franz 1811–1886
**Lortzing,** Albert 1801–1851
**Mackeben,** Theo 1897–1953
**Mahler,** Gustav 1860–1911
**Marschner,** Heinrich 1795–1861
**Mascagni,** Pietro 1863–1945
**Mendelssohn-Bartholdy,** Felix 1809–1847
**Meyerbeer,** Giacomo 1791–1864
**Millöcker,** Karl 1842–1899
**Mozart,** Wolfgang Amadeus 1756–1791
**Mussorgski,** Modest 1839–1881
**Nicolai,** Otto 1810–1849
**Offenbach,** Jaques 1819–1880
**Orff,** Carl 1895–1982
**Paganini,** Niccolo 1782–1840
**Palestrina,** Giovanni P. da 1524 (?)–1594
**Pfitzner,** Hans 1869–1949
**Prokofiew,** Sergej 1891–1953
**Puccini,** Giacomo 1858–1924
**Ravel,** Maurice 1875–1937
**Raymond,** Fred 1900–1954
**Reger,** Max 1873–1916
**Respighi,** Ottorino 1879–1936
**Rezniček,** Emil, Nik. v. 1860–1945
**Rimskij-Korssakow,** Nik. 1844–1908
**Rossini,** Gioacchino Ant. 1792–1868
**Schönberg,** Arnold 1874–1951
**Schostakowitsch,** Dimitri 1906–1975
**Schroeder,** Friedrich 1910–1972
**Schubert,** Franz 1797–1828

**Schultze,** Norbert 1911–2002
**Schumann,** Robert 1810–1856
**Schütz,** Heinrich 1585–1672
**Sibelius,** Jean 1865–1957
**Sinding,** Christian 1856–1941
**Smetana,** Friedrich 1824–1884
**Stolz,** Robert 1880–1975
**Straus,** Oscar 1870–1954
**Strauß** (Vater), Johann 1804–1849
**Strauß** (Sohn), Johann 1825–1899
**Strauss,** Richard 1864–1949
**Strawinskij,** Igor 1882–1971
**Suppé,** Franz von 1819–1895
**Telemann,** Georg Philipp 1681–1767
**Toscanini,** Arturo 1867–1957
**Tschaikowsky,** Peter 1840–1893
**Verdi,** Guiseppe 1813–1901
**Vivaldi,** Antonio 1680 (?)–1743
**Wagner,** Richard 1813–1883
**Weber,** Karl Maria von 1786–1826
**Weill,** Kurt 1900–1950
**Wolf,** Hugo 1860–1903
**Wolf-Ferrari,** Ermanno 1876–1948
**Zeller,** Karl 1842–1898
**Ziehrer,** Carl Michael 1843–1922

# Nährstoffe, Nährwert und Vitamine I

Nährstoffe: Eiweiß | Fett | Kohlenhydrate | Asche, Faserstoffe | Wasser

Vitamin-Gehalt: • keiner ○ mäßiger ◒ mittlerer ● starker

Joule in 100 g: im Träger enthalten / für den Menschen verwendbar

**Eiweißträger**

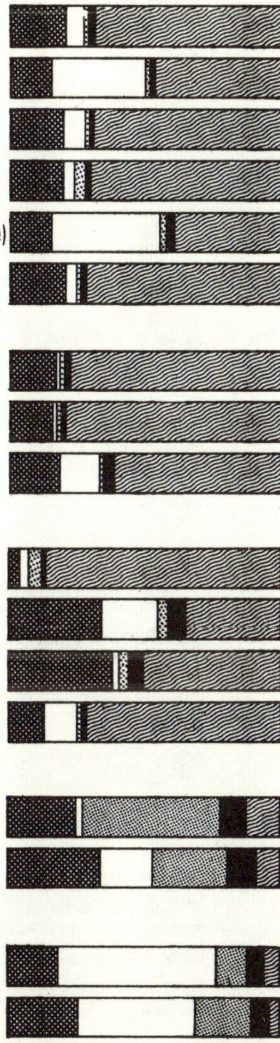

| Nahrungsmittel | A | B | C | D | im Träger enthalten | für den Menschen verwendbar |
|---|---|---|---|---|---|---|
| Kalbfleisch (mittelfett) | ○ | ○ | ○ | • | 624 | 599 |
| Schweinefleisch (fett) | ○ | ● | ○ | • | 1629 | 1541 |
| Rindfleisch (mittelfett) | ○ | ○ | ○ | • | 653 | 624 |
| Leber (frisch) v. Rind o. Kalb | ● | ◒ | ● | ○ | 544 | 523 |
| Blut- u. Leberwurst (beste) | ○ / ◒ | ○ / ○ | ○ / ○ | • / ○ | 1851 | 1746 |
| Huhn | • | ◒ | ○ | • | 523 | 498 |
| Schellfisch | ○ | ○ | • | • | 297 | 293 |
| Kabeljau | • | ○ | • | • | 285 | 276 |
| Hering (mar.) | ○ | ○ | • | ● | 909 | 846 |
| Kuhmilch (3,1% Fett) | ○ | ○ | ○ | ○ | 260 | 247 |
| 3/4-Fettkäse (Edamer) | ○ | ○ | ○ | ○ | 1428 | 1390 |
| Magerkäse | ○ | ○ | ○ | ○ | 783 | 745 |
| Hühnereier | ◒ | ◒ | • | ◒ | 695 | 657 |
| Linsen, Erbsen, Feldbohnen | ○ | ◒ | ○ | • | 1377 | 1063 |
| Sojabohnen | ○ | ● | ● | • | 1792 | 1026 |
| Walnüsse, Haselnüsse | ○ | ◒ | ◒ | • | 2772 | 2420 |
| Erdnüsse (ohne Schalen) | ○ | ◒ | ◒ | • | 2286 | 2123 |

# Nährstoffe, Nährwert und Vitamine II

Nährstoffe: Eiweiß – Fett – Kohlenhydrate – Asche, Faserstoffe – Wasser

Vitamin-Gehalt: • keiner, ○ mäßiger, ◒ mittlerer, ● starker

Joule in 100 g: im Träger enthalten / für den Menschen verwendbar

**Fette u. Fettträger**

| Nahrungsmittel | | A | B | C | D | im Träger enthalten | für den Menschen verwendbar |
|---|---|---|---|---|---|---|---|
| Schmalz, Talg, Pflanzenfette u. -öle; Lebertran | Wasserfreie Fette | ○<br>● | •<br>• | ○<br>○ | •<br>● | 3869 | 3638 |
| Butter; Pflanzenbutter, Margarine | Wasserhaltige Fette u. Fettträger | ●<br>• | •<br>• | ○<br>• | ◒<br>• | 3312 | 3144 |

**Kohlenhydratträger**

| Nahrungsmittel | | A | B | C | D | im Träger enthalten | für den Menschen verwendbar |
|---|---|---|---|---|---|---|---|
| Weizenmehl, Weißmehl | Stärketräger | ○ | ○ | • | • | 1503 | 1394 |
| Weißbrot (fein), Brötchen | | • | ○ | • | • | 1130 | 1084 |
| Roggenbrot (65% Mehl) | | • | ◒ | • | • | 921 | 862 |
| Kartoffeln (ohne Schale) | | • | ○ | ● | • | 402 | 385 |
| Reis (poliert), Weizengrieß, Teigwaren | | • | ○ | • | • | 1495 | 1419 |

| Nahrungsmittel | | A | B | C | D | im Träger enthalten | für den Menschen verwendbar |
|---|---|---|---|---|---|---|---|
| Zucker | Zucker u. Zuckerträger | • | • | • | • | 1717 | 1679 |
| Honig | | • | • | ◒ | • | 1398 | 1369 |
| Trockenobst (Äpfel, Aprik., Zwetschgen) | | ○ | ○ | ○ | • | 1092 | 1038 |

**Vitamin- u. Mineralstoffträger**

| Nahrungsmittel | A | B | C | D | im Träger enthalten | für den Menschen verwendbar |
|---|---|---|---|---|---|---|
| Grüne Gemüse, Pilze | ◒<br>○ | ○<br>○ | ●<br>◒ | •<br>◒ | 126 | 109 |
| Tomaten | ● | ○ | ● | • | 109 | 92 |
| Kopfsalat, Endiviensalat | ○ | ○ | ◒ | • | 75 | 63 |
| Äpfel, Birnen | • | ○ | ◒ | • | 264 | 247 |
| Apfelsinen | • | ◒ | ● | • | 201 | 193 |
| Zitronen | • | ○ | ● | • | 180 | 172 |

## Namen, die Begriffe wurden

**Amerika,** nach dem italienischen Seefahrer Amerigo Vespucci (1451–1512)
**Atlas,** Sammlung von Land- und Seekarten; nach dem griechischen Sagenriesen Atlas, dem Träger der Himmelskugel
**Barras,** Soldatenausdruck für das Militär; nach dem französischen Staatsmann Graf von Barras (1755–1829)
**Boykott,** nach dem englischen Hauptmann Charles Cunningham Boykott (1832–1897)
**Guillotine,** Fallbeil; nach dem französischen Arzt Joseph Ignace Guillot (1738–1814), der das Gerät in Frankreich einführte
**Hammondorgel,** elektrisches Musikinstrument; nach dem Erfinder Laurens Hammond (1895–1961)
**Hypnose,** im 19. Jahrhundert entstandene Bezeichnung nach Hypnos, dem griechischen Gott des Schlafes
**Kardanwelle,** Gelenkteil zur Kraftübertragung; nach dem italienischen Gelehrten Geronimo Cardano (1501–1576)
**Litfaß-Säule,** Anschlagsäule für Werbung; nach dem Berliner Buchdrucker Ernst Litfaß (1816–1874)
**Lynchen,** Bestrafung eines Täters ohne Gerichtsverhandlung; wahrscheinlich nach dem Friedensrichter Charles Lynch (1736–1796) aus dem amerikanischen Bundesstaat Virginia
**Mansarde,** Dachzimmer mit schrägen Wänden; nach dem französischen Baumeister François Mansart (1598–1666)
**Masochismus,** Empfinden von Genuß im Erleiden körperlicher und seelischer Qualen; nach dem österreichischen Schriftsteller Leopold Ritter von Sacher-Masoch (1836–1895)
**Nikotin,** Hauptalkaloid des Tabaks; nach dem französischen Gelehrten und Diplomaten Jean Nicot, Sieur de Villemain (um 1530–1600)
**Sadismus,** Genußempfinden durch das Quälen anderer; nach dem Franzosen Marquis de Sade (1740–1814)
**Sandale,** leichter Riemenschuh; nach der lydischen Gottheit Sandas oder Sandal
**Sandwich,** belegte Weißbrotschnitte; nach John Montagu, dem vierten Earl of Sandwich, Viscount of Hichinbroke (1718–1792)
**Saxophon,** Metallblasinstrument; nach dem belgischen Erfinder Adolphe Sax (1814–1894)
**Silhouette,** Schattenriß; nach dem französischen Finanzminister Etienne de Silhouette (1709–1767)
**Silvester,** letzter Tag des Jahres; Todes- und Namenstag Papst Silvesters I. (Papst von 314–335)
**Teddybär,** Stofftier; nach Theodore (›Teddy‹) Roosevelt (1858–1919), dem 26. Präsidenten der Vereinigten Staaten

## Namenstage von 200 Vornamen

Adalbert 23. 4.
Adam 24. 12.
Adelheid 16. 12.
Adolf 11. 1.
Agathe 5. 2.
Albert 15. 11.
Agnes 21. 1.
Alban 21. 6.
Alexandra 21. 4.
Alexis 17. 7.
Alfons 1. 8.
Alfred 28. 10.
Alois 21. 6.
Andreas 30. 11.
Angela 27. 1.
Anna 26. 7.
Anton 17. 1./13. 6.
Arno 13. 7.
Arnold 18. 7.
Arnulf 18. 7.
Augustin 28. 8.

Barbara 4. 12.
Beate 6. 9.
Beatrix 29. 7.
Benedikt 11. 7.
Benno 16. 6.
Bernhard 20. 8.
Berta 1. 5./4. 7.
Berthold 27. 7./14. 12.
Birgitta 8. 10.
Blasius 3. 2.
Bonifatius 5. 6.
Brigitta 1. 2./8. 10.
Bruno 6. 10./11. 10.
Burkhard 14. 10.

Cäcilie 22. 11.
Carmen 16. 7.
Chantal 12. 12.
Christian 3. 11./12. 11.
Christine 24. 7.
Christoph 25. 7.
Claudia 18. 5.
Clemens 23. 11.
Cornelius 16. 9.

Daniel 21. 7.
David 29. 12.
Dietmar 6. 3./15. 5.
Dietrich 27. 1.

Dorothea 6. 2./25. 6.

Eberhard 22. 6.
Eckehard 28. 6.
Edgar 8. 7.
Edith 16. 9.
Eduard 13. 10.
Egon 15. 7.
Elfriede 8. 12.
Elisabeth 19. 11.
Elvira 25. 8.
Emma 29. 6.
Erasmus 2. 6.
Erhard 8. 1.
Erich 18. 6.
Ernst 13. 7.
Erwin 29. 5.
Eugen 13. 7.
Eva 24. 12.

Fabian 20. 1.
Felicitas 23. 11.
Felix 30. 5./20. 11.
Ferdinand 30. 5./5. 6.
Franz(iskus) 24. 1./2. 4./4. 10.
Franziska 9. 3.
Fridolin 6. 3.
Friedrich 18. 7.

Gabriel 24. 3.
Gabriele 24. 7.
Georg 23. 4.
Gerhard 23. 4./24. 9.
Gerline 22. 5.
Gertrud 17. 3./16. 11.
Gisela 7. 5.
Gottfried 8. 11.
Gregor 25. 5./3. 9.
Gundula 6. 5.
Gunter 9. 10.

Hedwig 16. 10.
Heinrich 13. 7.
Helene 18. 8.
Herbert 16. 3.
Hildegard 17. 9.
Hubert 3. 11.
Hugo 29. 4.

Ida 4. 9.
Ignatius 31. 7.
Ingeborg 30. 7.
Ingrid 9. 10.
Irene 3. 4.
Irmgard 16. 7./14. 9.
Isabella 23. 2.

Jakob 11. 5./25. 7.
Joachim 16. 8.
Johanna 21. 8.
Johannes 24. 6./27. 12.
Joseph 19. 3.
Juliane 5. 4./19. 6.
Julius 12. 4.
Jutta 22. 12.

Karl 4. 11.
Katharina 29. 4./25. 11.
Klara 11. 8.
Knut 19. 1.
Konrad 20. 4./26. 11.
Konstanze 18. 2./25. 2.
Kunigunde 3. 3.

Leo 10. 11.
Leopold 15. 11.
Linus 23. 9.
Lioba 28. 9.
Lothar 15. 6.
Lucia 13. 12.
Ludger 26. 3.
Ludwig 25. 8.
Lukas 18. 10.

Magdalena 22. 7.
Manfred 28. 1.
Margarete 20. 7.
Maria (alle Marienfeste)
Marianne 26. 5.
Markus 25. 4.
Martha 29. 7.
Martin 11. 11.
Martina 30. 1.
Mathilde 14. 3.
Matthias 24. 2.
Melanie 31. 12.
Michael 29. 9.
Michaela 24. 8.
Monika 4. 5./27. 8.
Moritz 22. 9.

Nikolaus 6. 12.
Nina 8. 5.
Norbert 6. 6.

Olaf 29. 7.
Olga 21. 7.
Oliver 10. 7.
Otmar 16. 11.
Otto 2. 7.

Patricia 13. 3./25. 8.
Patrick 17. 3.
Paul 29. 6.
Paula 26. 1.
Peter 29. 6.
Philipp 3. 5.
Pia 19. 1.

Raimund 23. 1.
Rainer 4. 8.
Regina 1. 6.
Reinhard 7. 3.
Reinhold 7. 1.
Renate 22. 5.
Richard 3. 4.
Rita 22. 5.
Robert 29. 4.
Roland 13. 5./15. 9.
Rudolf 15. 7.
Rupert 27. 3.

Sabine 29. 8.
Sebastian 20. 1.
Sibylle 8. 10.
Siegfried 15. 2.
Sieglinde 24. 7.
Sigismund 1. 5.
Sigrid 22. 6.
Silvia 3. 11.
Simon 28. 10.
Sophia 15. 5.
Stephan 26. 12.
Susanne 11. 8.

Theodor 16. 8./9. 11.
Therese 15. 10.
Thomas 3. 7.

Ulrich 4. 7.
Urusla 21. 10.

Valentin 7. 1./14. 2.
Vera 24. 1.
Verena 1. 9.
Veronika 27. 2.
Viktor 30. 9./10. 10.
Viktoria 11. 2./6. 5.
Vinzenz 22. 1.

Waltraud 9. 4.
Werner 19. 4.
Wilfried 28. 4.
Wilhelm 28. 5./5. 7.
Willibald 7. 7.
Wiltrud 6. 1./30. 7.
Winifred 3. 11.
Wolfgang 31. 10.
Wolfram 20. 3.

Xaver 3. 12.

# *Nationalitätskennzeichen der Flugzeuge*

| | | | |
|---|---|---|---|
| Afghanistan | YA | Madagaskar | 5R |
| Äypten | SU | Malawi | 7QY |
| Algerien | 7T | Malaysia | 9M |
| Argentinien | LV, LQ | Mali | TZ |
| Äthiopien | ET | Malta | 9H |
| Australien | VH | Marokko | CN |
| Belgien | OO | Mauretanien | 5T |
| Benin | TY | Mexiko | XA, XB, XC |
| Birma | XY, XZ | Nepal | 9N |
| Bolivien | CP | Neuseeland | ZK, ZL, ZM |
| Brasilien | PP, PT | Nicaragua | AN |
| Bulgarien | LZ | Niederlande | PH |
| Burkina Faso | XT | Niederländisch-Anitillen | PJ |
| Burundi | 9U | Niger | 5U |
| Chile | CC | Nigerien | 5N |
| Costa Rica | TI | Norwegen | LN |
| Dänemark | OY | Österreich | OE |
| Deutschland | D | Pakistan | AP |
| Dominikanische Republik | HI | Panama | HP |
| Ecuador | HC | Paraguay | ZP |
| Elfenbeinküste | TU | Peru | OB |
| El Salvador | YS | Philippinen | PI |
| Finnland | OH | Polen | SP |
| Frankreich | F | Portugal | CR, CS |
| Gabun | TR | Republik Korea | HL |
| Ghana | 9G | Republik Südafrika | ZS, ZT, ZU |
| Griechenland | SX | Ruanda | 9XR |
| Großbritannien | VP, VQ, VR | Rumänien | YR |
| Guatemala | TG | Sambia | 9J |
| Guinea | 3X | Samoa | 5W |
| Guyana | 8R | Saudi-Arabien | HZ |
| Haiti | HH | Schweden | SE |
| Honduras | HR | Schweiz | HB |
| Indien | VT | Senegel | 6V, 6W |
| Indonesien | PK | Serbien und Montenegro | YU |
| Irak | YI | Sierra Leone | 9L |
| Iran | EP | Singapur | 9V |
| Irland | EI, EJ | Somalia | 6OS |
| Island | TF | Spanien | EC |
| Israel | 4X | Sri Lanka | 4R |
| Italien | I | Sudan | ST |
| Jamaika | 6Y | Syrien | YK |
| Japan | JA | Tansania | 5H |
| Jordanien | JY | Thailand | HS |
| Kambodscha | XU | Togo | 5V |
| Kamerun | TJ | Trinidad und Tobago | 9Y |
| Kanada | CF | Tschad | TT |
| Kenia | 5Y | Tschechien | OK |
| Kolumbien | HK | Tunesien | TS |
| Kongo | TN | Türkei | TC |
| Kuwait | 9K | Uganda | 5X |
| Laos | XW | Ungarn | HA |
| Lesotho | 7P | Venezuela | YV |
| Libanon | OD | Vereinigte Staaten von Amerika | N |
| Liberia | EL | Zentralafrikanische Republik | TL |
| Libyen | 5A | Zypern | 5B |
| Liechtenstein | HB | | |
| Luxemburg | LX | | |

# *Nationalitätskennzeichen der Kraftfahrzeuge*

| | |
|---|---|
| **A** | Österreich |
| **AL** | Albanien |
| **AND** | Andorra |
| **AUS** | Australien |
| **B** | Belgien |
| **BDS** | Barbados |
| **BG** | Bulgarien |
| **BH** | Belize (Britisch-Honduras) |
| **BR** | Brasilien |
| **BRU** | Brunei (GB) |
| **BS** | Bahamas |
| **BUR** | Birma (Burma) |
| **C** | Cuba |
| **CC** | Corps Consulaire |
| **CD** | Corps Diplomatique |
| **CDN** | Kanada |
| **CH** | Schweiz |
| **CI** | Elfenbeinküste |
| **CL** | Sri Lanka (Ceylon) |
| **CO** | Kolumbien |
| **CR** | Costa Rica |
| **CY** | Zypern |
| **CZ** | Tschechien |
| **D** | Deutschland |
| **DK** | Dänemark |
| **DOM** | Dominikanische Republik |
| **DZ** | Algerien |
| **E** | Spanien |
| **EAK** | Kenia |
| **EAT** | Tansania |
| **EAU** | Uganda |
| **EC** | Ecuador |
| **ECA** | Zentralafrikanische Republik |
| **ET** | Ägypten |
| **ETH** | Äthiopien |
| **F** | Frankreich |
| **FIN** | Finnland |
| **FL** | Liechtenstein |
| **GB** | Großbritannien und Nordirland |
| **GGA** | Guatemala |
| **GH** | Ghana |
| **GR** | Griechenland |
| **H** | Ungarn |
| **HK** | Hongkong (GB) |
| **I** | Italien |
| **IND** | Indien |
| **IL** | Israel |
| **IR** | Iran |
| **IRL** | Irland |
| **IRQ** | Irak |
| **IS** | Island |
| **J** | Japan |
| **JA** | Jamaika |
| **JOR** | Jordanien |
| **K** | Kambodscha |
| **L** | Luxemburg |
| **LAO** | Laos |
| **LS** | Lesotho |
| **M** | Malta |
| **MA** | Marokko |
| **MAL** | Malaysia |
| **MC** | Monaco |
| **MEX** | Mexiko |
| **MS** | Mauritius |
| **MW** | Malawi |
| **N** | Norwegen |
| **NA** | Niederländische Antillen |
| **NIC** | Nicaragua |
| **NL** | Niederlande |
| **NZ** | Neuseeland |
| **P** | Portugal |
| **PA** | Panama |
| **PAK** | Pakistan |
| **PE** | Peru |
| **PL** | Polen |
| **PY** | Paraguay |
| **R** | Rumänien |
| **RA** | Argentinien |
| **RB** | Botswana |
| **RC** | Republik China |
| **RCB** | Kongo |
| **RCH** | Chile |
| **RG** | Niger |
| **RH** | Haiti |
| **RI** | Indonesien |
| **RL** | Libanon |
| **RM** | Madagaskar |
| **RMM** | Mali |
| **RP** | Philippinen |
| **RPB** | Benin |
| **RSM** | San Marino |
| **RUS** | Rußland |
| **RWA** | Ruanda |
| **S** | Schweden |
| **SCG** | Serbien und Montenegro |
| **SCV** | Vatikanstadt |
| **SGIP** | Singapur |
| **SME** | Surinam |
| **SN** | Senegal |
| **SP** | Somalia |
| **SYR** | Syrien |
| **THA** | Thailand |
| **TJ** | Tadschikistan |
| **TG** | Togo |
| **TN** | Tunesien |
| **TR** | Türkei |
| **TT** | Trinidad und Tobago |
| **U** | Uruguay |
| **USA** | Vereinigte Staaten von Amerika |
| **VN** | Vietnam |
| **WAG** | Gambia |
| **WAL** | Sierra Leone |
| **WAN** | Nigeria |
| **WS** | Samoa |
| **V** | Vatikanstadt |
| **YV** | Venezuela |
| **Z** | Sambia |
| **ZA** | Südafrika |

## *NATO-Abkürzungen*

| | |
|---|---|
| **AFCENT** | Alliierte Streitkräfte Europa Mitte |
| **AGARD** | Beratergruppe für Luftfahrt |
| **AIRCENT** | Alliierte Luftstreitkräfte Europa Mitte |
| **CENTAG** | Armeegruppe Mitte der LANDCENT |
| **CHANCOMTEE** | Ärmelkanal-Ausschuß |
| **CINCAFMED** | Oberbefehlshaber der Alliierten Streitkräfte Mittelmeer |
| **CINCCENT** | Oberbefehlshaber der Alliierten Streitkräfte Europa Mitte |
| **CINCHAN** | Alliierter Oberbefehlshaber Ärmelkanal |
| **CINCMAIRCHAN** | Alliierter Oberbefehlshaber der Luftstreitmächte Kanal und Südliche Nordsee |
| **CINCNORTH** | Oberbefehlshaber der Alliierten Streitkräfte Europa Nord |
| **CINCSOUTH** | Oberbefehlshaber der Alliierten Streitkräfte Europa Süd |
| **COMNORSEACENT** | Kommando der Nordseestreitkräfte Europa Mitte |
| **CUSRPG** | Kanadisch-amerikanische regionale Planungsgruppe |
| **DPC** | Ausschuß für Verteidigungsplanung |
| **EMCCE** | Europäischer Fernmeldeausschuß |
| **LANDCENT** | Alliierte Landstreitkräfte Europa Mitte |
| **MAS** | Standardisierungsamt |
| **NAC** | NATO-Rat |
| **NADEFCOL** | Verteidigungsakademie |
| **NAVCENT** | Alliierte Seestreitkräfte Europa Mitte |
| **NDC** | NATO-Verteidigungsakademie |
| **NORTHAG** | Armeegruppe Nord der LANDCENT |
| **SACEUR** | Alliiertes Oberkommando Europa |
| **SACLANT** | Alliiertes Oberkommando Atlantik |
| **SADTC** | Institut für Luftraumverteidigung |
| **SHAPE** | Oberstes Hauptquartier der Alliierten Streitkräfte in Europa |
| **STANAVFORLANT** | Natoflotte |

## *Notenschlüssel*

C-Schlüssel

Baß-Schlüssel
oder F-Schlüssel

1 2 3 4 5 6 7

C-Schlüssel:
1 = Diskant-,
2 = Mezzosopran-,
3 = Alt-,
4 = Tenor-Schlüssel

F-Schlüssel:
5 = Bariton-,
6 = Baß-,
7 = Subbaß-Schlüssel

Violin-Schlüssel
oder G-Schlüssel

8 9

Violin-Schlüssel:
8 = Deutscher,
9 = Französischer Violin-Schlüssel

## Die 14 Nothelfer

Als Helfer in allen möglichen Nöten spielen im katholischen Volksglauben die 14 Nothelfer eine große Rolle, zu deren Ehren die Wallfahrtskirche Vierzehnheiligen im oberen Maintal errichtet wurde. Die Namen der 14 Heiligen sind:

Achatius
Ägidius
Barbara
Blasius
Christophorus
Cyriacus
Dionysius
Erasmus
Eustachius
Georg
Katharina von Alexandria
Margarete von Antiochia
Pantaleon
Vitus

## Olympische Spiele

| Sommerspiele | Winterspiele |
|---|---|
| 1. 1896 Athen | – |
| 2. 1900 Paris | – |
| 3. 1904 St. Louis | – |
| 4. 1908 London | – |
| 5. 1912 Stockholm | – |
| 6. 1916 Berlin (ausgefallen) | – |
| 7. 1920 Antwerpen | – |
| 8. 1924 Paris | 1. 1924 Chamonix |
| 9. 1928 Amsterdam | 2. 1928 St. Moritz |
| 10. 1932 Los Angeles | 3. 1932 Lake Placid |
| 11. 1936 Berlin | 4. 1936 Garmisch-Partenkirchen |
| 12. 1940 Tokio (ausgefallen) | – 1940 ausgefallen |
| 13. 1944 London (ausgefallen) | – 1944 ausgefallen |
| 14. 1948 London | 5. 1948 St. Moritz |
| 15. 1952 Helsinki | 6. 1952 Oslo |
| 16. 1956 Melbourne | 7. 1956 Cortina d'Ampezzo |
| 17. 1960 Rom | 8. 1960 Squaw Valley |
| 18. 1964 Tokio | 9. 1964 Innsbruck |
| 19. 1968 Mexico City | 10. 1968 Grenoble |
| 20. 1972 München | 11. 1972 Sapporo/Japan |
| 21. 1976 Montreal | 12. 1976 Innsbruck |
| 22. 1980 Moskau | 13. 1980 Lake Placid |
| 23. 1984 Los Angeles | 14. 1984 Sarajevo |
| 24. 1988 Seoul | 15. 1988 Calgary |
| 25. 1992 Barcelona | 16. 1992 Albertville |
| 26. 1996 Atlanta | 17. 1994 Lillehammer |
| 27. 2000 Sydney | 18. 1998 Nagano |
| 28. 2004 Athen | 19. 2002 Salt Lake City |
| 29. 2008 Peking | 20. 2006 Turin |
| 30. 2012 London | 21. 2010 Vancouver |

## Berühmte Operetten und ihre Schöpfer

**Arme Jonathan**, Der (Millöcker)
**Berliner Luft** (Lincke)
**Bettelstudent**, Der (Millöcker)
**Blaubart** (Offenbach)
**Blume von Hawaii**, Die (Abraham)
**Clivia** (Dostal)
**Csárdásfürstin**, Die (Kálmán)
**Dollarprinzessin**, Die (Fall)
**Drei alte Schachteln** (Kollo)
**Feldprediger**, Der (Millöclker)
**Fidele Bauer**, Der (Fall)
**Fledermaus** (Die (Joh. Strauß)
**Frau im Hermelin**, Die (Gilbert)
**Frau Luna** (Lincke)
**Gasparone** (Millöcker)
**Geisha**, Die (Jones)
**Geschiedene Frau**, Die (Fall)
**Glückliche Reise** (Künneke)

**Graf v. Luxemburg**, Der (Lehar)
**Hochzeitsnacht im Paradies** (Schröder)
**Land des Lächelns**, Das (Lehár)
**Landstreicher**, Die (Ziehrer)
**Leichte Kavallerie** (Suppé)
**Liebe Augustin**, Der (Fall)
**Lustige Witwe**, Die (Lehár)
**Mädi** (Stolz)
**Maske in Blau** (Raymond)
**Meine Schwester und ich** (Benatzky)
**Mikado**, Der (Sullivan)
**Nacht in Venedig**, Eine (Joh. Strauß)
**Obersteiger**, Der (Zeller)
**Opernball**, Der (Heuberger)
**Orpheus in der Unterwelt** (Offenbach)
**Paganini** (Lehár)
**Pique-Dame** (Suppé)
**Polenblut** (Nedbal)
**Rose von Stambul**, Die (Fall)
**Schöne Galathé**, Die (Suppé)
**Schöne Helene**, Die (Offenbach)
**Schön ist die Welt** (Lehár)
**Schwarzwaldmädel** (Jessel)
**Vetter aus Dingsda**, Der (Künnekel)
**Viktoria und ihr Husar** (Abraham)
**Vogelhändler**, Der (Zeller)
**Waldmeister** (Joh. Strauß)
**Walzertraum**, Ein (O. Strauß)
**Weißen Rößl**, Im (Benatzky)
**Wiener Blut** (Joh. Strauß)
**Zarewitsch**, Der (Lehár)
**Zigeunerbaron**, Der (Joh. Strauß)
**Zirkusprinzessin**, Die (Kálmán)

## *Berühmte Opern und ihre Komponisten*

**Aida** (Verdi)
**Alceste** (Gluck)
**Ariadne auf Naxos** (R. Strauss)
**Bajazzo**, Der (Leoncavallo)
**Barbier von Bagdad**, Der (Cornelius)
**Barbier von Sevilla**, Der (Rossini)
**Bohéme**, La (Puccini)
**Boris Godunow** (Mussorgski)
**Capriccio** (R. Strauss)
**Carmen** (Bizet)
**Cavalleria rusticana** (Mascagni)
**Cosi fan tutte** (Mozart)
**Don Carlos** (Verdi)
**Don Giovanni** (Mozart)
**Don Pasquale** (Donizetti)
**Elektra** (R. Strauss)
**Entführung aus dem Serail** (Mozart)
**Eugen Onegin** (Tschaikowsky)
**Falstaff** (Verdi)
**Fidelio** (Beethoven)
**Figaros Hochzeit** (Mozart)
**Fliegende Holländer**, Der (Wagner)
**Fra Diavolo** (Auber)
**Freischütz**, Der (Weber)
**Götterdämmerung** (Wagner)
**Hänsel und Gretel** (Humperdinck)
**Hoffmanns Erzählungen** (Offenbach)
**Idomeneo** (Mozart)
**Iphigenie auf Tauris** (Gluck)
**Iphigenie in Aulis** (Gluck)
**Lohengrin** (Wagner)
**Lustigen Weiber v. Windsor**, Die (Nicola)
**Macbeth** (Verdi)
**Macht des Schicksals**, Die (Verdi)
**Madame Butterfly** (Puccini)
**Margarethe** (Gounod)
**Martha** (Flotow)
**Maskenball**, Ein (Verdi)
**Mathis der Maler** (Hindemith)
**Meistersinger von Nürnberg** (Wagner)
**Oberon** (Weber)
**Orpheus und Eurydike** (Gluck)
**Othello** (Verdi)
**Palestrina** (Pfitzner)
**Parzifal** (Wagner)
**Peer Gynt** (Egk)
**Peter Grimes** (Britten)
**Pique Dame** (Tschaikowsky)
**Porgy and Bess** (Gershwin)
**Regimentstochter**, Die (Donizetti)
**Rheingold** Wagner)
**Rigoletto** (Verdi)
**Rosenkavalier**, Der (R. Strauss)
**Salome** (R. Strauss)
**Siegfried** (Wagner)
**Tannhäuser** (Wagner)
**Tiefland** (d'Albert)
**Tosca** (Puccini)
**Traviata**, La (Verdi)
**Tristan und Isolde** (Wagner)
**Troubadour**, Der (Verdi)
**Turandot** (Puccini)
**Undine** (Lortzing)
**Verkaufte Braut**, Die (Smetana)
**Waffenschmied**, Der (Lortzing)
**Walküre**, Die (Wagner)
**Wildschütz**, Der (Lortzing)
**Wozzek** (Berg)
**Zar und Zimmermann** (Lortzing)
**Zauberflöte**, Die (Mozart)

## Orchester

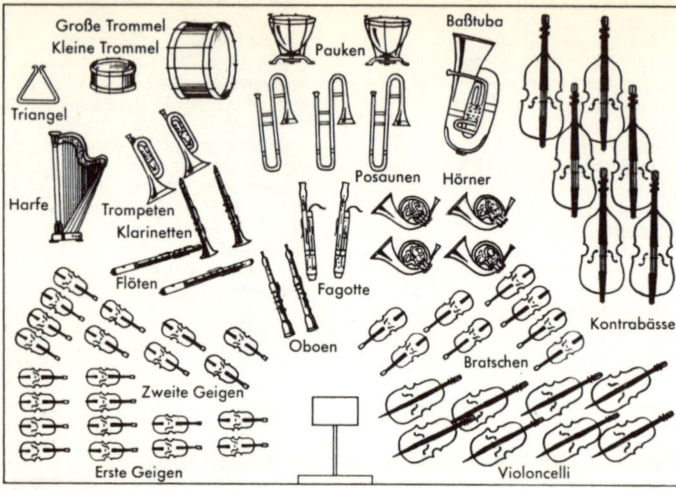


## Orient-Teppiche

| Name | Knüpfungen pro m² | Hauptfarben |
|---|---|---|
| **Afghan** | 90000–250000 | Dunkelrot, Zeichnung Dunkelblau mit Weiß |
| **Belutschistan** | 75000–140000 | Tiefdunkelblau, Rot u. Braun, Zeichnung oft Weiß |
| **Buchara** | 200000–400000 | Rotbraun, Zeichnung Dunkelblau mit Weiß |
| **Derbent** | 80000–160000 | Blau, Rot, seltener Creme |
| **Hamedan** | 65000– 90000 | Dunkelsandfarben, Rot, Blau |
| **Heris** | 50000– 90000 | Rot, Blau, Creme |
| **Kirman** | 180000–400000 | Rot, Blau, Grün und Weiß |
| **Meshed** | 160000–300000 | Rot, Blau u. Creme |
| **Samarkand** | 40000– 60000 | Blaßrot mit Gelb u. Grün, auch Rot |
| **Saruk** | 90000–140000 | Creme, Blau u. Kupferrot |
| **Schiras** | 70000–150000 | Dunkelblau, Rot u. Creme |
| **Schirwan** | 90000–250000 | Rot, Blau, manchmal auch Creme u. Violett |
| **Senne** | 300000–500000 | Creme, Blau u. Rot |
| **Täbris** | 170000–350000 | Rot, Blau u. Grün |

## Ortsnamen-Ungeheuer

**Taumatawhakatangihangakoauotamateaturipukakapikimaungahoronukupokaiwhenuakitanatahu** hat 83 Buchstaben, liegt auf der Nordinsel von Neuseeland und heißt aus der Maorisprache übersetzt etwa: »Der Felsgipfel, wo Tamatea, der Mann mit dem dicken Knie, der die Berge hinunterrutschte, hinaufkletterte und verschlang, der Entdecker des Landes, seiner Geliebten auf der Flöte vorspielte.«

**Llanfairpwllgwyngyllgogerychwyrndrobwllllantysiliogogogoch** hat 58 Buchstaben, liegt in Wales und heißt aus dem Walisischen übersetzt etwa: »Marienkirche in einer Mulde weißer Haseln in der Nähe eines schnellen Wirbels und in der Gegend der Thysiliokirche, die bei einer roten Höhle liegt.«

## Österreich

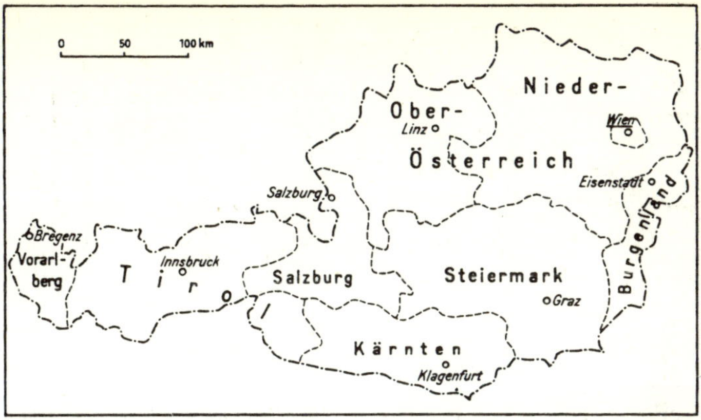


| Bundesland | Fläche (km²) | Einwohner in Mio. | Hauptstadt |
|---|---|---|---|
| Burgenland | 3965 | 0,273 | Eisenstadt |
| Kärnten | 9533 | 0,526 | Klagenfurt |
| Niederösterreich | 19170 | 1,415 | (Wien) |
| Oberösterreich | 11978 | 1,225 | Linz |
| Salzburg | 7154 | 0,402 | Salzburg |
| Steiermark | 16386 | 1,193 | Graz |
| Tirol | 12648 | 0,541 | Innsbruck |
| Vorarlberg | 2601 | 0,272 | Bregenz |
| Wien | 414 | 1,615 | Wien |

## Papierformate nach DIN

| Format Kl. | Benennung | Reihe A (Vorzugsr.) mm | Reihe B mm | Reihe C mm | Reihe D mm |
|---|---|---|---|---|---|
| 0 | Vierfachbogen | 841 x 1189 | 1000 x 1414 | 917 x 1297 | 771 x 1090 |
| 1 | Doppelbogen | 594 x 841 | 707 x 1000 | 648 x 917 | 545 x 771 |
| 2 | Bogen | 420 x 594 | 500 x 707 | 458 x 648 | 385 x 545 |
| 3 | Halbbogen | 297 x 420 | 353 x 500 | 324 x 458 | 272 x 385 |
| 4 | Viertelbogen | 210 x 297 | 250 x 353 | 229 x 324 | 192 x 272 |
| 5 | Blatt | 148 x 210 | 176 x 250 | 162 x 229 | 136 x 192 |
| 6 | Halbblatt | 105 x 148 | 125 x 176 | 114 x 162 | 96 x 136 |
| 7 | Viertelblatt | 74 x 105 | 88 x 125 | 81 x 114 | 68 x 96 |
| 8 | Achtelblatt | 52 x 74 | 62 x 88 | 57 x 81 | 48 x 68 |
| 9 | - | 37 x 52 | 44 x 62 | 40 x 57 | 34 x 48 |
| 10 | - | 26 x 37 | 31 x 44 | 28 x 40 | 24 x 34 |
| 11 | - | 18 x 26 | 22 x 31 | 20 x 28 | 17 x 24 |
| 12 | - | 13 x 18 | 15 x 22 | 14 x 20 | 12 x 17 |
| 13 | - | 9 x 13 | 11 x 15 | 10 x 14 | 9 x 12 |

| | | | | | |
|---|---|---|---|---|---|
| Petrus | - 67? | Johann II. | 533-535 | Stephan VI. | 885- 891 |
| Linus | 67- 79? | Agapetus I. | 535-536 | Formosus | 891- 896 |
| Anakletus | 79- 90? | Silverius | 536-537 | Bonifatius VI. | 896 |
| Klemens I. | 90- 99? | Vigilius | 537-555 | Stephan VII. | 896- 897 |
| Evaristus | 99-107? | Pelagius I. | 556-561 | Romanus | 897 |
| Alexander I. | 107-116? | Johann III. | 561-574 | Theodor II. | 897 |
| Sixtus I. | 116-125? | Benedikt I. | 575-579 | Johann IX. | 898- 900 |
| Telesphorus | 125-136? | Pelagius II. | 579-590 | Benedikt IV. | 900- 903 |
| Hyginus | 136-140? | Gregor I. | 590-604 | Leo V. | 903 |
| Pius I. | 140-154? | Sabinianus | 604-606 | Christophorus | 903- 904 |
| Anicetus | 154-165? | Bonifatius III. | 607 | Sergius III. | 904- 911 |
| Soter | 166-174? | Bonifatius IV. | 608-615 | Anastasius III. | 911- 913 |
| Eleutherus | 174-189? | Deusdedit | 615-618 | Lando | 913- 914 |
| Viktor I. | 189-198? | Bonifatius V. | 619-625 | Johann X. | 914- 928 |
| Zephyrinus | 198-217? | Honorius I. | 625-638 | Leo VI. | 928 |
| Kalixt I. | 217-222 | Severinus | 640 | Stephan VIII. | 929- 931 |
| Urban I. | 222-230 | Johann IV. | 640-642 | Johann XI. | 931- 935 |
| Pontianus | 230-235 | Theodor I. | 642-649 | Leo VII. | 936- 939 |
| Anterus | 235-236 | Martin I. | 649-653 | Stephan IX. | 939- 942 |
| Fabianus | 236-250 | Eugen I. | 654-657 | Marinus II. | 942- 946 |
| Kornelius | 251-253 | Vitalian | 657-672 | Agapetus II. | 946- 955 |
| Lucius I. | 253-254 | Adeodatus | 672-676 | Johann XII. | 955- 964 |
| Stephan I. | 254-257 | Domus | 676-678 | Leo VIII. | 963- 965 |
| Sixtus II. | 257-258 | Agatho | 678-681 | Benedikt V. | 964 |
| Dionysius | 259-268 | Leo II. | 682-683 | Johann XIII. | 965- 972 |
| Felix I. | 269-274 | Benedik II. | 684-685 | Benedikt VI. | 973- 974 |
| Eutychianus | 275-283 | Johann V. | 685-686 | Benedikt VII. | 974- 983 |
| Kajus | 283-296 | Konon | 686-687 | Johann XIV. | 983- 984 |
| Marcellinus | 296-304 | Sergius I. | 687-701 | Bonifatius VII. | 984- 985 |
| Marcellus I. | 307-309 | Johann VI. | 701-705 | Johann XV. | 985- 996 |
| Eusebius | 310 | Johann VII. | 705-707 | Gregor V. | 996- 999 |
| Melchiades | 311-314 | Sisinnius | 708 | Silvester II. | 999-1003 |
| Silvester I. | 314-335 | Konstantin I. | 708-715 | Johann XVII. | 1003 |
| Markus | 336 | Gregor II. | 715-731 | Johann XVIII. | 1003-1009 |
| Julius I. | 337-352 | Gregor III. | 731-741 | Sergius IV. | 1009-1012 |
| Liberius | 352-366 | Zacharias | 741-752 | Benedikt VIII. | 1012-1024 |
| Damasus I. | 366-384 | Stephan II. | 752-757 | Johann XIX. | 1024-1032 |
| Siricius | 384-399 | Paul I. | 757-767 | Benedikt IX. | 1032-1044 |
| Anastasius I. | 399-401 | Stephan III. | 768-772 | Silvester III. | 1045 |
| Innozenz I. | 402-417 | Stephan IV. | 772 | Gregor VI. | 1045-1046 |
| Zosimus | 417-418 | Hadrian I. | 772-795 | Klemens II. | 1046-1047 |
| Bonifatius I. | 418-422 | Leo III. | 795-816 | Damasus II. | 1048 |
| Cölestin I. | 422-432 | Stephan V. | 816-817 | Leo IX. | 1049-1054 |
| Sixtus III. | 432-440 | Paschalis I. | 817-824 | Viktor II. | 1055-1057 |
| Leo I. | 440-461 | Eugen II. | 824-827 | Stephan X. | 1057-1058 |
| Hilarus | 461-468 | Valentin | 827 | Nikolaus II. | 1058-1061 |
| Simplicius | 468-483 | Gregor IV. | 827-844 | Alexander II. | 1061-1073 |
| Felix II. | 483-492 | Sergius II. | 844-847 | Gregor VII. | 1073-1085 |
| Gelasius I. | 492-496 | Leo IV. | 847-855 | Viktor III. | 1086-1087 |
| Anastasius II. | 496-498 | Benedikt III. | 855-858 | Urban II. | 1088-1099 |
| Symmachus | 498-514 | Nikolaus I. | 858-867 | Paschalis II. | 1099-1118 |
| Hormisdas | 514-523 | Hadrian II. | 867-872 | Gelasius II. | 1118-1119 |
| Johann I. | 523-526 | Johann VIII. | 872-882 | Kalixt II. | 1119-1124 |
| Felix III. | 526-530 | Marinus I. | 882-884 | Honorius II. | 1124-1130 |
| Bonifatius II. | 530-532 | Hadrian III. | 884-885 | Innozenz II. | 1130-1143 |

| | |
|---|---|
| Cölestin II. | 1143–1144 |
| Lucius II. | 1144–1145 |
| Eugen III. | 1145–1153 |
| Anastasius IV. | 1153–1154 |
| Hadrian IV. | 1154–1159 |
| Alexander III. | 1159–1181 |
| Lucius III | 1181–1185 |
| Urban III. | 1185–1187 |
| Gregor VIII. | 1187 |
| Klemens III. | 1187–1191 |
| Cölestin III. | 1191–1198 |
| Innozenz III. | 1198–1216 |
| Honorius III. | 1216–1227 |
| Gregor IX. | 1227–1241 |
| Cölestin IV. | 1241 |
| Innozenz IV. | 1243–1254 |
| Alexander IV. | 1254–1261 |
| Urban IV. | 1261–1264 |
| Klemens IV. | 1265–1268 |
| Gregor X. | 1271–1276 |
| Innozenz V. | 1276 |
| Hadrian V. | 1276 |
| Johann XXI. | 1276–1277 |
| Nikolaus III. | 1277–1280 |
| Martin IV. | 1281–1285 |
| Honorius IV. | 1285–1287 |
| Nikolaus IV. | 1288–1292 |
| Cölestin V. | 1294 |
| Bonifatius VIII. | 1294–1303 |
| Benedikt XI. | 1303–1304 |
| Klemens V. | 1305–1314 |
| Johann XXII. | 1316–1334 |
| Benedikt XII. | 1334–1342 |
| Klemens VI. | 1342–1352 |
| Innozenz VI. | 1352–1362 |
| Urban V. | 1362–1370 |
| Gregor XI. | 1370–1378 |
| Urban VI. | 1378–1389 |
| Bonifatius IX. | 1389–1404 |
| Innozenz VII. | 1404–1406 |
| Gregor XII. | 1406–1415 |
| Martin V. | 1417–1431 |
| Eugen IV. | 1431–1447 |
| Nikolaus V. | 1447–1455 |
| Kalixt III. | 1455–1458 |
| Pius II. | 1458–1464 |
| Paul II. | 1464–1471 |
| Sixtus IV. | 1471–1484 |
| Innozenz VIII. | 1484–1492 |
| Alexander VI. | 1492–1503 |
| Pius III. | 1503 |
| Julius II. | 1503–1513 |
| Leo X. | 1513–1521 |
| Hadrian VI. | 1522–1523 |
| Klemens VII. | 1523–1534 |
| Paul III. | 1534–1549 |
| Julius III. | 1550–1555 |
| Marcellus II. | 1555 |
| Paul IV. | 1555–1559 |
| Pius IV. | 1559–1565 |
| Pius V. | 1566–1572 |
| Gregor XIII. | 1572–1585 |
| Sixtus V. | 1585–1590 |
| Urban VII. | 1590 |
| Gregor XIV. | 1590–1591 |
| Innozenz IX | 1591 |
| Klemens VIII. | 1592–1605 |
| Leo XI. | 1605 |
| Paul V. | 1605–1621 |
| Gregor XV. | 1621–1623 |
| Urban VIII. | 1623–1644 |
| Innozenz X. | 1644–1655 |
| Alexander VII. | 1655–1667 |
| Klemens IX. | 1667–1669 |
| Klemens X. | 1670–1676 |
| Innozenz XI. | 1676–1689 |
| Alexander VIII. | 1689–1691 |
| Innozenz XII. | 1691–1700 |
| Klemens XI. | 1700–1721 |
| Innozenz XIII. | 1721–1724 |
| Benedikt XIII. | 1724–1730 |
| Klemens XII. | 1730–1740 |
| Benedikt XIV. | 1740–1758 |
| Klemens XIII. | 1758–1769 |
| Klemens XIV. | 1769–1774 |
| Pius VI. | 1775–1799 |
| Pius VII. | 1800–1823 |
| Leo XII. | 1823–1829 |
| Pius VIII. | 1829–1830 |
| Gregor XVI. | 1831–1846 |
| Pius IX. | 1846–1878 |
| Leo XIII. | 1878–1903 |
| Pius X. | 1903–1914 |
| Benedikt XV. | 1914–1922 |
| Pius XI. | 1922–1939 |
| Pius XII. | 1939–1958 |
| Johannes XXIII. | 1958–1963 |
| Paul VI. | 1963–1978 |
| Johannes Paul I. | 1978 |
| Johannes Paul II. | 1978–2005 |
| Benedikt XVI. | 2005– |

## Die 20 Verwaltungsbezirke von Paris

1. Louvre
2. Bourse
3. Temple
4. Hôtel de Ville
5. Panthéon
6. Luxembourg
7. Palais Bourbon
8. Elysée
9. Opéra
10. Enclos-St.-Laurent
11. Popincourt
12. Reuilly
13. Gobelins
14. Observatoire
15. Vaugirard
16. Passy
17. Batignolles-Monceau
18. Butte-Montmartre
19. Butte-Chaumont
20. Ménilmontant

## Fellarten für Pelzwerk

Angora
Biber
Bisam
Breitschwanz
Chinchilla
Dachs
Feh
Fohlen
Fuchs
Hamster
Iltis
Kanin
Katze
Kidfell
Krimmer
Lamm
Marder
Maulwurf
Murmel
Nerz
Nutria
Opossum
Otter
Persianer
Pijiki
Schaf
Seal
Seehund
Skunks
Slink
Waschbär
Wiesel
Zickel
Ziesel
Zobel

## Gliederung des Pflanzenreiches

**1. Abt.:** Schizophyta (Spaltpflanzen)
I. Klasse: Bacteria (Bakterien oder Spaltpilze)
II. Klasse: Cyanophyceae (Spaltalgen oder blaugrüne Algen)

**2. Abt.:** Thallophyta (Thalluspflanzen oder Lagerpflanzen)
I. Klasse: Flagellatae (Flagellaten oder Geißelalgen)
II. Klasse: Diatomeae (Kieselalgen)
III. Klasse: Chlorophyceae (Grünalgen)
IV. Klasse: Conjugatae (Jochalgen)
V. Klasse: Charophyceae (Armleuchteralgen)
VI. Klasse: Phaeophyceae (Braunalgen)
VII. Klasse: Rhodophyceae (Rotalgen)
VIII. Klasse: Myxomycetes (Schleimpilze)
IX. Klasse: Phycomycetes (Algenpilze, Niedere Pilze)
X. Klasse: Eumycetes (Höhere Pilze)

**3. Abt.:** Bryophyta (Moospflanzen)
I. Klasse: Hepaticae (Lebermoose)
II. Klasse: Musci (Laubmoose)

**4. Abt.:** Pteridophyta (Farnpflanzen)
I. Klasse: Psilophytinae (Urfarne)
II. Klasse: Lycopodiinae (Bärlappgewächse)
III. Klasse: Equisetinae (Schachtelhalmgewächse)
IV. Klasse: Filicinae (Farne)

**5. Abt.:** Spermatophyta (Samenpflanzen)
1. Unterabt.: Gymnospermae (Nacktsamige Pflanzen)
I. Klasse: Pteridospermae (Samenfarne)
II. Klasse: Cycadinae (Cycadeen)
III. Klasse: Bennettitinae (völlig ausgestorben)
IV. Klasse: Cordaitinae (völlig ausgestorben)
V. Klasse: Ginkgoinae (Ginkgo-Gewächse)
VI. Klasse: Coniferae (Nadelhölzer)
2. Unterabt.: Angiospermae (Bedecktsamige Pflanzen)
I. Klasse: Dicotyledonae (Zweikeimblätterige Pflanzen)
II. Klasse: Monocotyledonae (Einkeimblätterige Pflanzen)

## Berühmte Philosophen

**Anaxagoras** 499–428 v. Chr.
**Anaximander aus Milet** 610–547 v. Chr.
**Anaximenes von Milet** 585–525 v. Chr.
**Aquino,** Thomas von 1226–1274
**Aristoteles** 384–322 v. Chr.
**Augustinus** 354–430 n. Chr.
**Bacon,** Francis 1561–1626
**Bergson,** Henri 1859–1941
**Berkeley,** George 1684–1753
**Böhme,** Jakob 1575–1624
**Bruno,** Giordano 1548–1600
**Comenius,** Joh. Amos 1592–1670
**Comte,** Auguste 1798–1857
**Demokrit** 460–370 v. Chr.
**Descartes,** René 1596–1650
**Dewey,** John 1859–1952
**Dilthey,** Wilhelm 1833–1911
**Duns Scotus,** Johannes 1266–1308
**Empedokles** 490–430 v. Chr.
**Engels,** Friedrich 1818–1895
**Epikur** 341–270 v. Chr.
**Erasmus v. Rotterdam** 1467–1536
**Eucken,** Rudolf 1846–1926
**Feuerbach,** Ludwig 1804–1872
**Fichte,** Joh. Gottlieb 1762–1814
**Haeckel,** Ernst 1834–1918
**Hartmann,** Eduard von 1842–1906
**Hartmann,** Nicolai 1882–1950
**Hegel,** Georg Wilh. Friedr. 1770–1831
**Heidegger,** Martin 1889–1976
**Heraklit** um 500 v. Chr.
**Hobbes,** Thomas 1588–1679
**Humboldt,** Wilh. von 1767–1835
**Hume,** David 1711-1776
**Husserl,** Edmund 1859–1938
**James,** William 1842–1910
**Jaspers,** Karl 1882–1969
**Kant,** Immanuel 1724–1804

**Kierkegaard,** Sören 1813–1855
**Kues,** Nikolaus von 1401–1464
**Leibniz,** Gottfried Wilh. von 1646–1716
**Locke,** John 1632–1704
**Lotze,** Hermann 1817–1881
**Marx,** Karl 1818–1883
**Mill,** John Stuart 1806–1873
**Montesquieu,** Charles de 1689–1755
**More,** Thomas 1478–1535
**Nietzsche,** Friedrich 1844–1900
**Ortega y Gasset,** José 1883–1955
**Pascal,** Blaise 1623–1662
**Plato** 427–347 v. Chr.
**Pythagoras** um 550 v. Chr.
**Rousseau,** Jean Jacques 1712–1778
**Sartre,** Jean Paul 1905–1980
**Schelling,** Friedr. von 1775–1854
**Schleiermacher,** Friedr. Ernst 1768–1834
**Schopenhauer,** Arthur 1788–1860
**Seneca** 3–65 n. Chr.
**Sokrates** 469–399 v. Chr.
**Spencer,** Herbert 1820–1903
**Spengler,** Oswald 1880–1936
**Spinoza,** Benedikt de 1632–1677
**Steiner,** Rudolf 1861–1925
**Thales** von Milet 624–544 v. Chr.
**Voltaire** 1694–1778
**Wundt,** Wilhelm 1832–1920

## *Physikalische Einheiten – nach wem benannt?*

**Ampere,** Einheit der elektrischen Stromstärke; nach André Marie Ampère (1775–1836), französischer Mathematiker und Physiker
**Coulomb,** technische Einheit der Elektrizitätsmenge; nach Charles Augustin de Coulomb (1736–1806), französischer Ingenieur und Physiker
**Curie,** Einheit der Aktivität eines radioaktiven Strahlers; nach Marie Curie (1867–1934), französisch-polnische Chemikerin
**Farad,** Einheit der elektrischen Kapazität eines Kondensators; nach Michael Faraday (1791–1867), englischer Naturforscher
**Henry,** Einheit der elektrischen Induktivität; nach Joseph Henry (1797–1878), amerikanischer Physiker
**Hertz,** Einheit der Frequenz; nach Heinrich Hertz (1857–1894), deutscher Physiker
**Joule,** Einheit der Energie, Arbeit und Wärmemenge; nach James Prescott Joule (1818–1889), englischer Physiker
**Kelvin,** Einheit der absoluten Temperatur; nach Sir William Thomson, Baron Kelvin of Largs (1824–1904), englischer Mathematiker und Physiker
**Newton,** Einheit der Kraft; nach Sir Isaac Newton (1643–1727), englischer Physiker, Mathematiker und Astronom
**Ohm,** Einheit des elektrischen Widerstands; nach Georg Simon Ohm (1787–1854), deutscher Physiker
**Pascal,** Einheit des Drucks; nach Blaise Pascal (1623–1662), französischer Mathematiker und Religionsphilosoph
**Tesla,** Einheit der magnetischen Flußdichte; nach Nicola Tesla (1856–1943), amerikanischer Physiker und Elektrotechniker
**Volt,** Einheit der elektrischen Spannung; nach Alessandro Graf Volta (1745–1827), italienischer Physiker
**Watt,** Einheit für Leistung, Energiestrom und Wärmestrom; nach James Watt (1736–1819), schottischer Mechaniker
**Weber,** Einheit des magnetischen Flusses; nach Wilhelm Eduard Weber (1804–1891), deutscher Physiker

## *Die 9 Planeten*

| | Abstand von der Sonne | Durchmesser | Zahl der Monde |
|---|---|---|---|
| Merkur | 58000000 km | 4840 km | – |
| Venus | 108000000 km | 12400km | – |
| Erde | 150000000 km | 12742 km | 1 |
| Mars | 280000000 km | 6800 km | 2 |
| Jupiter | 775000000 km | 142800 km | 12 |
| Saturn | 1440000000 km | 120800 km | 10 |
| Uranus | 2870000000 km | 47600 km | 5 |
| Neptun | 4500000000 km | 44600 km | 2 |
| Pluto | 5900000000 km | 5850 km | – |

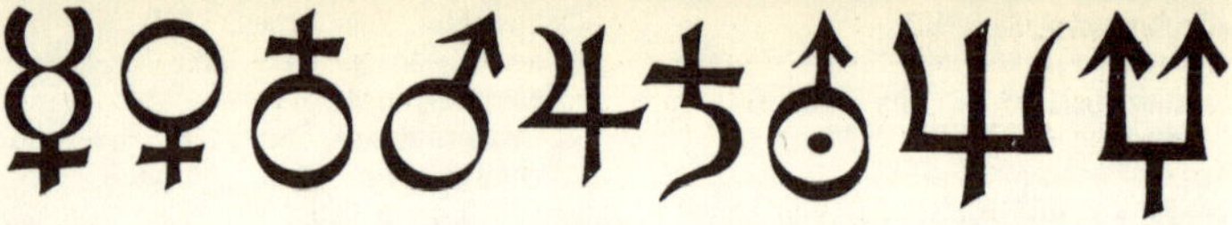

Merkur Venus Erde Mars Jupiter Saturn Uranus Neptun Pluto

## *Pläne - Pläne - Pläne*

| **Name** | **Ziel** |
|---|---|
| Bonin-Plan | Verteidigung der Bundesrepublik mit Freiwilligen |
| Bonnefous-Plan | europäische Verkehrs-Union |
| Eden-Plan | Wiedervereinigung Deutschlands |
| Grüner Plan | europäische Landwirtschafts-Union |
| Holland-Plan | Zollunion der Schumanplan-Länder |
| Kishi-Plan | wirtschaftliche Entwicklung SO-Asiens |
| Mansholt-Plan | Abbau der Schutzoll-Politik |
| Marshall-Plan | europäisches Wiederaufbauprogramm |
| Molotow-Plan | wirtschaftlicher Zusammenschluß des Ostblocks |
| Morgenthau-Plan | Umwandlung Deutschlands in Agrarstaat |
| Naters-Plan | Europäisierung des Saargebietes |
| Pella-Plan | europ. Präferenz-Zollgebiet, Integrierungsfonds |
| Petsche-Plan | freie Konvertierbarkeit der Währungen |
| Pfleiderer-Plan | Lösung des Ost-West-Konflikts |
| Pflimlin-Plan | europäische Landwirtschafts-Union |
| Pleven-Plan | europäische Verteidigungsgemeinschaft |
| Preusker-Plan | Belebung der Wirtschaftskonjunktur |
| Rapacki-Plan | atomwaffenfreie Zone in Mitteleuropa |
| Schuman-Plan | europäische Gemeinschaft für Kohle und Stahl |
| Seidel-Plan | Änderung der bayr. Lehrerbildung |
| Stikker-Plan | Liberalisierung des Handelsverkehrs |
| Uniscan-Plan | englisch-skandinavisches Wirtschaftsbündnis |
| Vanoni-Plan | Aufbau der italienischen Wirtschaft |

## *Postfranzösisch*

Für das Ausland bestimmte Sendungen sind nach den Bestimmungen der Bundespost zweisprachig mit Angaben über Sendungsart und Sonderdienst zu kennzeichnen. Offizielle Sprache des Weltpostvereins ist Französisch – es kann aber auch eine andere, im Bestimmungsland bekannte Sprache verwendet werden.

**Blindensendung:** Cécogrammes
**Brief:** Lettre
**Drucksache:** Imprimé
**Drucksache zu ermäßigter Gebühr:** Imprimé à taxe réduite
**Eigenhändig:** A remettre en main propre
**Eilzustellung:** Exprès
**Einschreiben:** Recommandé
**Frei von Gebühren und Abgaben:** Franc de taxes et de droits
**Luftpostleichtbrief:** Aérogramme
**Mit Luftpost:** Par avion
**Nachnahme:** Remboursement
**Offene Sendung, kann zu Prüfzwecken durch die Post geöffnet werden:** Envoi non clos, peut être ouvert pour contrôle par le service postal
**Päckchen:** Petit paquet
**Postkarte:** Carte postale
**Postlagernd:** Poste restante
**Rückschein:** Avis de réception
**Rückschein auf dem Luftweg:** Renvoi par avion

## Primzahlen

Zahlen, die außer durch 1 und sich selbst durch keine andere Zahl teilbar sind, heißen Primzahlen. Diese sind zwischen 1 und 1000:

| | | | | | | | | | | | |
|---|---|---|---|---|---|---|---|---|---|---|---|
| 2 | 47 | 109 | 191 | 269 | 353 | 439 | 523 | 617 | 709 | 811 | 907 |
| 3 | 53 | 113 | 193 | 271 | 359 | 443 | 541 | 619 | 719 | 821 | 911 |
| 5 | 59 | 127 | 197 | 277 | 367 | 449 | 547 | 631 | 727 | 823 | 919 |
| 7 | 61 | 131 | 199 | 281 | 373 | 457 | 557 | 641 | 733 | 827 | 929 |
| 11 | 67 | 137 | 211 | 283 | 379 | 461 | 563 | 643 | 739 | 829 | 937 |
| 13 | 71 | 139 | 223 | 293 | 383 | 463 | 569 | 647 | 743 | 839 | 941 |
| 17 | 73 | 149 | 227 | 307 | 389 | 467 | 571 | 653 | 751 | 853 | 947 |
| 19 | 79 | 151 | 229 | 311 | 397 | 479 | 577 | 659 | 757 | 857 | 953 |
| 23 | 83 | 157 | 233 | 313 | 401 | 487 | 587 | 661 | 761 | 859 | 967 |
| 29 | 89 | 163 | 239 | 317 | 409 | 491 | 593 | 673 | 769 | 863 | 971 |
| 31 | 97 | 167 | 241 | 331 | 419 | 499 | 599 | 677 | 773 | 877 | 977 |
| 37 | 101 | 173 | 251 | 337 | 421 | 503 | 601 | 683 | 787 | 881 | 983 |
| 41 | 103 | 179 | 257 | 347 | 431 | 509 | 607 | 691 | 797 | 883 | 991 |
| 43 | 107 | 181 | 263 | 349 | 433 | 521 | 613 | 701 | 809 | 887 | 997 |

Die bisher größte bekannte Primzahl ermittelten die beiden amerikanischen Computerspezialisten David Slowinski und Harry Nelson im Rechenzentrum des Lawrence Livermore Laboratory. Sie hat 13395 Stellen und lautet in mathematischer Schreibweise $2^{44497}-1$.

## Propheten

| 4 »große« | 12 »kleine« | | |
|---|---|---|---|
| Daniel | Amos | Joel | Nahum |
| Ezechiel | Habakuk | Jona(s) | Obadja |
| Jeremia(s) | Haggai | Maleachi | Sacharja |
| Jesaja (Isaias) | Hosea | Micha | Zephanja |

## Pythagoras

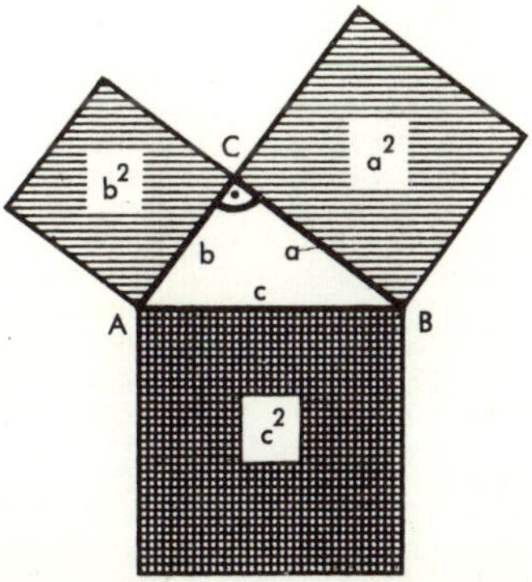


Kennen Sie noch den »Pythagoras«, den fundamentalen Lehrsatz der Geometrie? Hier ist er: $a^2 + b^2 = c^2$, d. h. im rechtwinkligen Dreieck ist die Fläche des Quadrats über der Hypotenuse (c) gleich der Summe der Flächen der Quadrate über den beiden Katheten (a und b).

# Q Quadratzahlen und Quadratwurzeln

| N | $N^2$ | $\sqrt{N}$ |
|---|---|---|
| 1 | 1 | 1,0 |
| 2 | 4 | 1,414 |
| 3 | 9 | 1,732 |
| 4 | 16 | 2,0 |
| 5 | 25 | 2,236 |
| 6 | 36 | 2,45 |
| 7 | 49 | 2,646 |
| 8 | 64 | 2,828 |
| 9 | 81 | 3,0 |
| 10 | 100 | 3,162 |
| 11 | 121 | 3,317 |
| 12 | 144 | 3,464 |
| 13 | 169 | 3,606 |
| 14 | 196 | 3,742 |
| 15 | 225 | 3,873 |
| 16 | 256 | 4,0 |
| 17 | 289 | 4,123 |
| 18 | 324 | 4,243 |
| 19 | 361 | 4,359 |
| 20 | 400 | 4,472 |
| 21 | 441 | 4,583 |
| 22 | 484 | 4,69 |
| 23 | 529 | 4,796 |
| 24 | 576 | 4,899 |
| 25 | 625 | 5,0 |
| 26 | 676 | 5,099 |
| 27 | 729 | 5,196 |
| 28 | 784 | 5,292 |
| 29 | 841 | 5,385 |
| 30 | 900 | 5,477 |
| 31 | 961 | 5,568 |
| 32 | 1024 | 5,657 |
| 33 | 1089 | 5,745 |
| 34 | 1156 | 5,831 |
| 35 | 1225 | 5,915 |
| 36 | 1296 | 6,0 |
| 37 | 1369 | 6,083 |
| 38 | 1444 | 6,164 |
| 39 | 1521 | 6,245 |
| 40 | 1600 | 6,325 |
| 41 | 1681 | 6,403 |
| 42 | 1764 | 6,481 |
| 43 | 1849 | 6,557 |
| 44 | 1936 | 6,633 |
| 45 | 2025 | 6,708 |
| 46 | 2116 | 6,782 |
| 47 | 2209 | 6,856 |
| 48 | 2304 | 6,928 |
| 49 | 2401 | 7,0 |
| 50 | 2500 | 7,071 |

## Quintenzirkel

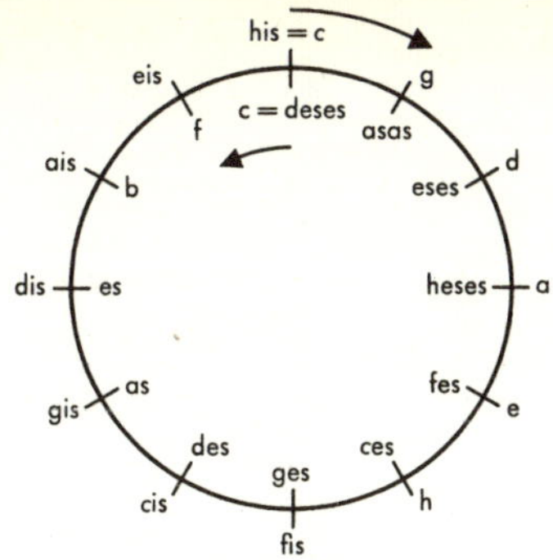


## Entwicklung der Raumfahrt

| | | |
|---|---|---|
| **Sputnik I** | 4. 10. 57 | erster künstlicher Erdsatellit der UdSSR |
| **Sputnik II** | 3. 11. 57 | mit der Hündin Lajka an Bord |
| **Explorer I** | 31. 1. 58 | erster US-Erdsatellit, entdeckte den »Van-Allen-Strahlengürtel« |
| **Lunik III** | 4. 10. 59 | erste Aufnahmen der Mondrückseite |
| **Tiros I** | 1. 4. 60 | erster Wettersatellit |
| **Venus I** | 12. 2. 61 | erster Flug zum Planeten Venus |
| **Wostok I** | 12. 4. 61 | erster bemannter Raumflug von J. Gagarin, UdSSR (108 Minuten) |
| **Mercury** | 20. 2. 62 | John Glenn als erster Amerikaner fünf Stunden im Weltraum |
| **Mars I** | 1. 11. 62 | erste UdSSR-Sonde, deren Bahn in den Nahbereich des Mars führt |
| **Wostok VI** | 16. 6. 63 | mit Vera Tereschkowa, der ersten Kosmonautin |
| **Mariner IV** | 28. 11. 64 | übermittelte die ersten Bilder der Marsoberfläche |
| **Woschod II** | 18. 3. 65 | Alexej Leonow wagt als erster Mensch ein zehnminütiges Ausstiegsmanöver |
| **Gemini IV** | 3. 6. 65 | Edward White hält sich zwanzig Minuten außerhalb der Raumkapsel auf |
| **Gemini VIII** | 16. 3. 66 | erstes Kopplungsmanöver mit Agena-Zielsatellit |
| **Apollo VIII** | 21. 12. 68 | erster bemannter Raumflug mit zehn Mondumrundungen |
| **Apollo XI** | 16. 7. 69 | mit N. A. Armstrong, E. Aldrin, M. Collins; am 20. 7. 69 betreten Armstrong und Aldrin als erste Menschen den Mond |
| **Apollo XII** | 14. 11. 69 | Ch. Conrad, R. F. Gordon, A. L. Bean; 2. Mondlandung |
| **Apollo XIII** | 11. 4. 70 | J. A. Lovell, F. W. Haise, J. L. Swigert; Explosion in der Kommandokapsel, deshalb keine Mondlandung |
| **Luna XVI** | 12. 9. 70 | ein Teil der Sonde kehrte mit Mondgesteinsproben zur Erde zurück |
| **Luna XVII** | 10. 11. 70 | ferngesteuertes, unbemanntes Mondfahrzeug »Lunochod 1« legt auf dem Mond 10237 Meter zurück |
| **Apollo XIV** | 31. 1. 71 | A. B. Shepard, St. A. Roosa, E. D. Mitchell; 3. Mondlandung |
| **Sojus X** | 22. 4. 71 | Kopplung mit der Raumstation Saljut I |
| **Sojus XI** | 6. 6. 71 | Kopplung mit Saljut I; durch Druckabfall finden die Kosmonauten G. T. Dobrowolski, W. N. Wolkow und W. I. Pazajew während des Landevorgangs den Tod |

| | | |
|---|---|---|
| **Apollo XV** | 26. 7. 71 | D. R. Scott, A. M. Worden, J. B. Irwin; 30 km Fahrt mit dem Mondjeep |
| **Mariner IX** | 13. 11. 71 | Aufnahmen des Marsmondes Phobos |
| **Pioneer X** | 3. 3. 72 | erreicht Anfang Dezember 1973 den Jupiter; die zur Erde gefunkten Meßdaten waren 45 Minuten unterwegs |
| **Apollo XVI** | 16. 4. 72 | h. M. Duke, Th. K. Mattingly, J. W. Young; 71 Stunden Aufenthalt auf dem Mond |
| **Apollo XVII** | 7. 12. 72 | E. A. Cernan, R. E. Evans, H. H. Schmitt; 6. Mondlandung |
| **Skylab 111** | 28. 7. 73 | Raumlabor mit 3 Astronauten, 28 Tage Erdumkreisung |
| **Mariner X** | 3. 11. 73 | fliegt am 5. 2. 74 in 5800 km Entfernung an der Venus, am 29. 3. 74 am Mars vorbei und funkt über 6000 Bilder der Planeten zur Erde |
| **Kosmos 641-48** | 23. 4. 74 | 8 kugelförmige Satelliten werden mit einer Rakete gestartet |
| **ATS VI** | 30. 5. 74 | dient als Navigationshilfe für Luft- und Seefahrzeuge; Lebenszeit über 1 Mio. Jahre |
| **Symphonie 1** | 19. 12. 74 | deutsch-französischer Nachrichtensatellit |
| **Aryabhata** | 19. 4. 75 | erster indischer Satellit, in der UdSSR gestartet |
| **Apollo-Sojus** | 15. 7. 75 | Kopplung des amerikanischen Raumfahrzeuges Apollo und des sowjetischen Sojus XIX; Durchführung gemeinsamer Forschungsprogramme |
| **Viking 1** | 20. 8. 75 | weiche Landung auf dem Mars am 19. 6. 76; Erkundung und Untersuchung des Marsbodens |
| **Helios** | 15. 1. 76 | Sonnensonde der Bundesrepublik Deutschland |
| **Palapa 1** | 8. 7. 76 | erster indonesischer Satellit |
| **ESA-GEDS** | 20. 4. 77 | europäischer Gemeinschaftssatellit |
| **Space Shuttle** | 12. 8. 77 | die wiederverwendbare Raumfähre der USA wird erstmals im Freiflug getestet |
| **Voyager II** | 20. 8. 77 | soll Botschaften der UNO und Musikaufnahmen über unser Sonnensystem hinaus in den Weltraum tragen |
| **Kosmos 954** | 18. 11. 77 | stürzt am 24. 1. 78 mit einem Atomgenerator an Bord über Kanada ab |
| **Sojus XXVIII** | 2. 3. 78 | Kopplungsmanöver an den Komplex Sajut VI-Sojus XXVII; damit werden erstmals drei Raumflugkörper im Weltraum verbunden |
| **Pioneer Venus II** | 8. 8. 78 | die Mehrfachsonde mit 5 Flugkörpern erreicht im Dezember 78 die Venus |
| **Sojus XXXI** | 26. 8. 78 | DDR-Kosmonaut Sigmund Jähn als erster Deutscher im Weltraum |
| **Voyager I** | 12. 11. 80 | Vorbeiflug am Saturn |
| **Space Shuttle** | 12. 4. 81 | 1. erfolgreicher Raumflug (54 ½ Stunden) |
| **Columbia** | 9. 12. 83 | Ulf Merbold als erster bundesdeutscher Astronaut im Weltraum (Labor »Spacelab«) |
| **Challenger** | 28. 1. 86 | Raumfähre explodiert in Cap Canaveral unmittelbar nach dem Start, 7 Tote |
| **Mir** | Frühjahr 1986 | Start des Basismoduls der Raumstation der SU |
| **ISS** | seit. Nov. 2000 | internationale Raumstation permanent bemannt |
| **Columbia** | 1. 2. 2003 | Absturz der Raumfähre bei der Landung |
| **Shenzhou** | 15. 10. 2003 | China gelingt es als dritter Nation Menschen ins All zu bringen |

## Redensarten – und was dahintersteckt

**Armutszeugnis:** Beweis der Unfähigkeit. Einst durfte nur betteln, wer eine amtliche Erlaubnis (= Armutszeugnis) vorweisen konnte.

**kein Blatt vor den Mund nehmen:** sich unumwunden äußern. Im 16. Jahrhundert hielt man sich bei peinlichen Äußerungen ein Blatt Papier oder ein Laubblatt vor den Mund.

**mit jemandem Deutsch reden:** ohne Umschweife die Wahrheit sagen. Deutsch war im Mittelalter die Sprache des gemeinen Volkes – die Geistlichkeit und die Gelehrten sprachen Latein.

**das ist eine Ente:** eine Falschmeldung, Zeitungsente. Wohl aus dem Französischen: canard heißt nicht nur Ente, sondern in manchen Wendungen auch Lüge, Schwindel.

**jemanden etwas eintrichtern:** mühsam etwas beibringen. Nach dem 1647 erschienenen Buch von Harsdörffer »Poetischer Trichter«, einem Lehrgang der Dichtkunst »in sechs Stunden«.

**den Faden verlieren:** nicht mehr weiter wissen. Aus dem Labyrinth des Königs Minos von Knossos fand Theseus nur mit Hilfe eines Fadens heraus.

**Fraktur reden:** jemandem deutlich die Meinung sagen. Die altdeutsche Frakturschrift wirkt eckig und kantig, im Gegensatz zur »weichen« Lateinschrift macht sie keine Umwege.

**jedes Wort auf die Goldwaage legen:** übergenau sein. Noch im 19. Jahrhundert wurden Goldstücke auf einer Waage geprüft, ob nicht »Geldschneider« sie am Rand beschnitten hatten.

**der reinste Hintertreppenroman:** ein sentimentaler Unterhaltungsroman. An der Hintertreppe des Hauses verkauften Kolporteure den Dienstboten billige Romanhefte.

**schon wieder so ein Kalauer:** ein nicht sehr geistreiches Wortspiel. Aus dem französischen calembour = Wortspiel, angelehnt an die niederlausitzische Stadt Kalau, deren Bewohner es offenbar auf diesem Gebiet zur Meisterschaft gebracht hatten.

**ein echter Knüller:** eine Sache, die sofort einschlägt. Aus dem Journalismus vom jiddischen knellen = schlagen.

**fertig ist der Lack:** die Sache ist beendet. Briefe wurden früher zusammengefaltet und mit Siegellack verschlossen.

**das war eine lakonische Antwort:** eine wortkarge Antwort. Die Bewohner von Lakonien in Griechenland galten als sehr mundfaul.

**ein Leporellobuch:** ein Buch mit harmonikaartig gefalteten Seiten. In einem solchen Buch notierte Leporello, Diener des Frauenhelden Don Juan in Mozarts gleichnamiger Oper, die Liebschaften seines Herren. Leporelloliste = Liebschaftenverzeichnis.

**die Leviten lesen:** jemanden energisch zurechtweisen. Die alttestamentlichen Tempelbeamten vom Stamme Levi (= Leviten) wurden mit dem 3. Buch Mose geschult, dessen 26. Kapitel einige heftige Flüche gegen Gesetzesübertreter enthält.

**da redet einer Makulatur:** dummes, überflüssiges Zeug. Makulatur ist wertloses Altpapier.

**auf den Nägeln brennen:** es sehr eilig haben. Um bei der Messe besser im Gebetbuch lesen zu können, klebten sich die Mönche Kerzen auf die Daumennägel. Brannte die Kerze herunter, konnte es passieren, daß sie den Nagel verbrannte.

**einen Neger für sich arbeiten lassen:** einen Ghostwriter, der als Verfasser eines Buches, einer Rede usw. ungenannt bleibt.

**den Pegasus besteigen:** an einer Dichtung arbeiten. Pegasus, das geflügelte Pferd der griechischen Sage, gilt als Sinnbild der Dichtkunst.

**postwendend antworten:** sofort, umgehend. Die Postkutsche hielt an den einzelnen Poststationen, gab die Briefe ab und fuhr weiter bis zur Endstation. Auf dem Rückweg nahm sie die Antwortbriefe auf Wunsch gleich wieder mit.

**das kann kein Schwein lesen:** das kann niemand lesen. Angeblich konnten die Mitglieder der Familie Swyn in Schleswig weit und breit als einzige lesen – alle ließen sich von ihr die Briefe vorlesen. Unleserliches konnte nicht einmal ein Swyn lesen.

**etwas aufs Tapet bringen:** zur Sprache bringen. Tapet ist nicht die Wandbekleidung, sondern die Tischdecke im Sitzungszimmer.

## *Die Herrscher mit der längsten Regierungszeit*

| Name | Regierungszeit Jahre | Dauer |
|---|---|---|
| 1. Pepi II., König von Ägypten | 90 | 2566–2476 v. Chr. |
| 2. Ludwig XIV., König von Frankreich | 72 | 1643–1715 |
| 3. Johann II., Fürst von Liechtenstein | 71 | 1858–1929 |
| 4. Franz Joseph, Kaiser von Österreich | 68 | 1848–1916 |
| 5. Victoria, Königin von England | 64 | 1837–1901 |
| 6. Georg III., König von England | 60 | 1760–1820 |
| 7. Ludwig XV., König von Frankreich | 59 | 1715–1774 |
| 8. Pedro II., Kaiser von Brasilien | 58 | 1831–1889 |
| 9. Wilhelmine, Königin der Niederlande | 58 | 1890–1948 |
| 10. Heinrich III., König von England | 56 | 1216–1272 |

## *Regentage an 54 Orten der Erde*

| | JA | FE | MÄ | AP | MA | JU | JU | AU | SE | OK | NO | DE |
|---|---|---|---|---|---|---|---|---|---|---|---|---|
| Amsterdam (Niederlande) | 10 | 8 | 11 | 8 | 9 | 9 | 11 | 11 | 10 | 13 | 11 | 13 |
| Athen (Griechenland) | 12 | 11 | 11 | 9 | 7 | 4 | 3 | 3 | 4 | 9 | 12 | 13 |
| Auckland (Neuseeland) | 10 | 10 | 11 | 13 | 19 | 20 | 21 | 19 | 17 | 17 | 15 | 10 |
| Bangkok (Thailand) | 1 | 3 | 4 | 6 | 17 | 18 | 19 | 19 | 21 | 17 | 7 | 3 |
| Bogota (Kolumbien) | 7 | 8 | 8 | 16 | 21 | 17 | 17 | 18 | 13 | 22 | 16 | 12 |
| Brüssel (Belgien) | 15 | 15 | 15 | 16 | 16 | 17 | 16 | 16 | 16 | 17 | 18 | 16 |
| Buenos Aires (Argentinien) | 7 | 6 | 7 | 8 | 7 | 7 | 8 | 9 | 8 | 9 | 9 | 8 |
| Caracas (Venezuela) | 6 | 2 | 3 | 4 | 9 | 14 | 15 | 15 | 13 | 12 | 13 | 10 |
| Casablanca (Marokko) | 8 | 8 | 9 | 8 | 5 | 2 | 0 | 0 | 2 | 7 | 8 | 6 |
| Chicago (USA) | 11 | 10 | 12 | 11 | 12 | 11 | 9 | 9 | 9 | 9 | 10 | 11 |
| Dakar (Westafrika) | 0 | 0 | 0 | 0 | 0 | 1 | 10 | 14 | 15 | 14 | 1 | 0 |
| Damaskus (Syrien) | 4 | 5 | 3 | 6 | 0 | 1 | 0 | 0 | 0 | 5 | 5 | 5 |
| Dublin (Irland) | 21 | 18 | 19 | 17 | 16 | 15 | 18 | 19 | 16 | 19 | 19 | 21 |
| Frankfurt/Main | 15 | 15 | 15 | 13 | 13 | 13 | 15 | 14 | 13 | 14 | 14 | 15 |
| Genf (Schweiz) | 12 | 13 | 13 | 15 | 15 | 15 | 14 | 13 | 12 | 12 | 12 | 13 |
| Havanna (Kuba) | 8 | 6 | 5 | 5 | 10 | 13 | 12 | 14 | 15 | 15 | 10 | 8 |
| Helsinki (Finnland) | 18 | 16 | 14 | 12 | 12 | 13 | 12 | 16 | 16 | 17 | 19 | 19 |
| Hongkong | 6 | 8 | 11 | 12 | 16 | 21 | 19 | 17 | 14 | 8 | 6 | 5 |
| Honolulu (Hawaii) | 14 | 10 | 13 | 12 | 11 | 11 | 13 | 13 | 13 | 13 | 14 | 15 |
| Istanbul (Türkei) | 10 | 8 | 9 | 7 | 7 | 5 | 3 | 4 | 6 | 7 | 11 | 12 |
| Jerusalem (Israel) | 12 | 12 | 8 | 4 | 2 | 0 | 0 | 0 | 0 | 2 | 6 | 9 |
| Juneau (Alaska) | 18 | 15 | 18 | 18 | 17 | 14 | 17 | 18 | 20 | 23 | 20 | 20 |
| Kairo (Ägypten) | 3 | 2 | 2 | 1 | 0 | 0 | 0 | 0 | 0 | 0 | 1 | 2 |
| Kalkutta (Indien) | 1 | 2 | 2 | 3 | 7 | 13 | 18 | 18 | 13 | 6 | 1 | 0 |
| Kapstadt (Südafrika) | 4 | 4 | 4 | 7 | 10 | 12 | 11 | 11 | 9 | 7 | 6 | 5 |
| Karatschi (Pakistan) | 1 | 1 | 1 | 0 | 0 | 1 | 2 | 2 | 1 | 0 | 0 | 1 |
| Kingston (Jamaika) | 5 | 4 | 4 | 5 | 7 | 6 | 5 | 9 | 10 | 12 | 7 | 5 |
| Kopenhagen (Dänemark) | 15 | 14 | 15 | 12 | 13 | 12 | 15 | 16 | 14 | 17 | 16 | 17 |
| La Paz (Bolivien) | 25 | 16 | 15 | 7 | 1 | 6 | 1 | 6 | 12 | 11 | 10 | 24 |
| Lissabon (Portugal) | 13 | 12 | 14 | 12 | 9 | 5 | 2 | 2 | 6 | 11 | 13 | 14 |
| Los Angeles (USA) | 6 | 6 | 6 | 4 | 2 | 1 | 0 | 0 | 1 | 2 | 3 | 6 |
| Madrid (Spanien) | 9 | 10 | 10 | 10 | 10 | 6 | 3 | 3 | 7 | 9 | 10 | 10 |
| Mallorca (Spanien) | 11 | 7 | 10 | 7 | 2 | 9 | 6 | 3 | 8 | 13 | 8 | 10 |
| Manila (Philippinen) | 5 | 3 | 3 | 4 | 10 | 16 | 21 | 22 | 21 | 17 | 12 | 9 |
| Mexico City | 3 | 4 | 6 | 11 | 15 | 19 | 25 | 24 | 20 | 12 | 6 | 4 |
| Miami (USA) | 8 | 6 | 7 | 7 | 11 | 13 | 16 | 15 | 18 | 15 | 10 | 8 |
| New Orleans (USA) | 10 | 9 | 9 | 7 | 8 | 13 | 15 | 14 | 11 | 7 | 8 | 10 |
| New York (USA) | 12 | 10 | 11 | 11 | 11 | 11 | 11 | 10 | 9 | 9 | 9 | 11 |
| Oslo (Norwegen) | 12 | 12 | 13 | 10 | 11 | 10 | 12 | 15 | 11 | 12 | 12 | 15 |
| Paris (Frankreich) | 14 | 14 | 14 | 13 | 14 | 12 | 12 | 12 | 11 | 15 | 15 | 15 |
| Quito (Ecuador) | 17 | 18 | 21 | 22 | 20 | 11 | 6 | 7 | 13 | 19 | 17 | 16 |
| Rangun (Birma) | 1 | 1 | 1 | 2 | 13 | 23 | 25 | 24 | 20 | 11 | 4 | 1 |
| Rio de Janeiro (Brasilien) | 13 | 11 | 12 | 10 | 10 | 7 | 6 | 7 | 11 | 12 | 12 | 14 |
| Rom (Italien) | 10 | 10 | 9 | 9 | 8 | 5 | 2 | 3 | 6 | 11 | 12 | 12 |
| Saigon (Vietnam) | 3 | 4 | 2 | 8 | 21 | 27 | 25 | 24 | 22 | 15 | 14 | 12 |
| San Francisco (USA) | 11 | 11 | 10 | 6 | 4 | 2 | 0 | 0 | 2 | 4 | 7 | 10 |
| San Salvador | 1 | 1 | 2 | 4 | 12 | 19 | 20 | 20 | 17 | 16 | 15 | 2 |
| Santiago de Chile | 0 | 0 | 1 | 1 | 10 | 12 | 11 | 9 | 3 | 1 | 1 | 0 |
| Singapur | 16 | 11 | 14 | 15 | 14 | 14 | 13 | 14 | 13 | 16 | 18 | 19 |
| Stockholm (Schweden) | 15 | 13 | 14 | 11 | 12 | 12 | 15 | 16 | 14 | 16 | 15 | 17 |
| Sydney (Australien) | 14 | 14 | 15 | 14 | 15 | 13 | 12 | 11 | 12 | 12 | 12 | 13 |
| Tokio (Japan) | 7 | 8 | 13 | 14 | 14 | 16 | 15 | 13 | 17 | 14 | 10 | 7 |
| Washington (USA) | 11 | 10 | 12 | 11 | 12 | 11 | 11 | 11 | 8 | 8 | 9 | 10 |
| Wien (Österreich) | 7 | 5 | 7 | 8 | 9 | 10 | 10 | 8 | 7 | 8 | 7 | 7 |

## Die besten Reisezeiten

**Ägypten** (Ober-): Oktober–April
**Ägypten** (Unter-): April–Oktober
**Belgien:** Frühling–Sommer
**Dänemark:** Juli–September
**England:** Frühling–Oktober
**Finnland:** Juni–August
**Frankreich:** Frühling, Herbst
**Griechenland:** März–Juni, Oktober
**Irland:** Juni–September
**Italien** (Ober-): Frühling
**Italien** (Mittel-): März–Mai
**Italien** (Unter-): Februar–Mai, Oktober
**Jugoslawien:** April/Mai, Sept./Oktober
**Luxemburg:** Frühling–Herbst
**Marokko** (Küste): April–November
**Marokko** (Süd-): Oktober–Mai
**Niederlande:** Mai–September
**Norwegen** (Süd-): Mai–September
**Norwegen** (Nord-): Juni–Juli
**Österreich:** Sommer, Winter
**Portugal:** Frühling, Herbst
**Riviera:** Frühling
**Schweden** (Süd-): Frühling–Herbst
**Schweden** (Nord-): Hochsommer
**Schweiz:** Sommer, Winter
**Spanien** (Nord-): Sommer, Herbst
**Spanien** (Süd-): Herbst–Frühling
**Türkei:** April/Mai, September/Oktober

Ganz unabhängig vom gewählten Reiseziel und der Reisezeit gilt stets der folgende Vers, den man bei Matthias Claudius in seinem 1790 erschienenen Lied von »Urians Reise um die Welt« lesen kann:

Wenn jemand eine Reise tut,
So kann er was erzählen;
Drum nahm ich meinen Stock und Hut
Und tat das Reisen wählen.

## Die Rohstoffreserven der Erde

| Rohstoffe | Bekannte Reserven | Die Reserven reichen ... Jahre bei gleichbleibendem Verbrauch | bei durchschnittlichem Wachstum |
|---|---|---|---|
| **Aluminium** | 22 000 000 000 t | 300 | 100 |
| **Blei** | 91 000 000 t | 26 | 21 |
| **Chrom** | 775 000 000 t | 420 | 95 |
| **Eisen** | 100 000 000 000 t | 240 | 93 |
| **Erdgas** | 32 300 km³ | 38 | 22 |
| **Erdöl** | 72,5 km³ | 31 | 20 |
| **Gold** | 11 000 t | 11 | 9 |
| **Kobalt** | 2 180 000 t | 110 | 60 |
| **Kohle** | 5 000 000 000 000 t | 2300 | 111 |
| **Kupfer** | 308 000 000 t | 36 | 21 |
| **Mangan** | 800 000 000 t | 97 | 46 |
| **Nickel** | 66 500 000 t | 150 | 53 |
| **Platinmetalle** | 13 300 t | 130 | 47 |
| **Quecksilber** | 3 340 000 Flaschen | 13 | 13 |
| **Silber** | 170 000 t | 16 | 13 |
| **Wolfram** | 1 320 000 t | 40 | 28 |
| **Zink** | 123 000 000 t | 23 | 18 |
| **Zinn** | 4 350 000 t | 17 | 15 |

## *Vielgelesene Romane der Weltliteratur und ihre Autoren*

**Abenteuer des braven Soldaten Schwejk,** Die (Jaroslav Hasek)
**Ahnen,** Die (Gustav Freytag)
**Alte Mann und das Meer,** Der (Ernest Hemingway)
**Amerikanische Tragödie,** Eine (Theodore Dreiser)
**Anna Karenina** (Leo Tolstoi)
**Ansichten eines Clowns** (Heinrich Böll)
**Archipel Gulag** (Alexander Solschenizyn)
**Auf der Suche nach der verlorenen Zeit** (Marcel Proust)
**Babbit** (Sinclair Lewis)
**Bekenntnisse des Hochstaplers Felix Krull** (Thomas Mann)
**Berlin Alexanderplatz** (Alfred Döblin)
**Bildnis des Dorian Gray,** Das (Oscar Wilde)
**Blechtrommel,** Die (Günter Grass)
**Brüder Karamasoff,** Die (Fjodor M. Dostojewskij)
**Buddenbrooks,** Die (Thomas Mann)
**Christian Wahnschaffe** (Jakob Wassermann)
**Chronik der Sperlingsgasse,** Die Wilhelm Raabe)
**David Copperfield** (Charles Dickens)
**Doktor Faustus** (Thomas Mann)
**Doktor Schiwago** (Boris Pasternak)
**Don Quijote** (Miguel de Cervantes)
**Effi Briest** (Theodor Fontane)
**Ekkehard** (Josef Victor v. Scheffel)
**Elixiere des Teufels,** Die (E. T. A. Hoffmann)
**Forsyte Saga,** Die (John Galsworthy)
**Früchte des Zorns,** Die (John Steinbeck)
**Gänsemännchen,** Das (Jakob Wassermann)
**Germinal** (Emile Zola)
**Gigi** (S. G. Colette)
**Glasperlenspiel,** Das (Hermann Hesse)
**Glöckner von Notre Dame,** Der (Victor Hugo)
**Gösta Berling** (Selma Lagerlöf)
**Graf von Monte Christo,** Der (Alexandre Dumas, Vater)
**Große Regen,** Der (Louis Bromfield)
**Grüne Heinrich,** Der (Gottfried Keller)
**Gullivers Reisen** (Jonathan Swift)
**Gute Erde,** Die (Pearl S. Buck)
**Heiligenhof,** Der (Hermann Stehr)
**Hunger** (Knut Hamsun)
**Hungerpastor,** Der (Wilhelm Raabe)
**Idiot,** Der (Fjodor M. Dostojewskij)
**Im Westen nichts Neues** (Erich Maria Remarque)
**Irrungen, Wirrungen** (Theodor Fontane)
**Ivanhoe** (Walter Scott)
**Jean Christophe** (Romain Rolland)
**Jerominkinder,** Die (Ernst Wiechert)
**Jerusalem** (Selma Lagerlöf)
**Jörn Uhl** (Gustav Frenssen)
**Jürg Jenatsch** (Conrad Ferdinand Meyer)
**Kameliendame,** Die (Alexandre Dumas, Sohn)
**Kampf um Rom,** Ein (Felix Dahn)
**Kartause von Parma,** Die (Frédéric Stendhal)
**Kim** (Rudyard Kipling)
**Kin-ping-mei** (Chinesen)
**Kraft und die Herrlichkeit,** Die (Graham Greene)
**Krieg und Frieden** (Leo Tolstoi)
**Landstreicher** (Knut Hamsun)
**Lebensansichten des Katers Murr** (E. T. A. Hoffmann)
**Leiden des jungen Werthers,** Die (Joh. Wolfgang von Goethe)
**Letzte Kapitel,** Das (Knut Hamsun)
**Letzten Tage von Pompeji,** Die (Edward George Bulwer-Lytton)
**Lied von Bernadette,** Das (Franz Werfel)
**Madame Bovary** (Gustave Flaubert)
**Manhattan Transfer** (John Dos Passos)
**Moby Dick** (Herman Melville)
**Nachsommer** (Adalbert Stifter)
**Nana** (Emile Zola)
**Narziss und Goldmund** (Hermann Hesse)
**Neunzehnhundertvierundachtzig** (George Orwell)
**Oliver Twist** (Charles Dickens)
**Onkel Toms Hütte** (Harriet Beecher-Stowe)
**Pest,** Die (Albert Camus)
**Peter Camenzind** (Hermann Hesse)
**Pickwickier,** Die (Charles Dickens)
**Professor Unrat** (Heinrich Mann)
**Quo vadis?** (Henryk Sienkiewicz)
**Robinson Crusoe** (Daniel Defoe)
**Ruf der Wildnis** (Jack London)
**Schatzinsel,** Die (Robert Louis Stevenson)
**Schloß,** Das (Franz Kafka)
**Schöne neue Welt** (Aldous Huxley)
**Schuld und Sühne** (Fjodor M. Dostojewskij)
**Segen der Erde,** Der (Knut Hamsun)
**Siebte Kreuz,** Das (Anna Seghers)
**Simplicius Simplicissimus** (Grimmelshausen)
**Soll und Haben** (Gustav Freytag)
**Stalingrad** (Theodor Plievier)
**Stechlin,** Der (Theodor Fontane)
**Steppenwolf,** Der (Hermann Hesse)
**Stiller** (Max Frisch)

**Tom Jones** (Henry Fielding)
**Tote Seelen** (Nikolai Gogol)
**Tunnel,** Der (Bernhard Kellermann)
**Ulenspiegel** (Charles de Coster)
**Untertan,** Der (Heinrich Mann)
**Ut mine Stromtid** (Fritz Reuter)
**Väter und Söhne** (Iwan Turgenjew)
**Verdammten,** Die (Frank Thieß)
**Verdi** (Franz Werfel)
**Verlorene Illusionen** (Honoré de Balzac)
**Verwirrungen des Zöglings Törleß,** Die (Robert Musil)
**Volk ohne Raum** (Hans Grimm)
**Vom Winde verweht** (Margaret Mitchell)
**Wahlverwandtschaften** (Joh. Wolfgang v. Goethe)
**Wehrwolf,** Der (Hermann Löns)
**Wem die Stunde schlägt** (Ernest Hemingway)
**Wilhelm Meister** (Joh. Wolfgang v. Goethe)
**Wunschkind,** Das (Ina Seidel)
**Zauberberg,** Der (Thomas Mann)

## Die 7 Hügel Roms

| | | | |
|---|---|---|---|
| 1. Aventin | Monte Aventino | Mons Aventinus | 48 m hoch |
| 2. Cälius | Monte Celio | Mons Coelius | 51 m hoch |
| 3. Esquilin | Monte Esquilino | Mons Esquilinus | 58 m hoch |
| 4. Kapitol | Monte Capitolino | Mons Capitolinus | 46 m hoch |
| 5. Palatin | Monte Palatino | Mons Palatinus | 50 m hoch |
| 6. Quirinal | Monte Quirinale | Mons Quirinalis | 47 m hoch |
| 7. Viminal | Monte Viminale | Mons Viminalis | 48 m hoch |

## Die römische Götterwelt

**Äolus** Gott der Winde
**Apollo** Gott des Lichtes, des Frühlings, der Musik, des Gesanges, der Dichtkunst
**Aurora** Göttin der Morgenröte
**Bacchus** Gott des Weines und der triebhaften Naturkraft
**Ceres** Göttin des Ackerbaus
**Diana** Göttin der Jagd
**Faunus** Gott der Wälder und Weiden
**Herkules** Gott der Athletik (Sport) und der Reise
**Juno** Göttin der Ehe und Familie
**Jupiter** oberster Gott
**Juventas** Göttin der ewigen Jugend
**Luna** Göttin des Mondes
**Magna Mater** Göttermutter
**Mars** Gott des Krieges
**Merkur** Gott der Fruchtbarkeit, Förderer von Handel und Verkehr
**Minerva** Göttin der Weisheit
**Neptun** Gott des Meeres
**Parzen** die drei Schicksalsgöttinen
**Pluto** Gott der Unterwelt
**Silenus** Gott der Quellen
**Sol** Gott der Sonne
**Venus** Göttin der Liebe und Schönheit
**Vesta** Göttin des Herdes
**Vulcanus** Gott des Feuers und der Schmiedekunst

## Die römischen Zahlen

| | | | |
|---|---|---|---|
| I = 1 | XX = 20 | CC = 200 | MC = 1100 |
| II = 2 | XXX = 30 | CCC = 300 | MCC = 1200 |
| III = 3 | XL = 40 | CD = 400 | MCCC = 1300 |
| IV = 4 | L = 50 | D = 500 | MCD = 1400 |
| V = 5 | LX = 60 | DC = 600 | MD = 1500 |
| VI = 6 | LXX = 70 | DCC = 700 | MDC = 1600 |
| VII = 7 | LXXX = 80 | DCCC = 800 | MDCC = 1700 |
| VIII = 8 | XC = 90 | CM = 900 | MDCCC = 1800 |
| IX = 9 | IC = 99 | XM = 990 | MCM = 1900 |
| X = 10 | C = 100 | M = 1000 | MM = 2000 |

## Rundfunk-Organisationen

**ABC** American Broadcasting Co., USA
**AFN** American Forces Network (US-Soldatensender)
**ARD** Arbeitsgemeinschaft der öffentlich-rechtlichen Rundfunkanstalten der Bundesrepublik Deutschland
**BBC** British Broadcasting Corporation, Großbritannien
**CBC** Canadian Broadcasting Corporation, Kanada
**CBS** Columbia Broadcasting System, USA
**DFF** Deutscher Fernsehfunk, DDR
**NBC** National Broadcasting Co., USA
**ORF** Österreichischer Rundfunk
**ORTF** Französischer Rundfunk
**RCA** Radio Corporation of America, USA
**SRG** Schweiz. Radio- und Fernsehgesellschaft
**ZDF** Zweites Deutsches Fernsehen, Bundesrepublik Deutschland

## Runen

| | | | | | |
|---|---|---|---|---|---|
| ᚠ = F | ᚱ = R | ᚺ = H | ᛇ = E | ᛏ = T | ᛚ = L |
| ᚢ = U | ᚲ = K | ᚾ = N | ᛈ = P | ᛒ = B | ᛜ = NG |
| ᚦ = TH | ᚷ = G | ᛁ = I | ᛉ = Z | ᛖ = E | ᛟ = O |
| ᚨ = A | ᚹ = W | ᛃ = J | ᛊ = S | ᛗ = M | ᛞ = D |

## Saat- und Pflanz-Kalender für den Gemüsegarten

(+ = Saatzeit, ○ = Pflanzzeit, ⊗ Saat- und Pflanzzeit)

| Gemüseart | Febr. | März | April | Mai | Juni | Juli | Aug. | Sept. |
|---|---|---|---|---|---|---|---|---|
| Blumenkohl | | + | ⊗ | ⊗ | ⊗ | | | |
| Buschbohnen | | | + | ⊗ | ⊗ | + | | |
| Endivien | | | + | | | + | + | |
| Erbsen | | + | + | + | + | + | | |
| Feldsalat | | | | | | | + | + |
| Grünkohl | | | | + | ⊗ | ⊗ | ○ | |
| Gurken | | | + | ⊗ | | | | |
| Kohlrabi | | + | ⊗ | ⊗ | ⊗ | ⊗ | ○ | |
| Kopfsalat | | + | ⊗ | ⊗ | ○ | ○ | ⊗ | ⊗ |
| Kürbis | | | | ⊗ | | | | |
| Mangold | | | + | + | | | | |
| Möhren | + | + | + | + | + | + | + | |
| Petersilie | | + | | | | | | |
| Porree | | + | + | ○ | ○ | | | |
| Puffbohnen | + | + | | | | | | |
| Radieschen | | + | + | + | + | + | + | + |
| Rettich | | + | + | + | + | + | | |
| Rosenkohl | | | + | + | ⊗ | ○ | ○ | |
| Rote Rüben | | + | + | + | + | | | |
| Rotkohl | | + | ⊗ | ⊗ | ⊗ | | | |
| Schwarzwurzeln | + | + | + | | | | + | |
| Sellerie | + | + | | ○ | | | | |
| Spinat | + | + | + | + | | | + | + |
| Stangenbohnen | | | | + | + | | | |
| Tomaten | | + | | ○ | | | | |
| Weißkohl | | + | ⊗ | ⊗ | ⊗ | | | |
| Wirsingkohl | | + | ⊗ | ⊗ | ⊗ | | | |

# Schach

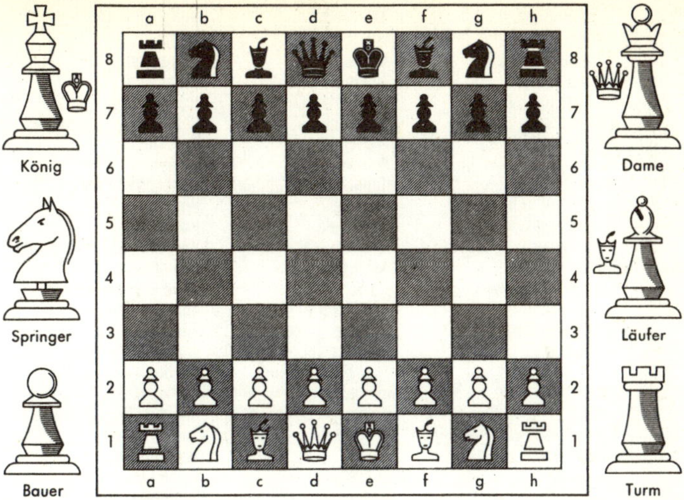


Will man die Bewegung der einzelnen Figuren während einer Schachpartie schriftlich festhalten, so bezeichnet man das Feld, auf dem die Figur stand und verbindet es durch einen Strich mit dem Feld, auf das die Figur gezogen ist. Davor setzt man folgende Abkürzungen: D = Dame, K = König, L = Läufer, S = Springer, T = Turm; bei Bauernzügen wird kein Buchstabe vorgesetzt. Es heißt also z. B.: e 2-e 4, daß der Bauer vom Feld e 2 nach e 4 zieht; S b 8-c 6, daß der Springer von b 8 nach c 6 zieht.

# Berühmte Schlachten der Weltgeschichte seit 2000 Jahren

| Wann | siegten | wo | über |
|---|---|---|---|
| 9 | Armin d. Cherusker | Teutoburger Wald | Römer (Varus) |
| 451 | Germanen/Römer | Katalaun. Felder | Hunnen (Attila) |
| 552 | Byzantiner | Taginä | Ostgoten |
| 711 | Araber | Jérez de la Frontera | Westgoten |
| 732 | Karl Martell | Poitiers | Araber |
| 933 | Heinrich I. | Riade | Ungarn |
| 955 | Otto I. | Lechfeld | Ungarn |
| 1066 | Wilhelm d. Eroberer | Hastings | Angelsachsen (Harald II.) |
| 1099 | Kreuzfahrer | Askalon | Ägypter |
| 1167 | Friedrich I. | Tusculum | Römer |
| 1176 | Lombarden | Legnano | Friedrich I. |
| 1224 | Dschingis-Khan | Kalka | Russen |
| 1227 | Vereinigte Deutsche | Bornhöved | Dänen (Waldemar II.) |
| 1234 | Erzbischof v. Bremen | Altenesch | Stedinger Bauern |
| 1241 | Mongolen | Liegnitz | Heinrich II. von Schlesien |
| 1268 | Karl von Anjou | Tagliacozzo | Konrad v. Hohenstaufen |
| 1278 | Rudolf v. Habsburg | Dürnkrut | Ottokar von Böhmen |
| 1302 | Flandrische Städte | Kortrijk | Franzosen |
| 1315 | Eidgenossen | Morgarten | Leopold v. Österreich |

| Wann | siegten | wo | über |
|---|---|---|---|
| 1322 | Ludwig d. Bayer | Mühldorf | Friedrich v. Österreich |
| 1340 | Alfons XI. (Kast.) | Rio Salado | Mauren |
| 1346 | Eduard III. (Engl.) | Crécy | Franzosen |
| 1356 | Engländer | Maupertuis | Franzosen |
| 1362 | Waldemar IV. (Dän.) | Helsingborg | Hanse |
| 1386 | Eidgenossen | Sempach | Leopold III. v. Österreich |
| 1389 | Türken | Amselfeld | Serben |
| 1402 | Timur | Ankara | Türken |
| 1410 | Polen-Litauer | Tannenberg | Deutscher Orden |
| 1415 | Heinrich V. (Engl.) | Azincourt | Franzosen |
| 1460 | Haus Lancaster | Wakefield | Haus York |
| 1476 | Eidgenossen | Grandson/Murten | Karl d. Kühne (Burgund) |
| 1515 | Franzosen | Marignano | Eidgenossen |
| 1525 | Spanier/Deutsche | Pavia | Franz I. v. Frankreich |
| 1547 | Karl V. | Mühlberg | Schmalkaldener |
| 1571 | Spanische Flotte | Lepanto | Türken |
| 1588 | Engländer | Nordsee (?) | spanische Armada |
| 1620 | Tilly | Prag/Weißer Berg | Friedrich von der Pfalz |
| 1622 | Tilly | Wimpfen | Markgraf von Baden |
| 1626 | Tilly | Lutter a. Barenberge | Christian IV. v. Dänemark |
| 1631 | Gustav Adolf (Schweden) | Breitenfeld | Tilly |
| 1632 | Gustav Adolf | Lützen | Wallenstein |
| 1642 | Schweden | Breitenfeld | Kaiserliche |
| 1650 | Cromwell | Dunbar | Schotten |
| 1675 | Großer Kurfürst | Fehrbellin | Schweden |
| 1697 | Prinz Eugen | Zenta | Türken |
| 1700 | Karl XII. (Schweden) | Narwa | Russen |
| 1704 | Prinz Eugen | Höchstädt | Bayern/Franzosen |
| 1706 | Prinz Eugen | Turin | Franzosen |
| 1709 | Russen | Poltawa | Karl XII. v. Schweden |
| 1716 | Prinz Eugen | Peterwardein | Türken |
| 1745 | Friedrich d. Große | Hohenfriedberg | Österreicher |
| 1756 | Friedrich d. Große | Lobositz | Sachsen |
| 1757 | Friedrich d. Große | Prag | Österreicher |
| 1757 | Österreicher | Kolin | Friedrich d. Großen |
| 1757 | Friedrich d. Große | Roßbach | Franzosen/Reichsarmee |
| 1757 | Friedrich d. Große | Leuthen | Österreicher |
| 1758 | Friedrich d. Große | Zorndorf | Russen |
| 1758 | Österreicher | Hochkirch | Friedrich d. Großen |
| 1759 | Preußen | Minden | Franzosen |
| 1759 | Russen/Österreicher | Kunersdorf | Friedrich d. Großen |
| 1760 | Friedrich d. Große | Liegnitz | Österreicher |
| 1760 | Friedrich d. Große | Torgau | Österreicher |
| 1777 | Engländer | Germantown | Washington |
| 1777 | Amerikaner | Saratoga | Engländer |
| 1781 | franz. Flotte | Chesapeake-Bucht | Engländer |
| 1798 | Bonaparte | Pyramiden | Mamelucken |
| 1798 | engl. Flotte | Abukir | Franzosen |
| 1805 | Napoleon | Austerlitz | Russen/Österreicher |
| 1805 | engl. Flotte | Trafalgar | Spanier/Franzosen |
| 1806 | Napoleon | Jena-Auerstedt | Preußen |
| 1807 | Preußen | Preußisch-Eylau | Franzosen |
| 1807 | Napoleon | Friedland | Russen |
| 1809 | Erzherzog Karl | Aspern | Napoleon |
| 1809 | Napoleon | Wagram | Österreicher |
| 1812 | Napoleon | Smolensk | Russen |
| 1812 | Napoleon | Borodino | Russen |
| 1813 | Napoleon | Großgörschen | Preußen/Russen |

| Wann | siegten | wo | über |
|---|---|---|---|
| 1813 | Preußen | Großbeeren | Franzosen |
| 1813 | Preußen | Katzbach | Franzosen |
| 1813 | Napoleon | Dresden | Österreicher |
| 1813 | Russen/Österreicher | Nollendorf | Franzosen |
| 1813 | Verbündete | Leipzig | Napoleon |
| 1815 | Napoleon | Ligny | Preußen |
| 1815 | Preußen/Engländer | Waterloo | Napoleon |
| 1831 | Russen | Ostrolenka | Polen |
| 1859 | Napoleon III. | Magenta/Solferino | Österreicher |
| 1862 | Südstaaten | Richmond | Nordstaaten der USA |
| 1863 | Nordstaaten | Gettysburg | Südstaaten der USA |
| 1864 | Preußen | Düppel | Dänen |
| 1866 | Preußen | Königgrätz | Österreicher |
| 1870 | Deutsche | Weißenburg | Franzosen |
| 1870 | Deutsche | Mars-la-Tour | Franzosen |
| 1870 | Deutsche | Gravelotte | Franzosen |
| 1870 | Deutsche | Sedan | Franzosen |
| 1896 | Abessinier | Adua | Italiener |
| 1898 | Engländer | Omdurman | Mahdi |
| 1905 | Japaner | Mukden | Russen |
| 1905 | japanische Flotte | Tsushima | Russen |
| 1914 | Deutsche | Tannenberg | Russen |
| 1914 | Franzosen | Marne | Deutsche |
| 1916 | deutsche Flotte | Skagerrak | Engländer |
| 1942 | amerik. Flotte | Midway | Japaner |
| 1943 | Sowjets | Stalingrad | Deutsche |
| 1944 | Alliierte | Saint-Lô-Falaise | Deutsche |
| 1944 | Alliierte | Ardennen | Deutsche |
| 1954 | Viet-minh | Dien Bien Phu | Franzosen |

## Schmelz- bzw. Gefrierpunkte

(in Celsius-Grad)

| | | | | | |
|---|---|---|---|---|---|
| Aluminium | + 658 | Kalzium | + 851 | Schwefel | + 115 |
| Ammoniak | - 77 | Kautschuk | + 125 | Silber | + 961 |
| Antimon | + 650 | Kobalt | +1490 | Stahl | +1400 |
| Äther | - 117 | Kupfer | +1083 | Stickstoff | - 210 |
| Äthylalkohol | - 100 | Lithium | + 179 | Strontium | + 771 |
| Barium | + 704 | Magnesium | + 650 | Tantal | +3030 |
| Blei | + 327 | Mangan | +1245 | Terpentin | - 10 |
| Benzol | + 5 | Messing | +1015 | Thallium | + 301 |
| Beryllium | +1280 | Molybdän | +2500 | Thorium | +1850 |
| Bronze | + 900 | Naphthalin | + 80 | Titan | +1800 |
| Chlor | - 102 | Natrium | + 97 | Toluol | - 92 |
| Chloroform | - 64 | Nickel | +1452 | Uran | +1860 |
| Chrom | +1800 | Osmium | +2500 | Vanadin | +1715 |
| Eisen | +1528 | Palladium | +1557 | Wachs | + 64 |
| Gallium | + 30 | Paraffin | + 54 | Walrat | + 49 |
| Germanium | + 958 | Phosphor | + 44 | Wasser | 0 |
| Glas | +1100–1400 | Porzellan | +1500 | Wasserstoff | - 257 |
| Glyzerin | - 20 | Platin | +1773 | Wismut | + 271 |
| Gold | +1063 | Quecksilber | - 39 | Wolfram | +3370 |
| Gußeisen | +1100–1200 | Rhenium | +3137 | Zäsium | + 28 |
| Helium | - 272 | Rhodium | +1970 | Zer | + 815 |
| Iridium | +2454 | Rubidium | + 39 | Zink | + 419 |
| Kadmium | + 321 | Samarium | +1300 | Zinn | + 232 |
| Kalium | + 63 | Sauerstoff | - 219 | Zirkonium | +1860 |

## Höhenlagen der klimatischen Schneegrenze

| Breitenlage | 80–70° | 70–60° | 60–50° | 50–40° | 40–30° | 30–20° | 20–10° | 10–0° |
|---|---|---|---|---|---|---|---|---|
| Nordhalbkugel | 500 m | 1050 m | 2050 m | 3000 m | 4300 m | 5300 m | 4600 m | 4600 m |
| Südhalbkugel | – | 0 m | 800 m | 1500 m | 3000 m | 5100 m | 5600 m | 5000 m |

## Schuhgrößen

Mit der Schuhgröße hat man immer wieder Ärger. Nicht nur, um die richtige zu finden, sondern auch weil es zwei Arten von Schuhgrößen gibt, nämlich die englischen Größen (von 2½–12 für Damen und Herren) und die deutschen Schuhgrößen:
18–35 für Kinder
36–42 für Damen und Burschen
39–47 für Herren
Die folgende Tabelle soll es Ihnen erleichtern, Ihre richtige Schuhgröße zu bestimmen, indem sie das Verhältnis zwischen den englischen und deutschen Schuhgrößen zeigt:

| engl. = dt. | engl. = dt. | engl. = dt. | engl. = dt. |
|---|---|---|---|
| 2½ = 35 | 5 = 38 | 7½ = 41⅓ | 10 = 44⅔ |
| 3 = 35⅓ | 5½ = 38⅔ | 8 = 42 | 10½ = 45⅓ |
| 3½ = 36 | 6 = 39⅓ | 8½ = 42⅔ | 11 = 46 |
| 4 = 36⅔ | 6½ = 40 | 9 = 43⅓ | 11½ = 46⅔ |
| 4½ = 37⅓ | 7 = 40⅔ | 9½ = 44 | 12 = 47⅓ |

## Tips für den Schulweg

»Wer in London die Straße überqueren will, muß einen Hund mitnehmen«, lautet eine bissige Bemerkung über den städtischen Straßenverkehr, »denn ein Engländer würde niemals einen Hund überfahren.« Einen Hund hat nicht gleich jeder bei der Hand, schon gar nicht die Abc-Schützen, die sich zweimal am Tag ins Verkehrsgewühl unserer Städte wagen müssen. Hier einige Tips, wie der Schulweg gefahrlos zu meistern ist:

**1.** Planen Sie den Schulweg von der Schule aus. Von hier aus wird ihr Kind bald mit anderen Schulkameraden nach Hause gehen.
**2.** Überlegen Sie, welche Hilfen beim Überqueren von Straßen genutzt werden können: Fußgängertunnel, ampelgesicherte Übergänge, Fußgängerüberführungen, Zebrastreifen. Planen Sie den Weg so, daß diese Hilfen in Anspruch genommen werden, selbst wenn das einen kleinen Umweg bedeutet.
**3.** Schauen Sie sich den Schulweg auf gefährliche Stellen hin an wie zum Beispiel: unübersichtliche Kurven, unübersichtliche Straßeneinmündungen, verkehrsreiche Kreuzungen, Straßen ohne Gehweg, Baustellen oder andere Hindernisse, Ausfahrten oder Einfahrten. Versuchen Sie, solche Stellen beim Planen des Schulweges zu umgehen. Ist das nicht möglich, schärfen Sie Ihrem Kind das richtige Verhalten an diesen Punkten besonders ein.
**4.** Begleiten Sie Ihr Kind zunächst zur Schule und holen Sie es wieder ab. Gehen Sie dabei möglichst zu Fuß, damit Ihr Kind den Weg als Fußgänger kennenlernt.
**5.** Nehmen Sie Ihr Kind nicht an die Hand. Es verläßt sich sonst zu sehr auf Ihre Führung. Passen Sie aber immer auf, ob Ihr Kind plötzlich unüberlegt loslaufen will.
**6.** Gehen Sie immer denselben Weg zur Schule und nach Hause, damit sich Ihr Kind daran gewöhnen kann. Machen Sie deshalb auch keine Einkäufe oder Umwege, solange Sie Ihr Kind abholen.

7. Benützen Sie beim Überqueren der Straßen nur übersichtliche Stellen. Sind Autos am Straßenrand geparkt, gehen Sie einmal in die Hocke, um zu sehen, aus welchem Blickwinkel Ihr Kind die Straße überschaut. Sie werden staunen, wie anders und wie wenig Sie sehen.
8. Zeigen Sie ihrem Kind, wie man Autofahrern beim Überqueren der Straße deutliche Handzeichen gibt.
9. Ziehen Sie Ihrem Kind helle, farbige Kleidung an und kaufen Sie einen ebensolchen Schulranzen. So ist es für andere Verkehrsteilnehmer leichter, Ihr Kind rechtzeitig zu erkennen.
10. Lassen Sie sich nach ein paar Tagen von Ihrem Kind auf dem Schulweg führen. Loben Sie es, wenn es sich richtig im Straßenverkehr verhält.

## Schutzpatrone

**Apotheker:** Michael
**Arbeiter:** Joseph
**Architekten:** Barbara
**Artillerie:** Barbara
**Ärzte:** Lukas, Pantaleon
**Autofahrer:** Christophorus
**Bäcker:** Nikolaus
**Bauern:** Isidor, Georg
**Bergleute:** Anna
**Bildhauer:** Petrus, Stephanus
**Buchbinder:** Lukas
**Buchdrucker:** Augustinus
**Buchhändler:** Johannes
**Dachdecker:** Barbara
**Drechsler:** Erasmus
**Fernsehen:** Klara von Assisi
**Fischer:** Petrus
**Flieger:** Elias
**Förster:** Hubertus
**Gastwirte:** Abraham
**Gelehrte:** Hieronymus
**Glaser:** Markus
**Handwerker:** Joseph
**Hausfrauen:** Anna, Martha
**Infanterie:** Mauritius
**Jäger:** Hubertus
**Journalisten:** Franz von Sales
**Juristen:** Ivo
**Kaufleute:** Michael
**Künstler:** Lukas
**Maler:** Lukas
**Maurer:** Stephanus
**Musiker:** Cäcilia
**Politiker:** Jeanne d'Arc
**Postboten:** Gabriel
**Redakteure:** Franz von Sales
**Reiter:** Georg, Michael
**Schauspieler:** Genesius, Pelagia
**Schornsteinfeger:** Florian
**Schriftsteller:** Franz von Sales
**Seeleute:** Erasmus
**Soldaten:** Georg, Martin
**Studenten:** Aloysius
**Uhrmacher:** Petrus
**Weber:** Paulus
**Weltraumfahrer:** Josef von Cupertino
**Winzer:** Urban
**Zimmerleute:** Joseph

## Die Kantone der Schweiz

(in Klammern das Jahr der Aufnahme in die Eidgenossenschaft)

Aargau (1803)
Appenzell-Außerrhoden (1513)
Appenzell-Innerrhoden (1513)
Basel-Land (1501)
Basel-Stadt (1501)
Bern (1353)
Freiburg (1481)
Genf (1815)
Glarus (1352)
Graubünden (1803)
Jura (1978)
Luzern (1332)
Neuenburg (1815)
Nidwalden (1291)
Obwalden (1291)
Sankt Gallen (1803)
Schaffhausen (1501)
Schwyz (1291)
Solothurn (1481)
Tessin (1803)
Thurgau (1803)
Uri (1291)
Waadt (1803)
Wallis (1815)
Zug (1352)
Zürich (1351)

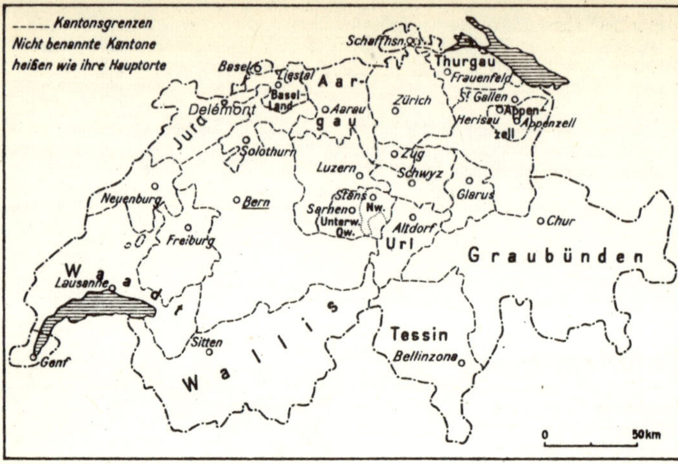


## Schwemmen-Kalender

Die verschiedenen Obst- und Gemüsesorten haben zu bestimmten Zeiten im Jahr ihre »Schwemme«, d. h. sie werden dann besonders zahlreich, billig und in guter Qualität auf dem Markt angeboten. Man muß nur wissen wann, damit man günstig einkaufen kann. Der folgende »Schwemmen-Kalender« möchte Sie in dieser Hinsicht beraten.

| Monat | Obst | Gemüse |
|---|---|---|
| **Mai** | Rhabarber, grüne Stachelbeeren | Spargel, Spinat |
| **Juni** | Erdbeeren, Johannisbeeren, Kirschen, Rhabarber, grüne Stachelbeeren | Blumenkohl, grüne Erbsen, Kohlrabi, Mangold, Puffbohnen, Spargel |
| **Juli** | Aprikosen, Erdbeeren, Heidelbeeren, Himbeeren, Johannisbeeren, Kirschen, reife Stachelbeeren | Blumenkohl, Bohnen, grüne Erbsen, Karotten, Kohlrabi, Pilze, Puffbohnen, Tomaten |
| **August** | Äpfel, Aprikosen, Birnen, Brombeeren, Heidelbeeren, Himbeeren, Johannisbeeren, Mirabellen, Pfirsiche, Pflaumen, Preiselbeeren | Blumenkohl, Bohnen, grüne Erbsen, Gurken, Karotten, Kohl(rabi), Mohrrüben, Pilze, Tomaten |
| **September** | Äpfel, Birnen, Pfirsiche, Pflaumen, Preiselbeeren, Quitten | grüne Bohnen, Gurken, Kohl(rabi), Mohrrüben, Pilze, Porree, Sellerie, Tomaten |
| **Oktober** | Äpfel, Birnen, Pflaumen, Quitten, Weintrauben | Gurken, Kohl, Mohrrüben, Pilze Porree, Sellerie, Tomaten |
| **November** | Äpfel, Birnen, Quitten, Vogelbeeren | Rote Rüben, Weißkraut |

## Seegang

| Stufe | Beschreibung | Wellenhöhe | Windstärke |
|---|---|---|---|
| 0 | spiegelglatte See | 0 m | 0 |
| 1 | gekräuselte, ruhige See | 0–1/4 „ | 1–2 |
| 2 | schwach bewegte See | 1/4– 1 „ | 3 |
| 3 | leicht bewegte See | 3/4– 2 „ | 4 |
| 4 | mäßig bewegte See | 2– 4 „ | 5 |
| 5 | grober Seegang | 3– 6 „ | 6 |
| 6 | sehr grober Seegang | 5– 7 „ | 7– 8 |
| 7 | hoher Seegang | 7–10 „ | 9 |
| 8 | sehr hoher Seegang | 9–12 „ | 10–11 |
| 9 | schwerer Seegang | über 12 „ | 12 |

## Seemännische Begriffe

**achtern** hinten
**Backbord** linke Seite des Schiffes (in Fahrtrichtung gesehen)
**Bug** Vorderende des Schiffes
**dwars** quer zur Kielrichtung
**Gatt** Loch
**gieren** von der Fahrtrichtung abweichen
**glasen** halbstündliche Zeitangabe durch Schlagen der Schiffsglocke
**Heck** Hinterende des Schiffes
**heißen** emporziehen
**kappen** abhauen
**Kombüse** Schiffsküche
**Lee** die Seite, nach der der Wind hinweht
**lenzen** vor dem Winde segeln
**Luv** die Seite, von der der Wind kommt
**pullen** rudern
**Riemen** Steuer, Lenkvorrichtung, Ruder
**Spanten** Rippen des Schiffes
**spleißen** zwei Tauenden zusammenfügen
**Steuerbord** rechte Seite des Schiffes (in Fahrtrichtung gesehen)
**Talje** Flaschenzug
**Tamp** Ende des Taues
**Topp** oberstes Ende des Mastes
**trimmen** in Ordnung bringen
**zurren** festbinden

Hier noch eine Erklärung zum »Glasen«, dem Anschlagen der Schiffsglocke. Es erfolgt jeweils alle halben Stunden und stammt noch aus der Zeit der Sanduhr (»Glas«), die gerade eine halbe Stunde lief. Zählbeginn ist 8.00 Uhr morgens, also ist 3 Glas = 9.30 Uhr.

## Die größten Seen der Erde

| Name | Land | Fläche km² | Größte Tiefe (m) |
|---|---|---|---|
| Albert-See | Uganda/Zaire | 4246 | 48 |
| Aral-See | Sowjetunion | 63 800 | 68 |
| Athabaska-See | Kanada | 7 917 | 91 |
| Baikal-See | Sowjetunion | 31 500 | 1741 |
| Balchasch-See | Sowjetunion | 17 300 | 27 |
| Bodensee | Deutschland/Schweiz/Österreich | 539 | 252 |
| Comer See | Italien | 146 | 410 |
| Erie-See | USA/Kanada | 25 735 | 64 |
| Eyre-See | Australien | 8000–15 000 | 20 |
| Gardasee | Italien | 370 | 346 |
| Genfer See | Schweiz/Frankreich | 581 | 310 |
| Gr. Bärensee | Kanada | 31 068 | 137 |
| Gr. Sklavensee | Kanada | 28 919 | 140 |
| Huron-See | USA/Kanada | 59 573 | 229 |
| Ilmensee | Sowjetunion | 1 100 | 10 |
| Inari-See | Finnland | 1 230 | 80 |

| | | | |
|---|---|---|---|
| Kaspi-See | Sowjetunion/Iran | 423 300 | 980 |
| Kukunor | China | 5 696 | 38 |
| Ladoga-See | Sowjetunion | 18 180 | 230 |
| Lago Maggiore | Italien/Schweiz | 212 | 372 |
| Lough Neagh | Irland | 396 | 34 |
| Malawisee | Malawi/Tansania/Moçambique | 30 800 | 706 |
| Meru-See | Simbabwe/Zaire | 4 920 | 14 |
| Michigan-See | USA | 57 994 | 281 |
| Mjösen-See | Norwegen | 362 | 443 |
| Müritz-See | Deutschland | 115 | 33 |
| Neuenburger See | Schweiz | 216 | 153 |
| Nicaragua-See | Nicaragua | 7 997 | 70 |
| Oberer See | USA/Kanada | 82 382 | 393 |
| Onega-See | Sowjetunion | 9 549 | 124 |
| Ontario-See | USA/Kanada | 19 521 | 237 |
| Peipus-See | Sowjetunion | 3 583 | 15 |
| Plattensee | Ungarn | 591 | 11 |
| Saimaa-See | Finnland | 1 760 | 58 |
| Skutari-See | Albanien/Jugoslawien | 356 | 44 |
| Tanganjika-See | Zaire/Tansania | 32 880 | 1435 |
| Titicaca-See | Peru/Bolivien | 6 900 | 272 |
| Totes Meer | Jordanien/Israel | 980 | 399 |
| Väner-See | Schweden | 5 330 | 98 |
| Vätter-See | Schweden | 1 869 | 119 |
| Vierwaldstätter See | Schweiz | 114 | 214 |
| Victoria-See | Uganda/Kenia/Tansania | 68 800 | 79 |
| Winnipeg-See | Kanada | 24 331 | 21 |

## Theoretische Sichtweite

| Augenhöhe | Sichtweite | Augenhöhe | Sichtweite | Augenhöhe | Sichtweite |
|---|---|---|---|---|---|
| 2 m | 5,4 km | 100 m | 38,3 km | 1500 m | 148,2 km |
| 5 m | 8,6 km | 200 m | 55,0 km | 2000 m | 171,1 km |
| 10 m | 12,1 km | 400 m | 77,0 km | 3000 m | 209,6 km |
| 15 m | 15,0 km | 600 m | 94,0 km | 4000 m | 242,0 km |
| 20 m | 17,0 km | 800 m | 114,8 km | 8000 m | 342,3 km |
| 50 m | 27,0 km | 1000 m | 121,0 km | 9000 m | 363,0 km |

## Die Zahl Sieben

ist eine oft heilige symbolische Zahl, die sich schon im Altertum einer vielseitigen Anwendung erfreute. Hier einige Beispiele:

7 Bitten des Vaterunsers
7 Brüder der Legende (→ unten)
7 Eideshelfer
7 Freuden Mariä
7 Gaben des Heiligen Geistes
7 Geißlein im Märchen
7 Heerschilde der Germanen
7 Helden gegen Theben
7 Heliossöhne
7 Himmel
7 Kräuter
7 Kurfürsten (→ unten)
7 Leuchterarme
7-Meilen-Stiefel
7 Raben im Märchen
7 Sakramente (→ unten)
7 Schmerzen Mariä
7 Schöpfungstage
7 Siegel des Lamms
7 Todsünden (→ unten)
7 Tore Thebens
7 Tugenden (→ unten)
7 Weise Griechenlands (→ unten)
7 weise Meister des Mittelalters
7 Welträtsel (→ unten)
7 Weltwunder (→ unten)
7 Wochentage
7 Worte Christi am Kreuz

**Die 7 Brüder**
(Römische Märtyrer und Heilige)
Felix
Philippus
Martialis
Vitalis
Alexander
Silanus
Januarius

**Die 7 Kurfürsten**
Trier
Köln
Böhmen
Pfalz
Sachsen
Brandenburg
Mainz

**Die 7 Sakramente**
Taufe
Firmung
Bußsakrament
Krankensalbung
Priesterweihe
Eheschließung
Eucharistie

**Die 7 Todsünden**
Geiz
Neid
Stolz
Trägheit
Unkeuschheit
Unmäßigkeit
Zorn

**Die 7 Tugenden**
**4 Kardinaltugenden:**
Besonnenheit,
Gerechtigkeit,
Tapferkeit,
Weisheit
**3 theologische Tugenden:**
Glaube,
Hoffnung,
Liebe

**Die 7 Weisen Griechenlands**
Bias aus Priene
Chilon aus Sparta
Kleobulos aus Rhodos
Periandros aus Korinth
Pittakos aus Mytilene
Solon aus Athen
Thales aus Milet

**Die 7 Welträtsel**
1. Wesen von Materie und Kraft
2. Ursprung der Bewegung
3. Entstehen der Empfindung
4. Willensfreiheit
5. Ursprung des Lebens
6. Zweckmäßigkeit des Lebendigen
7. Entstehung des vernünftigen Denkens und der Sprache

**Die 7 Weltwunder**
1. ägyptische Pyramiden
2. hängende Gärten Babylons
3. Artemistempel in Ephesus
4. Bild des Olymp. Zeus von Phidias
5. Grabmal Königs Mausolos von Karien
6. Koloß von Rhodos
7. Leuchtturm auf der Insel Pharos

## Sonne und Sonnenfinsternis

Entfernung Erde–Sonne = 150 Mio km. Das Licht braucht trotz seiner Geschwindigkeit von 300 000 km/sec rund 8 Minuten bis zur Erde.

Durchmesser der Sonne = rund 1 391 000 km (in der Sonne hätten 1 300 000 Erdkugeln Platz)
Oberflächentemperatur der Sonne = 5700–6000°.

Eine Sonnenfinsternis tritt ein, wenn (von unserem irdischen Standpunkt aus gesehen) der Mond vor die Sonne tritt. Dabei reicht die Spitze des Kernschattenkegels des Mondes gerade auf die Erdoberfläche und erzeugt dort einen Schattenfleck von höchstens 270 km Durchmesser.

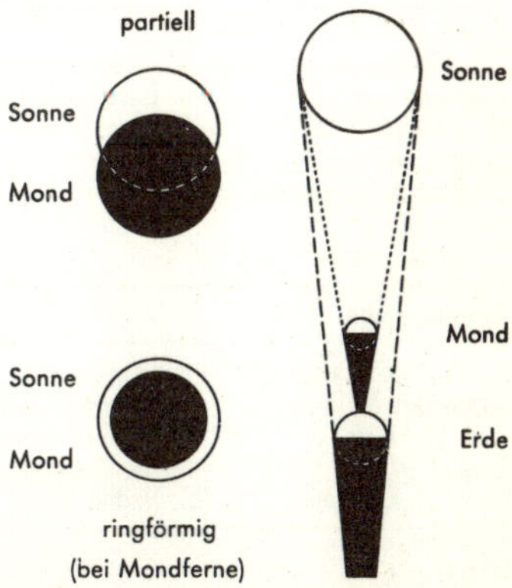

## *Ein Blick auf europäische Speisekarten*

**England**

Beer Bier
Bread Brot
Cakes Kuchen
Cheese Käse
Dark Beer dunkles Bier
Drinks Getränke
Eggs Eier
Fish Fisch
Ham Schinken
Lager Beer helles Bier
Liquors Liköre
Meat Fleischgericht
Milk Milch
Potatoes Kartoffeln
Puddings süße Speisen
Sauces Soßen
Soups Suppen
Tea Tee
Vegetables Gemüse
Water Wasser
Wines Weine

**Frankreich**

Anguille Aal
Bœuf Rindfleisch
Canard Ente
Carpe Karpfen
Chevreuil Reh
Dessert Nachtisch
Dinde Truthahn
Entremets Zwischengericht
Escargots Schnecken
Faisan Fasan
Fromage Käse
Grenouilles Froschschenk.
Hors d'œuvres Vorspeis.
Huîtres Austern
Lapin Kaninchen
Légumes Gemüse
Lièvre Hase
Mouton Hammelfleisch
Oeufs Eier
Perdreau Rebhuhn
Poisson Fisch
Pommes de terre Kartoffeln
Potages Suppen
Poulet Huhn
Sauces Soßen
Sole Scholle
Truite Forelle
Veau Kalbfleisch
Viande Fleisch

**Italien**

Anguilla Aal
Antipasti Vorspeisen
Arancio Orange
Asparagi Spargel
Bevande Getränke
Carni Fleischgerichte
Cavolfiori Blumenkohl
Cavoli Kohl
Ciliegie Kirschen
Dolci Süßigkeiten
Espresso Filterkaffee
Formaggi Käse
Fragole Erdbeere
Frittata Omelett
Frutta condita kandierte Früchte
Frutti Früchte
Funghi Pilze
Gamberetti Krabben
Gelato Eis
Legumi Gemüse
Limone Zitrone
Lodigiano Käsepaste
Marmellata Marmelade
Mela Apfel
Merluzzo Kabeljau
Miele Honig
Minestre Suppen
Patate Kartoffeln
Peperoni Pfefferschoten
Pera Birne
Pesci Fischgerichte
Piselli grüne Erbsen
Polenta Maisgericht
Polpettone Rindsrouladen
Pomodori Tomaten
Ricotta Quark
Spinaci Spinat
Stufatino Schmorbraten
Tagliatelle flache Nudeln
Torta Torte
Uova Eier
Uva Weintraube
Vini bianchi Weißwein
Vini rossi Rotwein

**Spanien**

Aves Geflügel
Bebidas Getränke
Caldos Fleischbrühe
Crustaceos Krustentiere
Embuticlos Würste
Ensalada Salate
Entremeses Vorspeisen
Frutas Früchte
Huevos Eierspeisen
Legumbres Gemüse
Pescados Fische
Platos de carne Fleischgerichte
Postres Nachtisch
Principios erster Gang
Quesos Käse
Sopas Suppen

**Niederlande**

Aardappelen Kartoffeln
Advocaatje Eierlikör
Duif Taube
Erwten Erbsen
Garnalen Krabben
Genever Wacholder
Gevogelte Geflügel
Groenten Gemüse
Ham Schinken
Haring Hering
Kip Hühnchen
Koekjes Kuchen
Mosselen Muscheln
Vlees Fleisch
Worst Wurst

## Spielkarten-Farben

| der französischen Spielkarten | | | | der deutschen Spielkarten | | | |
|---|---|---|---|---|---|---|---|

| Kreuz (Treff) | Pik (Schippe) | Herz (Coeur) | Karo (Eckstein) | Eichel (Ecker) | Grün (Blatt) | Rot (Herz) | Schelle |
|---|---|---|---|---|---|---|---|

## Sportabzeichen-Bedingungen

Der Erwerb des Deutschen Sportabzeichens setzt die Erfüllung von fünf Leistungen innerhalb eines Jahres voraus. Die Anforderungen sind nach Lebensalter und Geschlecht gestaffelt. Innerhalb der fünf Gruppen gibt es Wahlmöglichkeiten. Für die Bronze-Klasse:

| Übungs-gruppe | Männer bis 32 Jahre | Frauen bis 28 Jahre |
|---|---|---|
| **I** | Grundschein der Deutschen Lebensrettungs-Gesellschaft<br>oder: 200-m-Schwimmen in 7 Minuten | 200-m-Schwimmen in 7 Minuten |
| **II** | Hochsprung 1,30 m<br>oder: Weitsprung 4,50 m | Hochsprung 1,10 m<br>oder: Weitsprung 3,50 m |
| **III** | 100-m-Lauf in 14,0 sec<br>oder: 400-m-Lauf in 68 sec | 75-m-Lauf in 12,4 sec<br>oder: 100-m-Lauf in 16,0 sec |
| **IV** | Kugelstoßen (7,25 kg) 7,75 m<br>oder: Steinstoßen (15 kg) rechts und links zusammen 8,75 m | Kugelstoßen (4 kg) 6,75 m<br>oder: Schleuderball (1 kg) 27 m |
| **V** | 5000-m-Lauf in 25:30 min.<br>oder: 20-km-Radfahren in 47:30 min.<br>oder: 1000-m-Schwimmen in 28 min. | 2000-m-Lauf in 12 min.<br>oder: 20-km-Radfahren in 60 min.<br>oder: 1000-m-Schwimmen in 28 min. |

## Internationale Sportverbände

| Abkürzung | Deutsche Bezeichnung | Sitz |
|---|---|---|
| **AIBA** | Intern. Amateur-Box-Union | Moskau |
| **AISP** | Intern. Sportjournalisten-Verband | London |
| **AIT** | Intern. Verband für Auto-Touristik | Genf |
| **CIPS** | Intern. Sportfischer-Verband | Rom |
| **ETTU** | Europ. Tischtennis-Union | Cardiff/Wales |
| **FAI** | Intern. Luftsport-Verband | Paris |
| **FEI** | Intern. Reitsport-Verband | Genf |
| **FIA** | Intern. Automobil-Verband | Paris |
| **FIBA** | Intern. Amateur-Basketball-Verband | München |
| **FIBT** | Intern. Bob- und Schlittensport-Verband | Mailand |
| **FIDE** | Weltschachbund | Amsterdam |
| **FIE** | Intern. Fechterbund | Paris |
| **FIFA** | Intern. Fußball-Verband | Zürich |

| | | |
|---|---|---|
| **FIG** | Intern. Turnerbund | Lyss/Schweiz |
| **FIH** | Intern. Hockey-Verband | Brüssel |
| **FIL** | Intern. Rennrodel-Verband | Rottenmann/Österr. |
| **FILA** | Intern. Amateur-Ringer-Verband | Belgrad |
| **FIM** | Intern. Motorradsport-Verband | Chambésy |
| **FINA** | Intern. Schwimm-Verband | Mexico-City |
| **FIRA** | Intern. Rugby-Verband | Paris |
| **FIRS** | Intern. Vereinigung der Rollschuhläufer | Barcelona |
| **FIS** | Intern. Ski-Verband | Bern |
| **FISA** | Intern. Vereinigung der Ruder-Verbände | Montre |
| **FISB** | Intern. Skibob-Verband | Wien |
| **FISU** | Intern. Hochschulsport-Verband | Zürich |
| **IAAF** | Intern. Amateur-Leichtathletik-Verband | London |
| **IBF** | Intern. Badminton-Verband | Cheltenham/Glouc. |
| **ICAD** | Intern. Amateur-Tanz-Verband | Bremen |
| **ICF** | Intern. Kanu-Förderation | Florenz |
| **IFE** | Intern. Föderation für Eisstockschießen | Frankfurt |
| **IHF** | Intern. Handball-Förderation | Basel |
| **iIHF** | Intern. Eishockey-Verband | Wien |
| **IJF** | Intern. Judo-Föderation | London |
| **IOC** | Intern. Olympisches Komitee | Lausanne |
| **ISU** | Intern. Eislauf-Vereinigung | Davos |
| **ITF** | Intern. Tennis-Verband | London |
| **ITTF** | Intern. Tischtennis-Verband | Cardiff/Wales |
| **IWF** | Intern. Gewichtheber-Verband | Wien |
| **IYRU** | Intern. Segler-Verband | London |
| **UCI** | Intern. Radsport-Verband | Genf |
| **UIM** | Intern. Motorboot-Union | Brüssel |
| **UIT** | Intern. Schützen-Union | Wiesbaden |
| **UMB** | Intern. Billard-Verband | Brüssel |
| **USIC** | Union des intern. Eisenbahnersports | Paris |
| **USPE** | Europ. Polizei-Sport-Union | Paris |
| **WWSU** | Welt-Wasserski-Verband | Montreux |

## *Die Staaten der GUS*

| Republik | Fläche in qkm | Einwohner | Hauptstadt |
|---|---|---|---|
| Armenien | 29 800 | 2 991 360 | Eriwan |
| Aserbaidschan | 86 600 | 7 868 385 | Baku |
| Georgien | 69 700 | 4 693 892 | Tiflis |
| Kasachstan | 2 717 300 | 15 143 700 | Astana |
| Kirgisien | 199 900 | 5 081 429 | Bischkek |
| Moldawien | 33 843 | 4 455 421 | Chişinaŭ |
| Rußland | 17 075 400 | 143 420 309 | Moskau |
| Tadschikistan | 143 100 | 7 011 556 | Duschanbe |
| Turkmenistan | 488 100 | 4 952 081 | Aşgabat |
| Ukraine | 603 700 | 47 280 800 | Kiew |
| Usbekistan | 447 400 | 26 410 416 | Taschkent |
| Weißrußland | 207 595 | 10 350 194 | Minsk |

## Staatsformen

**Absolutismus:** Staatsform, in der ein Monarch die unumschränkte Gewalt ausübt
**Aristokratie:** bestimmte Geburts-, Besitz-, Berufs- oder Bildungsstände sind Träger der Staatsgewalt
**Autokratie:** ein einzelner herrscht unumschränkt
**Bundesstaat:** mehrere nicht souveräne Staaten sind zu einem souveränen Gesamtstaat vereinigt, nicht zu verwechseln mit dem →Staatenbund
**Demokratie:** die Staatsgewalt geht vom Volke aus und wird auch vom Volke ausgeübt
**Diktatur:** totalitäre Staatsform, in der die Ausübung der Staatsgewalt unter Ausschaltung gewohnheits- oder verfassungsmäßiger Schranken in einer Hand oder in einem Staatsorgan zusammengefaßt ist
**Hiërokratie:** Herrschaft einer Priesterkaste
**Monarchie:** Herrschaft eines Monarchen (= Landesherrn), kann absolut (→Absolutismus), autokratisch (→Autokratie), durch eine Verfassung (konstitutionelle M.) oder durch ein Parlament (parlamentarische M.) eingeschränkt sein
**Oligarchie:** durch die Herrschaft weniger Personen bestimmte Staatsform, z. B. →Aristokratie
**Plutokratie:** Abart der →Aristokratie, in der die Herrschaft der Hochfinanz an die Stelle der Adelsherrschaft tritt
**Republik:** Staat ohne monarchische Spitze, z. B. Aristokratie oder Demokratie, doch nicht in jedem Falle, denn die Demokratie Großbritanniens z. B. hat eine monarchische Spitze
**Staatenbund:** Staatenverbindung mehrerer souveräner Staaten, nicht zu verwechseln mit dem →Bundesstaat
**Theokratie:** geistliche Herrschaftsform, bei der der Regent nur als Stellvertreter der Gottheit angesehen wird, wie z. B. im alten Ägypten oder bis 1945 in Japan.

## Stabreime

| | | |
|---|---|---|
| Bausch und Bogen | Haut und Haar | Schimpf und Schande |
| Biegen oder brechen | Hund und Katze | Schutz und Trutz |
| Braun und blau | Kind und Kegel | Singen und sagen |
| Donner und Doria | Kurz und klein | Stein und Bein |
| Drunter und drüber | Mann und Maus | Stock und Stein |
| Fix und fertig | Nacht und Nebel | Sünd und Schand |
| Geld und Gut | Null und nichtig | Verraten und verkauft |
| Gift und Galle | Rast und Ruh | Weib und Wein |
| Handel und Wandel | Sack und Pack | Wind und Wetter |
| Haus und Hof | Samt und sonders | Zittern und zagen |

## Volksstämme der Sowjetunion

| Volksstamm | im eig. Land in Mio. | weltweit in Mio. |
|---|---|---|
| Armenier | 3,0 | 5,0 |
| Aserbaidschaner | 7,2 | 26 |
| Baschkiren | 1,22 | 1,79 |
| Georgier | 3,2 | 4,3 |
| Jakuten | 0,43 | |
| Kasachen | 8,72 | 12 |
| Kirgisen | 3,0 | 4,0 |
| Moldawier | 2,7 | 5,2 |
| Osseten | 0,76 | 0,8 |
| Russen | 116 | 167 |
| Tadschiken | 4,3 | 13 |
| Tataren | 1,77 | 6,65 |
| Tschetschenen | 1,03 | |
| Tschuwaschen | 0,98 | 1,7 |
| Turkmenen | 3,69 | 4,1 |
| Ukrainer | 38 | 46 |
| Usbeken | 19 | 20 |
| Weißrussen | 8,0 | 10,5 |

## Große Stadien in deutschen Städten

| Stadt | Stadion | Plätze in 1000 |
|---|---|---|
| Dortmund | Westfalenstadion | 83 |
| Berlin | Olympiastadion | 76 |
| München | Allianz Arena | 66 |
| Gelsenkirchen | Veltins Arena | 61 |
| Hamburg | AOL Arena | 55 |
| Mönchengladbach | Borussia-Park | 53 |
| Köln | RheinEnergieStadion | 50 |
| Stuttgart | Gottlieb-Daimler-Stadion | 49 |
| Hannover | AWD Arena | 49 |
| Nürnberg | Frankenstadion | 47 |
| Kaiserslautern | Fritz-Walter-Stadion | 46 |
| Leipzig | Zentralstadion | 44 |
| Bremen | Weserstadion | 43 |
| Frankfurt a. M. | Commerzbank Arena | 37 |
| Karlsruhe | Wildparkstadion | 32 |
| Bochum | Ruhrstadion | 32 |
| Duisburg | MSV-Arena | 30 |
| Wolfsburg | Volkswagen-Arena | 30 |
| Rostock | Ostseestadion | 30 |
| Bielefeld | Schüco-Arena | 26 |
| Freiburg | badenova-Stadion | 25 |
| Dresden | Rudolf-Harbig-Stadion | 24 |
| Leverkusen | BayArena | 22 |
| Mainz | Stadion am Bruchweg | 20 |

## Die größten Stadien der Welt

| Stadt (Land) | Stadion | Plätze in 1000 |
|---|---|---|
| Mexico City (Mexiko) | Aztekenstadion | 105 |
| Rio de Janeiro (Brasilien) | Maracana | 103 |
| Barcelona (Spanien) | Camp Nou | 98 |
| Mailand (Italien) | Giuseppe Meazza Stadion | 85 |
| San Salvador (Brasilien) | Octávio Mangabeira Stadion | 85 |
| Kiew (Ukraine) | NSK Olimpiyskyi | 83 |
| Dortmund (Deutschland) | Westfalenstadion | 83 |
| Rom (Italien) | Stadio Olimpico | 81 |
| Moskau (Rußland) | Luzhniki-Stadion | 80 |
| Madrid (Spanien) | Bernabeu Stadion | 80 |
| Sao Paulo (Brasilien) | Morumbi | 80 |
| Dublin (Irland) | Croke Park | 80 |
| Paris (Frankreich) | Stade de France | 79 |
| Neapel (Italien) | San Paolo | 78 |
| Berlin (Deutschland) | Olympiastadion | 76 |

## Städtenamen der Römerzeit

**Aachen** Aquae Grani
**Antibes** Antipolis
**Arles** Arelate
**Augsburg** Augusta Vindelicum
**Baden-Baden** Civitas Aurelia Aquensis
**Basel** Basilia
**Besançon** Vesontio
**Bingen** Bingium
**Bologna** Bononia
**Bonn** Castra Bonnensia
**Bregenz** Brigantium
**Brindisi** Brundisium
**Eining** Abusina
**Emden** Amisia
**Genf** Genava
**Kempten** Cambodunum
**Koblenz** Confluentes
**Köln** Colonia Claudia Ara Agrippinensis

**Künzing** Quintana
**London** Londinium
**Lorch** Lauracium
**Lyon** Logodunum
**Mailand** Mediolanum
**Mainz** Mogontiacum
**Marmagen** Marcomagus
**Marseille** Massilia
**Modena** Mutina
**Neapel** Neapolis
**Neuß** Novaesium
**Nizza** Nicaea
**Orange** Arausio
**Orléans** Aurelianum
**Palermo** Panormus
**Paris** Lutetia
**Passau** Bojodurum
**Pförring** Celeusum
**Piacenza** Placentia
**Pozzuoli** Puteoli
**Regensburg** Castra Regina
**Rimini** Ariminum
**Speyer** Spira
**Straßburg** Argentorate
**Straubing** Sorviodurum
**Trient** Tridentum
**Trier** Augusta Treverorum
**Toledo** Toletum
**Toulouse** Tolosa
**Wels** Ovilava
**Wien** Vindobona
**Wiesbaden** Aquae Mattiacorum
**Windisch** Vindonissa
**Worms** Borbetomagus
**Xanten** Colonia Trajana
**Zürich** Turicum

## *Die größten Städte der Bundesrepublik*

| Stadt | Einwohner | Stadt | Einwohner |
|---|---|---|---|
| Berlin | 3 388 477 | Lübeck | 212 754 |
| Hamburg | 1 734 083 | Freiburg | 212 495 |
| München | 1 247 873 | Erfurt | 201 645 |
| Köln | 965 954 | Hagen | 200 039 |
| Frankfurt | 643 432 | Rostock | 198 303 |
| Dortmund | 589 661 | Kassel | 194 322 |
| Essen | 589 499 | Mainz | 185 532 |
| Stuttgart | 589 161 | Hamm | 184 961 |
| Düsseldorf | 572 511 | Saarbrücken | 181 860 |
| Bremen | 544 853 | Herne | 172 870 |
| Hannover | 516 160 | Mülheim | 170 745 |
| Duisburg | 506 496 | Osnabrück | 165 517 |
| Leipzig | 497 531 | Solingen | 164 543 |
| Nürnberg | 493 553 | Ludwigshafen | 162 836 |
| Dresden | 483 632 | Leverkusen | 161 543 |
| Bochum | 387 283 | Oldenburg | 158 340 |
| Wuppertal | 362 137 | Neuss | 152 050 |
| Bielefeld | 328 452 | Potsdam | 144 979 |
| Bonn | 311 052 | Heidelberg | 142 959 |
| Mannheim | 308 353 | Paderborn | 141 800 |
| Karlsruhe | 282 595 | Darmstadt | 139 698 |
| Gelsenkirchen | 272 445 | Würzburg | 132 687 |
| Wiesbaden | 271 995 | Regensburg | 128 604 |
| Münster | 269 579 | Recklinghausen | 123 144 |
| Mönchengladbach | 262 391 | Göttingen | 122 883 |
| Augsburg | 259 217 | Wolfsburg | 122 724 |
| Aachen | 256 605 | Heilbronn | 120 705 |
| Chemnitz | 249 922 | Bottrop | 120 324 |
| Braunschweig | 245 076 | Ulm | 119 807 |
| Halle | 240 119 | Ingolstadt | 119 528 |
| Krefeld | 238 565 | Offenbach | 119 208 |
| Kiel | 233 039 | Pforzheim | 119 046 |
| Magdeburg | 227 535 | Bremerhaven | 118 276 |
| Oberhausen | 220 033 | Remscheid | 117 717 |

## Billige Städte — teure Städte (2003)

Die nach den jeweiligen Lebenshaltungskosten teuersten Städte der Welt.

1 **Tokio**, Japan
2 **Osaka**, Japan
3 **Oslo**, Norwegen
4 **Hongkong**, China
5 **Libreville**, Gabun
6 **Zürich**, Schweiz
7 **London**, GB
8 **Genf**, Schweiz
9 **Kopenhagen**, Dänemark
10 **Paris**, Frankreich
11 **New York**, USA
12 **Singapur**
13 **Chicago**, USA
14 **Reykjavik**, Island
15 **Seoul**, Südkorea
16 **San Francisco**, USA
17 **Los Angeles**, USA
18 **Wien,Österreich**
19 **Peking**, China
20 **Amsterdam**, Niederlande
31 **Berlin**, Deutschland
34 **Düsseldorf**, Deutschland
35 **Frankfurt/Main**, Deutschland
44 **Hamburg**, Deutschland

## Die größten Stauseen der Welt

| Name und Land | Stauraum (Mio. $m^3$) | Fläche ($km^2$) |
|---|---|---|
| Itaipú, Brasilien/Paraguay | 290 000 | 1400 |
| Owen Falls, Uganda | 204 900 | |
| Bratsk, UdSSR | 169 270 | 5426 |
| Sadd-el-Ali/Assuan, Ägypten | 164 000 | 5900 |
| Kariba, Rhodesien | 160 368 | 5180 |
| Cabora Bassa, Moçambique | 159 600 | 2700 |
| Volta, Ghana | 148 000 | 8730 |
| Manicouagan, Kanada | 141 975 | 1942 |
| Krasnojarsk, UdSSR | 73 300 | 2130 |
| Portage Mountain, Kanada | 70 100 | 1761 |
| Kujbyschew, UdSSR | 58 000 | 6500 |
| Wolgograd, UdSSR | 50 000 | 3160 |
| Lake Mead, USA | 38 547 | 658 |

## Steinkohleneinheiten

Unterschiedliche Energiearten sind nur vergleichbar, wenn man sie auf einem gemeinsamen Nenner bringt. Basiseinheit ist die Steinkohleneinheit (SKE). 1 kg SKE entspricht dem Heizwert von 1 kg Steinkohle.

| Energieträger | kg SKE | Energieträger | kg SKE |
|---|---|---|---|
| Steinkohle, 1 kg | 1,00 | Erdgas, 1 $m^3$ | 1,10 |
| Steinkohlenkoks, 1 kg | 0,97 | Benzin, 1 kg | 1,49 |
| Braunkohlenbriketts, 1 kg | 0,69 | Heizöl, 1 kg | 1,40 |
| Hartbraunkohle, 1 kg | 0,50 | Rohöl, 1 kg | 1,43 |
| Pechkohle, 1 kg | 0,71 | Dieselöl, 1 kg | 1,43 |
| Torf, 1 kg | 0,43 | Raffineriegas, 1 kg | 1,60 |
| Brennhxolz, 1 kg | 0,50 | Flüssiggas, 1 kg | 1,60 |
| Kokereigas, 1 $m^3$ | 0,57 | Wasserkraftstrom, 1 kWh | 0,40 |
| Grubengas, 1 $m^3$ | 0,57 | Atomstrom, 1 kWh | 0,40 |

## Sternbilder

Ganz oder teilweise **auf der nördlichen Halbkugel** stehen:

| | | | |
|---|---|---|---|
| Adler | Fische (nördl.) | Kepheus | Schlange |
| Andromeda | Fuhrmann | Krebs | Schlangenträger |
| Bär (gr./kl.) | Giraffe | Krone (nördl.) | Schwan |
| Bootes | Haar der Berenike | Leier | Sextant |
| Delphin | Herkules | Löwe | Stier |
| Drache | Hund (kleiner) | Luchs | Walfisch |
| Dreieck (nördl.) | Jagdhunde | Orion | Wasserschlange (nördl.) |
| Eidechse | Jungfrau | Pegasus | Widder |
| Einhorn | Kassiopeia | Perseus | Zwillinge |

Ganz oder teilweise **auf der südlichen Halbkugel** stehen:

| | | | |
|---|---|---|---|
| Altar | Hase | Maler | Segel |
| Becher | Hinterdeck | Netz | Skorpion |
| Chamäleon | Hund (großer) | Oktant | Steinbock |
| Dreieck (südl.) | Kentaur | Paradiesvogel | Tafelberg |
| Eridanus | Kiel | Pendeluhr | Taube |
| Fisch (südl.) | Kompaß | Phönix | Waage |
| Fliege | Kranich | Rabe | Wassermann |
| Fliegender Fisch | Kreuz des Südens | Schütze | Wasserschlange (südl.) |
| Grabstichel | Krone (südl.) | Schwertfisch | Wolf |

## Periodische Sternschnuppenschwärme

| Name | Sternbild der Herkunft | Zeitraum der Häufigkeit |
|---|---|---|
| **Draconiden** | Drache | 9./10. Oktober |
| **Geminiden** | Zwillinge | 5.–15. Dezember |
| **Leoniden** | Löwe | 10.–20. November |
| **Lyriden** | Leier | 18.–24. April |
| **Orioniden** | Orion | 15.–25. Oktober |
| **Perseiden** | Perseus | 8.–14. August |
| **Quadrantiden** | Bootes | 1.– 4. Januar |
| **Tauriden** | Widder-Stier | 1.–10. November |
| **Virginiden** | Jungfrau | April |

## 55 Steuerarten zum Aussuchen

Über ein halbes Hundert Steuern und verwandte Abgaben gibt es zur Zeit noch in der Bundesrepublik Deutschland. Teils kommen sie dem Staatshaushalt, teils den Etats der Länder oder Gemeinden zugute. Die wichtigsten Möglichkeiten, zum Wohl der Gemeinschaft beizutragen:

| | | |
|---|---|---|
| Aufsichtsratsteuer | Feuerschutzsteuer | Kapitalertragsteuer |
| Ausgleichsteuer | Fischereisteuer | Kirchensteuer |
| Beförderungssteuer | Gesellschaftssteuer | Körperschaftssteuer |
| Biersteuer | Grundsteuer | Kraftfahrzeugsteuer |
| Börsenumsatzsteuer | Grunderwerbssteuer | Kreditgewinnabgabe |
| Branntweinmonopol | Gewerbesteuer | Leuchtmittelsteuer |
| Einfuhrzoll | Getränkesteuer | Lohnsteuer |
| Einkommensteuer | Hundesteuer | Lohnsummensteuer |
| Einwohnersteuer | Hypothekengewinnabgabe | Lotteriesteuer |
| Erbschaftsteuer | Jagdsteuer | Mineralölsteuer |
| Essigsäuresteuer | Kaffeesteuer | Rennwettsteuer |

| | | |
|---|---|---|
| Salzsteuer | Tabaksteuer | Versicherungssteuer |
| Schankerlaubnissteuer | Teesteuer | Wechselsteuer |
| Schaumweinsteuer | Totalisatorsteuer | Wertpapiersteuer |
| Schenkungssteuer | Umsatzsteuer | Zölle |
| Spielkartensteuer | Umsatzausgleichssteuer | Zuckersteuer |
| Sportwettensteuer | Vergnügungssteuer | Zündwarenmonopol |
| Süßstoffsteuer | Vermögensteuer | Zündwarensteuer |

## »Namhafte« Straßen

**Adria-Magistrale:** Rijeka (Jugoslawien)–Dubrovnik–Ulcinj
**Alaska-Straße:** Dawson Creek (Kanada)–Fairbanks (Alaska)
**Badische Weinstraße:** Baden-Baden–Freiburg–Weil-Otterbach
**Bergstraße:** Darmstadt–Weinheim–Heidelberg
**Bernsteinstraße:** Samland–Carnutum–Aquileia
**Bocksbeutelstraße:** Aschaffenburg–Wertheim–Würzburg–Schweinfurt
**Bundesstraße Nr. 1:** Aachen–Düsseldorf–Essen–Soest–Hameln–Braunschweig–Berlin
**Burgenstraße:** Mannheim–Heilbronn–Rothenburg–Ansbach–Nürnberg
**Birma-Straße:** Lashio (Birma)–Jünnan–Tschungking (China)
**Deutsche Alpenstraße:** Lindau/Bodensee–Füssen–Garmisch–Bad Tölz–Berchtesgaden
**Harz-Heide-Straße:** Göttingen–Duderstadt–Herzberg–Braunlage–Braunschweig–Lüneburg
**Harz-Hochstraße:** Bad Grund–Braunlage
**Hunsrück-Höhenstraße:** Boppard/Rhein–Saarburg
**Kap-Kairo-Straße:** Kapstadt (Südafrika)–Kairo (Ägypten)
**Lavendel-Straße:** Avignon–Nizza
**Nibelungenstraße:** Worms–Michelstadt–Miltenberg–Wertheim–Würzburg
**Ochsenweg:** Viborg (Dänemark)–Hamburg
**Ostmark-Straße:** Bayreuth–Passau
**Pan-American-Highway:** Feuerland (Südamerika)–Mittelamerika–USA–Alaska
**Romantische Straße:** Würzburg–Rothenburg o. d.T.–Dinkelsbühl–Augsburg–Füssen
**Route des Grandes-Alpes:** Thonon (Genfer See)–Briançon–Nizza
**Ruhrschnellweg:** Duisburg–Essen–Bochum–Dortmund
**Salzstraße:** Lüneburg–Lauenburg–Mölln–Lübeck
**Schwäbische-Alb-Straße:** Nördlingen–Heidenheim–Urach–Ebingen–Tuttlingen
**Schwarzwald-Hochstraße:** Baden-Baden–Freudenstadt
**Schwarzwald-Tälerstraße:** Rastatt–Freudenstadt–Wolfach
**Seidenstraße:** Turkestan–Pamir–Vorderasien (–Rom)
**Strada del Sole:** Bologna–Neapel
**Straße der Freundschaft:** Gilgit–Khunjerab-Paß–Qulanabi (chin. Provinz Sinkiang-Uigur)
**Teestraße:** Peking–Wüste Gobi–Baikalsee
**Transamazônica:** Hoao Pessoa (Brasilien)–Peru
**Transcanadian:** St. John's (Neufundland)–Victoria (Kanada)
**Via Aemilia:** Brindisi–Tortona
**Via Appia:** Rom–Brindisi
**Via Augusta:** Narbonne–Cadiz
**Via Aurelia:** Genua–Rom
**Via Flaminia:** Rom–Rimini
**Vogelfluglinie:** Norddeutschland–Fehmarn–Kopenhagen
**Weihrauchstraße:** Hadramaut (Arabien)–Aden–Ägypten
**Weinstraße:** Bockenheim–Deidesheim–Neustadt–Bergzabern–Schweigen
**Weser-Straße:** Hann. Münden–Karlshafen–Höxter–Hameln–Minden

## § 1 der Straßenverkehrsordnung

Diese Grundregel für das Verhalten im Straßenverkehr lautet: »Die Teilnahme am Straßenverkehr erfordert ständige Vorsicht und gegenseitige Rücksichtnahme. Jeder Verkehrsteilnehmer hat sich so zu verhalten, daß kein anderer geschädigt, gefährdet oder mehr, als nach den Umständen unvermeidbar, behindert oder belästigt wird.«

| Andere schädigen | Andere gefährden | Andere behindern | Andere belästigen |
|---|---|---|---|
| durch Beschmutzen beim Fahren durch Pfützen, Anfahren anderer Verkehrsteilnehmer, Öffnen der Autotüren ohne Blick auf Fahrbahn u. a. | durch fehlerhafte Beleuchtung, spätes Abblenden, ausgeschlagene Lenkung, Alkoholgenuß, zu schnelles Fahren, Vorfahrt erzwingen, schlechte Bremsen, Hinauswerfen von Gegenständen u. a. | durch unrichtiges Parken (Einklemmen), zu plötzliches Halten, zu langsames Fahren, Wenden auf verkehrsreicher Straße u. a. | durch übermäßige Rauchentwicklung, rücksichtsloses Signalgeben, zu laute Auspuffgeräusche, zu lautes Schlagen der Wagentüren, zu nahes Heranfahren an Gehwege u. a. |

## Strumpfgrößen

**Strümpfe für die Dame**
sollte der Herr eigentlich erst dann kaufen, wenn er mit ihr verheiratet ist, aber auch dann weiß er zwar manchmal die Schuhgröße, nicht immer jedoch die dazu passende Strumpfgröße. Dem Manne soll geholfen werden! Hier eine Tabelle über die im allgemeinen zueinander passenden Schuh- und Strumpfgrößen (ohne Garantie, versteht sich):

| Schuh: | 36 | 36½ | 37 | 37½ | 38 | 38½ | 39 | 39½ | 40 | 40½ | 41 | 41½ | 42 |
|---|---|---|---|---|---|---|---|---|---|---|---|---|---|
| Strumpf: | 8½ | 9 | 9 | 9 | 9½ | 9½ | 9½ | 10 | 10 | 10½ | 10½ | 10½ | 11 |

**Strümpfe für den Herrn**

| Schuh: | 39 | 40 | 41 | 42 | 42½ | 43 | 43½ | 44 | 44½ | 45 | 46 |
|---|---|---|---|---|---|---|---|---|---|---|---|
| Strumpf: | 10 | 10 | 10½ | 10½ | 11 | 11 | 11½ | 11½ | 11½ | 12 | 12 |

## Stück- oder Zählmaße

1 Ballen Papier = 10 Ries (= 10000 Bogen)
1 Ballen Tuch = 10 oder 12 Stück
1 Bauernschock = 64 Stück
1 Decher = 10 Stück
1 Dutzend = 12 Stück
1 Gros = 144 Stück (= 12 Dutzend)
1 (große) Mandel = 16 Stück
1 (kleine) Mandel = 15 Stück
1 Mille = 1000 Stück
1 Paar = 2 Stück
1 Ries Papier = 1000 Bogen
1 Schock = 60 Stück
1 Stiege = 20 Stück
1 Zimmer = 40 oder 60 Stück

## Tänze und Takte

Allemande 4/4
Be-bop 16/16
Beguine 4/4
Blues 4/4
Bolero 3/4
Boogie-Woogie 4/4 (8/8)
Bourrée 4/4 (2/2)
Chaconne 3/4
Courante 3/4 (3/2)
Engl. Walzer 3/4
Fandango 3/4 (6/8)
Foxtrott 4/4
Gavotte 2/4 (2/2)
Habañera 2/2
Jitterbug 4/4
Krakowiak 2/4
Langsamer Walzer 3/4
Mambo 2/4 (4/4)
Mazurka 3/4
Menuett 3/4
Musette 3/4
Paso doble 6/8
Polka 2/4
Polonäse 3/4
Rheinländer 2/4
Rumba 2/4 (4/4)
Samba 2/4 (4/4)
Siciliano 6/8
Slowfox 4/4
Tango 2/4
Tarantella 6/8 (3/8)
Twist 4/4
Wiener Walzer 3/4

# Technisch-physikalische Maße

**Beschleunigung**
Grundeinheit: 1 Meter/Sekundenquadrat ($m/s^2$) = Beschleunigung eines Körpers, dessen Geschwindigkeit sich in 1 s um 1 m/s ändert.
Wichtigste Ableitung:

1 Zentimeter/Sekundenquadrat ($cm/s^2$) = $\frac{1}{100}$ $m/s^2$

**Druck, mechanische Spannung**
Grundeinheit: 1 Pascal (Pa) = 1 $N/m^2$ = mit der Kraft 1 N auf eine Fläche von 1 $m^2$ senkrecht wirkender Druck.
Wichtige Untereinheiten:
1 Bar (bar) = $10^5$ Pa
1 Millibar (mbar) = $10^2$ Pa
Ältere Einheit: 1 Technische Atmosphäre (at) = $9{,}81 \cdot 10^4$ Pa

**Elektrizität**
Grundeinheit: 1 Ampere (A); Einheit der Stromstärke.
Davon abgeleitete wichtige Einheiten:

| Größe | Einheit | Kurzzeichen | Beziehung |
|---|---|---|---|
| Spannung | 1 Volt | V | 1 V = 1 W/A |
| Leitwert | 1 Siemens | S | 1 S = 1 A/V |
| Widerstand | 1 Ohm | Ω | 1Ω = 1 V/A |
| Elektrizitätsmenge | 1 Coulomb | C | 1 C = 1 As |
| Kapazität | 1 Farad | F | 1 F = 1 C/V |
| Magnet. Fluß | 1 Weber | Wb | 1 Wb = 1 Vs |
| Magnet. Flußdichte | 1 Tesla | T | 1 T = 1 $Wb/m^2$ |
| Induktivität | 1 Henry | H | 1 H = 1 Wb/A |

**Energie, Arbeit, Wärmemenge**
Grundeinheit: 1 Joule (J) = 1 Wattsekunde (Ws) = 1 Newtonmeter (Nm) = Arbeit, die verrichtet wird, wenn der Angriffspunkt der Kraft 1 N in Richtung der Kraft um 1 m verschoben wird.
Weitere zulässige Einheiten:
1 Kilowattstunde (kWh) = $3{,}6 \cdot 10^6$ N = 3,6 MN
1 Elektronvolt (eV) = $1{,}60219 \cdot 10^{-19}$ J
Ältere Einheit: 1 Kalorie (cal) = 4,178 J

**Frequenz**
Grundeinheit: 1 Hertz (Hz) = 1 Schwingung je Sekunde.
Häufig verwendete Ableitungen:
1 Kilohertz (KHz) = $10^3$ Hz
1 Megahertz (MHz) = $10^6$ Hz
1 Gigahertz (GHz) = $10^9$ Hz
Für Umlauffrequenzen (Drehbewegungen) wird die Einheit Hertz auch als Umdrehung/Sekunde (U/s) bezeichnet.

**Geschwindigkeit**
Grundeinheit: 1 Meter/Sekunde (m/s) = der in 1 s zurückgelegte Weg von 1 m.
Wichtigste Ableitung:

1 Kilometer/Stunde (km/h) = $\frac{1}{3{,}6}$ m/s
= 0,2778 m/s

**Kraft, Gewichtskraft**
Grundeinheit: 1 Newton (N) = Kraft, die einem Körper der Masse 1 kg die Beschleunigung 1 $m/s^2$ gibt.
Wichtigste Ableitung:
1 Kilonewton (kN) = $10^3$ N
Ältere Einheit: 1 Kilopond (kp) = 9,81 N

**Leistung**
Grundeinheit: 1 Watt (W) = 1 J/s = 1 Nm/s = 1 VA = Leistung, bei der während 1 s die Energie 1 J umgesetzt wird.
Wichtigste Ableitungen:
1 Kilowatt (kW) = $10^3$ W
1 Megawatt (MW) = $10^6$ W = $10^3$ kW
Ältere Einheit: 1 Pferdestärke (PS) = 735,49875 W

**Licht**
Grundeinheit: 1 Candela (cd), Einheit der Lichtstärke. 1 cd = Lichtstärke, mit der $^1/_{600000}$ $m^2$ der Oberfläche eines Schwarzen Strahlers bei der Temperatur des beim Druck 101325 Pa (= 1 atm) erstarrenden Platins senkrecht zu seiner Oberfläche leuchtet.
Abgeleitete Einheiten:
Leuchtdichte: 1 Candela/Meterquadrat ($cd/m^2$)
Lichtstrom: 1 Lumen (lm) = Lichtstrom, den eine punktförmige Lichtquelle mit 1 cd gleichmäßig nach allen Richtungen in den Raumwinkel 1 sr aussendet
Beleuchtungsstärke: 1 Lux (lx) = 1 $lm/m^2$

**Temperatur**
Grundeinheit: 1 Kelvin (K); ohne Gradbezeichnung. Die K.-Skala beginnt beim absoluten Nullpunkt: 0 K = −273,15°C.
Weitere zulässige Einheit:
1 Grad Celsius (°C); Einteilung der Skala in 100° zwischen Gefrierpunkt (0°C) und Siedepunkt (100°C) des Wasser

**Zeit**
Grundeinheit: 1 Sekunde (s oder sec); weitere Einheiten:

| | d | h | min | s |
|---|---|---|---|---|
| 1 Jahr (a) | 365 | . | . | . |
| 1 Tag (d) | 1 | 24 | 1440 | 86400 |
| 1 Stunde (h) | . | 1 | 60 | 3600 |
| 1 Minute (min) | . | . | 1 | 60 |
| 1 Sekunde (s) | . | . | . | 1 |

# *Tennis*

Die wichtigsten Spielregeln aus der Spielwertung des »weißen Sports« sind: Ein Schlag ins Netz oder über das Spielfeld hinaus ergibt einen Fehler; 4 Fehler ergeben ein Spiel für den Gegner, 6 Spiele einen Satz, doch muß der Sieger mindestens 2 Spiele mehr haben als der Verlierer.

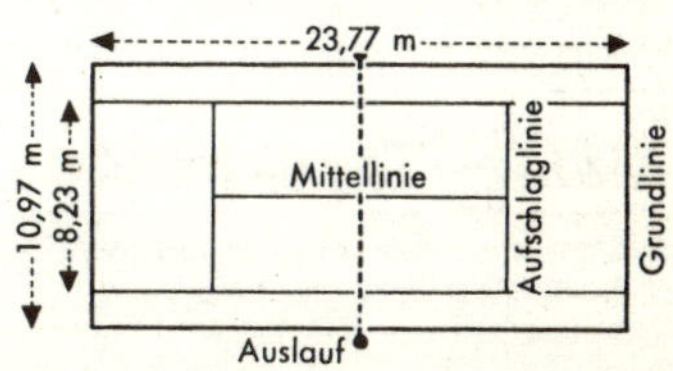

## Die beiden Testamente der Bibel

**Altes Testament**

1. Genesis (= das 1. Buch Mose)
2. Exodus (=das 2. Buch Mose)
3. Levitikus (= das 3. Buch Mose)
4. Numeri (= das 4. Buch Mose)
5. Deuteronomium (= das 5. Buch Mose)
6. Das Buch Josua
7. Das Buch der Richter
8. Das Buch Rut
9. Das 1. Buch Samuel
10. Das 2. Buch Samuel
11. Das 1. Buch der Könige
12. Das 2. Buch der Könige
13. Das 1. Buch der Chronik
14. Das 2. Buch der Chronik
15. Das Buch Esra
16. Das Buch Nehemia
17. Das Buch Tobias
18. Das Buch Judit
19. Das Buch Ester
20. Das 1. Buch der Makkabäer
21. Das 2. Buch der Makkabäer
22. Das Buch Ijob (= Job = Hiob)
23. Die Psalmen
24. Das Buch der Sprichwörter (= Die Sprüche Salomos)
25. Kohelet (= Der Prediger Salomo)
26. Das Hohelied (= Das Hohelied Salomos)
27. Das Buch der Weisheit (= Die Weisheit Salomos)
28. Das Buch Jesus Sirach
29. Das Buch Jesaja
30. Das Buch Jeremia
31. Die Klagelieder des Jeremia
32. Das Buch Baruch
33. Das Buch Ezechiel (= Hesekiel)
34. Das Buch Daniel
35. Das Buch Hosea
36. Das Buch Joel
37. Das Buch Amos
38. Das Buch Obadja
39. Das Buch Jona
40. Das Buch Micha
41. Das Buch Nahum
42. Das Buch Habakuk
43. Das Buch Zefanja
44. Das Buch Haggai
45. Das Buch Sacharia
46. Das Buch Maleachi

**Neues Testament**

1. Das Evangelium nach Matthäus
2. Das Evangelium nach Markus
3. Das Evangelium nach Lukas
4. Das Evangelium nach Johannes
5. Die Apostelgeschichte
6. Der Brief an die Römer
7. Der erste Brief an die Korinther
8. Der zweite Brief an die Korinther
9. Der Brief an die Galater
10. Der Brief an die Epheser
11. Der Brief an die Philipper
12. Der Brief an die Kolosser
13. Der erste Brief an die Thessalonicher
14. Der zweite Brief an die Thessalonicher
15. Der erste Brief an Timotheus
16. Der zweite Brief an Timotheus
17. Der Brief an Titus
18. Der Brief an Philemon
19. Der Brief an die Hebräer
20. Der Brief des Jokobus
21. Der erste Brief des Petrus
22. Der zweite Brief des Petrus
23. Der erste Brief des Johannes
24. Der zweite Brief des Johannes
25. Der dritte Brief des Johannes
26. Der Brief des Judas
27. Die Offenbarung des Johannes

Falls Sie einmal gefragt werden, wieviel Buchstaben in der Bibel stehen, hier ist die Zahl: 3566480! Einschließlich der Apokryphen sind es sogar 4291480 Buchstaben.

## Kleines Textil-ABC

**Acetat:** Chemiefaser auf Zellulosebasis, seidenähnlicher Glanz, gute Reiß- und Knitterfestigkeit, gute Dehnbarkeit. Bügelfest bis 220°C.

**Bastseide:** nicht entbastete Rohseide.

**Batist:** dichtes und feinfädiges Gewebe in Leinwandbindung aus Baumwolle, Leinen oder Zellwolle.

**Baumwolle:** Naturfaser (Samenhaare der Baumwollpflanze), sehr dauerhaft, gut waschbar.
**Bouclé:** Kleider- und Mantelstoff mit noppenartiger Oberfläche.
**Bouretteseide:** versponnene Seidenabfälle, ergeben rauhe, etwas noppige Garne.
**Broché:** Gewebe mit stickereiähnlichen Mustern.
**Brokat:** schweres Gewebe in Jaquardmusterung, hergestellt unter Verwendung von Metallfäden.
**Charmelaine:** Kleider- und Mantelstoff aus Wollkammgarn, rechte Seite gerippt, linke Seite glatt und glänzend.
**Charmeuse:** Wirkware mit Trikotlegung auf der rechten, Tuchlegung auf der linken Seite, maschenfest.
**Cheviot:** Kammgarn- und Streichgarngewebe aus grober Cheviotwolle.
**Chevron:** Wollstoff in Fischgratmusterung.
**Chiffon:** feines Gewebe aus Endlosgarnen für Schals, Kleider- und Blusenstoffe.
**Chiné:** Gewebe, bei dem die Kettfäden vor dem Weben mit Farbmustern bedruckt werden (verschwommene Musterkonturen).
**Cord:** stark gerippte Gewebe mit Rippen in Längsrichtung.
**Crêpe:** Sammelbezeichnung für Gewebe mit körnig-sandiger Oberfläche, heute meist aus Chemiefasern hergestellt.
**Cuprama:** Kupferspinnfaser auf Zellulosebasis für Anzug- und Mantelstoffe, Strickwaren. Feinwollig, merinoartig, matter Perlglanz.
**Diolen:** Chemiefaser auf Polyesterbasis, für Wäsche-, Anzug- und Kleiderstoffe, reiß- und scheuerfest, knitterarm.
**Dolan:** Chemiefaser auf Polyacrylnitrilbasis, für Stoffe aller Art, wollig, gut wärmend.
**Dralon:** Chemiefaser auf Polyacrylnitrilbasis, für Stoffe aller Art geeignet.
**Drell:** derbes Baumwoll-, Leinen- oder Halbleinengewebe.
**Duchesse:** Kleider- und Futterstoff, auf einer Seite stark glänzend, aus Naturseide oder Acetatfäden.
**Duvetine:** Baumwoll- oder Zellwollgewebe mit stark aufgerauhter Oberfläche und samtartigem Aussehen.
**Flanell:** Gewebe aus weichen Garnen, ein- oder beidseitig aufgerauht, für Hemden, Blusen, Hosen u. a.
**Flausch:** Streichgarngewebe mit stark aufgerauhter rechter Seite, gut wärmehaltig.
**Fresco:** Gewebe mit freskenartigem Oberflächenbild und hartem, körnigem Griff, in Leinwandbindung gewebt.
**Frottee:** Schlingenstoff aus Frotteezwirn mit rauher, gekräuselter Oberfläche.
**Gabardine:** Gewebe mit stark ausgeprägten Rippen, aus Wolle, Baumwolle, Zellwolle oder Mischgarnen hergestellt.
**Georgette:** hartes, gitterartiges Kreppgewebe in Leinwandbindung.
**Gerstenkorn:** Gewebe in Leinwand- oder Ripsbindung mit Verdickungen (Gerstenkornbindung), besonders für Handtücher.
**Gevrine:** Kleiderstoff mit feinen welligen Rippen, rechtsseitig schillernd.
**Glasbatist:** weißer Batist, der durch eine Spezialbehandlung glasig und steif gemacht ist.
**Honanseide:** Seidengewebe aus Tussahseide mit leichten Fadenverdickungen (Noppen).
**Jersey:** gewirkter Stoff für Oberbekleidung manchmal auch gestrickt.
**Kammgarn:** vor dem Verspinnen gekämmte (d. h. verfeinerte) Garne aus Wolle, Baumwolle oder Zellwolle.
**Kaschmir:** Textilrohstoff aus den Haaren der Kaschmirziege.
**Kunstseide:** veraltete Bezeichnung für Chemiefasern aus chemisch behandelter Zellulose.
**Lamé:** Gewebe mit eingearbeiteten Metallfäden.
**Leinen:** Gewebe aus Flachsfasern (Leinengarnen) in Kette und Schuß, sehr haltbar, reiß- und verschleißfest.
**Leinenbatist:** Batist aus sehr feinen Leinengarnen.
**Linon:** Baumwollgewebe mit leinenähnlicher Oberfläche.
**Loden:** stark gewalktes, beiderseits aufgerauhtes und imprägniertes, dichtes und glattes Streichgewebe, vor allem für Wander- und Sportkleidung.
**Mako:** feinste, leicht glänzende ägyptische Baumwolle.
**Marengo:** Streichgarn- und Kammgarngewebe aus meliertem Marengogarn für Anzüge und Mäntel.
**Matelassé:** Gewebe mit plastisch hervortretender Musterung und seidiger Oberfläche.
**Mohair:** Wolle der Mohairziege (Angoraziege), stark glänzend, reißfest, wenig filzend.
**Moiré:** Taft mit wasserwellenartigem, mattschimmerndem Muster.
**Nylon:** Chemiefaser auf Polyamidbasis, reiß- und scheuerfest, kaum knitternd, vor allem für Strümpfe, Wäsche, Kleiderstoffe geeignet.
**Organdy:** Glasbatist (s.d.).
**Organza:** steifer, durchsichtiger Seidenchiffon aus unentbasteter Seide.
**Orlon:** Chemiefaser auf Polyacrylnitrilbasis, für Gewebe aller Art geeignet, mit seidigen

Fäden, bauschelastischen Spinnfasern, gut wärmend, knitterarm.
**Ottomane:** Rips mit breiten Rippen in Schußrichtung.
**PAN:** Chemiefaser auf Polyacrylnitrilbasis.
**PeCe:** Chemiefaser auf Polyvinylchloridbasis.
**Perlon:** Chemiefaser auf Polyamidbasis, wie Nylon (s. d.).
**Popeline:** Baumwollgewebe mit feinen, dicht eingestellten Kettfäden, z. B. für Hemden, Kleider.
**Reyon:** Chemiefaser auf Zellulosebasis, weich, schmiegsam und seidig, vor allem für Blusen- und Kleiderstoffe.
**Rips:** Gewebe mit ausgeprägten Rippen in Kett- oder Schußrichtung.
**Samt:** Gewebe mit einem Flor, der das Grundgewebe 2–3 mm überragt.
**Satin:** Gewebe mit glatter Oberfläche, in Atlasbindung hergestellt.
**Seide:** Fasern aus der Mittelschicht des Kokons der Seidenspinnerraupe.
**Shetland:** grober, wenig dichter Wollstoff.
**Taft:** leinwandbindiges Gewebe aus Seide oder Chemiefäden mit leichten, kaum sichtbaren Querrippen.
**Terylene:** Chemiefaser auf Polyesterbasis, reiß- und scheuerfest, bauschelastisch, sehr temperaturbeständig.
**Trevira:** Chemiefaser auf Polyesterbasis, ähnlich wie Diolen.
**Tweed:** handwebartiger Stoff aus grobem Garn, häufig mit Noppen und rauher Oberfläche.
**Velours:** Stoffe mit samtartiger Oberfläche auf einer Seite.
**Velvet:** Baumwollsamt mit glatter Oberfläche.
**Voile:** durchsichtiger, schleierartiger Stoff aus feinfädigem Garn.
**Wolle:** Haare des Schafes, naturgekräuselt, sehr wärmehaltend, sehr dehnbar.
**Zellwolle:** aus Zellulose hergestellte Chemiefaser (Viskose), für Kleider-, Wäsche- und Anzugstoffe.

## Thermometer

| Skala | es entsprechen einander | | | | | | | | | | | | | |
|---|---|---|---|---|---|---|---|---|---|---|---|---|---|---|
| Celsius | –40 | –30 | –20 | –10 | 0 | 10 | 20 | 30 | 40 | 50 | 60 | 70 | 90 | 100 |
| Reaumur | –32 | –24 | –16 | – 8 | 0 | 8 | 16 | 24 | 32 | 40 | 48 | 56 | 72 | 80 |
| Fahrenheit | –40 | –22 | – 4 | 14 | 32 | 50 | 68 | 86 | 104 | 122 | 140 | 158 | 194 | 212 |
| Kelvin | 233 | 243 | 253 | 263 | 273 | 283 | 293 | 303 | 313 | 323 | 333 | 343 | 363 | 373 |

Umrechnungsformeln:

Celsius in Fahrenheit

$$x°C = \frac{9 \cdot x°}{5} + 32° F$$

Fahrenheit in Celsius

$$x° F = \frac{5}{9} (x - 32)° C$$

Celsius in Reaumur

$$x°C = \frac{4 \cdot x°}{5} \quad R$$

Reaumur in Celsius

$$x°R = \frac{5 \cdot x°}{4} \quad C$$

Celsius in Kelvin

$$x°C = (x + 273) K$$

## Tierkreiszeichen

| ♈ | ♉ | ♊ | ♋ | ♌ | ♍ | ♎ | ♏ | ♐ | ♑ | ♒ | ♓ |
|---|---|---|---|---|---|---|---|---|---|---|---|
| Widder | Stier | Zwillinge | Krebs | Löwe | Jungfrau | Waage | Skorpion | Schütze | Steinbock | Wassermann | Fische |

| | | | |
|---|---|---|---|
| Widder | 21. 3. – 20. 4. | Waage | 24. 9. – 23. 10. |
| Stier | 21. 4. – 20. 5. | Skorpion | 24. 10. – 22. 11. |
| Zwillinge | 21. 5. – 21. 6. | Schütze | 23. 11. – 22. 12. |
| Krebs | 22. 6. – 22. 7. | Steinbock | 23. 12. – 21. 1. |
| Löwe | 23. 7. – 23. 8. | Wassermann | 22. 1. – 19. 2. |
| Jungfrau | 24. 8. – 23. 9. | Fische | 20. 2. – 20. 3. |

## Stämme des Tierreiches

| | | Zahl der Arten |
|---|---|---|
| 1. Flagellata | Geißeltierchen | |
| 2. Rhizopoda | Wurzelfüßer | |
| 3. Sporozoa | Sporentierchen | 20 000 |
| 4. Protociliata | Vor-Wimperntierchen | |
| 5. Ciliata | Wimperntierchen | |
| 6. Mesozoa | · | 50 |
| 7. Porifera | Schwämme | 5 000 |
| 8. Cnidaria | Nesseltiere | 8 900 |
| 9. Ctenophora | Rippenquallen | 80 |
| 10. Plathelminthes | Plattwürmer | 6 000 |
| 11. Kamptozoa | · | 60 |
| 12. Nemertini | Schnurwürmer | 750 |
| 13. Nemathelminthes | Schlauchwürmer | 7 500 |
| 14. Priapulida | · | 3 |
| 15. Mollusca | Weichtiere | 104 000 |
| 16. Sipunculida | · | 240 |
| 17. Annelida | Ringelwürmer | 7 000 |
| 18. Onychophora | Krallenträger | 70 |
| 19. Linguatulida | Zungenwürmer | 62 |
| 20. Tardigrada | Bärtierchen | 200 |
| 21. Arthropoda | Gliederfüßer | 810 000 |
| 22. Tentaculata | Kranzfühler | 3 400 |
| 23. Enteropneusta | Schlundatmer | 75 |
| 24. Echinodermata | Stachelhäuter | 4 700 |
| 25. Chaetognatha | Borstenkiefer | 30 |
| 26. Chordata | Chordatiere | 62 000 |
| | | 1 040 120 |

Aus Deutschland sind bisher rund 40 300 lebende Tierarten bekannt. Mehr als die Hälfte davon, nämlich 27 800, sind Insekten. Es folgen 3 500 Würmerarten, 3 300 Einzellerarten und 2 300 Spinnenarten. Der Anteil der Wirbeltiere beträgt mit 750 Arten nur 1,86%!

## Tier-Symbolik

Für verschiedene menschliche Eigenschaften gelten folgende Tiere als Symbol:

**Biene** Fleiß
**Bulldogge** Hartnäckigkeit
**Eichelhäher** Geschwätzigkeit
**Elster** diebisch
**Esel** Dummheit
**Eule** Weisheit
**Fledermaus** Blindheit
**Fliege** Schwäche
**Fuchs** List, Schlauheit
**Gans** Eingebildetheit
**Habicht** Raubgier
**Hase** Furchtsamkeit
**Henne** Mütterlichkeit
**Hund** Treue
**Kaninchen** Fruchtbarkeit
**Katze** Falschheit
**Lamm** Unschuld
**Lerche** Heiterkeit
**Löwe** Würde
**Pfau** Stolz, Eitelkeit
**Rabe** Unglück
**Schaf** Einfalt
**Schlange** Weisheit
**Schmetterling** vergnügtes Leben
**Schwein** Unreinheit
**Spatz** Frechheit
**Stier** Kraft
**Strauß** Torheit
**Taube** Harmlosigkeit
**Tiger** Wildheit
**Turteltaube** eheliche Treue
**Wurm** Kriecherei

## Tischtennis-Tisch

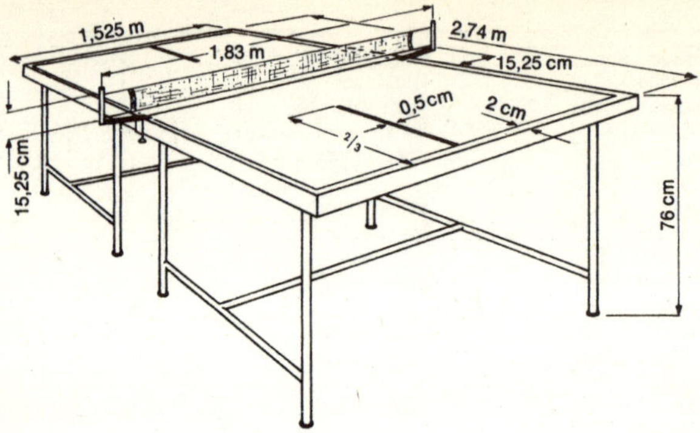


## Trächtigkeitskalender

Die durchschnittliche Tragezeit beträgt bei:

| | | | | | |
|---|---|---|---|---|---|
| **Elefant** | 630 Tage | **Kamel** | 360 Tage | **Rind** | 240–321 Tage |
| **Esel** | 360–370 Tage | **Kaninchen** | 28– 30 Tage | **Schaf** | 146–158 Tage |
| **Giraffe** | 450 Tage | **Katze** | 45– 65 Tage | **Schwein** | 109–133 Tage |
| **Hund** | 55– 65 Tage | **Pferd** | 320–419 Tage | **Ziege** | 146–158 Tage |

## Trinkgelder bzw. Bedienungszuschläge

| | Hotel Restaurant | Taxi |
|---|---|---|
| Australien | 10–15% | 15% |
| Belgien | 15% | 10–15% |
| Bolivien | 10% | – |
| Brasilien | 10% | 10–15% |
| Bundesrep. Deutschl. | 10–15% | 10% |
| Chile | 10% | – |
| Dänemark | 12–15% | 12–15% |
| Ecuador | 10% | – |
| Finnland | 10–15% | – |
| Frankreich | 10–15% | 12–15% |
| Griechenland | 10–15% | 5% |
| Großbritannien | 10–15% | 10–20% |
| Hongkong | 10–15% | 10% |
| Indien | 10% | – |
| Irland | 10–15% | 10–20% |
| Island | 15–20% | 15% |
| Israel | 10% | – |
| Italien | 15–20% | 10–15% |
| Jugoslawien | – | – |
| Kolumbien | 10% | – |
| Luxemburg | 15% | 10% |
| Mexiko | 10–20% | – |
| Niederlande | 15% | 10% |
| Norwegen | 10–15% | – |
| Österreich | 10–15% | 10–15% |
| Pakistan | 10% | – |
| Peru | 5–15% | – |
| Portugal | 10–15% | 10% |
| Schweden | 10–15% | 15–20% |
| Schweiz | 10–15% | 10% |
| Spanien | 12–15% | 10% |
| Thailand | 10–20% | – |
| Türkei | 10–15% | 5–10% |
| Uruguay | 10–15% | 10% |
| Venezuela | 10–15% | – |

## Tonarten

## Europäische Universitäten und ihre Gründungsjahre

Aachen 1870
Aarhus 1928
Aberdeen 1494
Abersystwyth 1903
Aix-Marseilles 1409
Amsterdam 1632
Ankara 1933
Athen 1837
Augsburg 1669
Bamberg 1972
Bangor 1903
Barcelona 1450
Bari 1924
Basel 1460
Bayreuth 1972
Belfast 1845
Bergen 1946
Berlin 1809 (FU 1948)
Bern 1834
Besançon 1422
Bielefeld 1968
Birmingham 1900

Bochum 1962
Bologna um 1200
Bonn 1786
Bordeaux 1441
Braunschweig 1862
Bremen 1970
Breslau 1811
Bristol 1909
Brünn 1919
Brüssel 1834
Budapest 1635
Bukarest 1864
Caen 1431
Cagliari 1606
Cambridge 1229
Camerino 1727
Cardiff 1893
Catania 1434
Clausthal 1775
Clermont-Ferrand 1808
Coimbra 1290
Darmstadt 1836
Debrecen 1914
Dijon 1722
Dorpat 1632
Dortmund 1968
Dublin 1591
Duisburg 1972
Durham 1832
Düsseldorf 1907
Edinburgh 1583
Eichstätt 1972
Erfurt 1392
Erlangen-Nürnberg 1743
Exeter 1855
Ferrara 1391
Florenz 1321
Frankfurt Main 1914
Freiburg/Deutschland 1457
Freiburg/Schweiz 1889
Genf 1559
Gent 1817
Genua 1773
Gießen 1607
Glasgow 1451
Göteborg 1889
Göttingen 1736
Granada 1526
Graz 1586
Greifswald 1456
Grenoble 1339
Gronningen 1614
Hagen 1974
Halle/Saale 1502
Hamburg 1919
Hannover 1831
Heidelberg 1386
Helsinki 1828
Hohenheim 1818
Innsbruck 1669
Istanbul 1453
Jassy 1865
Jena 1558
Kaiserslautern 1970
Karlsruhe 1865
Kassel 1970
Kiel 1665
Köln 1388
Konstanz 1967
Königsberg 1544
Kopenhagen 1479
Krakau 1364
Lausanne 1537
Leeds 1904
Leiden 1575
Leipzig 1409
Leningrad 1819
Lille 1562
Lissabon 1290
Liverpool 1903
Lodz 1945
London 1836
Löwen 1425
Lübeck 1964
Lublin 1918
Lund 1666
Lüttich 1817
Lyon 1888
Macerata 1290
Madrid 1508
Mailand 1925
Mainz 1476
Manchester 1903
Mannheim 1946
Marburg 1527
Messina 1548
Modena 1180
Montpellier 1289
Moskau 1755
München 1472
Münster 1780
Murcia 1915
Nancy 1572
Neapel 1224
Neuchâtel 1838
Neuendettelsau 1947
Nottingham 1948
Odessa 1865
Oldenburg 1974
Oporto 1911
Oslo 1811
Osnabrück 1970
Oviedo 1608
Oxford um 1200
Paderborn 1972
Padua 1222
Palermo 1777
Paris 1253
Parma 1065
Pavia 1361

Pécs 1367
Perugia 1200
Pisa 1343
Poitiers 1432
Posen 1919
Prag 1348
Preßburg 1919
Reading 1926
Regensburg 1967
Rennes 1735
Reykjavik 1911
Rom 1303
Rostock 1419
Saarbrücken 1949
Salamanca 1243
Salerno 1944
Saloniki 1925
Salzburg 1622
Santiago 1501
Saragossa 1558
Sassari 1562
Sevilla 1502
Sheffield 1905
Siegen 1972
Siena 1247
Sofia 1888
Southampton 1952
Speyer 1947
St. Andrews 1411
Stuttgart 1829
Stockholm 1877
Straßburg 1538
Swansea 1903
Szeged 1921
Temeschburg 1945
Thorn 1949
Toulouse 1229
Trier 1970
Triest 1938
Tübingen 1477
Turin 1405
Turku 1922
Ulm 1967
Uppsala 1477
Urbino 1564
Utrecht 1636
Valencia 1500
Valladolid 1346
Venedig 1868
Warschau 1812
Wien 1365
Wuppertal 1972
Würzburg 1582
Zürich 1833

## Die 50 Staaten der USA

| Name (Abk.) | $km^2$ | Einwohner (in 1000) | Aufnahme in USA | Hauptstadt |
|---|---|---|---|---|
| Alabama, AL | 133667 | 3537 | 1819 | Montgomery |
| Alaska, AK | 1518800 | 352 | 1958 | Juneau |
| Arizona, AZ | 295022 | 2245 | 1912 | Phoenix |
| Arkansas, AR | 137538 | 2116 | 1836 | Little Rock |
| California, CA | 411012 | 21185 | 1850 | Sacramento |
| Colorado, CO | 269998 | 2580 | 1876 | Denver |
| Connecticut, CT | 12973 | 3095 | 1788 | Hartford |
| Delaware, DE | 5328 | 579 | 1787 | Dover |
| Florida, FL | 151670 | 8357 | 1845 | Tallahassee |
| Georgia, GA | 152488 | 4296 | 1788 | Atlanta |
| Hawaii, HI | 16705 | 865 | 1960 | Honolulu |
| Idaho, ID | 216412 | 821 | 1890 | Boise City |
| Illinois, IL | 146075 | 11145 | 1818 | Springfield |
| Indiana, IN | 93993 | 5311 | 1816 | Indianapolis |
| Iowa, IA | 145791 | 2870 | 1846 | Des Moines |
| Kansas, KS | 213063 | 2267 | 1861 | Topeka |
| Kentucky, KY | 104623 | 3396 | 1792 | Frankfort |
| Louisiana, LA | 125674 | 3791 | 1812 | Baton Rouge |
| Maine, ME | 86027 | 1059 | 1820 | Augusta |
| Maryland, MD | 27394 | 4098 | 1788 | Annapolis |
| Massachusetts, MA | 21386 | 5828 | 1788 | Boston |
| Michigan, MI | 150779 | 9157 | 1837 | Lansing |
| Minnesota, MN | 217735 | 3926 | 1858 | Saint Paul |
| Mississippi, MS | 123584 | 2346 | 1817 | Jackson |
| Missouri, MO | 180486 | 4763 | 1821 | Jefferson City |
| Montana, MT | 381084 | 748 | 1889 | Helena |

| | | | | |
|---|---|---|---|---|
| Nebraska, NE | 200017 | 1546 | 1867 | Lincoln |
| Nevada, NV | 286296 | 592 | 1864 | Carson City |
| New Hampshire, NH | 24097 | 818 | 1788 | Concord |
| New Jersey, NJ | 20295 | 7316 | 1787 | Trenton |
| New Mexiko, NM | 315113 | 1147 | 1912 | Santa Fé |
| New York, NY | 128401 | 18120 | 1788 | Albany |
| North Carolina, NC | 136197 | 5451 | 1789 | Raleigh |
| North Dakota, ND | 183022 | 635 | 1889 | Bismarck |
| Ohio, OH | 106765 | 10759 | 1803 | Columbus |
| Oklahoma, OK | 181090 | 2712 | 1907 | Oklahoma City |
| Oregon, OR | 251180 | 2288 | 1859 | Salem |
| Pennsylvania, PA | 117412 | 11827 | 1787 | Harrisburg |
| Rhode Island, RI | 3144 | 927 | 1790 | Providence |
| South Carolina, SC | 80432 | 2818 | 1788 | Columbia |
| South Dakota, SD | 199551 | 638 | 1889 | Pierre |
| Tennessee, TN | 109412 | 4188 | 1796 | Nashville-D. |
| Texas, TX | 692403 | 12237 | 1845 | Austin |
| Utah, UT | 219932 | 1206 | 1896 | Salt Lake City |
| Vermont, VT | 24887 | 471 | 1791 | Montpelier |
| Virginia, VA | 105716 | 4967 | 1788 | Richmond |
| Washington, WA | 176617 | 3544 | 1889 | Olympia |
| West Virginia, WV | 62629 | 1803 | 1863 | Charleston |
| Wisconsin, WI | 145438 | 4607 | 1848 | Madison |
| Wyoming, WY | 253597 | 374 | 1890 | Cheyenne |

## Die USA-Flagge

Auf dem »Sternenbanner«, der USA-Flagge, symbolisieren die 50 Sterne die 50 Bundesstaaten. Jeder Staat hat »seinen« ganz bestimmten Stern, da die Sterne in der Reihenfolge erscheinen, in der die einzelnen Staaten die Verfassung ratifiziert haben.

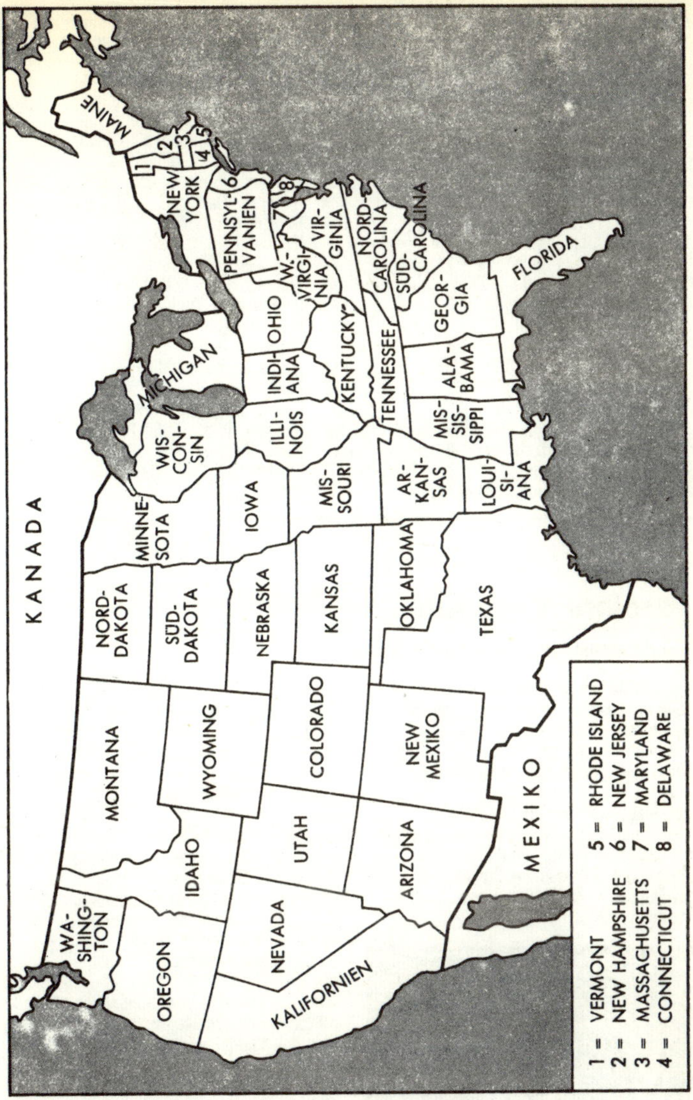


Nicht auf der Karte enthalten sind die fern vom US-Mutterland liegenden beiden Staaten Hawaii im zentralen Pazifik (8 größere und 26 kleinere Inseln), 1959 in die USA aufgenommen, und Alaska (mit 1518796 km$^2$ größter Staat), 1867 für 7,2 Millionen US-Dollar von Rußland gekauft, zunächst mit Kolonialstatus und seit 1959 Staat der Union.

# V Präsidenten der USA

1. **Washington**, George 1789-1797
2. **Adams**, John 1797-1801
3. **Jefferson**, Thomas 1801-1809
4. **Madison**, James 1809-1817
5. **Monroe**, James 1817-1825
6. **Adams**, John Quincy 1825-1829
7. **Jackson**, Andrew 1829-1837
8. **Buren**, MArtin van 1837-1841
9. **Harrison**, William Henry 1841
10. **Tyler**, John 1841-1845
11. **Polk**, James 1845-1849
12. **Taylor**, Zachary 1849-18 50
13. **Fillmore**, Millard 1850-1853
14. **Pierce**, Franklin 1853-1857
15. **Buchanan**, James 1857-1861

16a. **Lincoln**, Abraham 1861-1865

16b. **Davis**, Jefferson 1861-1865

17. **Johnson**, Andrew 1865-1869
18. **Grant**, Ulysses S. 1869-1877
19. **Hayes**, Rutherford 1877-1881
20. **Garfield**, James 1881
21. **Arthur**, Chester A. 1881 -1885
22. **Cleveland**, Grover 1885-1889
23. **Harrison**, Benjamin 1889-1893
24. **Cleveland**, Grover 1893-1897
25. **MacKinley**, William 1897-1901
26. **Roosevelt**, Theodore 1901-1909
27. **Taft**, William H. 1909-1913
28. **Wilson**, Woodrow 1913-1921
29. **Harding**, Warren G. 1921-1923
30. **Coolidge**, Calvin 1923-1929
31. **Hoover**, Herbert 1929-1933
32. **Roosevelt**, Franklin D. 1933-1945
33. **Truman**, Harry 1945-1953
34. **Eisenhower**, Dwight D. 1953-1961
35. **Kennedy**, John F. 1961-1963
36. **Johnson**, Lyndon B. 1963-1969
37. **Nixon**, Richard 1969-1974
38. **Ford**, Gerald R. 1974-1977
39. **Carter**, Jimmy 1977-1980
40. **Reagan**, Ronald 1980-1988
41. **Bush**, George 1989-1993
42. **Clinton**, Bill 1993-2001
43. **Bush**, George W. 2001-

# Vereinte Nationen

**Die Präambel zur Charta der UN lautet:**

Wir, die Völker der Vereinten Nationen, entschlossen, kommende Geschlechter vor der Geißel des Krieges, welche zweimal zu unseren Lebzeiten der Menschheit unsagbares Leid gebracht hat, zu bewahren
und
den Glauben an die Grundrechte des Menschen, an die Würde und den Wert der menschlichen Person, an die gleichen Rechte von Männern und Frauen und großen und kleinen Völkern erneut zu bekunden

und
Bedingungen herzustellen, unter denen Gerechtigkeit und Achtung vor den Verpflichtungen, die sich aus Verträgen und anderen Quellen des Völkerrechts herleiten, gewahrt bleiben können,
und
sozialen Fortschritt und einen besseren Lebensstandard in größerer Freiheit zu fördern und zu diesem Zwecke Toleranz zu üben und untereinander als gute Nachbarn in Frieden zu leben und unsere Kraft zu vereinen, um den internationalen Frieden und die Sicherheit zu wahren,
und
durch die Annahme von Grundsätzen und die Einsetzung von Methoden zu gewährleisten, daß Waffengewalt außer im Interesse der Allgemeinheit nicht angewandt werden soll,
und
zur Förderung des wirtschaftlichen und sozialen Fortschreitens aller Völker internationale Vereinbarungen zu benutzen, haben beschlossen, zur Verwirklichung dieser Ziele unsere Anstrengungen zu vereinigen.

## *Vögel im Flug*

## *Die wichtigsten Vitamine*

| Vitamin | | Vorkommen in | Wichtig für |
|---|---|---|---|
| **A** | Axerophtol; Vorstufe: Karotin | Fischleberöl, Butter, Eigelb, Leber | Haut u. Schleimhaut, Netzhaut, Hornhaut |
| **$B_1$** | Aneurin, Thiamin | Hefe, Getreidekleie, Reisschliff, grüne Erbsen | Leberstoffwechsel (Glykogenspeicherung), Nervenstoffwechsel, Wasserhaushalt |
| **$B_2$** | Laktoflavin Riboflavin | Molke, Hefe, Keime, Leber, Niere, Eigelb, grüne Pflanzen | Stoffwechsel, Blutfarbstoffbildung, Entgiftung der Leber, Sehvorgang |
| | Nikotinsäureamid | Hefe, Körner, Früchte, Gemüse, Milch, Leber, Niere, Muskel | Zellatmung, Kohlenhydrat- und Eiweißstoffwechsel, Blutfarbstoffaufbau |
| **$B_6$** | Pyridoxin, Adermin | Hefe, Körner, Früchte, Gemüse, Milch, Leber, Niere, Muskel | Blutkörperchenbildung, Nervenfunktion, Leberstoffwechsel, Wachstum |
| **$B_{12}$** | Antipernizisefaktor | Leber, Magenschleimhaut | Blutbildung, Wachstum, Leber, Haut und Schleimhäute |
| **C** | L-Askorbinsäure, Hexuronsäure | Früchte, grüne Pflanzen, Leber, Milch | Zellstoffwechsel, Hormonbildung, Antikörperbildung, Blutgefäße |
| **D** | Antirachit. Vitamin; Vorstufe: Ergosterin | Fischöle, Lebertran, Kakaobohnen, Hefe, grünes Gemüse | Phosphor- und Kalkstickstoffwechsel |
| **E** | Tokopherol | Keimöl; Hypophysenvorderlappen | Blutbild, Keimdrüsen, Fruchtbarbarkeit |
| **H** | Biotin | Hefe, Keime, Melasse, Maische, Niere, Hirn, Eigelb, Molke | Wachstum, Fettbildung in der Leber, Haut- und Schleimhautentwicklung |
| **K** | vom 1,4-Naphthochinon oder Hydrochinon abgeteilte Substanz | Leber; wird im Darm aufgebaut | Blutgerinnung, Darmschleimhautresorption, Leberentgiftung |
| **P** | Flavone, Flavenole, Flavenone, Citrin, Hesperidin | Früchte, grüne Pflanzen, Leber, Milch | Skorbutverhütung, Abmagerungsverhinderung |

## *Verwandtschaftsverhältnisse*

**Base** Tochter von Onkel oder Tante
**Cousin** Vetter
**Cousine** Base
**Eltern** Vater und Mutter
**Enkel** Kind von Sohn oder Tochter
**Großeltern** Eltern der Eltern
**Großneffe** Sohn von Neffe oder Nichte
**Großnichte** Tochter von Neffe oder Nichte
**Großonkel** Bruder der Großväter oder Großmütter
**Großtante** Schwester der Großväter oder Großmütter
**Neffe** Sohn des Bruders oder der Schwester
**Nichte** Tochter des Bruders oder der Schwester
**Onkel** Bruder des Vaters oder der Mutter
**Schwager** Ehemann der Schwester, Bruder der Ehefrau bzw. des Ehemanns
**Schwägerin** Ehefrau der Bruders, Schwester der Ehefrau bzw. des Ehemanns
**Schwiegersohn** Ehemann der Tochter

**Schwiegertochter** Ehefrau des Sohnes
**Schwippschwager** Ehemann der Schwester der Ehefrau bzw. des Ehemannes
**Schwippschwägerin** Ehefrau des Bruders der Ehefrau bzw. des Ehemannes
**Tante** Schwester des Vaters oder der Mutter
**Urenkel** Kinder der Enkel
**Urgroßeltern** Eltern der Großeltern
**Vetter** Sohn von Onkel oder Tante

## Volleyball-Spielfeld

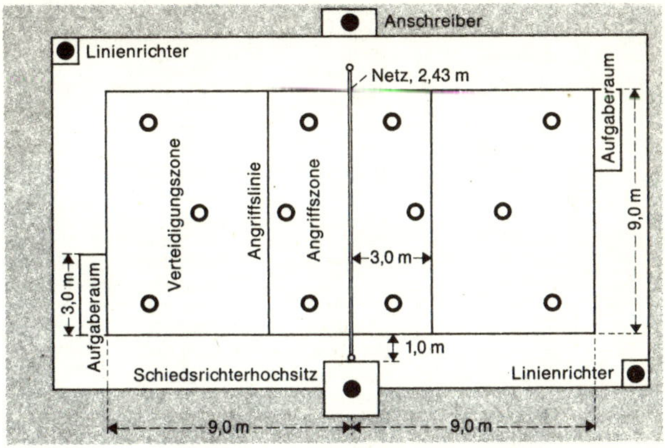


## 280 Vornamen zum Aussuchen

Der Stammhalter oder sein Schwesterchen ist unterwegs? Sie wissen noch nicht, welchen Vornamen Sie wählen sollen? Hier eine Auswahl von 280 gebräuchlichen Vornamen zum Aussuchen, und zwar

**140 für Ihn:**

| | | | | |
|---|---|---|---|---|
| Achim | Christoph | Friedrich | Joachim | Luca |
| Adam | Colin | Gabriel | Johannes | Lukas |
| Adrian | Daniel | Gebhard | Jonas | Manuel |
| Alexander | David | Georg | Jonathan | Marcel |
| Alfons | Dennis | Götz | Josua | Markus |
| Alois | Detlef | Gregor | Jörg | Martin |
| Andreas | Dirk | Günter | Josef | Matthias |
| Anton | Dominik | Hans | Julian | Maximilan |
| Armin | Edgar | Harald | Julius | Michael |
| Arno | Edwin | Hartmut | Jürgen | Moritz |
| Artur | Elias | Heinrich | Kai | Nico |
| August | Emanuel | Helmut | Karl | Niklas |
| Axel | Eugen | Henning | Kasimir | Nikolaus |
| Balduin | Fabian | Hermann | Kaspar | Nils |
| Benedikt | Felix | Holger | Kevin | Norbert |
| Benjamin | Ferdinand | Hugo | Klaus | Olaf |
| Bernd | Florian | Immanuel | Klemens | Oliver |
| Björn | Frank | Ingo | Konstantin | Oskar |
| Boris | Franz | Jakob | Leo | Oswald |
| Bruno | Frederik | Jan | Leonhard | Otto |
| Christian | Fridolin | Jens | Lorenz | Pascal |

Patrick
Paul
Peter
Philipp
Rainer
Raphael
Robert
Robin
Roger
Roland
Rolf
Ruben
Rüdiger
Samuel
Sebastian
Silvio
Simon
Stephan
Sven
Thilo
Thomas
Till
Tim
Tobias
Udo
Ulrich
Urban
Valentin
Viktor
Volkmar
Waldemar
Walter
Werner
Wilhelm
Wolfgang

**140 für Sie:**

Adelheid
Agathe
Alice
Amalie
Andrea
Angela
Angelika
Anna
Annemarie
Annette
Annick
Antonie
Barbara
Beate
Berta
Bettina
Birgit
Brigitte
Britta
Cäcilie
Carola
Caroline
Charlotte
Christina
Clara
Colette
Constanze
Dagmar
Daniela
Diana
Dolores
Doris
Dorothea
Edith
Eleonore
Elisabeth
Ella
Ellen
Elsa
Emilie
Emma
Erika
Esther
Eugenie
Eva
Fabienne
Felizitas
Feodora
Franziska
Friederike
Gabriele
Gertrud
Gisela
Gudrun
Hanna
Hannelore
Hedwig
Helene
Helga
Henriette
Hildegard
Ida
Ilse
Inge
Ingeborg
Ingrid
Irene
Irma
Isabella
Jennifer
Jessica
Johanna
Josephine
Judith
Julia
Juliane
Julie
Jutta
Karoline
Katharina
Kathrin
Katja
Klara
Kornelia
Laura
Lea
Lena
Liliane
Lisa
Lore
Lotte
Lucie
Luise
Lydia
Magdalena
Margarete
Maria
Marlene
Mathilde
Melanie
Michelle
Miriam
Monika
Nadine
Natalie
Nicole
Nora
Olga
Paula
Pauline
Pia
Rebekka
Regine
Renate
Ricarda
Romy
Rosa
Ruth
Sabine
Sabrina
Sandra
Sarah
Sibylle
Sigrid
Silke
Silvia
Sophie
Stephanie
Susanna
Therese
Ulrike
Ute
Valerie
Vanessa
Vera
Veronika
Viktoria
Waltraud
Wanda
Wilhelmine

## *Währungseinheiten aus aller Welt*

| | |
|---|---|
| Afghanistan | 1 Afghani = 100 Puls |
| Ägypten | 1 Ägyptisches Pfund = 100 Piasters |
| Albanien | 1 Lek = 100 Qindarka |
| Algerien | 1 Algerischer Dinar = 100 Centimes |
| Andorra | französische und spanische Währung |
| Angola | 1 Kwanza = 100 Lwei |
| Arabische Emirate | 1 U.A.E. Dirham = 100 Fils |
| Argentinien | 1 Argentinischer Peso = 100 Centavos |
| Äthiopien | 1 Birr = 100 Cents |
| Australien | 1 Australischer Dollar = 100 Cents |
| Bahamas | 1 Bahama Dollar = 100 Cents |
| Bahrein | 1 Bahrein-Dinar = 1000 Fils |
| Bangladesch | 1 Taka = 100 Poisha |
| Barbados | 1 Barbados-Dollar = 100 Cents |
| Belgien | 1 Euro = 100 Cent |
| Benin | 1 CFA-Franc = 100 Centimes |
| Bhutan | 1 Ngultrum = 100 Tschetrum |
| Birma | 1 Kyat = 100 Pyas |

| | |
|---|---|
| Bolivien | 1 Peso Boliviana = 100 Centavos |
| Botswana | 1 Pula = 100 Thebe |
| Brasilien | 1 Cruzeiro = 100 Centavos |
| Bulgarien | 1 Lew = 100 Stotinki |
| Bundesrepublik Deutschland | 1 Euro = 100 Cents |
| Burkina Faso | 1 CFA-Franc = 100 Centimes |
| Burundi | 1 Burundi-Franc = 100 Centimes |
| Chile | 1 Chilenischer Peso = 100 Centésimos |
| Costa Rica | 1 Colón = 100 Céntimos |
| Cuba | 1 Cubanischer Peso = 100 Centavos |
| Cypern | 1 Zypern-Pfund = 1000 Mjls |
| Dänemark | 1 Dänische Krone = 100 Öre |
| Dominica | 1 Ostkaribischer Dollar = 100 Cents |
| Dominikanische Republik | 1 Dominikanischer Peso = 100 Centavos |
| Dschibuti | 1 Franc Djibouti = 100 Centimes |
| Ecuador | 1 Sucre = 100 Centavos |
| Elfenbeinküste | 1 CFA-Franc = 100 Centimes |
| El Salvador | 1 Colón = 100 Cevantos |
| Fidschi | 1 Fidschi-Dollar = 100 Cents |
| Finnland | 1 Euro = 100 Cents |
| Frankreich | 1 Euro = 100 Cents |
| Gabun | 1 CFA-Franc = 100 Centimes |
| Gambia | 1 Dalasi = 100 Butut |
| Ghana | 1 Cedi = 100 Pesewas |
| Grenada | 1 Ostkaribischer Dollar = 100 Cents |
| Griechenland | 1 Euro = 100 Cents |
| Großbritannien | 1 Pfund Sterling = 100 Pence |
| Guatemala | 1 Quetzal = 100 Centavos |
| Guinea | 1 Ekwele = 100 Céntimos |
| Guinea-Bissau | 1 Guinea Peso = 100 Centavos |
| Guyana | 1 Guyana-Dollar = 100 Cents |
| Haiti | 1 Gourde = 100 Centimes |
| Honduras | 1 Lempira = 100 Entavos |
| Indien | 1 Rupie = 100 Paise |
| Indonesien | 1 Rupi = 100 Sen |
| Irak | 1 Irak-Dinar = 1000 Fils |
| Iran | 1 Rial = 100 Dinar |
| Irland | 1 Euro = 100 Cents |
| Island | 1 Króna = 100 Aurar |
| Israel | 1 Israelisches Pfund = 100 Agorot |
| Italien | 1 Euro = 100 Cents |
| Jamaika | 1 Jamaika Dollar = 100 Cents |
| Japan | 1 Yen = 100 Sen |
| Jemen | 1 Jemeni Riyal = 100 Fils |
| Jemen (ADN) | 1 Yemeni Dinar = 1000 Fils |
| Jordanien | 1 Jordanischer Dinar = 1000 Fils |
| Kambodscha | 1 Riel = 100 Sen |
| Kamerun | 1 CFA-Franc = 100 Centimes |
| Kanada | 1 Canadischer Dollar = 100 Cents |
| Kap Verde | 1 C.V.-Escudo 100 Centavos |
| Katar | 1 Qatar Riyal = 100 Dirham |
| Kenia | 1 Kenya-Shilling = 100 Cents |
| Kolumbien | 1 Kolumbischer Peso = 100 Centavos |
| Komoren | 1 Komoren-Franc = 100 Centimes |
| Kongo | 1 CFA-Franc = 100 Centimes |
| Koreanische Volksdemokr. Republik | 1 Won = 100 Chon |
| Kuweit | 1 Kuweit Dinar = 10 Dirham = 1000 Fils |
| Laos | 1 Kip. Pot Poy = 100 At |
| Lesotho | 1 Maluti = 100 Licente |

| | |
|---|---|
| Libanon | 1 Libanesisches Pfund = 100 Piastres |
| Liberia | 1 Liberischer Dollar = 100 Cents |
| Libyen | 1 Libyscher Dinar = 1000 Dirham |
| Liechtenstein | 1 Schweizer Franken = 100 Rappen |
| Luxemburg | 1 Euro = 100 Cents |
| Madagaskar | 1 Franc Malagache = 100 Centimes |
| Malawi | 1 Malawi-Kwacha = 100 Tambala |
| Malaysia | 1 Rinit = 100 Sen |
| Malediven | 1 Maledivische Rupie = 100 Laris |
| Mali | 1 Mali-Franc = 100 Centimes |
| Malta | 1 Malta-Pfund = 100 Cents |
| Marokko | 1 Dirham = 100 mar. Centimes |
| Mauretanien | 1 Ouguiya = 5 Khoums |
| Mauritius | 1 Maurit Rupie = 100 Cents |
| Mexiko | 1 Mexikanischer Peso = 100 Centavos |
| Mocambique | 1 Metical = 100 Centavos |
| Mónaco | 1 Französicher Franc = 100 Centimes |
| Mongolische Volksrepublik | 1 Tugrik = 100 Mongo |
| Namibia (Südwestafrika) | 1 Südafrikanischer Rand = 100 Cents |
| Nauru | 1 Australischer Dollar = 100 Cents |
| Nepal | 1 Nep. Rupie = 100 Paisa |
| Neuseeland | 1 Neuseel. Dollar = 100 Cents |
| Nicaragua | 1 Córdoba = 100 Centavos |
| Niederlande | 1 Euro = 100 Cents |
| Niger | 1 CFA-Franc = 100 Centimes |
| Nigerien | 1 Naira = 100 Kobo |
| Norwegen | 1 Norwegische Krone = 100 Öre |
| Oman | 1 Riyal Omani = 1000 Baizas |
| Österreich | 1 Euro = 100 Cents |
| Pakistan | 1 Pak. Rupie = 100 Palsa |
| Panama | 1 Balboa = 100 Centésimos |
| Papua-Neuguinea | 1 Kina = 100 Toea |
| Paraguay | 1 Guaraní = 100 Céntimos |
| Peru | 1 Sol = 100 Centavos |
| Philippinen | 1 Phillipp. Peso = 100 Centavos |
| Polen | 1 Zloti = 100 Groszy |
| Portugal | 1 Euro = 100 Cents |
| Republik China | 1 Taiwan-Dollar = 100 Cents |
| Republik Korea | 1 Won = 100 Chon |
| Republik Südafrika | 1 Rand = 100 Cents |
| Ruanda | 1 Ruanda-Franc = 100 Centimes |
| Rumänien | 1 Leu = 100 Bani |
| Rußland | 1 Rubel = 100 Kopeken |
| Salomonen | 1 Salomon Islands Dollar = 100 Cents |
| Sambia | 1 Kwacha = 100 Ngwee |
| Samoa | 1 Tala = 100 Sene |
| San Marino | 1 Euro = 100 Cents |
| Sao Tomé und Príncipe | 1 Dobra = 100 Centimos |
| Saudi-Arabien | 1 Saudi-Riyal = 20 Quishes bzw. 100 Hallalas |
| Schweden | 1 Schwedische Krona = 100 Öre |
| Schweiz | 1 Schweizer Franken = 100 Rappen. |
| Senegal | 1 CFA-Franc = 100 Centimes |
| Seychellen | 1 Seychellen-Rupie = 100 Cents |
| Sierra Leone | 1 Leone = 100 Cents |
| Simbabwe | 1 Simbabwe-Dollar = 100 Cents |
| Singapur | 1 Singapur-Dollar = 100 Cents |
| Slowakei | 1 Slowakische Koruna = 100 Halierov |
| Somalia | 1 Somali-Shilling = 100 Centesimi |
| Spanien | 1 Euro = 100 Cents |

| | |
|---|---|
| Sri Lanka | 1 Rupie = 100 Cents |
| Sudan | 1 Sudanesisches Pfund = 100 Piastres |
| Surinam | 1 Suriname Gulden = 100 Cents |
| Swasiland | 1 Lilangeni = 100 Cents |
| Syrien | 1 Syrisches Pfund = 100 Piastres |
| Tansania | 1 Tansania-Shilling = 100 Cents |
| Thailand | 1 Baht = 100 Satan |
| Togo | 1 CFA-Franc = 100 Centimes |
| Tonga | 1 Pa´anga = 100 Seniti |
| Transkei | 1 Südafrikanischer Rand = 100 Cents |
| Trinidad und Tobago | 1 Trin. und Tobago Dollar = 100 Cents |
| Tschad | 1 CFA-Franc = 100 Centimes |
| Tschechien | 1 Tschechische Koruna = 100 Haleru |
| Tunesien | 1 Tunesischer Dinar = 1000 Millimes |
| Türkei | 1 Türkisches Pfund = 100 Kurus |
| Uganda | 1 Uganda Shilling = 100 Cents |
| Ungarn | 1 Forint = 100 Filler |
| Uruguay | 1 Nuevo Peso = 100 Centési |
| Vatikanstadt | 1 Vat Lira = 100 Centesimi |
| Venezuela | 1 Bolivar = 100 Céntimos |
| Vereinigte Staaten von Amerika | 1 US-Dollar = 100 Cents |
| Vietnam | 1 Dong = 10 Chao bzw. 100 Sau |
| Volksrepublik China | 1 Renminbi-Yuan = 10 Jiao = 100 Fen |
| Zentralafrikanische Republik | 1 CFA-Franc = 100 Centimes |
| Zypern | 1 Zypern-Pfund = 100 Cents |

## Wappentiere

| | | | | |
|---|---|---|---|---|
| Aar (= Adler) | Eule | Hund | Panther | Seelöwe |
| Bär | Falke | Kranich | Papagei | Steinbock |
| Biene | Fisch | Krebs | Pelikan | Stier |
| Bock | Fuchs | Lamm | Pfau | Storch |
| Delphin | Gemse | Leopard | Phönix | Strauß |
| Drache | Greif | Lindwurm | Reiher | Taube |
| Eichhörnchen | Habicht | Löwe | Roß | Widder |
| Einhorn | Hahn | Muschel | Schlange | Wildschwein |
| Elefant | Hirsch | Ochse | Schwan | Wolf |

## Weinkenner-Vokabular

**Alt** ist ein Wein, der schon auf dem absteigenden Ast ist. Weil er zu lange gelagert wurde, hat er keine Kohlensäure mehr und schmeckt schnapsig.
**Blumig** ist ein Wein, der reich an Duftstoffen ist.
**Edel** ist ein Wein von großer, feiner Art. Spät- und Auslesen edler Weine haben eine hervorstechende Natursüße, die man Edelsüße nennt.
**Feurig** ist ein Rotwein, der viel Alkohol enthält und kräftig und fein zugleich schmeckt.
**Frisch** ist ein Wein mit reichlich Säure und Kohlensäure, ein sommerlicher Weißwein, den man auch gegen den Durst trinken kann und der erfrischend schmeckt.
**Glatt** ist ein süffiger Wein, der uns glatt eingeht.
**Hart** schmeckt ein Wein, der zuviel Säure hat.
**Herb** schmeckt ein Wein mit zuviel Gerbstoff.
**Jung** ist ein unfertiger Wein, der noch nicht klar ist und viel Kohlensäure enthält.
**Kernig** ist ein Wein, der herzhafte Säure besitzt und doch dabei körperreich ist. Ein kräftiger Wein.
**Kräftig** sind gut ausgebaute Weine mit starken Geschmacksstoffen aus gut ausgereiften Trauben.
**Lahm** ist ein müder Wein, an dem nicht mehr viel »dran« ist.

**Leer** schmecken Weine, die an Wasser denken lassen.
**Mager** ist ein Wein, der wenig Extraktstoffe hat. Oft kommt er aus Weinbergen, die zu wenig gedüngt worden sind.
**Matt** ist ein Wein, dem es an Frische fehlt. Oft erholen sich matte Weine in der Flasche. Verschlagene Weine, die transportiert worden sind, schmecken oft matt, erholen sich aber in zwei bis drei Wochen im Keller.
**Mild** bedeutet säurearm, aber reif. Milde Weine werden von solchen Damen, die keine Zigarren rauchen, bevorzugt.
**Mollig** schmeckt ein Wein mit hohem Extraktstoffgehalt (Glyzerin), wie die Pfälzer und Hessenweine.
**Rassig** ist ein Wein mit ausgebildeter, aber nicht unangenehmer Säure, ein mittäglicher leichter Wein mit ausgeprägten Duftstoffen.
**Reif** ist ein vollendeter Wein mit gut ausgebildeten edlen Bestandteilen.
**Rund** ist ein harmonischer Wein, der einen vollen Geschmack hat.
**Schwer** ist ein Wein, der voll auf Gaumen und Zunge wirkt.
**Spritzig** ist ein Wein mit viel Kohlensäure.
**Süffig** bedeutet soviel wie leicht, sauber und erfrischend.
**Tot** schmeckt ein Wein, in dem alle wertvollen Geschmacks- und Bukettenstoffe abgestorben sind. Er ist abgelebt, überlagert.
**Unreif** ist ein Wein mit viel Säure und zu wenig Körper, ein typischer »grüner Junge«.
**Versotten** ist ein in der Gärung steckengebliebener Wein, der zuviel unvergorenen Zucker enthält und deshalb nach Most schmeckt.
**Voll** ist ein Wein, der den ganzen Mund füllt, also in des Wortes Bedeutung ein vollmundiger Wein.
**Weich** sind Weine ohne Ausdruck, Art und Rasse.
**Würzig** sind Weine aus Traubensorten mit starkem Eigengeschmack, wie Riesling, Traminer und Muskateller.
**Zähe** ist ein Wein, der ohne Glucksen wie Öl aus der Flasche läuft.

## Welcher Wein zu welcher Speise?

| Speise | Weinsorte | Speise | Weinsorte |
|---|---|---|---|
| **Austern** | säuerlicher Weißwein | **Geflügel** | Weißwein |
| **Eiergericht** | Weißwein oder leichter Rotwein | **Hummer** | säuerlicher Weißwein |
| **Fisch** | Weißwein | **Käse (fettarm)** | trockener Weißwein |
| **Fleischbraten** | bei weißem Fleisch schwerere Weißweine, bei schwarzem Fleisch (Wildbret) schwerer Rotwein | **Käse (vollfett)** | mittlerer Rotwein |
| **Fleischplatte** | leichter Rotwein | **Pilzspeisen** | leichter Rotwein |
| | | **Süßspeisen** | milder, säurearmer Weißwein |
| | | **Vorspeisen** | kräftiger Weißwein |
| | | **Wildbret** | schwerer Rotwein |

## Weltausstellungen

1851 London
1855 Paris
1862 London
1867 Paris
1873 Wien
1876 Philadelphia
1878 Paris
1879 Sydney
1880 Melbourne
1882 Moskau
1885 Antwerpen
1886 New Orleans
1888 Barcelona
1889 Paris
1893 Chicago
1894 Antwerpen
1897 Brüssel
1900 Paris
1904 St. Louis
1905 Lüttich
1906 Mailand
1909 Amsterdam
1910 Brüssel
1911 Turin
1913 Gent
1915 San Franzisco
1923 Göteborg
1924 London
1925 Paris
1926 Philadelphia
1929 Barcelona
1933 Chicago
1935 Brüssel
1937 Paris
1939 New York
1958 Brüssel
1964 New York
1967 Montreal
1970 Osaka
1973 Spokane
1984 New Orleans
1988 Brisbane
1992 Sevilla
1998 Lissabon
2000 Hannover
2005 Aichi
2008 Saragossa
2010 Shanghai

## *Weltgeschichte in 70 Zahlen*

vgl. auch Kriege S. 101 und Schlachten S. 147

| | |
|---|---|
| 530000–20000 v. Chr. | Altsteinzeit |
| 20000–4000 v. Chr. | Mittlere Steinzeit |
| 4000–2000 v. Chr. | Jüngere Steinzeit |
| 2000–1000 v. Chr. | Bronzezeit |
| seit 1000 v. Chr. | Eisenzeit |
| 753 v. Chr. | Gründung Roms |
| 750–550 v. Chr. | Griechen kolonisieren Mittelmeerraum |
| um 500 v. Chr. | Buddha in Indien, Konfuzius in China |
| 356–323 v. Chr. | Alexander der Große |
| 44 v. Chr. | Cäsar wird ermordet |
| 9 n. Chr. | Schlacht im Teutoburger Wald |
| 79 | Pompeji durch Vesuv-Ausbruch zerstört |
| um 250 | Alemannen durchbrechen den Limes |
| 375 | Hunneneinfall löst Völkerwanderung aus |
| um 450 | Angeln und Sachsen in Engl. |
| 570–632 | Mohammed |
| 768–814 | Karl der Große |
| um 1000 | Wikinger entdecken Amerika |
| 1066 | Schlacht bei Hastings |
| 1077 | Canossa |
| 1215 | Magna Charta |
| 1241 | Mongolenschlacht b. Liegnitz |
| 1356 | Goldene Bulle |
| 1431 | Jungfrau v. Orléans verbrannt |
| 1453 | Türken erobern Konstantinopel |
| 1492 | Kolumbus entdeckt Amerika |
| 1498 | Vasco da Gama findet Seeweg nach Indien |
| 1517 | Luthers Thesenanschlag in Wittenberg |
| 1618–1648 | Dreißigjähriger Krieg |
| 1683 | Wien von den Türken belagert |
| 1740–1786 | Friedrich der Große |
| 1776 | USA werden unabhängig |
| 1789 | Französische Revolution |
| 1796–1815 | Napoleon I. |
| 1805 | Schlachten von Austerlitz und Trafalgar |
| 1812 | Napoleon vor Moskau |
| 1813 | Völkerschlacht bei Leipzig |
| 1815 | Wiener Kongreß |
| 1861–1865 | Amerikanischer Bürgerkrieg |
| 1869 | Suez-Kanal eröffnet |
| 1870–1871 | Deutsch-Französischer Krieg |
| 1871 | Bismarck gründet Deutsches Reich |
| 1914–1918 | 1. Weltkrieg |
| 1919 | Weimarer Republik |
| 1933 | Hitler wird Reichskanzler |
| 1939–1945 | 2. Weltkrieg |
| 1945 | erste Atombombenexplosion<br>Gründung d. Vereinten Nationen |
| 1949 | Gründung der NATO und des Europarates |
| 1950–1953 | Korea-Krieg |
| 1952 | Montan-Union |
| 1953 | Stalin †, Aufstand in der Sowjetzone |
| 1955 | Genfer Viererkonferenz |
| 1956 | I.–II. II. Ungarnaufstand |
| 1957 | erste Erdsatelliten |
| 1960 | Pariser Gipfelkonferenz |
| 1961 | Berliner Mauer (13. 8.) |
| 1962 | Kuba-Krise |
| 1967 | 5.–10. 6. Israelfeldzug<br>3. 12. erste Herzverpflanzung durch Christian Barnard |
| 1968 | 21. 8. Okkupation der CSSR durch Truppen der Warschauer Paktstaaten |
| 1969 | 21. 7. Armstrong und Aldrin betreten als erste Menschen die Mondoberfläche |
| 1970 | Beginn des US-Truppenabzugs aus Vietnam |
| 1973 | Ölboykott der arabischen Ölexportländer<br>6. 10. Jom-Kippur-Krieg<br>Bundesrepublik Deutschland wird 134. UN-Mitglied |
| 1974 | Staatsstreich beendet Diktatur in Portugal |
| 1975 | nach dem Tod von General Franco wird Prinz Juan Carlos in Spanien zum König gekrönt |
| 1976 | 8. 9. Tod Mao Tse-tungs<br>Vietnam wiedervereinigt |
| 1977 | 19.–21. 11. Sadat besucht Jerusalem als ersten Schritt zur Lösung des Nahostproblems |
| 1978 | Volksrepublik China öffnet sich nach dem Westen |
| 1979 | Februar: Grenzkrieg zwischen der Volksrepublik China und Vietnam; März: Friedensschluß zwischen Israel und Ägypten nach 31 Jahren Kriegszustand; Juni: erste direkte Wahl zum Europäischen Parlament |

## Welthilfssprachen

| | | |
|---|---|---|
| Argot | Interglossa | Occidental |
| Arioni-Boera | Interlingua | Panamane |
| Babm | Iret | Pasilingua |
| Balta | Kosmos | Picto |
| Basic Englisch | Langue Bleue | Progresso |
| Bolak | Langue Catholique | Ro |
| Bopal | Latinesce | Romanal |
| Cosmolingue | Latino sine flexione | Romanid |
| Dil | Lingua | Solresol |
| Eperanto | Lingua Internazional | Spelin |
| Frater | Loga | Suma |
| Hoyhoy | Mondial | Timerio |
| Iala | Molog | Universal |
| Idiom Neutral | Neolatinus | Volapük |
| Ido-Letro | Novial | Weltparl |

## Tiere als Wettervorboten

Steht die **Gans** auf einem Fuß,
dann kommt bald ein Regenguß.

Wenn die **Hühner** den Schwanz hängen-
lassen kommt Regen.

Wenn die **Hühner** in den Regen gehn,
dann hält der Regen lange an.

Siehst du die **Katzen** gähnend liegen,
weißt du, daß wir Gewitter kriegen.

Wenn sich die **Katzen** putzen,
gibt es gutes Wetter.

Wenn die **Krähen** schrein,
stellt sich Regen ein.

Halten die **Krähen** Konzilium,
so sieh nach Feuerholz dich um.

Kommen die **Kühe** lang nicht nach Haus,
bricht am nächsten Tag schlechtes Wetter aus.

Wenn die **Mücken** tanzen
gibt es gutes Wetter.

Wenn die **Rosskäfer** am Morgen fliegen,
werden wir vormittags Regen kriegen.

Reißt die **Spinne** ihr Netz entzwei,
kommt ein Regen bald herbei.

Wenn die **Spinnen** im Regen spinnen,
wird er nicht mehr lange rinnen.

## Wetter-Vorzeichen

| für gutes Wetter | für schlechtes Wetter |
|---|---|
| Roter Abendhimmel | Gelber Abendhimmel |
| Barometer steigt | Barometer fällt |
| Fernsicht schlecht | Fernsicht gut |
| Morgennebel fällt | Morgennebel steigt |
| Morgentau reichlich | Morgentau wenig |
| Rauch steigt senkrecht empor | Rauch steigt nicht senkrecht empor |
| Schwalben fliegen hoch | Schwalben fliegen niedrig |
| Sonnenuntergang klar rot | Sonnenuntergang milchig gelb |
| Winde aus N, O und S | Winde aus W und SW |
| Himmel mattblau | Himmel tiefblau |

# Wetterkarte

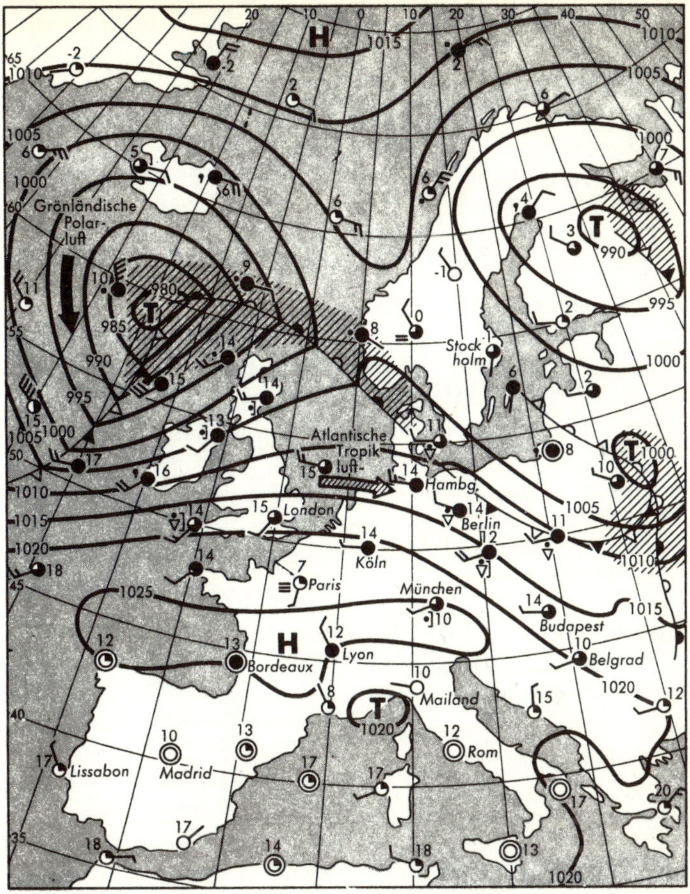


- ○ wolkenlos
- ◔ ¼ bedeckt
- ◑ ½ bedeckt
- ◕ ¾ bedeckt
- ● bedeckt
- ∞ Dunst
- = starker Dunst
- ≡ Nebel
- //// ausgedehntes Niederschlagsgebiet

- • Regen
- , Nieseln
- (•) Niederschlag in der Umgebung
- ✳ Schneefall
- ▽ Schauer
- △ Graupeln
- ▲ Hagel
- ☈ Gewitter
- •] nach Regen,
- ☈] Gewitter usw.

- 12 Temperatur in °C
- 1015 Luftdruck in Millibar (1000 mb = 750 mm)
- H Hoch- und
- T Tiefdruckgebiet
- Warmfront
- Kaltfront
- Okklusion
- ⇨ Bewegung gr. Luftmassen

| Windgeschwindigkeit in Knoten | Symbol |
|---|---|
| 0 | ◎ |
| 1 - 2 | —○ |
| 3 - 7 | ꜔—○ |
| 8 - 12 | ꜔꜔—○ |
| 23 - 27 | ꜔꜔꜔꜔꜔—○ |

Pfeilrichtung = Windrichtung (1 m/sec ~ 2 Knoten)

## *Wetterregeln für jeden Monat*

»Wenn der Hahn kräht auf dem Mist, ändert sich das Wetter oder es bleibt wie es ist.« Das gilt für jeden Tag und stimmt immer. Die guten Beziehungen anderer Tiere zum Wettergott zeigt S. 188. Hier eine Auswahl von Wettersprüchen für die einzelnen Monate (nachts ist es übrigens immer kälter als drin!):

**Januar**

Neujahrsnacht still und klar,
deutet auf ein gutes Jahr.

Anfang und Ende vom Januar
zeigen das Wetter an fürs ganze Jahr.

Wenn's um Neujahr Regen gibt,
oft um Ostern Schnee noch stiebt.

Der Januar muß krachen,
soll der Frühling lachen.

Knarrt im Januar Eis und Schnee,
gibt's zur Ernt' viel Korn und Klee.

Kommt der Frost im Januar nicht,
Zeigt im März er sein Gesicht.

Wächst das Gras im Januar,
ist's im Sommer in Gefahr.

Ist der Januar hell und weiß,
wird der Sommer sicher heiß.

**Februar**

Der Feber muß stürmen und blasen,
soll das Vieh im Lenze grasen.

Wenn's zu Lichtmeß (2. 2.) stürmt und tobt,
der Bauer sich das Wetter lobt.

Wenn im Feber die Mücken geigen,
müssen sie im Märzen schweigen.

Spielen die Mücken im Februar,
frier'n Schaf' und Bien' das ganze Jahr.

Läßt der Februar Wasser fallen,
so läßt's der März gefrieren.

**März**

Der März soll wie ein Wolf kommen
und wie ein Lamm gehen.

Ein fauler, feuchter März
ist jedes Bauern Schmerz.

Märzengrün ist bald wieder hin.

Siehst du im März gelbe Blumen im Freien,
magst du getrost deinen Samen streuen.

Wie's im März regnet,
wird's im Juni wieder regnen.

Gibt's im März zu vielen Regen,
bringt die Ernte wenig Segen.

**April**

Der April tut, was er will.

Wenn der April bläst in sein Horn,
so steht es gut um Heu und Korn.

Je eher im April der Schlehdorn blüht,
je früher der Bauer zur Ernte zieht.

Heller Mondschein im April
schadet den Blüten viel.

Aprilschnee ist der Grasbrüter.

**Mai**

Fällt am 1. Mai Reif,
so hofft man auf ein gutes Jahr.

Donner und Fröste im Wonnemond,
Müh und Arbeit wenig lohnt.

Pankrazi, Servazi, Bonifazi
sind drei frostige Bazi.

Vor Nachtfrost bist du sicher nicht,
bis Sophia vorüber ist.

Wenn im Mai die Wachteln schlagen,
läuten sie von Regentagen.

Treibt die Esche vor der Eiche,
hält der Sommer große Bleiche.

Treibt die Eiche vor der Esche,
gibt's im Sommer große Wäsche.

Regen im Mai
bringt fürs ganze Jahr Brot und Heu.

Ein Bienenschwarm im Mai
ist wert ein Fuder Heu.

## Juni

Menschensinn und Juniwind
ändern sich oft sehr geschwind.

Im Juni kühl und trocken,
dann gibt's was in die Milch zu brocken.

Was im Juni nicht wächst,
gehört in den Ofen.

Gibt's im Juni Donnerwetter,
wird gewiß das Getreide fetter.

Ist der Siebenschläfer (27. 6.) naß,
regnet's ohne Unterlaß.

Wenn kalt und naß der Juni war,
verdirbt er das ganze Jahr.

## Juli

Im Juli muß vor Hitze braten,
was im September soll geraten.

Wettert der Juli mit großem Zorn,
bringt er dafür reicheres Korn.

Ein tüchtig Juligewitter,
ist gut für Winzer und Schnitter.

Baut im Juli die Ameis' groß den Hauf',
folgt ein strenger Winter drauf.

Wenn die Sonne in den Löwen (23. 7.) geht,
die größte Hitze alsdann entsteht.

## August

Weht im August der Wind aus Nord,
ziehen die Schwalben noch lange nicht fort.

Nordwinde im August
bringen beständiges Wetter.

Wenn's Federbett im August zu heiß,
trägt Honig die Bien' aus der Heide mit
Fleiß.

Leuchten vor Mariä Himmelfahrt die Sterne,
so hält sich das Wetter gerne.

Was Juli und August nicht kochen,
kann kein Nachfolger braten.

## September

September schön in den ersten Tagen,
will schön den ganzen Herbst ansagen.

Wenn im September viel Spinnen kriechen,
sie den nahen Winter riechen.

Was August nicht vermocht,
auch September nicht kocht.

Wie im September der Neumond tritt ein,
so wird das Wetter den Herbst durch sein.

Viel Eichel im September,
viel Schnee im Dezember.

Wenn Michaelis (29. 9.) der Wind kalt weht,
ein harter Winter zu erwarten steht.

September warm und klar,
verheißt ein gutes nächstes Jahr.

## Oktober

Oktoberhimmel voller Sterne
hat warme Öfen gerne.

Schneit's im Oktober gleich,
dann wird der Winter weich.

Viel Eicheln und Buchnüsse im Oktober
lassen einen strengen Winter erwarten.

Wenn die Bienen zeitig verkitten,
kommt bald ein harter Winter geritten.

Je früher das Laub im Oktober fällt,
desto fruchtbarer wird das nächste Jahr.

## November

November hell und klar,
ist übel fürs nächste Jahr.

Friert im November zeitig das Wasser,
dann ist's im Januar um so nasser.

Blühen im November die Bäume aufs neu,
währet der Winter bis zum Mai.

Wenn's zu Allerheiligen schneit,
dann lege deinen Pelz bereit.

Wenn's im November donnern tut,
wird das nächste Jahr wohl gut.

## Dezember

Fällt zu Eligius (1. 12.) ein starker Winter-
tag, die Kälte vier Monate dauern mag.

Wenn in der ersten Adventswoche gut
Wetter ist, so bleibt's gut bis Weihnachten.

Herrscht Advent schon Kält,
sie achtzehn Wochen hält.

Dezember kalt mit Schnee,
gibt Korn in jeder Höh'.

Ein dunkler Dezember deutet auf ein gutes Jahr, ein nasser aber macht es unfruchtbar.

Ist es grün zur Weihnachtsfeier,
fällt der Schnee auf Ostereier.

Hängt zu Weihnachten Eis an den Weiden,
kannst du zu Ostern Palmen schneiden.

Ist's windig in den Weihnachtstagen,
sollen viel Obst die Bäume tragen.

Scheint am Stefanstag (26. 12.) die Sonne,
so gerät der Flachs zur Wonne.

»Und ob die Wolke sie verhülle,
Die Sonne bleibt am Himmelszelt!
Es waltet dort ein heilger Wille;
Nicht blindem Zufall dient die Welt.«

(Aus ›Der Freischütz‹)

## Markenzeichen Wien

Wiener Becken
Wiener Frieden
Wiener Genesis
Wiener Gruppe
Wiener Joch
Wiener Klassiker
Wiener Kongreß
Wiener Konkordat
Wiener Kreis
Wiener Leine
Wiener Mechanik
Wiener Neustadt
Wiener Papp
Wiener Philharmoniker
Wiener Sandstein
Wiener Sängerknaben
Wiener Schiedssprüche
Wiener Schlußakte
Wiener Schule
Wiener Secession
Wienerwald

## Die 23 Stadtbezirke Wiens

I. Innere Stadt
II. Leopoldstadt
III. Landstraße
IV. Wieden
V. Margareten
VI. Mariahilf
VII. Neubau
VIII. Josefstadt
IX. Alsergrund
X. Favoriten
XI. Simmering
XII. Meidling
XIII. Hietzing
XIV. Penzing
XV. Fünfhaus
XVI. Ottakring
XVII. Hernals
XVIII. Währing
XIX. Döbling
XX. Brigittenau
XXI. Floridsdorf
XXII. Donaustadt
XXIII. Liesing

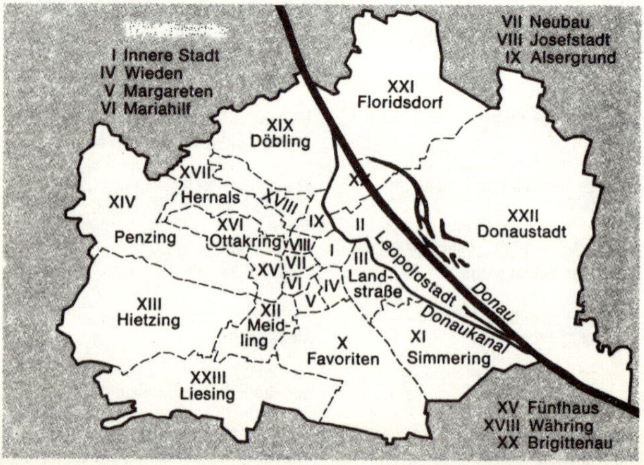

# Winde

**Abwind** Luftmassen, die sich abwärts bewegen
**Aufwind** Luftmassen, die sich nach oben bewegen
**Bergwind** nachts bergab wehender Wind
**Bise** NO-Wind in der Schweiz
**Blizzard** Schneesturm in den USA
**Bora** kalter Fallwind an der Adria
**Breva** Tagwind am Comer See
**Buran** Schneesturm in Sibirien
**Chamsin** heißer Wüstenwind in Ägypten
**Etesien** trockene Winde im östlichen Mittelmeer
**Fallwind** an Berghängen rasch absteigender Wind
**Föhn** warmer Fallwind, besonders in den Alpen
**Gibli** heißer Sahara-Wüstenwind, andere Bezeichnung für Samum
**Harmattan** heißer Wüstenwind von der Sahara zur Guineaküste
**Hurrikan** Wirbelwind in Westindien
**Landwind** Wind vom Land auf die See
**Mistral** kalter Fallwind im Rhônetal
**Monsun** jahreszeitlich wechselnder Wind, besonders in Süd- und Ostasien
**Norther** kalter Nordwind über Nordamerika, heißer Nordwind in Australien
**Pampero** kalter Südwind in Argentinien
**Passate** ganzjährig wehende Winde über dem Ozean
**Purga** Schneesturm in Sibirien
**Samum** heißer Wüstenwind in Arabien
**Scirocco** heißer Wüstenwind von der Sahara bis zu den Alpen
**Seewind** Wind von der See aufs Land
**Sturm** Wind mit Mindestwindstärke 9 (75 km/h)
**Suchowej** heißer, trockener Wind in Südrußland
**Taifun** Wirbelwind in Süd- und Ostasien
**Talwind** tags bergauf wehender Wind
**Tivano** Nachtwind am Comer See
**Tornado** Wirbelwind in USA
**Trombe** Wirbelwind mit senkrechter Achse (Sand-, Wasser-, Windhose)
**Vaudaire** SO-Wind in der Schweiz
**Vent** SW-Wind in der Schweiz
**Wasserhose** trichterförmiger Wirbelsturm auf dem Meer
**Zephir** feuchtwarmer Westwind im Mittelmeerraum

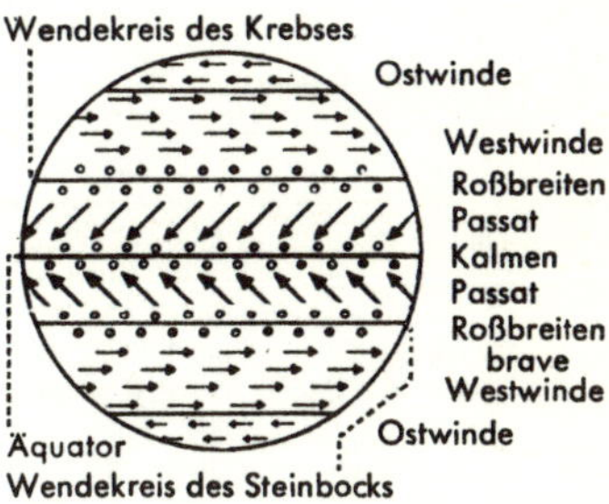


# Winkel

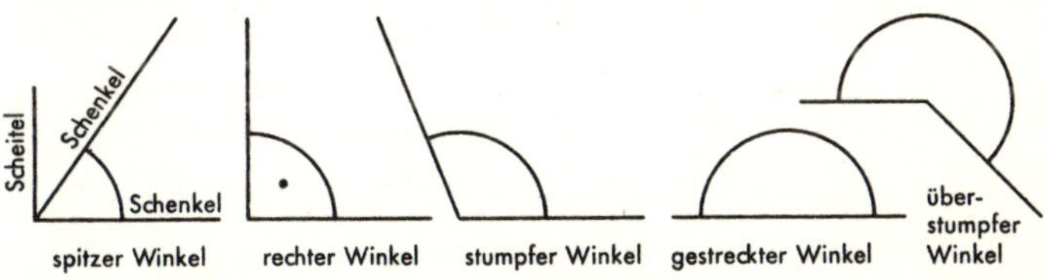


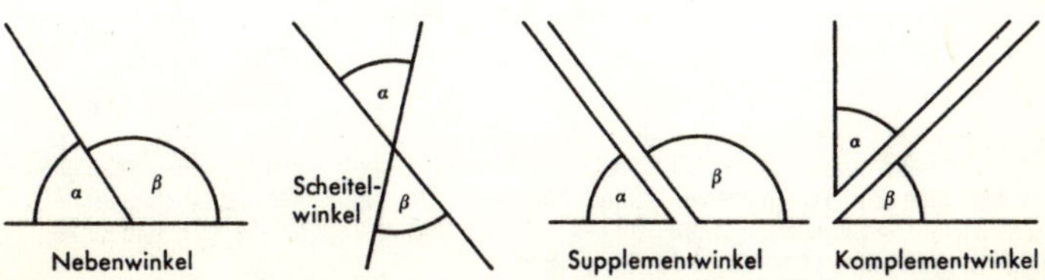

## Windhundrassen

Von allen Hunderassen stellen die Windhunde die einheitlichste Rassengruppe dar. Sie sind schmal gebaut, hochbeinig, mit spitzem Maul und gewölbtem Rücken. Windhunde wurden bereits vor 3000 Jahren im alten Ägypten gezüchtet. Bemerkenswert ist, daß sie nicht wie alle anderen Hunde mit der Nase, sondern mit den Augen jagen.

| Name | Schulterhöhe |
|---|---|
| Irischer Wolfshund | bis 95 cm |
| Schottischer Hirschhund | 75–80 cm |
| Russischer Windhund (Barsoi) | 75–80 cm |
| Mittelasiatischer Tasy | 60–70 cm |
| Afghanischer Windhund | bis 65 cm |
| Persischer Windhund | bis 65 cm |
| Großer englischer Windhund (Greyhound) | bis 65 cm |
| Arabischer Windhund (Saluki) | 55–75 cm |
| Englischer Windhund (Whippet) | bis 50 cm |
| Italienisches Windspiel | bis 35 cm |
| Afrikanischer Nackthund | bis 30 cm |

## Windstärken

| Grad | Bezeichnung | Äußerung | m/sec | km/h |
|---|---|---|---|---|
| 0 | still | vollkommene Luftruhe | 0 – 0,2 | unter 1 |
| 1 | leiser Zug | Rauch steigt nicht gerade empor, Blätter noch unbewegt | 0,3– 1,5 | 1– 5 |
| 2 | leichte Brise | eben für das Gefühl bemerkbar | 1,6– 3,3 | 6– 11 |
| 3 | schwache Brise | Blätter bewegen sich, Wasser kräuselt sich | 3,4– 5,4 | 12– 19 |
| 4 | mäßige Brise | kleine Zweige bewegen sich, Papier hebt sich vom Boden | 5,5– 7,9 | 20– 28 |
| 5 | frische Brise | größere Zweige bewegen sich, Wellenbildung | 8,0–10,7 | 29– 38 |
| 6 | starker Wind | bewegt große Zweige, an Hausecken u.a. hörbar, Schaumkämme auf Wellen | 10,8–13,8 | 39– 49 |
| 7 | steifer Wind | bewegt schwächere Baumstämme, gegen den Wind schreiten wird behindert | 13,9–17,1 | 50– 61 |
| 8 | stürmischer Wind | bewegt ganze Bäume | 17,2–20,7 | 62– 74 |
| 9 | Sturm | Dachziegel u.ä. leichtere Gegenstände werden bewegt | 20,8–24,4 | 75– 88 |
| 10 | schwerer Sturm | Bäume und leichte Bauten werden umgeworfen | 24,5–28,4 | 89–102 |
| 11 | orkanartiger Sturm | schwere zerstörende Wirkungen | 28,5–32,6 | 103–117 |
| 12 | Orkan | Verwüstende Wirkungen | 32,7–36,9 | 118–133 |
| 13 | " | " | 37,0–41,3 | 134–149 |
| 14 | " | " | 41,4–46,1 | 150–166 |
| 15 | " | " | 46,2–50,8 | 167–183 |
| 16 | " | " | 50,9–55,6 | 184–200 |
| 17 | " | " | über 55,6 | über 200 |

Auf der nebenstehenden Seite 195 werden die hier mit Worten und Zahlen beschriebenen Äußerungen der verschiedenen Windstärken auch im gezeichneten Bild vorgeführt. Die Zahlen 1–11 entsprechen den Windstärken 1–11, das Bild 12 steht für die Windstärken 12–17, die durchweg eine verwüstende Wirkung haben.

1
2
3
4
5
6
7
8
9
10
11
12

## Deutsches Winkeralphabet

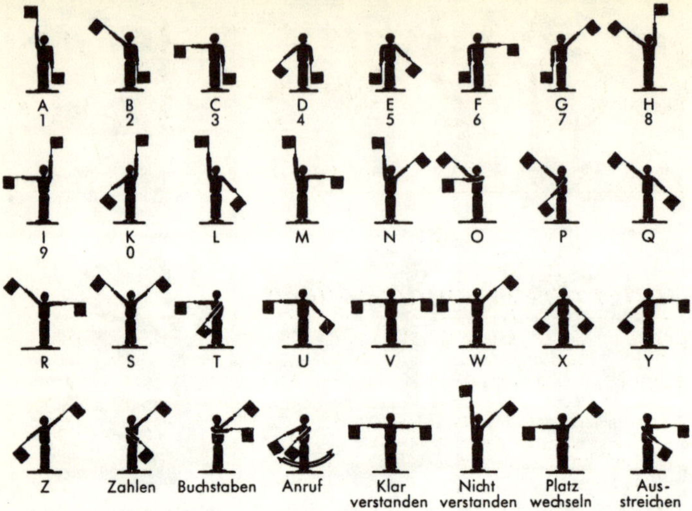


## Internationales Winkeralphabet

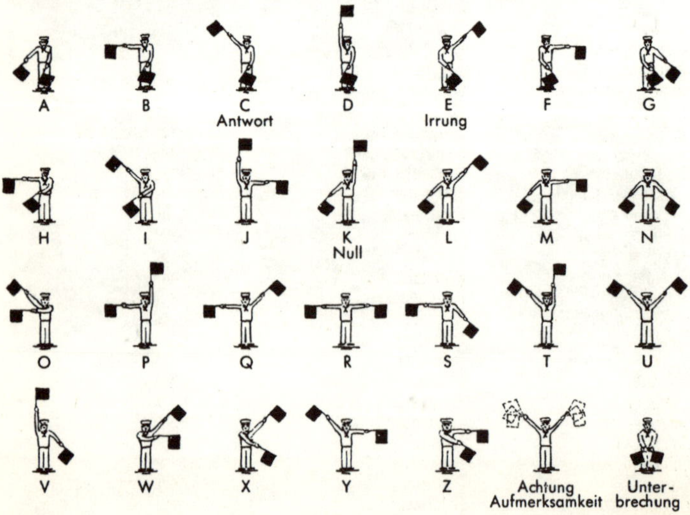

## Wochentage

| ☾ | ♂ | ☿ | ♃ | ♀ | ♄ | ☉ |
|---|---|---|---|---|---|---|
| Montag | Dienstag | Mittwoch | Donnerstag | Freitag | Sonnabend | Sonntag |

## Wörter des 20. Jahrhunderts

Nun sage noch jemand, daß die Menschheit im 20. Jahrhundert nicht vorangekommen sei. Die folgende Übersicht nennt nur einen Teil von Wörtern und Begriffen, die erst in unserem Jahrhundert aufgekommen sind und den Menschen des 19. Jahrhunderts mehr oder weniger nichts sagen würden. Zwar zeigt sich, daß der Krieg in der Tat der »Vater« vieler Dinge ist, aber nicht aller, denn auch Politik und Technik haben einen gewichtigen Anteil, und beim einen oder anderen Wort möchte man sogar an »Fortschritt« denken. Sicher wird es Ihnen nicht schwerfallen, noch eine ganze Reihe ähnlicher Wörter zu finden. Vielleicht entwickeln Sie daraus sogar ein Hobby?

ABC-Waffen
Abhöraffäre
Ablieferungssoll
Afroasiaten
Ahnenpaß
Aktivist
Atombombe
Atombusen
Atomphysik
Ausbomben
Autobahn
Automatgewehr
Automatisierung
Bambusvorhang
Beautyfarm
Be-bop
Beefburger
Bildschirmtext
Bildschirmzeitung
Biokurve
Biorhythmus
Blitzkrieg
Blutdoping
Bombenteppich
Breitwandfilm
Bulldozer
Bürgerrechtler
Call-Girl
Camping
Care-Pakete
Chemokeule
Comic-Strips
Disko
Dokumentarfilm
Drei-D-Film
Düsenflugzeug
Einschienenbahn
Eiserne Lunge
Eiserner Vorhang
Elektronengehirn
Elektroharpune
Emanze
Emanzipation
Entnazifizierung
Erdsatelliten
Erfolgskurve
Eurokommunismus
Europaarmee
Europastraße
Fahrtschreiber
Fallschirmjäger
Fernlenkwaffen
Fernsehen
Ferntrauung
Fertighaus
Filmfestspiele
Filmstar
Filterzigarette
Flugzeugträger
Fragebogen
Frauenhaus
Freizeiterziehung
Fremdarbeiter
Friedenskämpfer
Frontschwein
Funkwagen
Fußballtoto
Gehirnwäsche
Genmanipulation
Gesichtskontrolle
Gipfelkonferenz
Gleichschaltung
Groschengrab
Grüne Welle
Hausmann
Heimatschuß
Heldenklau
Hubschrauber
Huckepackverkehr
Industriearchäologie
Interkontinentalrakete
Isolationsfolter
Isolationshaft
Jugendarbeitslosigkeit
Juniorenpaß
Kalter Krieg
Kernreaktor
Kernspaltung
Killersatellit
Kitchinette
Kohlenklau
Kollektivschuld
Kontaktbeamte
Kontaktsperre
Kriegsverbrecher
Kybernetik
Lastenausgleich
Latrinengerücht
Lauschaktion
Lebensmittelkarte
Leistungsverweigerung
Lernfrage

Z

Lochkarte
Luftbrücke
Luftpost
Luftschutz
Managerkrankheit
Männlichkeitswahn
Midlife crisis
Motel
Mutterkreuz
Nachtjäger
Nazi
Neutronenbombe
Nissenhütte
Normalverbraucher
Overdrive
Panzerfaust
Pimpf
Plansoll
Plexiglas
Psychochirugie
Radar
Reflexzonenmassage
Regelstudienzeit
Regenwetterversicherung
Republikflucht
Rollbrett
Satellitenbild
Schallmauer
Schnorchel
Schönheitsfarm
Schülerparlament
Schulstreß
Seniorenpaß
Sexbombe
Skatebord
Sofortbildkamera
Sofortfilm
Soforthilfe
Sollerfüllung
Sonnenbatterie
Sozialtouristik
Soziobiologie
Spätheimkehrer
Stadtindianer
Stalinorgel
Störsender
Tastentelefon
Trockenrasierer
Überschallgeschwindigkeit
Ultraschall
Sperrmüll
Spruchkammer
Sputnik
Squash
Umrüstung
Umschulung
Umweltkrieg
Umweltverschmutzung
Verbundwirtschaft
Verkehrssünder
Versichertenausweis
Vertragsspieler
Videorecorder
Vierzigstundenwoche
Volksaktie
Volksdemokratie
Volkspolizei
Volkswagen
Währungsreform
Wasserstoffbombe
Wiedergutmachung
Wirtschaftswunder
Zeittaktmodell

## Zehner-Potenzen

| | | | | |
|---|---|---|---|---|
| $10^{33}$ | = | 1 000 000 000 000 000 000 000 000 000 000 000 | = | Quinquilliarde |
| $10^{30}$ | = | 1 000 000 000 000 000 000 000 000 000 000 | = | Quintillion |
| $10^{27}$ | = | 1 000 000 000 000 000 000 000 000 000 | = | Quadrilliarde |
| $10^{24}$ | = | 1 000 000 000 000 000 000 000 000 | = | Quadrillion |
| $10^{21}$ | = | 1 000 000 000 000 000 000 000 | = | Trilliarde |
| $10^{18}$ | = | 1 000 000 000 000 000 000 | = | Trillion (Exa . . .) |
| $10^{15}$ | = | 1 000 000 000 000 000 | = | Billiarde (Peta . . .) |
| $10^{12}$ | = | 1 000 000 000 000 | = | Billion (Tera . . .) |
| $10^{9}$ | = | 1 000 000 000 | = | Milliarde (Giga . . .) |
| $10^{6}$ | = | 1 000 000 | = | Million (Mega . . .) |
| $10^{5}$ | = | 100 000 | = | Hunderttausend |
| $10^{4}$ | = | 10 000 | = | Zehntausend (Myria . . .) |
| $10^{3}$ | = | 1 000 | = | Tausend (Kilo . . .) |
| $10^{2}$ | = | 100 | = | Hundert (Hekto . . .) |
| $10^{1}$ | = | 10 | = | Zehn (Deka . . .) |

$10^{-1}$ = 0,1 (Dezi . . .)
$10^{-2}$ = 0,01 (Zenti . . .)
$10^{-3}$ = 0,001 (Milli . . .)
$10^{-6}$ = 0,000 001 (Mikro . . .)
$10^{-9}$ = 0,000 000 001 (Nano . . .)
$10^{-12}$ = 0,000 000 000 001 (Piko . . .)
$10^{-15}$ = 0,000 000 000 000 001 (Femto . . .)
$10^{-18}$ = 0,000 000 000 000 000 001 (Atto . . .)

## Zeiträume

| | | | |
|---|---|---|---|
| **Biennium** | 2 Jahre | **Quinquennium** | 5 Jahre |
| **Dezennium** | 10 Jahre | **Semester** | 6 Monate |
| **Millennium** | 1000 Jahre | **Tertial** | 4 Monate |
| **Quartal** | 3 Monate | **Trimester** | 3 Monate |
| | | **Zentenarium** | 100 Jahre |

# Zeitzonen der Erde

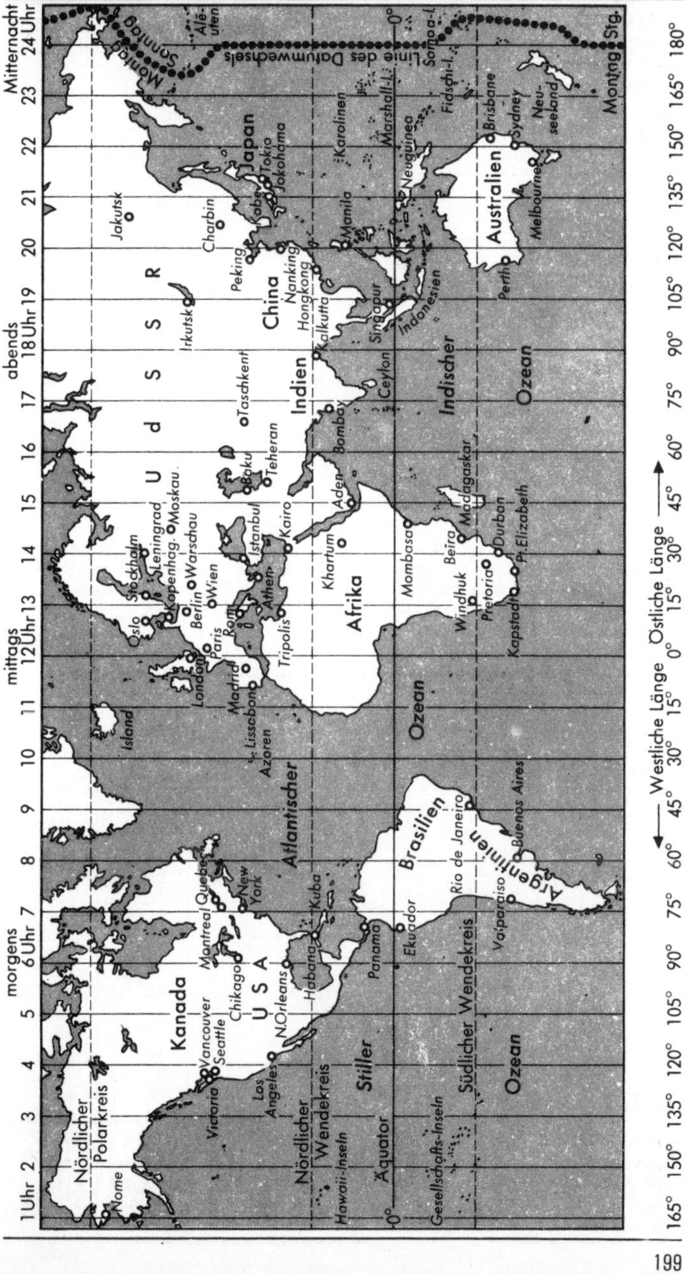

# Zinsen

Zur Ermittlung der Zinsen bei Berechnung von ½%–15% für das Jahr von 360 Tagen bedient man sich der untenstehenden »Zinsdivisorentabelle«. Man findet das Zinsprodukt, indem man das Kapital mit der Zeit (den Tagen) multipliziert und durch den Divisor des Zinssatzes dividiert.

Beispiel: Wieviel Zinsen bringen 10000,– € in 50 Tagen zu 4%? (Kapital) 10000 x 50 Tage: 9000 (Divisor) = 55,55 €.

| Prozent | Divisor | Prozent | Divisor |
|---|---|---|---|
| ½ | 72000 | 7 | 5143 |
| 1 | 36000 | 7½ | 4800 |
| 1½ | 24000 | 8 | 4500 |
| 2 | 18000 | 8½ | 4235 |
| 2½ | 14400 | 9 | 4000 |
| 3 | 12000 | 9½ | 3790 |
| 3½ | 10286 | 10 | 3600 |
| 4 | 9000 | 10½ | 3429 |
| 4½ | 8000 | 11 | 3273 |
| 5 | 7200 | 11½ | 3130 |
| 5½ | 6545 | 11 | 3000 |
| 6 | 6000 | 12½ | 2880 |
| 6½ | 5538 | 15 | 2400 |

Die Zinseszinstafel auf dieser Seite unten zeigt Ihnen, wie ein Kapital von 100 € bei verschiedenen Zinsfüßen im Laufe der Jahre wächst. Doch ehe Sie sich mit diesen nüchternen Zahlen beschäftigen, lesen Sie bitte noch, was Wilhelm Busch zu diesem Thema gesagt hat:

»Wer sparsam ist, denkt an das Morgen,
die Zukunft macht ihm keine Sorgen.
Man kann des Lebens sich erfreu'n
und dennoch klug und sparsam sein.«

# Zinseszinstafel für 100 € Kapital

| Nach… Jahren | beträgt das Kapital bei einem Zinsfuß von 3% | 3½% | 4% | 5% | 6% | 7% | 8% |
|---|---|---|---|---|---|---|---|
| 1 | 103,00 | 103,50 | 104,00 | 105,00 | 106,00 | 107,00 | 108,00 |
| 2 | 106,09 | 107,12 | 108,16 | 110,25 | 112,36 | 114,49 | 116,64 |
| 3 | 109,27 | 110,87 | 112,49 | 115,76 | 119,10 | 122,50 | 125,97 |
| 4 | 112,55 | 114,75 | 116,99 | 121,55 | 126,25 | 131,08 | 136,05 |
| 5 | 115,93 | 118,77 | 121,67 | 127,43 | 133,82 | 140,26 | 146,93 |
| 6 | 119,41 | 122,93 | 126,53 | 134,01 | 141,85 | 150,07 | 158,69 |
| 7 | 122,99 | 127,23 | 131,59 | 140,71 | 150,36 | 160,58 | 171,38 |
| 8 | 126,67 | 131,68 | 136,86 | 147,75 | 159,38 | 171,82 | 185,09 |
| 9 | 130,48 | 136,29 | 142,33 | 155,13 | 168,95 | 183,85 | 199,90 |
| 10 | 134,39 | 141,06 | 148,02 | 162,89 | 179,08 | 196,72 | 215,89 |
| 15 | 155,80 | 167,53 | 180,09 | 207,89 | 239,66 | 275,88 | 317,22 |
| 20 | 180,61 | 198,98 | 219,11 | 265,33 | 320,71 | 386,71 | 466,10 |
| 25 | 209,38 | 236,32 | 266,58 | 338,64 | 429,19 | 542,60 | 684,85 |
| 30 | 242,73 | 280,70 | 324,34 | 432,19 | 574,35 | 761,23 | 1006,27 |
| 35 | 281,39 | 333,40 | 394,61 | 551,60 | 768,61 | 1065,21 | 1478,54 |
| 40 | 326,20 | 395,90 | 480,10 | 704,00 | 1028,57 | 1497,45 | 2172,45 |
| 45 | 378,16 | 470,20 | 584,12 | 898,50 | 1376,46 | 2100,35 | 3192,06 |
| 50 | 438,39 | 558,50 | 710,67 | 1146,74 | 1842,02 | 2945,70 | 4690,16 |

## *Deutsche Zugvögel*

Bachstelze
Baumpieper
Buchfink
Feldlerche
Fischadler
Gartengrasmücke
Gartenrotschwanz
Gelbspötter
Girlitz
Hausrotschwanz
Kranich
Kuckuck
Mauersegler
Mäusebussard
Mehlschwalbe
Nachtigall
Neuntöter
Pirol
Rauchschwalbe
Ringeltaube
Rotkehlchen
Schwalben
Singdrossel
Sprosser
Star
Storch
Uferschwalbe
Weidenlaubsänger
Wiedehopf

# Register